D1180878

Jean-Marc Dupuis, Claire El Moudden, Frédéric Gavrel, Isabelle Lebon, Guy Maurau, Nicole Ogier

Politiques sociales et croissance économique
Tome 2

XXIIe Journées de
l'Association d'Économie Sociale,
Caen, 12-13 septembre 2002

L'Harmattan	**L'Harmattan Hongrie**	**L'Harmattan Italia**
5-7, rue de l'École-Polytechnique	Hargita u. 3	Via Bava, 37
75005 Paris	1026 Budapest	10214 Torino
FRANCE	HONGRIE	ITALIE

ISBN : 2-7475-3068-X

Chapitre 8

Emploi et marché du travail

Pratiques de gestion de la main-d'œuvre et durée de chômage : quels enjeux pour la politique de l'emploi ?

Eric DELATTRE (THEMA, Université de Cergy-Pontoise)
Marie SALOGNON (FORUM, Université de Paris X-Nanterre)

Résumé

Cet article, en exploitant une enquête de la DARES sur le suivi longitudinal de chômeurs, met à jour la responsabilité des entreprises dans la construction de l'inemployabilité des travailleurs et dans le chômage de longue durée. En découle une évolution indispensable de la logique de la politique de l'emploi et des mesures de lutte contre le chômage de longue durée.

1. INTRODUCTION

La part du chômage de longue durée[1] (CLD) dans le chômage total est passée de 10 % en 1974 à 35,3 % en 2001[2]. Quant au chômage de très longue durée (au-delà de trois ans), il a suivi la même évolution, traduisant un processus d'exclusion du marché du travail. La forte progression du phénomène soulève des questions très préoccupantes, aussi bien au niveau de son explication qu'en matière de politique économique.

De nombreux travaux empiriques ont tenté de cerner le profil du chômeur de longue durée et d'identifier les déterminants du CLD (FOUGÈRE, 2000). Parallèlement, il existe de nombreuses études concernant les modes de gestion de la main-d'œuvre (MGMO) au sein des entreprises (BESSY, 1995 et 1997 ; COUTROT, 2001). Au regard de la littérature économique récente, la déconnexion qui existe entre les analyses du système productif et celles du marché du travail est frappante. Cet état de fait, observé tant au niveau théorique qu'empirique, est dû au manque de fichiers appariant les trajectoires individuelles et les données d'entreprises ainsi qu'aux explications dominantes du CLD. Ces dernières sont effectivement fondées soit sur une modélisation microéconomique du comportement individuel d'arbitrage en termes de salaire de réservation et de recherche d'emploi, soit sur une analyse macroéconomique de l'hystérèse du chômage, due à la perte de capital humain, au découragement ou à la stigmatisation[3] des travailleurs touchés par le chômage, les rendant inemployables aux yeux des employeurs. Même si quelques analyses (LOCKWOOD, (1991) ; BLANCHARD et DIAMOND, (1994) ; ACEMOGLU, (1995)) intègrent les stratégies de sélection des entreprises fondées sur les caractéristiques « stigmatisantes » des

---

[1] Proportion de personnes au chômage depuis un an ou plus.
[2] Source INSEE, Enquêtes Emploi.
[3] Il s'agit du mauvais signal associé à la durée de chômage subie.

chômeurs, la théorie économique rencontre de nombreuses difficultés à ouvrir la « boîte noire ».

Pourtant, une relation d'emploi correspond à un appariement entre deux acteurs du marché de l'emploi : un travailleur et une entreprise. Il semble alors aller de soi que la gestion des relations d'emploi, la composition de la main-d'œuvre et l'organisation du travail au sein des entreprises aient un lien direct avec le fonctionnement du marché du travail. En outre, la relation de travail ne se réduit pas à une simple structure contractuelle du fait de l'existence de dispositifs techniques et organisationnels comme supports de coordination et d'évaluation du travail. Ainsi, l'ensemble des pratiques de gestion de la main-d'œuvre ne sont pas sans effet sur l'équilibrage du marché du travail.

La première partie de notre travail met en perspective le rôle des entreprises dans l'explication du CLD. Notre hypothèse est que les modes de gestion et de sélection de la main-d'œuvre opérés par les entreprises ont une influence majeure sur les parcours de chômage des individus (durée du chômage et mode de sortie) et ont leur part de responsabilité dans la construction de « l'inemployabilité » des personnes. Plus précisément, on considère que certaines pratiques de gestion engendrent du CLD et que le durcissement de la sélection des travailleurs augmente le risque pour les individus rejetés de tomber dans le CLD.

Nous testons cette hypothèse en exploitant l'enquête « Trajectoire des demandeurs d'emploi et marché local du travail » (TDE-MLT) réalisée par la DARES[4]. En premier lieu, la durée de chômage des individus est expliquée économétriquement par les pratiques de gestion auxquelles ils ont été confrontés dans leur passé professionnel. L'analyse est ensuite prolongée en se concentrant sur le comportement des entreprises en termes de sélection à l'embauche, à partir des caractéristiques des entreprises qui recrutent les chômeurs de l'enquête : il s'agit d'expliquer les probabilités de sortie du chômage vers les différents types d'entreprise et de relation d'emploi par la durée de chômage individuelle. A chaque étape, l'analyse économétrique est effectuée en contrôlant les effets des autres caractéristiques individuelles des chômeurs (sexe, âge, qualification,...).

Le second objectif de la communication consiste à analyser les résultats obtenus au regard des politiques de l'emploi. Une réflexion sur la logique de ces politiques ainsi qu'une régulation des pratiques de gestion de la main-d'œuvre apparaissent alors nécessaires pour lutter contre le CLD.

---

[4] Il s'agit du suivi sur trois ans d'une cohorte de « nouveaux inscrits à l'ANPE » en catégorie 1, 2 ou 3 au cours du deuxième trimestre 1995, ayant moins de 55 ans au moment de leur entrée au chômage et résidant dans huit zones d'emploi d'Ile-de-France, du Nord-Pas-de-Calais ou de Provence-Alpes-Côte d'Azur.

2. LA RESPONSABILITÉ DES ENTREPRISES DANS LE CHÔMAGE DE LONGUE DURÉE : ANALYSE QUANTITATIVE

La mise à jour du rôle des entreprises dans le CLD à l'aide de l'enquête TDE-MLT s'effectue en deux étapes. Après l'exposé de la méthode utilisée, nous testons dans quelles mesures les pratiques de gestion des entreprises influencent la durée de chômage des travailleurs qui sortent de ces entreprises. Ensuite, nous étudions comment la durée de chômage joue sur la manière dont ils sortent du chômage pour apprécier la sélectivité des entreprises.

2.1. Méthodologie

Les pratiques de gestion des entreprises sont repérées, d'une part, au moyen des variables disponibles attachées à l'entreprise (taille, statut, secteur d'activité) et à la relation d'emploi (type de contrat, circonstance de fin d'emploi, ancienneté) issue du parcours professionnel des chômeurs de l'enquête. D'autre part, est intégrée à l'étude la typologie d'entreprises réalisée par BESSY (1995, 1997).

Cette typologie distingue, selon les branches d'activité, différentes formes de régulation de la relation de travail ou différentes formes d'évaluation du travail. A partir de l'enquête coût-structure des salaires de l'INSEE (1992), l'auteur procède à une analyse en composantes principales au niveau sectoriel[5] en agrégeant les données par branche d'activité (choix méthodologique critiquable). Les différents MGMO[6] sont distingués par leur appartenance à différentes classes d'entreprises positionnées sur deux axes : l'axe horizontal marque l'opposition entre forme de coordination par le marché *versus* par l'entreprise ; l'axe vertical marque celle entre mode d'évaluation du travail en référence aux qualifications générales *versus* compétences individuelles (*cf.* figure 1). Nous utilisons cette typologie en l'intégrant aux variables explicatives : connaissant le secteur d'activité de chaque entreprise rencontrée par les individus du fichier, nous positionnons ces entreprises dans la typologie construite. Même s'il s'agit d'une mesure imparfaite[7], cette méthode permet d'appréhender les pratiques réelles en matière de MGMO, rencontrées par chaque individu lors de son parcours professionnel.

Les quatre points cardinaux de la figure 1 se caractérisent de la manière suivante :

- la coordination interne identifie de grandes entreprises qui cherchent à s'attacher de manière durable une main-d'œuvre qualifiée et technicienne (forte proportion de CDI). Il y a donc un fort engagement des parties dans la relation de travail ainsi que des primes à l'ancienneté. L'importance des équipements conduit

---

[5] Niveau 100 de la NAP 1973.

[6] Les variables discriminantes des MGMO sont : l'ancienneté moyenne du salarié, les dépenses de formation, la structure des qualifications, la taille des établissements, l'organisation des horaires, mais également les modes de fixation et d'évolution des salaires.

[7] La variabilité de ces pratiques est saisie par l'intermédiaire du secteur d'activité uniquement. Mais si l'on considère le secteur comme fortement discriminant (hypothèse raisonnable), l'utilisation de cette typologie nous apporte des informations très pertinentes pour la problématique de l'étude.

à développer des compétences spécifiques difficilement redéployables sur le marché. On note en outre l'importance des performances collectives, des dépenses de formation et de la participation des salariés au financement de l'entreprise ;

- les entreprises définies par une forte coordination par le marché sont de petite taille (moins de 50 salariés) à main-d'œuvre peu qualifiée. L'usage du temps partiel et des horaires décalés, ainsi que le recours aux CDD et aux apprentis, y sont importants et cohérents avec un fort turn-over de la main-d'œuvre (faible intégration des ressources dans l'entreprise). Les salariés, principalement jeunes, sont faiblement investis dans l'entreprise où l'ancienneté est faible ;

Figure 1 : **Typologie des modes de gestion de la main-d'œuvre**[8]

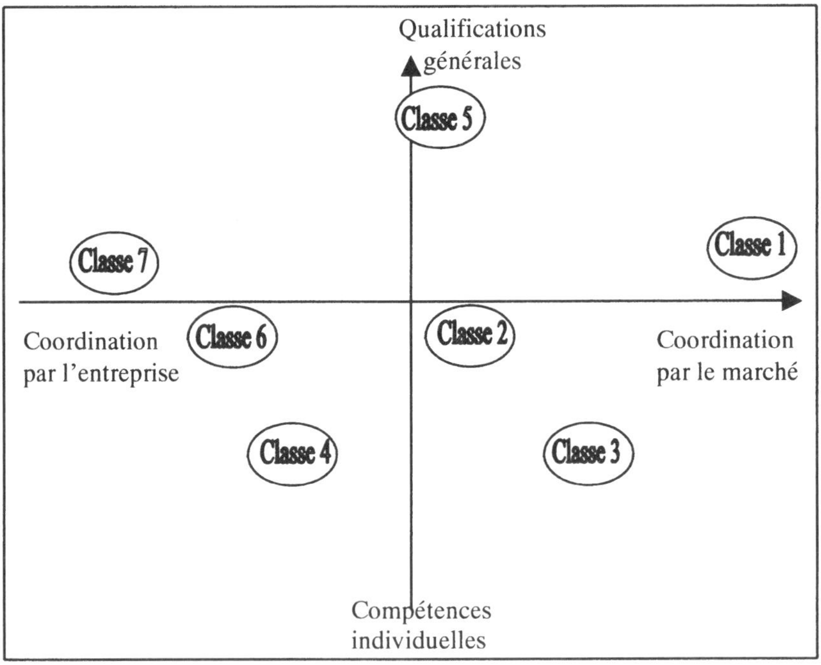

Source : BESSY, 1995

- les organisations évaluant les compétences en référence à des standards très généraux gèrent une main-d'œuvre qualifiée en fonction de règles issues de négociations collectives, le plus souvent au sein de la branche. L'évaluation de la prestation de travail est liée à des contraintes de postes et s'effectue en référence à des dispositifs externes à l'entreprise ;

- à l'opposé, les organisations mobilisant une évaluation individuelle des compétences développent des systèmes complexes de rémunération (référentiels de compétences et augmentations individualisées), ainsi que des systèmes de

---

[8] Pour une description précise et détaillée de chaque classe de la typologie, voir BESSY (1995) ou DELATTRE et SALOGNON (2002).

classification des emplois qui leur sont propres. L'évaluation est aussi fondée sur des procédures individualisées comme les entretiens individuels et les contrats d'objectifs.

Comme alternative à l'utilisation des sept classes et pour faciliter la lecture des résultats, nous créons deux séries de variables indicatrices qui représentent chacun des deux axes. On contraste les entreprises rencontrées par les chômeurs de l'enquête (*via* le secteur d'activité) selon leur mode de coordination d'une part et selon leur mode d'évaluation des compétences d'autre part :

- *modes de coordination* :
                    coordination par le marché : classes 1 et 2 ;
                    coordination médiane : classes 3 et 5 ;
                    coordination par l'entreprise : classes 4, 6 et 7 ;

- *modes d'évaluation des compétences* :
                    évaluation individuelle : classes 2 et 4 ;
                    évaluation médiane : classes 1, 3, 6 et 7 ;
                    évaluation par des standards généraux : classe 5.

Les variables de l'analyse se composent de la durée de chômage, des classes de la typologie de BESSY, des variables indicatrices décrites ci-dessus et d'autres variables caractéristiques des relations d'emploi des individus : le type de contrat de travail ; le type d'employeur (statut privé, public, intérimaire...) ; les circonstances de fin d'emploi ; le secteur d'activité[9] ; la taille de l'entreprise ; l'ancienneté dans l'emploi ; la formation professionnelle pendant le dernier emploi. On dispose également de la zone d'emploi (de résidence) et de caractéristiques individuelles (sexe, âge, qualification).

2.2. L'influence des modes de gestion de la main-d'œuvre sur la durée de chômage

L'analyse économétrique cherche à déterminer les effets des MGMO éprouvés lors du dernier emploi sur l'épisode de chômage qui le suit. A ce titre, les MGMO sont saisis à travers les variables disponibles caractéristiques de l'entreprise et de l'appariement relatif au dernier emploi de chaque individu avant leur implication dans l'enquête[10].

Sur la question de la responsabilité des entreprises dans le CLD, l'analyse économétrique menée (DELATTRE et SALOGNON, (2002)) donne des résultats concluants, dont les principaux sont retracés dans le tableau 1. Les variables qui contribuent largement au chômage de longue durée sont celles qui, toutes choses

---

[9] Disponible au niveau 100 d'une nomenclature proche de la NAF 1993 et permettant de déterminer l'appartenance d'une entreprise aux classes de la typologie de BESSY.

[10] On se limite à un sous-échantillon de 6 760 individus qui ont eu un passé professionnel. Notons que cette sélection altère très peu la composition du sous-échantillon en termes de sexe, zones d'emploi et durée de chômage. Pour plus de détails sur la composition de l'échantillon retenu, voir DELATTRE et SALOGNON (2002).

égales par ailleurs, allongent la durée du premier épisode de chômage par rapport à la durée moyenne de l'échantillon (égale à 10,3 mois).

2.2.1. Effets des variables caractérisant l'appariement

Le statut du dernier contrat de travail obtenu par l'individu a une influence sur sa durée de chômage : tous les types de contrats autres que le contrat aidé diminuent significativement la durée de chômage, et en particulier les contrats d'intérim et saisonniers (respectivement de 2,1 et 2,5 mois par rapport à la durée moyenne). Le contrat aidé concerne le public cible de la politique de l'emploi, caractérisé par des difficultés de réinsertion. Ainsi, en bénéficier peut être signe d'une faible employabilité aux yeux des employeurs potentiels. En revanche, l'emploi intérimaire, comme le CDD, n'est pas stigmatisant : le recours à l'intérim paraît être un « outil d'ajustement immédiat aux fluctuations de l'activité »[11], qui s'est nettement accru avec l'usage des innovations organisationnelles. Quant au CDI, il diminue aussi la durée de chômage mais dans une moindre mesure.

Quitter le dernier emploi suite à un licenciement économique ou à une autre forme de licenciement allonge la durée de chômage d'environ 2,4 mois par rapport à la modalité fin de CDD. Ce résultat, attendu, n'est pas difficile à interpréter : tout comme bénéficier d'un contrat aidé, être licencié est stigmatisant. En effet, même si les licenciements économiques sont collectifs, la sélection des personnes licenciées demeure individuelle : « l'établissement de la liste des salariés licenciés est un moment privilégié de la sélection individuelle dans les entreprises à faible taux de turn-over sur la population en CDI »[12]. Penser que les salariés licenciés sont les moins performants dissuade les employeurs potentiels de les embaucher : les entreprises susceptibles d'embaucher les travailleurs concernés recrutent probablement selon les mêmes critères que ceux utilisés pour le licenciement. Elles ont la même conception de l'employabilité et rejettent les mêmes personnes.

L'allongement de la durée de chômage rime avec ancienneté dans le dernier emploi. Ce résultat peut illustrer le fait que rester plusieurs années dans la même relation d'emploi induit le développement de compétences spécifiques à l'entreprise et à l'emploi exercé. Les compétences spécifiques peuvent être difficilement transférables d'un emploi à un autre et ne seront pas valorisées lors du recrutement, voire jugées inadaptées. Cette idée renvoie à l'opposition entre les « marchés professionnels », où la qualification du travailleur est transférable d'une entreprise à une autre, facilitant la mobilité horizontale entre les entreprises mais nécessitant une certaine codification et standardisation de la qualification pour la rendre identifiable, et les « marchés du travail internes », où la promotion interne remplace la mobilité horizontale entre entreprises mais exige une adaptation de la formation du travailleur aux besoins de l'entreprise.

Concernant la formation professionnelle dispensée lors du dernier emploi, elle induit un raccourcissement de la durée de chômage.

---

[11] Cf. COUTROT (2001), p. 6-7 : il parle à ce titre de flexibilité externe de l'emploi.
[12] Cf. COUTROT (2001), p. 8.

2.2.2. Effets des variables caractérisant l'entreprise

Lorsque le chômeur vient d'une entreprise publique ou d'une administration, il connaît une durée de chômage plus longue (respectivement de 1,8 et 1,3 mois) que s'il était employé dans une entreprise privée. Quitter le secteur public à la fin d'un contrat « atypique »[13] peut effectivement être source d'une difficile réinsertion dans la mesure où ces travailleurs n'ont pas de statut attaché à la fonction publique et peut-être pas d'expérience professionnelle dans le secteur privé.

Nous observons un effet significatif des différentes classes de la typologie sur la durée de chômage[14]. La classe 2 (référence) correspond aux marchés professionnels tertiaires (VRP, consultants, enseignants par exemple), où la frontière entre salariat et activité indépendante est floue. L'ancienneté dans l'emploi est faible et les entreprises sont de petite taille. Les dispositifs d'évaluation sont assez rares mais certaines branches développent un dispositif d'évaluation des compétences individuelles. Par rapport à cette classe, avoir travaillé au sein d'entreprises appartenant à n'importe quelle autre classe conduit à une durée de chômage plus longue, et en particulier les classes 4 et 7 qui développent toutes les deux une coordination par le marché interne :

- la classe 4 allonge la durée de chômage de 2,6 mois. Elle correspond aux grandes entreprises post-tayloriennes dans lesquelles l'ancienneté est importante et l'individualisation des compétences fortement discriminante ;

- la classe 7 correspond aux grandes entreprises à statut public qui évaluent le travail par les qualifications générales. Elle allonge la durée de chômage de 3,5 mois ;

- la classe 1 (recours au marché et référence à des standards d'évaluation très généraux) allonge plus modérément la durée de chômage (de 1,5 mois), ce qui semble cohérent avec le fait qu'elle est assez proche de la classe de référence. Il s'agit en effet de petites entreprises avec un fort turn-over, associé à de courtes durées de chômage et à de faibles qualifications ;

- quant à la classe 5, elle s'écarte peu de la situation de référence (+ 1,8 mois). Il s'agit de marchés internes de métiers développant une main-d'œuvre qualifiée, une forte mobilité inter-entreprises et une évaluation du travail en référence aux qualifications générales. Cette classe est associée à des durées de chômage relativement courtes.

On peut déduire de ces résultats que le mode de coordination développé par la firme (interne *versus* externe) est discriminant quant à la durée de chômage subie.

---

[13] La cause première du départ d'un travailleur d'une entreprise publique ou d'une administration est la fin d'un CDD, considéré comme atypique pour la fonction publique.
[14] Notons que la classification de BESSY rend compte d'effets spécifiques en termes de MGMO (ancienneté moyenne dans chaque classe, type de contrat le plus fréquent, taille et type d'employeur dominant,...). Par exemple, même si l'on contrôle les effets des classes d'entreprises par l'ancienneté dans le dernier emploi du travailleur, l'ancienneté moyenne dans la classe est prise en compte.

En revanche, l'influence des modes d'évaluation des compétences est ambivalente puisque les classes 4 et 7 allongent toutes deux la durée de chômage alors qu'elles ne développent pas le même mode d'évaluation des compétences.

Ces résultats sont en partie confirmés par l'utilisation des variables indicatrices des modes de coordination et des modes d'évaluation des compétences : la coordination par l'entreprise lors du dernier emploi allonge la durée de chômage de l'ordre de 1,3 mois par rapport à une coordination par le marché ou intermédiaire ; les effets des modes d'évaluation des compétences apparaissent moins distinctement du fait de contradictions dans les résultats.

Tableau 1 : **Explication de la durée de chômage**

Variables explicatives issues du dernier emploi occupé		β	$exp(\beta)$
Circonstances de fin d'emploi	Fin période essai	n.s	
	Démission	n.s	
	Licenciement économique	0,215	1,240
	Autre licenciement	0,202	1,224
	FIN CDD	*référence*	
Type du contrat de travail	Intérim	- 0,232	0,793
	Saisonnier	- 0,283	0,754
	CDD	- 0,196	0,822
	CDI	- 0,141	0,868
	Autres apprentis sous contrat	n.s	
	Contrat aidé	*référence*	
Formation professionnelle pendant le dernier emploi		- 0,113	0,893
Typologie de Bessy			
C1 : recours au marché et standards d'évaluation très généraux		0,134	1,143
C2 : recours au marché professionnel tertiaire		*référence*	
C3 : entre recours au marché et référence à l'entreprise		n.s	
C4 : grandes entreprises post-tayloriennes		0,224	1,251
C5 : marchés de métiers (ouvriers qualifiés)		0,163	1,177
C6 : engagement des salariés dans l'entreprise et référence à la convention collective de branche		0,173	1,189
C7 : entreprises publiques et qualifications générales		0,293	1,340
Type d'employeur	*Entreprise privée*	*référence*	
	Entreprise publique	0,162	1,176
	Administration et collectivité locale	0,121	1,127
	Association ou entreprise d'insertion	n.s	
	Particulier	n.s	
	Entreprise d'intérim	n.s	
Ancienneté dans l'emploi	De 3 mois à moins d'un an	- 0,174	0,840
	De un an à moins de deux ans	*référence*	
	De deux ans à moins de trois ans	0,165	1,179
	De trois ans à moins de quatre ans	0,133	1,142
	De quatre ans à moins de cinq ans	n.s	
	De cinq ans à moins de dix ans	0,187	1,206
	Dix ans et plus	0,272	1,313
Evaluation des compétences (dans l'entreprise)	*Au niveau individuel*	*référence*	
	Médiane	0,086	1,090
	Recours à des standards généraux	0,177	1,194
Forme de coordination	Par le marché (marché externe)	- 0,117	0,890
	Médiane	- 0,166	0,847
	Par l'entreprise (marché interne)	*référence*	

Estimation d'un modèle de durée (Spécification Weibull) avec prise en compte des données censurées : 6 760 observations dont 1 241 censurées à droite.
Effets significatifs non reportés : Sexe, Age, Qualification, Zones d'emploi.
Effets non significatifs non reportés : Taille de l'entreprise.

Source : DARES, enquête TDE-MLT.

2.2.3. Interprétation générale

L'idée principale éprouvée ici considère que plus une entreprise sélectionne parmi les travailleurs, notamment lors des procédures de recrutement et de licenciement, plus les individus rejetés ont de fortes chances de tomber dans le CLD. À la lumière de l'ensemble des effets observés, deux interprétations générales sont possibles :

1. Quant à l'hypothèse testée, on peut supposer que cet effet de sélection augmente en intensité en passant d'une coordination par le marché à une coordination par l'entreprise, reflétant l'opposition marché externe/marché interne[15], et que cette sélectivité est d'autant plus forte que la relation d'emploi et l'évaluation du travail sont individualisées. Le premier effet est confirmé par les résultats observés sur l'axe horizontal (*cf.* figure 1). En revanche, les résultats donnés par l'axe vertical viennent infirmer le second effet. On peut expliquer cette contradiction par le fait que l'étude des formes d'évaluation des compétences pour construire la typologie se situe au niveau de la prestation de travail réalisée pendant l'emploi. Or, la gestion interne de la main-d'œuvre peut différer de la gestion à l'entrée et à la sortie dont la typologie ne rend pas compte. Ainsi, la sélection lors du recrutement et du licenciement peut être plus dure, précisément parce qu'il existe des marchés internes dont l'entrée et la sortie sont décisives à la fois pour le travailleur et l'entreprise.

2. Une autre interprétation analyserait le développement, à partir des années quatre-vingt, de nouvelles formes d'organisation du travail qui combinent coordination par le marché, individualisation de l'évaluation des compétences, contrats de travail atypiques et faible ancienneté dans l'emploi, comme l'émergence d'une forme particulière de relation d'emploi, devenue aujourd'hui une norme prédominante[16]. Ainsi, les individus travaillant au sein d'organisations de forme contrastée par rapport à cette norme deviendraient plus vulnérables au chômage de longue durée, étant plus durement sélectionnés et considérés comme peu employables par les « entreprises-normes ».

Il semble que le type de l'entreprise dont le chômeur est issu joue sur sa durée de chômage et ainsi sur son employabilité future. Pour asseoir cette idée, il convient à présent de se concentrer plus spécifiquement sur le comportement des entreprises en termes de sélection à l'embauche, à partir des caractéristiques des entreprises qui recrutent les chômeurs de l'enquête. Il s'agit d'expliquer les probabilités de sortie du chômage vers les différents types d'entreprises et de

---

[15] Les marchés internes des grandes entreprises ont effectivement tendance à durcir la sélectivité de leur politique de recrutement et de licenciement dans la mesure où les procédures sont souvent complexes, formalisées et contraignantes, et où la flexibilité de la gestion de la main-d'œuvre est interne.

[16] COUTROT signale à cet égard que les innovations organisationnelles vont souvent de pair avec une gestion plus individualisée de la relation salariale, visant à valoriser la « compétence » mise en œuvre (savoirs, adaptabilité, aptitudes relationnelles...) plutôt que la « qualification », inscrite dans des repères collectifs (diplômes par exemple).

relations d'emploi (les modes de sortie) en utilisant les modèles économétriques de choix multiples. Cette méthode permet d'identifier quel type d'entreprises recrute des chômeurs de longue durée et quel type d'entreprises se révèle plus sélectif en n'embauchant que les « plus employables ».

2.3. Durée de chômage et mode de sélection des entreprises

Le tableau 2 présente les effets de la durée de chômage individuelle sur les modes de sortie, effets contrôlés par les caractéristiques individuelles et les caractéristiques du passé professionnel : l'influence de la durée est obtenue *toutes choses égales par ailleurs*. Bien que les résultats requièrent certains ajustements[17] et une interprétation plus poussée, la durée de l'épisode de chômage influence significativement les modes de sortie :

- lorsque la durée de chômage augmente, la probabilité de sortir vers un CDD ou vers l'intérim, plutôt que vers un CDI, diminue, alors que celle de sortir vers un contrat aidé ou saisonnier augmente. Ce résultat traduit le fait que seuls les chômeurs de longue durée bénéficient de contrats aidés. En revanche, ils sont défavorisés quant à l'obtention de contrats d'intérim.

- les employeurs, selon leur statut, discriminent les individus selon leur durée de chômage. La sélectivité des employeurs oppose deux groupes, les entreprises privées d'un côté et les autres qui accueillent davantage les chômeurs de longue durée : lorsque la durée de chômage s'allonge, la probabilité d'être embauché par une entreprise privée, plutôt que par tout autre type, diminue.

- ce sont les petites entreprises qui recrutent le plus facilement des chômeurs de longue durée : quand la durée de chômage augmente, la probabilité d'être embauché par une entreprise de petite taille plutôt que de grande taille augmente. Les grandes entreprises (plus de 200 salariés) se révèlent ainsi plus sélectives.

- les résultats opposent aussi les entreprises selon la typologie de BESSY. Par rapport à la classe 4 de référence (grandes entreprises post-tayloriennes), les entreprises de la classe 3 (entre recours au marché et référence à l'entreprise) et de la classe 6 (engagement des salariés et référence à la convention collective de branche) accueillent plus facilement les chômeurs de longue durée tandis que celles de la classe 2 (marché professionnel tertiaire) et de la classe 5 (marchés de métiers) sont plus sélectives. Ces deux dernières classes ont en commun la présence de marchés professionnels avec des procédures de recrutement assez lourdes et réglementées : la qualification professionnelle des travailleurs est standardisée pour être transférable d'une entreprise à l'autre. Il est probablement plus difficile pour un chômeur de longue durée d'y être recruté. Quant à la classe 6, elle est très proche de la 4 mais avec une main-d'œuvre largement ouvrière, donc une sélection moins forte au niveau des qualifications.

---

[17] D'autres variables telles que la durée de l'emploi et la zone d'emploi en sortie doivent être mobilisées pour l'analyse.

- on retrouve une partie de ces effets dans l'étude des deux axes : concernant les modes de coordination, on observe que les marchés internes (coordination par l'entreprise) sélectionnent moins sur la durée de chômage. Au niveau des modes d'évaluation des compétences, le mode médian, intermédiaire entre l'évaluation par les compétences individuelles et l'évaluation par recours aux standards généraux, est le moins sélectif sur la durée : évaluer les compétences des candidats de manière équilibrée, et *a priori* plus équitable, favorise l'embauche des chômeurs de longue durée.

Tableau 2 : **Impact de la durée de chômage sur les modes de sortie**

Variables expliquées		β	$exp(\beta)$
Type de contrat de travail	*CDI*	*référence*	
	CDD	- 0,013	0.987
	Contrat aidé	+ 0,061	1,062
	Intérim et intermittent du spectacle	- 0,024	0,976
	Saisonnier, autre	+ 0,041	1,041
Type d'employeur	Entreprise publique	+ 0,051	1,053
	Administration, collectivités locales, association et entreprise d'insertion	+ 0,039	1,039
	Entreprise privée	*référence*	
	Entreprise d'intérim	ns	
	Particulier, autres	+ 0,057	1,058
Taille de l'entreprise	1-9 salariés	+ 0,035	1,035
	10-99 salariés	ns	
	100-199 salariés	ns	
	plus de 200 salariés	*référence*	
Typologie de Bessy			
C1 : recours au marché et standards d'évaluation très généraux		ns	
C2 : recours au marché professionnel tertiaire		- 0,070	0,932
C3 : entre recours au marché et référence à l'entreprise		+ 0,154	1,166
C4 : grandes entreprises post-tayloriennes		*référence*	
C5 : marchés de métiers (ouvriers qualifiés)		- 0,070	0,932
C6 : engagement des salariés dans l'entreprise et référence à la convention collective de branche		+ 0,181	1,198
C7 : entreprises publiques et qualifications générales		ns	
Forme de coordination	*Par l'entreprise (marché interne)*	*référence*	
	Médiane	- 0,029	0,971
	Par le marché (marché externe)	- 0,242	0,785
Evaluation des compétences (dans l'entreprise)	Par les compétences individuelles	+ 0,061	1,062
	Médiane	+ 0,228	1,256
	Par recours à des standards généraux	*référence*	

Ensemble des régressions multinomiales dans lesquelles la variable expliquée est le mode de sortie. Les variables explicatives, en sus de la durée, sont les caractéristiques individuelles et les caractéristiques du dernier emploi.

Source : DARES, enquête TDE-MLT.

3. ENJEUX ET PERSPECTIVES DE POLITIQUE ÉCONOMIQUE

L'instauration de mesures spécifiques de politique d'emploi pour lutter contre le CLD date du milieu des années quatre-vingt. Ces mesures ont été progressivement renforcées et élargies en réponse à l'augmentation rapide et constante du nombre de chômeurs de longue durée. La logique des politiques actuelles est globalement fondée sur une conception de la responsabilité individuelle du chômage de longue durée : certains travailleurs se retrouvent au CLD du fait de leurs caractéristiques individuelles (leur inemployabilité) ou de leur comportement (découragement, passivité). Ainsi, les mesures mises en œuvre sont principalement curatives et ciblées sur le chômeur et ses caractéristiques. La mise à jour dans notre étude des liens entre les pratiques de gestion développées par les entreprises et la durée de chômage donne également une part de responsabilité aux entreprises dans le CLD, ce qui remet en question la logique des mesures existantes.

3.1. Responsabilité du chômeur et politique d'amélioration de l'employabilité

Les dispositifs en faveur des chômeurs de longue durée, essentiellement curatifs, s'articulent schématiquement autour de trois logiques (SEIBEL, 1998) :

- les *actions de formation* visant l'amélioration des capacités de réinsertion par des stages allant de la « qualification » à la « remotivation » (stages d'insertion et de formation à l'emploi, SIFE, collectifs), associées à des actions plus légères (orientation, aide à la recherche d'emploi, bilan professionnel et personnel) ;

- les *aides à l'embauche* dans le secteur marchand par la mise en œuvre de contrats aidés (Contrats Initiative Emploi, CIE, depuis 1995) avec allègement du coût salarial, ayant pour objectif le reclassement professionnel et la réinsertion dans l'entreprise ;

- l'ouverture des *emplois du secteur non marchand* aux chômeurs de longue durée à partir de 1987 avec les contrats emploi-solidarité (CES) et la création du contrat emploi-consolidé (CEC) en 1992 censé offrir un emploi plus durable aux « personnes particulièrement menacées d'exclusion » (chômeurs de longue durée âgés et chômeurs de très longue durée).

Même si ces mesures peuvent favoriser la réinsertion des chômeurs de longue durée, elles rencontrent des limites ou contradictions inhérentes aux politiques qui interviennent de façon curative et non préventive (JOIN-LAMBERT *et alii*, 1997). Réserver des stages de formation aux chômeurs de longue durée est incompatible avec une entrée plus précoce des chômeurs dans ce dispositif, ce qui pourrait pourtant faciliter leur reclassement dans des délais plus courts ; ou à l'inverse, ouvrir ces stages à tous les publics conduirait inévitablement à en exclure, par des effets de sélection, les publics les plus en difficulté, comme les chômeurs de très longue durée. En outre, le contenu de ces dispositifs dépend d'objectifs parfois ambigus : s'agit-il de dispenser des formations répondant aux besoins identifiés des entreprises ou bien d'entamer un processus de resocialisation des chômeurs fortement éloignés du marché du travail ? Concernant les contrats aidés dans le secteur marchand, leur forte proximité avec un contrat de travail normal les fait figurer parmi les mesures qui donnent les meilleurs résultats en termes de reclassement professionnel. L'incitation financière semble conduire les employeurs à passer outre leurs préjugés défavorables envers les chômeurs de longue durée, qui s'ils réussissent leur intégration dans l'entreprise, auront toutes les chances d'être définitivement embauchés. Toutefois, dès lors que c'est l'employeur qui embauche, une sélection inévitable s'opère au détriment des chômeurs les plus fragilisés. Ces derniers peuvent alors bénéficier des emplois du secteur non marchand mais le statut de ces emplois reste relativement précaire et a tendance à les stigmatiser davantage.

Les mesures actuelles de prévention du CLD, fondées sur la même logique que les mesures curatives, correspondent essentiellement à des stages mis en œuvre à l'ANPE pour les chômeurs de moins de 12 mois (stages d'accès à l'entreprise et SIFE individuels), visant l'amélioration de l'employabilité des chômeurs et leur accès à l'emploi avant qu'ils ne tombent dans le CLD. Le nombre de bénéficiaires reste cependant assez limité et les effets de sélection jouent aussi au sein de ces dispositifs.

L'inconvénient majeur de l'ensemble de ces mesures est de considérer les exigences des firmes comme des données auxquelles il convient de s'adapter, et d'ignorer ainsi le rôle des entreprises dans la construction de l'inemployabilité des personnes et dans le CLD.

3.2. Responsabilité des entreprises et régulation de leurs pratiques de gestion

Les résultats présentés dans la section 2.2. montrent le rôle joué par les entreprises dans la création ou la destruction de l'employabilité de leurs salariés : l'exemple typique correspond aux difficultés de reclassement des salariés licenciés après avoir très longtemps travaillé dans une entreprise qui ne les a pas formés et qui n'a pas assuré le développement ou même l'actualisation de leurs compétences. Ces observations justifient une réflexion cruciale sur l'adaptation des politiques économiques, mettant notamment l'accent sur leur aspect préventif.

3.2.1. Mesures préventives

L'étude des résultats conduit à développer une régulation des pratiques de gestion autour de trois axes complémentaires.

Le premier consiste à aménager la flexibilité externe afin d'inciter les entreprises à tenir compte des conséquences sociales de leurs initiatives en termes de licenciement. Licencier constitue non seulement un préjudice pour le salarié, mais a également un coût social (l'assurance-chômage) et induit des externalités négatives pour l'ensemble de l'économie, comme la perte de qualification des chômeurs. Actuellement, les employeurs ont l'obligation de proposer une convention de conversion à tout salarié licencié économique (couplant formation et allocation pendant six mois) et d'élaborer un plan social pour tout licenciement collectif de plus de dix salariés. Ces mesures n'empêchent pourtant pas les salariés licenciés de courir un risque accru de tomber dans le CLD. La politique de l'emploi doit alors chercher à limiter les licenciements collectifs et à réduire les « licenciements de permutation »[18] en favorisant la mobilité inter-entreprises ; elle doit également inciter les entreprises à développer des initiatives pour assurer elles-mêmes le reclassement de leurs salariés (création d'agences d'outplacement par exemple). En amont, il convient d'inciter les entreprises à adapter leur main-d'œuvre, de façon prévisionnelle et négociée, aux évolutions technologiques prévisibles. La politique de formation professionnelle joue, à ce titre, un rôle essentiel. On observe en effet un risque accru de tomber dans le CLD pour ceux qui, toutes choses égales par ailleurs, ont travaillé longtemps au sein d'une entreprise développant un marché interne et sans bénéficier de formation pendant l'emploi.

Le second axe vise à ne pas faire supporter le risque de perte de compétences uniquement par le travailleur. L'entreprise se doit de maintenir l'employabilité de ses salariés par un dispositif de surveillance et d'actualisation des compétences (GAZIER, 2001). L'exemple le plus probant est l'accord signé en 1998 par NS/Dutch Railways (aux Pays-Bas) qui prévoit un bilan individuel de carrière et de développement personnel pour les 14 000 salariés tous les trois ans, financé par l'entreprise. Si une formation complémentaire s'avère nécessaire, la firme doit l'assurer et le salarié la suivre. Ce type d'obligation réciproque équivaut à des garanties indirectes d'accès à l'emploi : elles diminuent les effets défavorables liés à l'ancienneté en termes de compétences spécifiques ou obsolètes et facilitent la reconversion des salariés.

Instaurer des mesures préventives apparaît indispensable pour réguler les pratiques de gestion et limiter le flux d'entrée en CLD. Face à la sélectivité plus ou moins forte lors du recrutement (observée en section 2.3.), la logique des mesures curatives doit également évoluer pour accélérer le flux de sortie du chômage.

3.2.2. Mesures curatives

Les résultats montrent l'influence de la durée de chômage individuelle sur les modes de sortie du chômage, indiquant que cette durée figure parmi les critères de recrutement des entreprises. Les mesures actuelles d'aide à la réinsertion, à trop se concentrer sur les individus et sur leurs « handicaps », peuvent avoir un effet encore plus stigmatisant, même si elles s'adressent à un public déjà fragilisé.

D'autres types d'action opèrent un renversement de logique et considèrent les pratiques de recrutement des employeurs, et non le comportement ou le degré d'employabilité des chômeurs, comme déterminantes pour l'échec ou la réussite du processus d'insertion professionnelle. Il s'agit notamment des programmes « Welfare-to-Work » (ou *Workfare*) développés aux États-Unis et de la méthode IOD (« Intervention sur l'Offre et la Demande ») mise en place localement en France. Ces deux types d'action ont une logique nouvelle et commune qui cherche

---

[18] Il s'agit d'entreprises qui licencient et recrutent dans une même catégorie de personnel au cours de l'année.

à faire évoluer les pratiques de recrutement et d'accueil des employeurs, en privilégiant l'accès rapide à l'emploi par rapport à l'amélioration de l'employabilité des chômeurs, pour un public de première qualification et ayant un lien distendu avec le marché du travail.

Plus précisément, l'objectif des programmes « Welfare-to-Work » est d'accélérer la réinsertion professionnelle des allocataires sociaux en considérant que le contact avec l'environnement d'entreprise est le meilleur levier pour développer des compétences, des habitudes de travail et pour accéder à de meilleurs emplois. Leur mise en œuvre s'effectue localement pour mieux s'adapter au marché local et nécessite une coopération accrue entre les employeurs et les intermédiaires du marché du travail. Les employeurs sont incités à y prendre part au moyen d'incitations fiscales et financières[19]. Toutefois, ces programmes sont critiquables : ils conditionnent la durée de la perception des allocations à l'exercice d'un emploi[20] et l'accès rapide à l'emploi est privilégié quelle que soit la qualité de l'emploi trouvé. Ainsi, les bons résultats obtenus en termes de réinsertion sont contrebalancés par les mauvais concernant la précarité et le niveau de vie. Notons enfin que ces programmes ont été instaurés dans un contexte de tension sur le marché du travail des non qualifiés, ce qui n'est pas le cas en France.

Ces limites constituent les principales différences entre le système du *Workfare* et la méthode IOD. L'objectif de cette dernière est de permettre aux chômeurs non qualifiés et/ou de longue durée d'accéder à un emploi stable (*i.e.* un CDI à temps plein). À cette fin, l'intervention des équipes IOD sur le marché du travail consiste à : développer la proximité, au niveau local, entre les entreprises et les structures en contact avec les demandeurs d'emploi par la prospection d'emploi et la constitution d'un réseau d'entreprises sollicitées ; intervenir sur le volume et la structure des embauches en provoquant des décisions d'embauches nouvelles et en négociant le statut des emplois offerts ; intervenir sur les critères d'embauche en recentrant l'employeur sur son besoin réel (pas de surqualification). La méthode IOD est fondée sur une conception émergente et collective de la compétence, considérée comme un construit social dépendant du contexte. La mise en œuvre de la méthode comprend la mise en relation directe des employeurs avec les demandeurs d'emploi ainsi qu'un suivi de la relation d'emploi par les membres des équipes. Ces derniers se positionnent ainsi en interlocuteurs garants pour diminuer l'incertitude et supprimer les occasions de sélectivité (tri de CV, entretien d'embauche classique). Le but de cette logique intrusive est de transformer la demande de travail et d'induire une évolution des pratiques des entreprises vers des embauches stables et vers une baisse de la sélectivité.

---

[19] Réductions de charges pour ceux qui embauchent des allocataires ; perception par l'employeur des allocations, reversées ensuite à l'allocataire sous forme d'une partie du salaire ; subventions à la formation.

[20] Dimension coercitive de la politique reflétant une conception de la responsabilité individuelle du chômage et de la pauvreté.

4. CONCLUSION

La mise en évidence empirique de la responsabilité des entreprises dans le CLD implique l'adaptation de la politique de l'emploi à cette nouvelle réalité par une régulation de leurs pratiques de gestion et un fléchissement de leur sélectivité. D'autant plus que l'ensemble des chômeurs, de courte et de longue durée, pourrait bénéficier de l'évolution alors induite des modes de gestion de la main-d'œuvre.

BIBLIOGRAPHIE

ACEMOGLU D. (1995), « Public Policy in a Model of Long-term Unemployment », *Economica*, vol. 62, p. 161-178.

BESSY C. (1995), « Formes de gestion de la main-d'œuvre et modes de fixation des salaires par branche d'activité. Analyse statistique à partir de l'enquête coût-structure des salaires 1992 », *Document de travail, Centre d'Étude de l'Emploi.*

BESSY C. (1997), « Les dispositifs d'évaluation des compétences. Une approche statistique par branches d'activité », *Cahiers du Centre d'Étude de l'Emploi*, p. 35-51.

BLANCHARD O.J. et DIAMOND P. (1994), « Ranking, unemployment duration, and wages », *Review of Economic Studies*, n° 61, p. 417-434.

COUTROT T. (2001), « Innovations organisationnelles et sélectivité du marché du travail. », *Présentation au colloque de l'Institut CdC pour la recherche du 21 juin 2001 intitulé Emploi : quelles innovations ?*, 20 p.

DELATTRE E. et SALOGNON M. (2002), « Modes de gestion de la main-d'œuvre et parcours de chômage. Une analyse microéconométrique à l'aide du suivi longitudinal des chômeurs de l'enquête TDE-MLT », à paraître dans *Travail et Emploi*, 30 p.

FOUGÈRE D. (2000), « La durée du chômage en France », *Rapport du Conseil d'Analyse Économique, Réduction du chômage : les réussites en Europe*, La Documentation Française, p. 239-259.

GAZIER B. (2001), « L'employabilité », *document de travail*, 14 p.

JOIN-LAMBERT M., BOLOT-GITTLER A., LENOIR D. et MEDA D. (1997), *Politiques sociales*, Presses de Sciences Po et Dalloz, 718 p.

LOCKWOOD B. (1991), « Information Externalities in the Labour Market and the Duration of Unemployment », *Review of Economic Studies*, vol. 58, p.733-754.

SEIBEL C. (1998), « Le chômage de longue durée et les politiques d'emploi », *Rapport du Conseil d'Analyse Économique, Pauvreté et Exclusion*, La Documentation Française, p. 93-112.

Générations de capital, croissance et politique sociale : une approche empirique

Gérard DUTHIL, Maitre de conférences , CARE - Université de Rouen
Claude DIÉBOLT, CNRS - Université de Montpellier

Résumé

L'investissement est souvent considéré comme source du progrès technique. Chaque génération de capital permet d'accroître la production ou d'économiser de la main-d'œuvre. La prise en compte du temps dans les décisions d'investissement des entreprises pousse donc à différencier les générations de capital de façon à analyser leur impact sur les variables du marché du travail et leur implication dans la conduite de la politique économique, et notamment sociale.

1. INTRODUCTION

Les recherches contemporaines, relatives aux sources du progrès technique et de la croissance, partent de l'hypothèse que le progrès technique est incorporé, en partie ou en totalité aux facteurs de production, capital ou travail. Ainsi l'investissement qui incorpore de nouvelles possibilités techniques, retrouve sa fonction fondamentale de vecteur du progrès technique, avec deux implications importantes :

- la relation entre la production globale et le stock de capital évolue avec le temps. Cette relation doit tenir compte de la qualité du capital qui progresse à chaque génération d'investissement. S'il apparaît une nouvelle technologie supérieure à celles installées, les capacités de production seront constituées de capital de cette technologie, modifiant les conditions de production et d'échange. La plus grande efficacité du système de production permet d'accroître les salaires, alors que le prix des produits fabriqués baisse. Les générations de capital les plus anciennes deviennent ainsi obsolètes.

- la distinction entre l'investissement net et l'investissement de remplacement n'a plus de fondement puisque l'investissement n'est jamais renouvelé à l'identique. En éliminant les générations de capital les plus anciennes, l'installation de nouvelles générations de capital permet d'accroître la productivité moyenne du stock global de capital. De ce fait, chaque investissement correspond à une nouvelle génération de capital puisque les progrès, existant au moment de son élaboration, ont été incorporés au nouveau capital. Ainsi, le stock global de capital est un ensemble de générations hétérogènes et successives de capital de plus en plus productives avec le temps.

Cette hypothèse d'incorporation du progrès technique au facteur capital a été initialement testée par R. SOLOW (1962) sur des données américaines. Il arrivait à la conclusion que pour avoir un accroissement d'un point du taux de croissance (comme par exemple passer de 3 à 4 %), il faut une augmentation d'environ 20 % du taux de croissance du stock de capital, c'est-à-dire passer de 10 à 12 %.

Mais, certaines innovations exigent à la fois des machines spécialisées et l'utilisation d'un capital nouveau pour être mises en œuvre. Ainsi, il existerait deux trends de progrès technique, l'un traduit l'amélioration de l'efficacité du capital, l'autre apparaît directement et explicitement dans la fonction de production agrégée. Cette décomposition permet de faire la distinction entre le progrès technique incorporé et l'autonome.

De nombreuses études ont montré que, jusqu'au milieu des années 70, le rôle du progrès technique autonome a été beaucoup plus important en Europe qu'aux États-Unis, où le phénomène inverse est constaté. En France, cette supériorité peut être expliquée par des effets de concentration des industries et d'économies de dimension d'une part et, par la planification de l'économie impliquant un fort développement et renouvellement des investissements d'autre part. En conséquence, il est apparu que toute politique d'investissement est plus efficace si le progrès technique est incorporé au capital. Mais, il n'y a aucune raison de supposer que le progrès technique est seulement incorporé au capital. Le travail est également source de progrès par l'amélioration des niveaux de formation initiale ou continue (cf. notamment les théories de la croissance endogène).

2. GÉNÉRATIONS DE CAPITAL, SALAIRES ET EMPLOI / CHÔMAGE

L'impact des modèles de générations de capital sera exposé sur les salaires dans un premier temps et, sur l'emploi et le chômage dans un deuxième temps.

2.1. Générations de capital et salaires

En faisant l'hypothèse que, pendant une période donnée t, la firme produit une production Y_t avec une quantité de travail L_t. Une partie de la production est réinvestie : $I_t = k.Y_t$.

Ses investissements en moyens de production diffèrent uniquement par leur productivité ; l'installation de nouveaux équipements conduit à une amélioration de l'efficacité productive du capital à travers le temps.

Le progrès technique a alors une double caractéristique. Il est d'une part totalement incorporé au capital et, d'autre part neutre au sens de HARROD. Ainsi, la plus grande productivité des investissements les plus récents implique que la production par unité de travail est plus forte que pour les investissements anciens. Cependant, la productivité sera constante ultérieurement durant toute la vie du capital.

L'évolution de l'investissement peut être synthétisée de la façon suivante en portant en abscisses les quantités de travail utilisées sur chaque équipement et en ordonnées la production par unité de facteur travail sur les équipements installés en différentes périodes allant de t-5 à la période t. La représentation des caractéristiques des diverses générations de capital utilisées se fait à partir de l'origine des axes de l'investissement le plus récent, c'est-à-dire celui installé l'année t à l'investissement le plus ancien. Chaque rectangle représente une génération de capital dont la hauteur est représentative de l'efficacité de celui-ci. L'emploi, lié à tout investissement supplémentaire, est fonction de l'importance de ce dernier.

Graphique 1 : **Emploi et générations de capital
de plus en plus productives**

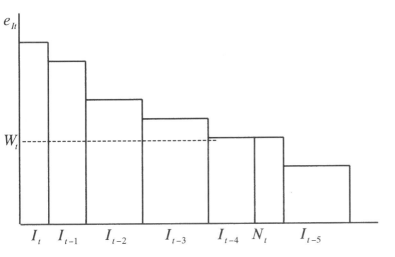

Le schéma montre que les quatre dernières générations de capital sont totalement utilisées, la cinquième l'est en partie pour garantir le plein emploi de la force de travail, l'offre de travail étant considérée comme exogène .

De là, se pose la question de la répartition du revenu global entre les « travailleurs » et les « capitalistes ». Trois possibilités, quant au niveau de rémunération des salariés, peuvent être étudiées :

- le salaire est supérieur à la productivité du travail sur l'équipement le moins productif, mais inférieur à celle des autres équipements. Dans ce cas, l'entrepreneur conserve à court terme cet équipement en appoint tout en essuyant des pertes. Le profit réalisé avec les autres générations de capital est amputé par la perte subie sur la plus ancienne. L'entrepreneur déclassera cet investissement au plus vite. Cet exemple met en évidence l'idée d'accélération de l'investissement et de l'intégration du progrès technique dans le processus de production. Plus la vitesse d'intégration du progrès technique est forte, plus l'efficacité du travail est forte et plus l'accroissement des salaires peut être important. Ainsi, entrepreneurs et salariés peuvent retrouver dans le progrès technique une convergence d'optique et l'accepter d'autant plus facilement.

- le salaire est égal à la productivité du travail sur l'équipement le moins productif. Seul, cet équipement ne procure pas de profit à l'entreprise. Il apparaît alors comme un équipement « marginal ». Il sera le premier déclassé lors d'une augmentation des salaires.

- le salaire est inférieur à la productivité du travail sur l'équipement le moins productif. Toutes les générations de capital sont profitables. L'introduction d'équipements plus productifs permet aux entreprises de bénéficier de profits de nature différentielle. L'amélioration de l'efficacité des générations de capital les plus récentes permet donc de stabiliser, voire d'accroître, les profits face à l'élévation du coût du travail.

L'accroissement des salaires peut être la conséquence du progrès technique incorporé dans les investissements nouveaux, mais également être à l'origine d'une réaction des entrepreneurs, en terme d'amélioration de l'efficience du capital, pour lutter contre l'élévation des coûts de production, et notamment du travail. On ne considère plus alors le progrès technique comme une donnée technologique, mais comme induit par un contexte socio-économique.

Cependant, le progrès technique incorporé dans le capital n'a pas que pour conséquence l'élévation des salaires, il peut être à l'origine de l'apparition d'un chômage soit keynésien, soit classique.

2.2. Générations de capital et chômage

Les effets d'un investissement incorporant du progrès technique sont également importants sur l'évolution de l'emploi. Un chômage de type classique ou keynésien peut en résulter. Dans le cas où l'investissement est constant dans le temps et compte tenu de l'amélioration de son efficacité productive, l'emploi qui lui est associé, diminue globalement. Les emplois nouvellement créés ne permettent pas de réemployer la main-d'oeuvre affectée aux anciennes générations de capital déclassées. L'offre de travail ne sera donc pas totalement utilisée par le système productif. Le salaire peut ou être maintenu à un niveau relativement bas permettant aux nouvelles entreprises les plus efficaces de faire des profits importants, modification de la répartition du revenu global, ou s'élever poussant les entreprises dans une logique de substitution capital /travail.

Tableau 2 : **Chômage classique, chômage keynésien
et générations de capital**

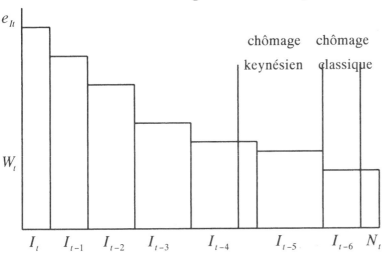

Il apparaît nettement que les conséquences du progrès technique, au travers des différentes générations de capital notamment, sur les variables du marché du travail (salaire et emploi) sont importantes. Le salaire moyen, en suivant la productivité du travail, augmente avec la diminution de l'emploi, ce qui pousse à traiter le chômage comme provenant d'un désajustement entre l'offre et la demande de qualifications

3. LES ANALYSES SECTORIELLES DE L'INNOVATION ET DE LA CROISSANCE

3.1. L'analyse de K. PAVITT

K. PAVITT (1980), en partant d'analyses monographiques sur 2 000 innovations significatives d'entreprises anglaises entre 1945 et 1979, propose une typologie sectorielle des processus d'innovation à partir de leurs similitudes et différences dans le cadre de la théorie évolutionniste du changement technique.

Faisant suite à R. NELSON (1959) qui souligne l'existence de trois paramètres explicatifs de toute trajectoire technologique, à savoir :

- l'origine de la technologie,

- la nature des besoins des utilisateurs,

- la possibilité d'appropriation de la technologie.

K. PAVITT propose une typologie sectorielle des trajectoires technologiques. L'innovation est identifiée selon le secteur d'origine, le secteur utilisateur et le secteur d'activité principale de la firme innovatrice. Cette identification permet alors de définir :

- l'origine sectorielle de la technologie utilisée dans le secteur,

- l'origine institutionnelle et la nature de la technologie[1],

- l'activité principale de la firme innovatrice.

Il en conclut que les processus d'innovation ne sont pas homogènes. Dans certains secteurs, on constate une prépondérance des innovations de produits (mécanique, électronique, chimie) ; dans d'autres, une prééminence des innovations de procédés (cuir, métaux, agro-alimentaire, automobile) ; et enfin, des secteurs où le changement technique est issu des producteurs de biens d'équipement (textile).

Ainsi, il définit quatre grands groupes de firmes innovatrices dont chacun présente des trajectoires technologiques similaires, à savoir :

- les industries fondées sur la science[2],

- les industries dominées par les fournisseurs de technologies,

- les industries à production intensive caractérisées par des économies d'échelle,

- les offreurs spécialisés d'équipement.

De la même façon, R. MILLER et R. BLAIS (1990) montrent sur un échantillon de 40 firmes canadiennes de six secteurs différents qu'il existe des trajectoires technologiques sectorielles matérialisées par des taux et des directions spécifiques en matière d'innovation.

Cette décomposition est intéressante puisqu'elle permet d'opposer d'une part, les secteurs dont la stratégie est la différenciation des produits et caractérisés à la fois par une croissance du marché, une croissance des effectifs employés, une complémentarité des facteurs de production et une augmentation des salaires supérieure à la moyenne et d'autre part, les secteurs dont l'objectif premier est la réduction des coûts de production par substitution capital / travail et des gains de productivité entraînant de fortes réductions d'emplois et de moindres augmentations salariales.

3.2. Les analyses complémentaires du SPRU

Il est souvent montré le rôle croissant de l'information dans l'économie. Déjà, D. BELL (1976) avance que la société post-industrielle est une société de services, en ajoutant que « ce qui compte, ce n'est ni le muscle, ni l'énergie, mais l'information ». La production de l'information et les effectifs liés à celle-ci ne cessent d'augmenter en proportion dans l'économie. Cependant, une

---

[1] L'origine de l'innovation est soit interne à l'entreprise (département de recherches et de développement), soit externe (laboratoires, universités...). La nature détermine soit une innovation de procédés de production, soit une innovation de produits.
[2] La trajectoire technologique de ces industries émergentes est caractérisée par l'origine de la technologie, les besoins des utilisateurs des biens issus de cette technologie, l'appropriation des bénéfices de l'innovation - pouvant être en partie réinvestis pour donner lieu à d'autres innovations -.

grande partie des services sont simplement des compléments à l'industrie et non des substituts, ce qui montre bien le rôle moteur de l'industrie dans le développement des nouvelles technologies. Quasiment à l'opposé de ce raisonnement, C. FREEMAN (1984) souligne que les technologies de l'information sont des technologies génériques en créant de larges possibilités d'utilisation pour des innovations de toutes natures et dans de nombreux secteurs.

Le SPRU, en analysant l'évolution sur longue période de la productivité du travail et du capital dans les principaux secteurs de l'économie britannique, arrive aux conclusions suivantes :

- les industries électroniques, et notamment des composants électroniques, sont les secteurs qui ont connu les plus hauts taux de croissance de la productivité du travail. Les mêmes secteurs utilisant la micro-électronique connaissent le même phénomène.

- dans les secteurs où se côtoient la micro-électronique et les technologies traditionnelles dans le processus de production, l'impact de la productivité est très variable. Là, où la micro-électronique n'a pas été introduite massivement, la productivité tend globalement à décroître.

- les technologies de l'information ont été implantées dans les systèmes de contrôle et de management des secteurs produisant des biens standardisés en continu.

- les secteurs de services, utilisant fortement les technologies de l'information, sont des activités en pleine croissance et très profitables (services automatiques d'information, banques de données,...). D'autres services, comme les banques et les assurances, ont vu leurs activités bouleversées par les technologies de l'information. Mais, les gains de productivités[3] sont restés très faibles dans ces secteurs. Il convient de s'interroger alors sur l'évolution de l'emploi dans ces secteurs jusque-là créateurs d'emplois, lorsque des gains de productivité surgiront. Il est clair que s'ils sont aussi importants qu'ils l'ont été dans l'industrie dans les années 70/80, cela impliquerait des réductions d'emplois, ou du moins des modifications considérables dans la structure des qualifications employées.

- cette évolution très lente des gains de productivité dans les services provient paradoxalement d'une diffusion lente des technologies de l'information au sein de ces secteurs. La capacité d'utilisation des systèmes de logiciel informatique est souvent faible, ceci expliquant la lenteur de la modernisation des services et par la même, le faible impact sur l'emploi et les qualifications.

Cette étude pousse à développer quelques remarques.

---

[3] Cependant, il est très difficile de calculer la productivité du travail dans les services ; il convient de se référer notamment au chapitre 6 de l'ouvrage de J. de BANDT (1995), *Services aux entreprises : informations, produits, richesses*, Economica, Paris.

Tout d'abord, il convient de relativiser le rôle des technologies de l'information dans la croissance. Les secteurs industriels qui utilisent fortement les technologies de l'information ont vu leurs effectifs baisser fortement. Mais, ces secteurs ont entrepris, souvent à partir du - voire même avant le - premier choc pétrolier, un effort de rationalisation de leur système de production. Le remplacement d'anciennes usines par des équipement très performants, intégrant cependant des technologies nouvelles, explique en grande partie les gains de productivité. Le secteur textile en France illustre bien ce mouvement. Il réduit ses effectifs de quasiment 30 % entre 1973 et 1981. En revanche, les secteurs des services ont vu leurs effectifs s'accroître très fortement et notamment grâce à la multiplication des produits offerts et des besoins du marché.

Ensuite, les secteurs de production des technologies de l'information ne représentent qu'un faible pourcentage de l'emploi total dans les économies industrielles, même si la croissance de l'emploi repose avant tout sur ces secteurs. Mais, pour M. AMENDOLA (1983), le seuil des années 80 est caractérisé par une modification technologique radicale qui modifie à la fois le processus de production et son environnement. On assiste à la fois à une tertiarisation de l'économie, à l'émergence de structures économiques et sociales plus flexibles, à l'intégration de la technologie productive à tous les niveaux du milieu environnant.

En effet, de nouvelles opportunités sont offertes par les technologies, notamment de l'information, à savoir :

- le perfectionnement du capital,
- le développement de nouvelles infrastructures,
- la diffusion des biens et des techniques d'information,
- l'élargissement de l'éventail des qualifications,
- le changement des méthodes d'organisation du travail, de répartition des responsabilités,...

Enfin, il est utile de s'interroger sur le lien entre la productivité et les innovations. K. PAVITT conclut sur cette question à partir de l'exemple de l'économie britannique. « L'inefficacité industrielle britannique se reflète dans une faible efficacité de l'investissement. L'une et l'autre sont les symptômes d'un manque d'innovations techniques dans les processus de production ». Ainsi, K. PAVITT et L. SOETE (1980) établissent une corrélation entre le niveau des activités innovatrices d'un pays et ses exportations en biens manufacturés. L'exemple de la Grande Bretagne est significatif à cet égard puisqu'elle enregistre de façon concomitante une baisse des activités innovatrices et une réduction de la part des exportations dans le commerce mondial. D'ailleurs, J. MAIRESSE et M. SASSENOU (1991) montrent que la majorité des études économétriques confirme l'existence d'une relation entre productivité et recherche et développement et donc entre productivité et progrès technique.

Quoiqu'il en soit, les nouvelles technologies sont à l'origine pour les entreprises, pour les secteurs d'activités, pour les pays, d'un double avantage qui renforce leur position concurrentielle. Tout d'abord, un avantage de coût, provenant d'effets d'apprentissage ou de taille, permet de consolider la position des entreprises surtout dans un contexte d'ouverture internationale des échanges. Le rôle prépondérant du développement technologique est particulièrement net dans le cas d'innovations de rupture dans les procédés. Ensuite, un avantage de différenciation puisque les innovations créent des opportunités nouvelles à l'entreprise qui les impulsent et des effets sur les produits eux-mêmes (performances accrues, qualités, fiabilité,...). En cas d'innovation de rupture, le rôle de la technologie est prépondérant dans l'acquisition d'un avantage concurrentiel. M.E. PORTER (1986, 1993) montrait que les entreprises mettent en œuvre de véritables politiques de développement technologique afin de s'assurer un avantage concurrentiel soit au niveau des coûts ou de la différenciation du produit, soit à ces deux niveaux.

4. UNE ANALYSE EMPIRIQUE DES ÉVOLUTIONS SECTORIELLES

L'analyse empirique des dynamiques sectorielles a été menée sur l'ensemble des secteurs de l'industrie, du bâtiment et du tertiaire en France sur la période 1970-1999[4]. L'étude présentée ici ne porte que sur quelques secteurs industriels spécifiques choisis par rapport aux conclusions exposées ci-dessus.

4.1. Présentation de l'étude

L'analyse des dynamiques sectorielles a été effectuée à partir de cinq variables, prises en évolutions annuelles, à savoir :

- l'emploi intérieur salarié, noté ΔL ;

- la productivité horaire du travail, noté ΔP, retraçant l'évolution de la valeur ajoutée en volume par heure de travail ;

- le coût salarial unitaire, noté ΔS, issu d'un calcul rapportant la masse salariale par secteur aux prix courants à l'effectif salarié du secteur ;

- l'intensité capitalistique de l'activité, noté ΔI, issu d'un calcul rapportant le capital fixe net par secteur en fin d'année à prix constants, noté K, à l'effectif salarié du secteur, noté L, d'où I = K/L . Il est alors possible de calculer un coefficient d'élasticité factorielle, noté e_f, défini comme suit :

$$e_f = \frac{\Delta L/L}{\Delta I/I}$$

- l'excédent brut d'exploitation en volume, noté ΔEBE, et calculé en rapportant l'excédent brut d'exploitation, en prix courants et un indice annuel des prix à la consommation.

Le changement de base du système de comptabilité nationale[5] n'a pas facilité l'analyse. En fait, deux séries statistiques temporelles coexistent dans l'analyse, issues des « comptes et indicateurs économiques » de l'INSEE, une série sur la

---

[4] L'ouvrage relatif à cette analyse doit paraître cette année 2002 sous DIÉBOLT C., DUTHIL G., *L'impact du progrès technique sur le marché du travail*, L'Harmattan.

[5] Le changement de base du système de comptabilité nationale et ses impacts sur les différents comptes sectoriels ont été présentés par MADELIN V. (1999) et BERTHIER J.-P. (1999)

période 1970-1993 et une série sur la période 1993-1999, l'année pivot étant donc 1993 où des écarts existent entre les différentes variables.

4.2. Les résultats de l'étude

Un ensemble de remarques sur l'évolution des différentes variables apparaît :

- l'évolution du coût salarial moyen est extrêmement concentrée sur l'ensemble de la période d'analyse. L'évolution des charges sociales étant identique dans tous les secteurs, ce résultat souligne le phénomène de la diffusion sectorielle des hausses salariales. R. BOYER (1978) montrait en effet que les hausses salariales étaient d'abord négociées entre les partenaires sociaux dans les secteurs les plus performants. Elles servaient ensuite comme norme dans les négociations salariales des secteurs traditionnels à plus faibles gains de productivité, avec pour conséquence de restreindre l'emploi. Mais, la disparité sectorielle du coût salarial moyen est restée quasiment identique depuis 1970. En effet, le coût moyen salarial dans le secteur le plus rémunérateur (produits pétroliers et gaz naturel) est environ deux fois plus élevé que celui du secteur le moins rémunérateur (industrie textile).

Le lien entre les variables emploi et coût salarial moyen n'est pas simple. S'il est vrai que des secteurs qui ont vu croître leur coût salarial unitaire plus rapidement que la moyenne, ont connu des réductions d'effectifs très importantes (industrie des minéraux solides) ; d'autres secteurs, dont le coût salarial moyen a moins augmenté, ont vu leurs effectifs fondre également (industrie des minerais et métaux ferreux). A l'opposé, des secteurs qui ont connu une progression inférieure à la moyenne de leur coût salarial unitaire, ont soit stabilisé leurs effectifs, soit accru ceux-ci sur toute, ou du moins une grande partie de la période étudiée (industrie de la viande et des produits laitiers). Ainsi, trois effets peuvent, alternativement ou cumulativement, expliquer ces évolutions :

1. un effet « classique » puisque l'évolution du coût salarial moyen oblige les entreprises à réduire leur demande de travail et à substituer ainsi du capital au travail. De ce fait, l'intensité capitalistique doit s'élever dans les secteurs où le coût moyen a le plus augmenté.

2. un effet « statistique » car l'accumulation du capital et l'intégration d'innovations dans le processus de production appellent à l'emploi d'offreurs de travail plus qualifiés au détriment des moins qualifiés, nécessitant le versement de rémunérations plus importantes en contrepartie du travail fourni. Ainsi, le coût salarial moyen s'accroît sans qu'il y ait conjointement une progression des rétributions des effectifs déjà employés.

3. un effet de productivité puisque l'utilisation concomitante d'un capital plus efficace et d'offreurs de travail plus qualifiés entraîne une amélioration de la productivité permettant une meilleure rémunération du travail.

- le lien entre les évolutions de l'emploi et l'excédent brut d'exploitation en volume est intéressant à analyser. Ce sont les secteurs qui ont connu une croissance élevée de leur EBE qui ont vu leurs effectifs s'accroître ou se stabiliser sur la période étudiée (électricité, gaz et eau). A l'opposé, les secteurs, à plus faible progression de leur EBE ont subi des réductions d'emplois plus ou moins fortes (industrie du verre et industrie du papier et du carton). De même, les secteurs, ayant connu une baisse structurelle de l'EBE, ont dû faire face à des pertes importantes d'emplois (combustibles minéraux solides, industrie des minéraux et métaux ferreux). Il convient alors de s'interroger à nouveau sur le lien coût salarial / emploi. Il apparaît que ce sont les secteurs qui ont connu une progression du coût salarial plus rapide que la moyenne qui n'ont pu obtenir qu'une augmentation très faible de leur EBE[6] tout en réduisant leur niveau d'emploi. A l'opposé, les secteurs les plus créateurs d'emplois - ou les moins destructeurs d'emplois - peuvent être regroupés en deux catégories. Un premier groupe est caractérisé par une croissance moyenne modérée du coût salarial et une croissance de l'EBE supérieure à la moyenne des secteurs. Ce sont des secteurs innovants avec une intensité capitalistique élevée. Un deuxième groupe est caractérisé par une croissance souvent bien inférieure à la moyenne du coût salarial et une croissance soutenue de l'EBE. Ce sont des secteurs plus traditionnels avec une intensité capitalistique beaucoup plus faible.

Ainsi, il est clair que le choix technologique d'un secteur a un impact important sur l'évolution des variables du marché du travail. Une analyse des évolutions de l'intensité capitalistique et de la productivité permet d'éclairer cette influence.

- en analysant le lien entre l'évolution de l'emploi et de l'intensité capitalistique, l'opposition entre les secteurs devient alors beaucoup plus complexe. Des secteurs à forte progression de l'intensité capitalistique voient, le plus souvent, leur niveau d'emploi régresser selon des variations plus ou moins amples. Dans ces derniers cas, l'augmentation du capital par tête correspond alors à des investissements de productivité et n'a pour finalité que la réduction de l'emploi global. A l'opposé, des secteurs à plus faible variation de l'intensité capitalistique voient soit leur niveau d'emploi croître ou quasiment se stabiliser. Pour la majorité de ces secteurs, l'accroissement du capital - correspondant à des investissements de capacité - conduit à une amélioration de l'emploi ; soit leur niveau d'emploi se réduire plus ou moins fortement du fait d'une intensité capitalistique extrêmement élevée, ou au contraire très faible (cf. tableau 3).

- de l'analyse de l'élasticité factorielle, il apparaît que la majorité des secteurs industriels ont une élasticité positive jusqu'en 1974, voire 1978. Cette valeur définit un lien de complémentarité entre les facteurs capital et travail. En effet, la demande de biens industriels étant soutenue, tout accroissement de capital (investissement de capacité) entraîne une augmentation des effectifs employés. Au-delà de 1974 (ou de 1978), ces secteurs rentrent dans une phase de substitution, plus ou moins forte, des facteurs (l'élasticité est alors négative) et les investissements sont alors essentiellement de productivité. D'ailleurs, les gains de productivité du travail sont très importants dans tous les secteurs industriels à partir de l'un de deux chocs pétroliers.

---

[6] Ce résultat est à relier au calcul de l'EBE qui retranche notamment les rémunérations à la valeur ajoutée.

Tableau 3 : **Emploi et intensité capitalistique**

	Variation de l'intensité capitalistique	
	Δ faible	Δ forte
$\Delta L \geq 0$	* Presse et édition * Caoutchouc, plastiques * Électricité, gaz, et eaux * Autres produits alimentaires	* Matériels électriques et électroniques * Composants électriques et électroniques * Chimie et parachimie * Construction navale * Bois, meubles * Minerais et métaux non ferreux
$\Delta L \prec 0$	* Textile * Cuirs et chaussures * Bâtiment, génie civil et agricole * Chimie de base * Minerais et métaux ferreux * Viandes et produits laitiers	* Matériels de transport terrestre * Fonderie et travail des métaux * Papier, carton * Mécanique * Combustibles solides * Biens d'équipement ménagers * Matériaux de construction

(Première colonne : Variation moyenne de l'emploi sectoriel)

La plupart de ces secteurs, faiblement capitalistiques, rentre dans une logique de substitution à partir de 1974 et de façon quasi-irréversible. Ces secteurs industriels traditionnels sont en fin de maturité et ont peu diversifié leurs produits. D'autres secteurs ont des évolutions plus contrastées puisque l'élasticité redevient positive soit au début , soit au milieu des années quatre-vingt. Ces secteurs ont adapté ou diversifié leurs produits, stimulant à nouveau la demande.

Toutefois, quelques secteurs sont entrés plus tardivement dans une logique de substitution (après le second choc pétrolier). Dans ce cas, la substitution factorielle est alors beaucoup plus intense et le retour à un signe positif de l'élasticité est plus aléatoire et, en tout cas plus tardif (à la fin des années 80).

Enfin, certains secteurs, peu nombreux, étaient déjà rentrés dans une logique de substitution dès le début des années 70. La réduction des effectifs et l'accroissement de l'élasticité factorielle, prise en valeur absolue, se sont ensuite renforcés avec les deux chocs pétroliers. Cependant, par la suite, l'élasticité factorielle diminue montrant des difficultés de plus en plus grande de substitution entre les facteurs pour les secteurs.

Tableau 4 : **L'élasticité factorielle dans l'industrie**

Matériels et composants électriques et électroniques		Viandes et produits laitiers	
périodes	élasticités	périodes	élasticités
1970-1978	$0 \leq e_f \leq 1,7$	1970-1977	$0 \leq e_f \leq 1,7$
1979-1988	$-0,3 \leq e_f \leq -0,1$	1978-1979	$-7,5 \leq e_f \leq -3,9$
1989-1991	$e_f \approx 0$	1980-1984	$0 \leq e_f \leq 3,4$
1992-1994	$-0,3 \leq e_f \leq -0,2$	1985-1989	$-0,6 \leq e_f \leq -0,4$
1995-1999	$0,1 \leq e_f \leq 0,4$	1990-1999	$-0,3 \leq e_f \leq 0$
Automobile		Textile	
périodes	élasticités	périodes	élasticités
1970-1977	$0 \leq e_f \leq 2,1$	1970-1974	$-0,8 \leq e_f \leq 0$
1978-1989	$-1,2 \leq e_f \leq -0,1$	1975-1988	$-4,8 \leq e_f \leq -0,7$
1990-1991	$0 \leq e_f \leq 0,2$	1989-1991	$0,4 \leq e_f \leq 0,6$
1992-1994	$-0,36 \leq e_f \leq -0,22$	1991-1995	$-2,8 \leq e_f \leq -0,4$
1995-1998	$-0,16 \leq e_f \leq -0,03$	1996-1998	$-0,4 \leq e_f \leq -0,1$
1999	$e_f = 0,27$	1999	$e_f = 0,13$

- l'analyse de l'évolution de la productivité sectorielle est assez complexe. L'impact des gains de productivité sur l'emploi est ambigu. Des secteurs ont connu des gains de productivité forts tout en ayant une croissance, ou une stabilisation, de l'emploi (matériels électriques et électroniques professionnels). A l'opposé, d'autres secteurs, connaissant les mêmes gains de productivité sur la période étudiée, ont subi des réductions d'emplois plus ou moins fortes (biens d'équipement ménager). Enfin, un seul secteur voit ses effectifs fondre avec une diminution assez nette de la productivité (combustibles minéraux).

4.3. Les conséquences sur la politique sociale

En dépit de l'accroissement important de la qualification moyenne de la population active, le travail non qualifié dans les pays industriels n'a cessé d'être dévalorisé durant les vingt-cinq dernières années, que ce soit en termes d'emploi ou de salaire. Avec l'accroissement du chômage et la concurrence accrue des pays à coût du travail faible, la question des bas salaires reste toujours d'actualité, obligeant les pays européens à reconsidérer les modes de régulation des salaires. De nombreux experts ont ainsi été amenés à mettre en avant le manque de flexibilité salariale, notamment au regard de la situation américaine où le chômage est nettement plus faible qu'en Europe. Cependant, l'existence d'un salaire minimal horaire redonne un peu de souplesse dans la gestion du travail par les entreprises, mais arrive au développement de contrats salariaux de type « two tier wages », c'est-à-dire « à travail égal, salaire inégal » entre les nouveaux arrivants dans l'entreprise et ceux qui y travaillent déjà - hors ancienneté -.

Mais, il est clair que toute politique visant à remettre en cause la régulation des bas salaires afin de faire face à la concurrence des pays émergents à bas salaires ne pourra pas réussir car l'effort à faire serait trop important. La réduction brutale des salaires et des prestations sociales serait telle qu'elle remettrait en cause les bases de la cohésion sociale. Ainsi plutôt que de manipuler le salaire minimal avec des conséquences sociales non négligeables et compte tenu de l'évolution globale des salaires, il apparaît plus intéressant de faire évoluer les charges sociales. En effet, une modification du profilage des cotisations sociales permettrait d'alléger le coût du travail, en particulier du travail faiblement qualifié.

Différentes études, dont B. DORMONT (1997) ont montré qu'à court et à long termes le coût du travail a un impact négatif sur la demande de travail. L'emploi, notamment dans l'industrie, serait fortement pénalisé par l'accroissement du coût total du travail. L'élasticité de l'emploi au coût du travail serait, à long terme, comprise entre - 0,8 et - 0,5. Ainsi, J. DREZE et E. MALINVAUD (1993) ont proposé un système d'exonération des cotisations sociales patronales qui aboutirait à une exonération totale au niveau du salaire minimal. P. ARTUS (1993) fait une proposition ayant le même objectif. Il suggère d'introduire une franchise de cotisations sociales patronales sur une partie constante du salaire mensuel. Cependant, cette franchise devrait être compensée par une hausse de la contribution sociale généralisée.

D'ailleurs, dans les modèles de chômage d'équilibre (B. LOCKWOOD et A MANNING, 1993, E. KOSKELA et J. VILMUNEN, 1994), il apparaît qu'une plus grande progressivité des prélèvements (ou une moindre dégressivité) modère les aspirations salariales en rendant moins attractives les hausses de salaire, et par conséquent, aboutit à un niveau de salaire d'équilibre moins élevé favorisant l'emploi et réduisant le niveau de chômage. Enfin, la progressivité des prélèvements prend toute son importance lorsque l'on raisonne à contrainte budgétaire fixée (contexte actuel de maîtrise des déficits publics). L'efficacité des différents prélèvements devient alors essentielle et leur degré respectif de progressivité joue un rôle déterminant.

La deuxième implication de cette étude part de la théorie de la croissance endogène. P. ROMER (1988)[7] insiste sur le fait qu'en accumulant du capital, une

---

[7] Le second modèle de ROMER développe trois propositions : 1. le changement technologique est essentiel dans le processus de croissance, 2. le changement technologique est dû à des décisions micro-économiques prises sous l'impulsion du marché, 3. la connaissance est un bien public pouvant être acquis et utilisé par tous les agents.

firme accumule des connaissances dont bénéficient les autres entreprises du fait de la circulation de l'information. Aussi, lorsque les rendements des facteurs accumulables sont croissants, le taux de croissance d'une économie s'accroît de plus en plus. La croissance implique alors une augmentation à la fois du stock de capital et de l'intensité capitalistique.

Ainsi, la croissance économique est accélérée sous le double effet de la croissance du capital physique et du capital humain.

En introduisant en même temps capital humain et diversité des produits et en distinguant la technologie du pays et le choix individuel d'acquisition du capital humain, N. STOCKEY (1991) montre que pour produire un bien de qualité donnée, une entreprise ne peut employer qu'un individu de capital humain équivalent. Ainsi, puisque chaque individu va définir le partage de son temps de vie entre acquisition de connaissances et travail productif, la capacité de production des biens de diverses qualités résultera de l'ensemble des choix individuels. Ainsi trois conclusions importantes sont apportées :

La première est énoncée par R. LUCAS (1988) indiquant que les disparités internationales de niveaux et de taux de croissance du revenu national peuvent être expliquées par les différences de niveaux et d'évolutions du capital humain par tête dans les différents pays. C'est ainsi que plus les individus vivent dans un milieu propice aux échanges d'informations et donc au développement de capital humain, plus l'efficacité individuelle et collective se renforce et plus sera importante la croissance. Il en conclut qu'il ne pourra pas y avoir une tendance à l'égalisation des niveaux de capital humain entre les nations et, de ce fait, il explique la disparité internationale des niveaux de revenus et de développement, disparité qui s'accroit avec le temps. Aussi, faut-il conclure pour le capital humain comme le fait P.A. MUET (1993) que « loin d'égaliser les niveaux de capital par tête, la mobilité du capital accroîtra les disparités. Ce modèle de LUCAS rend compte du fait que la croissance et l'accumulation du capital physique sont plus fortes dans les pays industrialisés que dans les pays en voie de développement, contrairement au modèle néoclassique qui prédit la convergence des économies ».

La deuxième conclusion permet de justifier par les modèles de croissance endogène les politiques publiques dans le domaine de la technologie. Si l'objectif de l'État est une croissance forte, il se doit de subventionner les moteurs de la croissance qui permettent d'atteindre des rendements de production croissants pour le système productif dans son ensemble. Ainsi, l'État doit soutenir l'éducation et la recherche pour favoriser la croissance économique. Les subventions apportées par l'État à ces deux éléments ont pour résultat l'endogénéïsation du progrès technique.

La troisième part du fait que l'innovation technologique découle du choix des agents qui investissent dans de nouveaux procédés techniques pour se procurer un pouvoir de monopole, certes temporaire. Le capital physique n'est plus homogène, mais regroupe un ensemble hétérogène d'entrants. Ainsi, la croissance du capital physique et le progrès technique ne se font pas au même rythme. Le progrès technique concourt alors, selon P. ROMER, à la production de facteurs (capital et travail) de plus en plus spécialisés. Les conséquences sont importantes en justifiant les politiques étatiques dans les domaines de l'éducation et de la recherche et en sélectionnant les domaines d'intervention :

- le taux de croissance est d'autant plus élevé que la capital humain consacré à la recherche est important,

- une politique de soutien à l'éducation est efficace,

- une politique de soutien à la recherche est efficiente,

- une politique de subvention des investissements privés est inefficace.

BIBLIOGRAPHIE

AMENDOLA M. (1983), « Un changement de perspective dans l'analyse du processus d'innovation » in R. LARUE de TOURNEMINE, *L'innovation : vers une nouvelle révolution technologique*, Pluralisme, La Documentation Française.

ARTUS P. (1993), « Marché du travail » in *L'économie française en perspective*, Commissariat général du Plan, La Documentation française.

BELL D. (1976), *Vers la société post industrielle*, Laffont, Paris.

BERTHIER J.-P. (1999), « Les biens et les services dans la base 95 de la comptabilité nationale », *Économie et statistique*, n° 321-322.

BOYER R. (1978), « Les salaires en longue période », Economie et Statistique, septembre.

DORMONT B. (1997), « L'influence du coût salarial sur la demande de travail », Economie et Statistique, n° 301-302, p. 95-109.

DREZE J. et MALINVAUD E. (1993), « Croissance et emploi : une initiative européenne », congrès de l'EEA, Helsinki.

KOSKELA E. et VILMUNEN J. (1994), « Tax Progression is good for employment in Popular Models of Trade Union Behaviour », Bank of Finland Discussion Papers, 3.

LOCKWOOD B. et MANNING A. (1993), « Wage Setting and the Tax System », Journal of Public Economics, vol. 52, p. 1-29.

LUCAS R. (1988), « On the Mechanics of Economic development », *Journal of Monetary Economics*, July.

MADELIN V. (1999), « Les comptes de secteurs institutionnels : de la base 80 à la base 95 », *économie et statistique*, n° 321-322.

MAIRESSE J. et SASSENOU M. (1991), « Recherche - Développement et Productivité : un panorama des études économétriques sur données d'entreprises. L'évaluation économique de la recherche et du changement technique », J. de Bandt et D. Foray ed., éditions du CNRS, Paris.

MILLER R. et BLAIS R. (1990), « Stratégic configuration of industrial innovation », Management of Technology, Miami.

MUET P.-A. (1993), Croissance et cycles : théories contemporaines, Economica.

NELSON R. (1959), « The Simple Economics of Basic Scientific Research », Journal of Political Economy, June.

NELSON R. et WINTER S. (1982), An evolutionary theory of economic change, Harward University Press.

PAVITT K. (1980), Technical Innovation and British Economic Performance, SPRU, Macmillan Press.

PAVITT K. et SOETE L. (1980), « Innovative Activities and Export Shares : some Comparisons between Industries and Countries », in K. PAVITT Technical Innovation and British Economic Performance, SPRU, Macmillan Press.

PORTER M.E. (1986), L'avantage concurrentiel, Interéditions.

PORTER M.E. (1993), L'avantage concurrentiel des Nations, Interéditions, Paris.

SOLOW R. (1962), « Technical Progress, Capital Formation and Economic Growth », American Economic Review, May.

STOKEY N. (1991), « Human Capital, Product Cycle and Growth », Quarterly Journal of Economics, vol. 105, May, p. 587-616.

Quelle place pour les politiques de l'emploi en période de croissance ?

Laurence LIZÉ (MATISSE, Université de Paris 1)

Résumé

   La dynamique du marché du travail montre une reprise des embauches, surtout sur l'emploi non qualifié. L'hypothèse selon laquelle les formes particulières d'emploi se résorberont spontanément avec la croissance de l'emploi mérite d'être discutée au regard des évolutions quantitatives récentes qui traduisent les modes de gestion de la main-d'œuvre encore dominants. Les politiques de l'emploi ont ici un rôle renouvelé à jouer.

1. INTRODUCTION

   La reprise de l'activité a permis une croissance de l'emploi mais elle a aussi créé des tensions sur le marché du travail, celles-ci ont un caractère cyclique et se traduisent, entre autres, par une visibilité accrue des difficultés de recrutement des entreprises[1]. Dans le même temps, même si le chômage a entamé sa décrue, de 12,3 % en mars 1997 à 8,8 % en mars 2001, les difficultés de sortie du chômage sont loin d'avoir disparu. Nous nous intéresserons à l'orientation de la politique d'emploi dans son ensemble sur la période de croissance récente (1997-2000), en retenant une définition large des emplois aidés. Ceux-ci existent lorsqu'un transfert public tel qu'une subvention ou une exonération de prélèvement s'opère au bénéfice d'un employeur ou d'un salarié. Ce transfert peut être lié soit à l'existence ou à la création de certains types d'emploi spécifiques, soit à l'appartenance du salarié à certaines catégories définies. Selon les termes de FREYSSINET (2001), les emplois aidés forment « une mosaïque de mécanismes hétérogènes et fréquemment modifiés ». Schématiquement, la logique de financement d'activités socialement utiles mais non rentables s'oppose donc à celle de la réduction du coût salarial. Par ailleurs, certains dispositifs jouent un rôle contra-cyclique évident : dans un contexte économique favorable, les

---

[1] La reprise, amorcée dès la mi-1996 s'est prolongée les années suivantes, entre 1998 et 2000, la croissance du PIB a dépassé les 3 % contre 1 % en moyenne de 1990 à 1996. L'emploi salarié des secteurs concurrentiels a progressé de 1,4 millions durant cette période. L'ampleur des créations d'emploi atteste de la vigueur de la croissance mais entraîne aussi des tensions sur l'utilisation des facteurs de production, les indicateurs montrent que le degré d'utilisation des capacités de production est remonté à partir de 1997 pour atteindre à la fin 2000 des niveaux supérieurs à ceux enregistrés en 1980.

entreprises font moins appel aux mesures d'accompagnement des restructurations par exemple[2]. En revanche, les objectifs d'autres mesures pour l'emploi se sont déplacés ou transformés. Depuis 1996, les mesures ciblées sur des catégories spécifiques ont été réduites et nettement recentrées au profit des jeunes ou des personnes les plus éloignées du marché du travail. Dans le même temps, la politique d'allégement des charges sociales s'est poursuivie et a été relayée par la réduction du temps de travail (RTT)[3].

Les politiques de l'emploi ont des objectifs variés, partiellement contradictoires et répondent à des justifications très hétérogènes. Sans chercher à en faire une présentation exhaustive, notre approche se centrera sur les logiques sous-jacentes en période de reprise de l'activité et de l'emploi. La nature ou le type de ciblage de ces politiques permettent de repérer les objectifs explicites ou implicites suivis par les pouvoirs publics. Ainsi, un ciblage fort centré sur certaines catégories de personnes vise avant tout à augmenter leurs probabilités relatives d'accès à l'emploi tandis que les exonérations de charges sur certains types d'emploi, à bas salaires notamment, cherchent prioritairement à augmenter l'emploi, quelles que soient les caractéristiques des personnes qui les occupent. Ces deux types de politique d'emploi ont continué à occuper une place importante durant les années de croissance (1998-2000) mais leur place relative ainsi que leur justification respective se sont modifiées. Sur un marché du travail dynamique où certaines tensions se sont manifestées, comment ces politiques actives de l'emploi se justifient-elles ?

Après un rapide cadrage théorique (2), notre lecture se focalisera sur la relative inertie des politiques d'embauche et des modes de gestion des salariés par les firmes (3). Les politiques de l'emploi participant à cette inertie, leur recadrage sera alors plus spécifiquement analysé en s'intéressant aux principaux dispositifs (4).

2. SEGMENTATION DU MARCHÉ DU TRAVAIL : LE RÔLE STRUCTURANT DE LA DEMANDE

Nous mobiliserons deux approches théoriques distinctes mais complémentaires, l'une permettant de penser la dynamique à l'œuvre sur le marché du travail et l'autre de mettre en perspective les pratiques d'embauche des entreprises.

2.1. Une approche en termes de segmentation du marché du travail

La période actuelle se caractérise par certaines particularités porteuses de dysfonctionnements du marché du travail. Les recompositions en cours de la relation salariale analysées par BOYER et *alii* (1999) insistent sur les nouvelles

---

[2] -18 % entre 1999 et 2000.

[3] Si l'on prend en considération l'ensemble des politiques d'emploi, y compris la RTT, les différentes mesures ont contribué à la création de 175 000 emplois en 2000, 120 000 en 1999 et 90 000 en 1998 (BOULARD et LERAIS, 2002), cet impact est donc loin d'être négligeable.

formes de segmentation et aussi sur la pluralité des formes de mobilisation de la main-d'œuvre par les entreprises. En suivant cette argumentation, le marché du travail se professionnalise en se segmentant, l'un des clivages les plus manifestes est celui de l'opposition entre les salariés très qualifiés détenant un pouvoir de marché et les salariés précaires. Ce cadre macro-économique présente l'intérêt de se centrer sur les transformations des relations salariales. Les nouveaux clivages identifiés sur le marché du travail s'inscrivent dans le prolongement des relations salariales antérieures, celles de la décennie 60, soit en les durcissant (flexibilité de marché), soit en renouvelant des formes de relation encore embryonnaires telles que l'implication patrimoniale. Des demandes de travail différenciées induisent ici des formes particulières de mobilisation de la main-d'œuvre.

L'approche institutionnaliste pluraliste d'EYMARD-DUVERNAY et MARCHAL (1997) se place dans une perspective beaucoup plus interindividuelle que la précédente. Elle permet de penser les principes d'évaluation des qualités à l'embauche en partant de la demande de travail et propose de lire les déséquilibres sur le marché du travail en termes de conventions de qualité. Dans cette optique, l'hypothèse d'une inadéquation structurelle des qualifications offertes et demandées comme cause du chômage est levée. L'accent est mis ici sur l'importance des formes différenciées de tri et d'exclusion à l'embauche qui génèrent un chômage de sélection. Nous retiendrons ici la portée critique de cette approche qui rejoint celle de FAVREAU (1989) sur le mythe du marché universel. Cependant, la question des salaires est évacuée du modèle d'EYMARD-DUVERNAY et la nature de la demande de travail ne constitue pas l'objet théorique premier.

De notre point de vue, celle-ci mérite une attention particulière car c'est elle qui détermine l'existence de plusieurs prix et de plusieurs quantités dans les échanges. Par là même, elle agit sur la combinaison des formes d'évaluation des qualités à l'embauche et la nature des relations d'emploi. Dès lors, celles-ci ne peuvent se réduire à des simples adaptations à des mouvements de prix et de quantités et il est nécessaire de prendre en compte des effets de segmentation (LIZÉ, 1998). Sur un plan normatif, notre idée directrice est celle de la variété institutionnelle et organisationnelle, ce qui induit un positionnement sur la pertinence des interventions publiques et des politiques de l'emploi.

2.2. Analyse des déséquilibres sur le marché du travail

En l'espace de quelques années, les problématiques d'analyse du fonctionnement du marché du travail se sont considérablement déplacées, la question des tensions sur le marché du travail a été au cœur de nombreux travaux récents. Même si le retournement conjoncturel et la remontée du chômage ont, en partie éclipsé ces questions, certaines restent au centre de réflexions prospectives sur l'emploi à l'horizon 2010[4]. Les formulations varient, de celles des « chemins du plein emploi » ou des « difficultés de recrutement »[5]. L'usage des termes n'est pas indifférent dans l'identification de la nature des tensions et sur les moyens d'y remédier, le débat est donc vif et les positions se démarquent tant sur le diagnostic que sur les options théoriques qui les sous-tendent[6].

Signalons que dans le rapport PISANI-FERRY (2000), la courbe présentée n'est pas une courbe de BEVERIDGE[7] puisqu'elle remplace l'indicateur sur les offres d'emploi par le pourcentage d'employeurs déclarant connaître des difficultés de recrutement, il en est d'ailleurs de même dans les récents travaux de l'OCDE (2001). L'estimation de l'écart entre les opinions des employeurs et les postes qui n'ont pas pu dans la pratique être pourvus dans les délais requis reste ici totalement opaque. Ce graphique est néanmoins interprété comme une « courbe de BEVERIDGE » et sert d'appui pour une démonstration qui occupe une place de premier plan, celle d'un renforcement des rigidités sur le marché du travail en raison des déplacements de la courbe. Ce fait stylisé vient donc à l'appui de l'analyse centrée sur les risques que font courir les contraintes d'offre de travail et de pénuries de main-d'œuvre pour la croissance à venir. Ainsi, « la contrainte sur l'offre de travail risquerait de se traduire par des augmentations salariales susceptibles de relancer l'inflation et de limiter la croissance » (p. 98 du rapport). Ici, l'inquiétude sur les difficultés de recrutement rejoint celle quasi permanente des risques inflationnistes : « les difficultés de recrutement actuellement rencontrées par les entreprises françaises indiqueraient que l'on se rapproche du taux de chômage d'équilibre » (p. 354 du rapport). Les entreprises se trouvent ici exonérées de toute responsabilité en matière d'emploi et de difficultés de recrutement.

Notre analyse vise à montrer que ce raisonnement repose sur un cadre souvent faussé. La rentabilité des appariements est supposée obéir à des règles uniformes, l'effet prix du coût du travail se répercutant sur la quantité des embauches. Or, l'intensité des mouvements sur le marché du travail est particulièrement frappante[8], les flux interentreprises, d'emploi à emploi, sont massifs et ne relèvent pas des mêmes transitions que ceux en provenance de l'inactivité ou du chômage. Des mouvements de prix et de quantités sont repérables et lisibles en termes de segmentations. Certaines mobilités d'emploi à emploi attestent d'une recherche

---

[4] Voir notamment les travaux du groupe « Prospective des métiers et des qualifications » présidé par C. SEIBEL, Commissariat général du Plan et AMART, TOPIOL (2001).

[5] Thème des « Deuxièmes Entretiens de l'emploi », ANPE (mars 2001).

[6] Voir par exemple « Le contre rapport » à celui de PISANI-FERRY, Fondation Copernic, 2001 ou « Le retour du plein emploi », 2000.

[7] La courbe de BEVERIDGE est avant tout un fait stylisé macro-économique au sens où elle permet de dégager des relations entre 2 variables issues de collectes empiriques (le chômage et les emplois vacants en principe). Elle sert de base dans de nombreux modèles d'appariement.

[8] Plus de 3 millions dont la moitié concerne des personnes déjà en emploi, source Enquête Emploi, INSEE, 1999.

d'une meilleure rémunération pour les salariés ayant un pouvoir de marché tandis que beaucoup s'apparentent à une mobilité forcée, lors d'une fin de contrat à durée limitée notamment. L'ampleur des flux sur le marché du travail plaide donc pour une lecture différenciée des faits stylisés.

3. INERTIE DES POLITIQUES D'EMBAUCHE DES ENTREPRISES

La croissance économique a-t-elle modifié les politiques de recrutement des entreprises ? Dans cet environnement, quel rôle peut-on attribuer aux politiques de l'emploi ? Nous insisterons sur la relative inertie des comportements des employeurs dans un contexte où les mesures pour l'emploi se sont clairement réorientées vers la baisse du coût du travail.

3.1. Retour de la croissance et difficultés de recrutement

Durant les années de croissance et surtout en 2000, le fonctionnement du marché du travail a été principalement marqué par la coexistence d'un niveau encore élevé de chômage et des difficultés de recrutement. Notre grille d'interprétation de ce dysfonctionnement est la suivante : les interactions croissantes entre les marchés externes et les marchés internes forment une des grandes caractéristiques de la segmentation actuelle du marché du travail.

Déclarer « connaître des difficultés de recrutement » (AMAR, VINEY 2000) peut renvoyer à des problèmes de nature très différente. Les tensions ou difficultés de recrutement sont le reflet d'une dynamique composite de la demande de travail, où les dimensions locales peuvent tenir un poids déterminant, celles-ci restant largement sous-étudiées actuellement. Le fonctionnement du marché du travail est de longue date marqué par de profondes disparités régionales (AGULLO, SKOURIAS, 1995)[9], liées à des structures productives localisées qui peuvent produire des désajustements durables particulièrement significatifs en termes de difficultés de recrutement (DU CREST, 2001). En termes sectoriels, nous soulignerons que, si le chômage industriel a entamé sa décrue dès 1996, cette baisse a profité aux plus employables et elle reste très limitée et tardive pour les ouvriers non qualifiés ou les chômeurs de longue durée. Les entreprises demandeuses de qualifications précises ne sont pas celles qui vont recruter des chômeurs ayant une trajectoire s'inscrivant dans la précarité, la logique d'appariement de type industriel semble ici dominer. Parallèlement, la baisse importante des spécialités industrielles de niveau IV et V dans la formation initiale réduit les flux de main-d'œuvre potentiellement dédiés à ces emplois, les politiques ciblées pour l'emploi ont ici un rôle à jouer. Les difficultés de recrutement dans le BTP sont beaucoup plus structurelles et s'expliqueraient par la réticence des jeunes ou des chômeurs à occuper des emplois d'ouvrier. Ces représentations témoignent prioritairement d'une aversion pour le risque de

---

[9] La fonction d'appariement retenue reprend celle de VAN OURS (1991).

rupture des contrats de travail ou de subir des conditions de travail particulièrement difficiles pour des tâches mal rémunérées. Ces difficultés d'appariement se situeraient à l'intersection des principes marchands de mobilisation de la main-d'œuvre et d'autres plus industriels. Dans les métiers du tertiaire, certaines différenciations sont très nettes. Ainsi, dans l'informatique, les tensions ont incité les employeurs à proposer des postes plus stables pour limiter le turn-over, les relations d'emploi se rapprochent ici d'une logique interactive, avec une perspective de long terme. En revanche, dans les métiers de bouche et de l'hôtellerie-restauration, la reprise de l'emploi a entraîné une exacerbation des tensions structurelles : les conditions de travail sont ici particulièrement exigeantes et la mobilité de la main-d'œuvre structurellement élevée, en cohérence avec les formes marchandes d'appariement. Par ailleurs, on ne peut guère parler de difficultés de recrutement dans un certain nombre de métiers peu qualifiés[10].

Au total, même s'il existe des effets de conjoncture manifestes, les tensions sur le marché du travail méritent d'être lues en termes de segmentation, les tendances récentes viennent à l'appui de cette perspective : les tensions se sont réduites fin 2001 mais de manière contrastée. Le repli est net dans l'industrie et dans l'informatique, en revanche, elles se maintiennent dans la santé et les services aux particuliers (DARES, 2002). Les niveaux de salaires sont à l'évidence au cœur de certaines difficultés rencontrées par les entreprises pour trouver des candidats. Force est de constater que les quelques années de croissance soutenue n'ont pas profondément modifié le rapport de force sur le marché du travail.

3.2. Sur-sélection à l'embauche

Du côté de la demande de travail, la tendance à la sur-sélection s'est diffusée durant la période de chômage de masse et manifeste son pouvoir d'inertie, en raison des divers avantages que ces politiques d'embauche procurent à l'entreprise. En la matière, l'étude de GAUTIÉ et NAUZE-FICHET (2000) démontre que le recrutement de jeunes diplômés sur des emplois non qualifiés a été massif dans les années 90, et surtout que ce phénomène de déqualification est loin de se résorber. Même en 2000, les nouvelles stratégies des firmes en matière de recrutement se caractérisent plutôt par une élévation générale des exigences à l'entrée de l'entreprise et ce, pour tous les niveaux de qualification[11]. La période de croissance n'a pas interrompu ces pratiques de déclassement/surqualification dans l'emploi : la proportion de postes non qualifiés occupés par des bacheliers a fortement augmenté : ce cas de figure représente 10 % des cas en 2001 contre seulement 2 % en 1982 (CHARDON, 2001).

---

[10] Les métiers cités par la DARES sont ceux des transports et du tourisme, des services aux particuliers ou encore les professions de gestion des entreprises, hormis pour les cadres. Pour ces métiers, les taux de demande d'emploi demeurent particulièrement élevés.

[11] La part des diplômés de 3e cycle ou de grandes écoles recrutés comme ouvriers ou employés est passée de 6 % en 1990 à 14 % en 2000.

Les comportements d'embauche des employeurs sont certes évolutifs et il est possible que certains se modifient à terme dans des secteurs connaissant structurellement des difficultés de recrutement (AMAR, TOPIOL, 2001). Cependant, ce mouvement ne sera peut être pas suffisant pour inverser spontanément la tendance de fond, d'autant que le stock des jeunes diplômés demeure très volumineux. Les diplômes peuvent en effet se trouver dépréciés du seul fait d'une production excessive par rapport aux capacités d'absorption du système économique. La phase de récession de 1993 a ainsi provoqué un brutal effet de ciseau entre la courbe ascendante des flux de diplômés de l'enseignement supérieur et celle fléchissante des recrutements des jeunes cadres (GAMEL, 2001). Cette dépréciation se traduit par un déclassement des diplômés dans la hiérarchie salariale (BAUDELOT, GLAUDE, 1989) et aussi par une dégradation des conditions d'accès à l'emploi marquée par une précarité lors de l'insertion sur le marché du travail. Du côté de l'offre de travail, le déclassement peut aussi s'inscrire dans une stratégie d'insertion sur un emploi plus stable à moyen terme, même s'il est moins bien rémunéré. La déqualification peut ainsi constituer une étape dans le déroulement d'une carrière et ne pas représenter une pénalisation en termes d'espérance de gain à terme. Cependant, ces types de situations sont bien plus fréquemment subis que choisis. Les stratégies adaptatives des salariés face aux principes de déclassement témoignent souvent d'un « traumatisme » qui ne laisse guère envisager un rééquilibrage spontané, voire un renversement du rapport de force, même si celui-ci continue d'être anticipé par les modèles « symétriques »[12]. Des pistes de réflexion méritent d'être posées : comment et dans quelle mesure les politiques publiques ont-elles orienté la croissance en emploi et participé aux pratiques de déclassement/surqualification à l'embauche ? Selon FORGEOT (2001), le taux de déclassement au sein des emplois aidés est très variable au cours du temps : il tient en effet à la fois de l'offre de dispositifs de la politique de l'emploi et du niveau scolaire des bénéficiaires. Le déclassement parmi les emplois aidés est remonté au cours des années 90, suite à la montée en charge des contrats emploi solidarité (CES) dans les années 90, puis des emplois jeunes à compter de 1997. Cette tendance ne s'infléchit que légèrement à partir de 2000.

L'analyse de l'évolution du rapport de force entre salariés et entreprises sur le marché du travail est délicate car elle est soumise à un jeu de forces contraires : d'une part, les déséquilibres passés continuent de produire leurs effets, principalement au niveau des emplois peu qualifiés et d'autre part, des tensions évidentes se font sentir sur les emplois qualifiés, ce qui tend à remettre au premier plan les approches en termes de fidélisation de la main-d'œuvre. Nous considérons que le déclassement s'inscrit dans des formes renouvelées de segmentation du marché du travail, sa dynamique sera probablement temporaire et potentiellement réversible. Néanmoins, ces politiques de recrutement des entreprises rendent les

---

[12] PISANI-FERRY (2000) par exemple.

trajectoires vers l'emploi difficiles et attestent d'un mouvement de report des risques sur les salariés (SUPIOT 1999).

4. LA RÉORIENTATION DES POLITIQUES D'EMPLOI

Pour comprendre pourquoi la croissance des emplois de niveaux de qualification moyens et supérieurs s'est considérablement ralentie sur la période récente, il importe de prendre en considération l'ensemble des créations d'emploi, y compris les emplois aidés. Dans quelle mesure les politiques publiques ont-elles entretenu les pratiques d'embauche que nous avons exposées précédemment ? Nous partirons de l'hypothèse que les politiques de l'emploi forment un cadre important d'incitation et aussi d'orientation des politiques de recrutement des entreprises, tant sur les critères de sélection que sur la nature des contrats proposés par les employeurs.

4.1. Le recentrage des mesures ciblées pour l'emploi en période de croissance

Les mesures ciblées ont surtout pour objectif de réduire des inégalités sur le marché du travail et de modifier la structure du chômage en instituant une discrimination positive en faveur des personnes supposées moins productives. Les effets attendus se posent principalement en termes de modification des files d'attentes ou d'effet de substitution en faveur de chômeurs éloignés de l'emploi. L'amélioration de la conjoncture fait ressortir le noyau dur des populations dont la situation ne s'est pas améliorée, la croissance renforce donc le caractère inégalitaire du chômage, ce qui justifie un recentrage sur des politiques ciblées sur certaines catégories de personnes particulièrement en difficulté, chômeurs de longue durée, bénéficiaires des minima sociaux…

Un double mouvement caractérise l'évolution récente : le nombre d'entrées dans les dispositifs ciblés de la politique d'emploi a sensiblement reculé et, dans le même temps, la structure des bénéficiaires s'est recentrée sur les plus en difficulté (BOULARD, LERAIS, 2002[13]). Le programme de Trajectoire d'accès à l'emploi (Trace) s'est déployé en phase avec la loi relative à la lutte contre les exclusions. En progression rapide, il concerne très majoritairement des personnes peu qualifiées[14]. Dans les secteurs non marchands, les entrées en Emploi jeune se ralentissent même si le nombre de bénéficiaires demeure important (plus de 200 000 personnes en 2000) ; de même, le mouvement de repli des contrats emploi solidarité (CES) se poursuit[15]. Dans les secteurs marchands, l'orientation est la même : le contrat initiative emploi (CIE) se recentre sur le soutien à l'emploi des salariés âgés et/ou chômeurs de longue durée[16]. Les personnes les plus en difficulté

---

[13] - 6 % entre 1999 et 2000.

[14] + 36 % en un an, soit près de 50 000 nouveaux bénéficiaires. Une autre mesure très ciblée en progression est le contrat emploi consolidé (CEC) qui a augmenté de 10 % entre 1999 et 2000.

[15] - 12,6 % sur la même période.

[16] - 11,8 % entre 1999 et 2000, recul amorcé depuis 1996.

forment maintenant plus des deux tiers des bénéficiaires de cette mesure et surtout, pour une part non négligeable d'entre eux, l'insertion sur le marché du travail est devenue plus stable[17]. Les politiques d'emploi ciblées se sont aussi recentrées sur un deuxième pôle, celui de la formation en alternance. Cette orientation a été portée depuis la fin 1998 à la fois par une politique volontariste de soutien aux jeunes et par les besoins générés par le retour de la croissance et la relance de l'emploi. Par exemple, les entrées dans le contrat de qualification adulte, mesure très ciblée sur les bas niveaux de qualification et les chômeurs de longue durée, ont doublé en un an[18]. Par ailleurs, le contrat de qualification (+13 % en un an) reste un dispositif attractif tant pour les jeunes que pour les employeurs. Il joue souvent un rôle de sas vers le premier emploi, surtout pour les bacheliers et les diplômés du supérieur. L'apprentissage continue de croître, il concerne les plus jeunes, souvent âgés de moins de 17 ans, qui préparent un CAP ou BEP.

Nous soulignerons ici l'importance du rôle de ces politiques publiques tant sur les comportements de la demande de travail que sur ceux de l'offre. Au niveau de la demande de travail, le développement des emplois aidés a contribué à déformer la nature des emplois créés, via la multiplication des postes de travail à durée limitée ou peu qualifiés dans les entreprises et à accompagner les mouvements de création des emplois aidés dans la fonction publique et le secteur marchand. Au niveau de la situation des bénéficiaires sur le marché du travail, plusieurs tendances se dégagent. Le statut de ces emplois aidés s'est certes amélioré progressivement depuis 15 ans, par l'ouverture de contrats de travail plus durables ou donnant droit à l'indemnisation du chômage par exemple. Mais les différentes mesures ciblées ont globalement contribué à attribuer une place dérogatoire sur le marché du travail à leurs bénéficiaires : soit par un salaire inférieur au minimum légal, soit par un temps de travail plus faible que la normale ou encore par un statut de stagiaire.

Si la qualité du retour à l'emploi est appréciée par le niveau de rémunération, force est de constater qu'elle fait défaut car les bénéficiaires des mesures restent souvent mal payés. Dans les secteurs non marchands, les CES sont rémunérés à un demi-SMIC, soit un niveau très proche du RMI et dans les secteurs marchands, trois bénéficiaires d'un CIE sur quatre gagnent moins de 1,2 SMIC. Une inflexion en faveur d'une logique plus qualitative, via un meilleur ciblage et des contrats de travail plus durables est certes recherchée par ce type de politique mais il n'en reste pas moins que les rémunérations ne suivent pas. Par ailleurs, même si ces politiques ciblées jouent un rôle important en modifiant les files d'attentes pour l'emploi ou en impulsant des effets de substitution en faveur de chômeurs éloignés de l'emploi, ces effets restent souvent transitoires. Ainsi, ces emplois procurent un

---

[17] En 2000, 82 % des CIE sont à durée indéterminée, source : « Le CIE en 2000 : une mesure de plus en plus tournée vers le soutien à l'emploi des salariés les plus âgés », *Premières Synthèses*, DARES, n° 38.2, 2001.

[18] Ce qui correspond à 6 500 personnes en 2000.

moyen de tester et de trier les futurs salariés en contrat à durée indéterminée mais cette voie doit être analysée comme étroite (de l'ordre de 25 %), les postes stables étant massivement pourvus par d'autres canaux de recrutement. Ils peuvent aussi créer des effets de stigmatisation au détriment des personnes passées par une mesure, sous forme de signal négatif pour l'employeur ou d'indice de faible productivité.

Actuellement, ces mesures ont aussi pour objectif d'améliorer la fluidité du marché du travail, d'activer les dépenses dites « passives » pour l'emploi et de fait, d'activer les chômeurs, ce qui représente un des axes majeurs de la stratégie européenne pour l'emploi (MARCHAND, 2001). En ce sens, la baisse du chômage de longue durée en période de croissance, plus rapide que celle de l'ensemble des chômeurs, atteste que l'employabilité est interactive : elle dépend à la fois des personnes, des besoins en main-d'œuvre des entreprises et des politiques publiques[19]. Cependant, ce recul ne doit pas être interprété trop rapidement. Il risque de créer un effet « trompe l'œil » et d'alimenter une idée fausse, celle selon laquelle les plus éloignés du marché du travail retrouveraient spontanément et massivement un emploi. Les flux de sortie du chômage de longue durée sont principalement soutenus par les politiques de l'emploi, ce qui représente certes l'un de leurs objectifs premiers. Mais, en termes de type d'emploi, beaucoup se dirigent vers des emplois aidés qui débouchent souvent à terme sur une nouvelle période de chômage (PIGNONI, POUJOULY, 1999). Le suivi des trajectoires sur la période 1999-2000 atteste de l'importance de la récurrence du chômage. Par exemple, les bénéficiaires d'un CEC ont été interrogés plus d'un an après la fin de leur contrat en mars 2000 : 56 % d'entre eux occupent un emploi mais qui appartient souvent encore au secteur non marchand et 26 % déclarent à nouveau être au chômage[20]. Plus largement, beaucoup de sorties du chômage ont un lien très distendu avec l'emploi. Une lecture attentive des résultats du programme « nouveau départ » mis en place par l'ANPE et destiné à réduire le chômage de longue durée montre que les propositions ne sont que dans la moitié des cas orientées vers l'emploi, le reste étant un accompagnement personnalisé, un appui social ou un accès à une formation (ANPE, 2000). Un débat critique mérite ici d'être ouvert dans la mesure où les nouvelles stratégies de recrutement impliquent aussi la mise à l'écart des chômeurs de longue durée jugés « inemployables » par les entreprises. L'amélioration de leur situation relative ne doit donc pas masquer les vrais problèmes, ceux de la qualité des trajectoires sur le marché du travail.

---

[19] Source : INSEE, - 27 % pour les CLD en trois ans, cette baisse est plus rapide que celle de l'ensemble des chômeurs - 23 % sur la même période.

[20] Source : « Un an après la sortie d'un contrat emploi consolidé : près de six chances sur dix d'avoir un emploi », *Premières Synthèses*, DARES, n° 43.3, octobre 2001

4.2. Impact des politiques d'allégement des charges sur les créations d'emploi

Les baisses de cotisations sociales portant sur les bas salaires depuis 1993 puis les lois ROBIEN et AUBRY forment un ensemble de mesures générales pour l'emploi que nous analyserons dans leur ensemble. Un rapide cadrage montre que si les mesures d'abaissement des coûts salariaux semblent se replier sur la période récente, c'est essentiellement parce que le déploiement de la loi sur la réduction du temps de travail (RTT) a pris le relais des dispositifs d'incitation au temps partiel. Les dispositifs de RTT doivent être pris en considération car le recul est maintenant suffisant pour apprécier les premiers effets de cette politique sur l'emploi. Le dispositif d'allégement des cotisations pour les entreprises passées à 35 heures est dégressif jusqu'à 1,8 SMIC et fin 2000, 7 millions de salariés travaillent dans des entreprises à 35 heures. L'effet de la RTT sur l'emploi s'avère important sur la période 1999-2000 car le dispositif était à cette date encore très incitatif pour les entreprises, il est évalué à 165 000 créations nettes d'emploi en 2000, après 55 000 en 1999 (ROUILLEAULT, 2001). Les écarts entre les deux années s'expliquent par les entrées massives des entreprises dans la RTT fin 1999 afin de pouvoir bénéficier des aides incitatives.

Plus largement, l'objectif des allégements de charges est de relancer l'emploi faiblement qualifié dans les entreprises en jouant sur le prix relatif de cette catégorie de main d'œuvre et sur le coût des biens ou des services produits. Deux types de stimulation sont attendus, le premier étant censé être plus fort que le second : d'une part, des effets de substitution doivent augmenter l'emploi peu qualifié à croissance donnée et d'autre part, les baisses de prix induites doivent relancer ou soutenir la croissance et donc l'emploi dans son ensemble, ce qui correspond à un effet d'offre. L'évaluation des effets sur l'emploi des dispositifs d'allégement des charges sociales sur les bas salaires pose un certain nombre de problèmes et suscite de vives controverses. Des aspects méthodologiques mais aussi des débats de fonds sont en jeu : cette politique vise-t-elle prioritairement à soutenir l'emploi à bas salaire, quel que soit par ailleurs le niveau de qualification du salarié qui l'occupe ? Cette orientation est-elle souhaitable pour l'emploi et pour l'économie dans son ensemble, étant donné qu'elle ralentit la substitution capital-travail et peut brider la création d'emploi qualifié ? Suite à la publication de l'article de CRÉPON et DESPLATZ (2002) qui chiffrent à 460 000 le nombre d'emplois induits par la politique d'allégement des charges sur les bas salaires entre 1994 et 1997, plusieurs auteurs ont émis de sérieuses réserves sur la validité de cette évaluation. Cette estimation est considérablement supérieure à tous les chiffrages antérieurs, elle dépasse les effets actuels de la RTT sur l'emploi et donc alimente le débat sur l'efficacité relative de ces deux politiques de l'emploi. De leur côté, les estimations des administrations économiques, pourtant favorables à cette politique, ne chiffrent qu'à 250 000 le nombre d'emplois créés en 1996 pour

40 milliards de francs d'allégements[21]. En admettant ce raisonnement, il convient d'avoir à l'esprit que cet effet ne peut se produire qu'à long terme, dans cinq ou dix ans. MALINVAUD (1998), lui aussi acquis à la cause, insistait déjà sur la lenteur du processus, sur l'importance de la stabilité des mesures pour qu'elles puissent produire un effet maximum et sur les fortes marges d'incertitudes dans les calculs des effets sur l'emploi. Or CRÉPON et DESPLATZ (2002) ne prennent en compte qu'une partie des allégements, plus précisément, le surcroît accordé entre 1994 et 1997 (soit 30 milliards de francs[22]). Il s'agit donc d'une évaluation de court terme qui privilégie fortement les effets d'offre et d'entraînement des allègements sur la croissance via le développement des débouchés liés aux baisses de prix, ces dernières étant permises par la baisse des coûts de production. Par ailleurs, la méthode microéconomique des auteurs est très critiquable pour CETTE et GUBIAN[23] : elle conduit à surestimer les effets de la mesure et surtout ne permet pas de tirer un bilan macroéconomique. Rappelons qu'un relatif consensus, d'ailleurs contestable pour HUSSON[24], s'est établi chez la majorité des économistes autour d'une élasticité de 0,6 % : une baisse du coût salarial de 1 % devrait entraîner une augmentation de 0,6 % des effectifs employés. Or avec l'étude de l'INSEE, cette élasticité passe à 1,85 %, c'est à dire trois fois plus. Au-delà des considérations méthodologiques, cette étude vise à valoriser un type précis de politique économique centrée sur l'offre des entreprises, même au prix d'exagérations manifestes. Il s'agit d'une orientation de la politique de l'emploi qui valorise la baisse du coût du travail comme moteur de la croissance et qui vise avant tout à privilégier la création d'emploi à bas salaires.

De fait, le retour de la croissance des années 1997-2001 et la diffusion des allégements de charges coïncident avec la reprise des créations d'emplois non qualifiées : leur niveau en 2001 a retrouvé celui de 1982, soit 5 millions, ils forment environ 25 % de l'emploi total mais ils représentent actuellement 50 % des emplois créés. Depuis 1993, les politiques d'emploi ont donc orienté la structure des embauches d'une manière cohérente avec ses objectifs, ceux d'un soutien aux créations d'emplois peu qualifiés par une baisse du coût du travail pour les entreprises. Signalons aussi que les personnes occupant un poste non qualifié sont moins souvent formées par leur employeur : 13 % contre 31 % pour les personnes en emploi qualifié et, de plus, les différences s'accentuent au cours de la vie professionnelle (CHARDON, 2001). Ce renversement de tendance sur la qualification des emplois suscite trois réflexions distinctes :

---

[21] CSERC (1996) et surtout la note commune INSEE-DP-DARES (1999) qui sert de référence en la matière et qui chiffre à 60 000 le nombre d'emplois créés pour 10 milliards de francs d'allégement.

[22] Les effets induits sur l'emploi devraient être de 180 000 selon la méthode INSEE-DP-DARES.

[23] CETTE G. et GUBIAN A. , « 460 000 emplois en 3 ans dus aux allègements de charges sur les bas salaires : impossible ! », 24 mars 2002. Pour une critique précise, voir aussi STERDYNIAK H. « Quelques remarques sur « Une nouvelle évaluation des effets des allègements des charges sociales sur les bas salaires » », OFCE, mars 2002.

[24] HUSSON M. (2002) à paraître, *Revue de l'IRES*.

1. Les années 1997-2001 ont été particulièrement riches en termes de créations d'emploi qui ont permis un recul significatif du chômage. Mais, il n'en reste pas moins que l'hypothèse d'un retour au plein emploi à l'horizon 2005-2010 affiché par certains (PISANI-FERRY, 2000 ou BOISSONAT, 1995) ne sera pas quasi automatique et surtout ne laisse en rien présager de sa qualité (MARCHAND, 2002). La nature et la qualité des emplois sont à prendre en considération car tous les « plein emploi » possibles ne peuvent être tenus pour équivalents[25]. Même si les efforts se sont concentrés sur les personnes les plus en difficulté, la politique de l'emploi en France a suivi des objectifs quantitatifs, en phase avec la stratégie européenne pour l'emploi depuis le sommet de Luxembourg de 1997 et ce, au détriment de la qualité de l'emploi. Ces préoccupations reviennent en force actuellement, la qualité de l'emploi est reconnue comme constituant une condition essentielle pour la réalisation des objectifs quantitatifs adoptés au niveau européen. Les divergences sont bien évidemment fortes entre les pays membres de l'Union, la nature des emplois crées ou l'analyse des trappes à non-qualité étant par exemple un problème très secondaire pour le Royaume-Uni alors que ces questions sont au centre des politiques de l'emploi au Danemark par exemple.

2. Les outils de la création d'emploi, exonération de charges sociales principalement, ont été des facteurs de gel des salaires et surtout de blocage des bas salaires. Les mesures d'abaissement des charges patronales sur les emplois de bas niveau de qualification initiées en 1993 et reconduites par la suite dans le cadre de la politique de réduction du temps de travail se concentrent plus sur les bas salaires que les autres (« Les bas salaires », 2002). En effet, les entreprises ont intérêt à ne pas les augmenter afin de ne pas dépasser les seuils de déclenchement des allégements de charges. En bloquant toute possibilité de progression des bas salaires, ces dispositifs favorisent le développement des travailleurs pauvres et plus largement, des trappes à pauvreté (CONCIALDI, 2000).

3. Il existe un espace possible de redéploiement des politiques de l'emploi en faveur des personnes occupant des emplois non qualifiés, en termes de formation continue notamment. Les périodes de croissance peuvent en effet être propices au développement de la formation professionnelle car les entreprises ont plus de difficultés à trouver du personnel et la nécessité de former les salariés se fait sentir avec plus d'acuité. En la matière, les entreprises n'œuvrent pas spontanément pour le bien commun, ce sont elles qui choisissent les salariés qu'elles vont former et les bas niveaux de qualification sont particulièrement défavorisés (MAURIN, 2002). L'absence de prise en compte des inégalités entre les salariés dans l'accès à la formation risque, à terme, de reproduire un problème similaire à celui rencontré actuellement pour les ouvriers spécialisés en fin de carrière. En ne formant pas leurs salariés peu qualifiés, les entreprises tendent à recréer un volume important

---

[25] La part des temps partiels subis, des travailleurs pauvres ou des contrats précaires dans l'emploi total doit être prise en considération.

de personnes qui seront très difficilement reclassables en cas de licenciement notamment. Afin d'anticiper ces difficultés, la politique active de l'emploi aurait ici un rôle à jouer.

5. CONCLUSION

En partant de l'hypothèse de la coexistence de plusieurs prix et de plusieurs quantités sur le marché du travail, nous avons distingué différents segments, ce qui suppose aussi que les politiques de l'emploi ont un rôle actif à jouer, d'une manière renouvelée et différenciée selon le type de déséquilibre qui peut être repéré. Quelles voies d'actions existe-t-il pour agir sur les dysfonctionnements actuels du marché du travail ? Le rapport PISANI-FERRY (2000) se positionne surtout sur les risques potentiellement inflationnistes des tensions sur l'offre de travail. CONCIALDI (2000) argumente sur l'éventualité d'une pérennisation des emplois précaires et réaffirme la norme d'emploi dans la perspective du plein emploi choisi. GAZIER (2000) opte résolument pour une transformation des politiques d'emploi et apporte des éléments de réponse en termes de marchés transitionnels. Ces trois voies proposent en quelque sorte de « rebattre les cartes » sur le marché du travail et ne sont bien sûr pas équivalentes. Elles sont aussi chacune susceptible d'engendrer de nouvelles formes de segmentation en termes de main-d'œuvre concernée et de mode de gestion des salariés par les entreprises.

BIBLIOGRAPHIE

AGULLO M.-H. et SKOURIAS N. (1995), « Processus d'appariement sur le marché du travail : une analyse économétrique des disparités régionales sur données de panel », *Document CEREQ,* n° 112.

ALTERNATIVES ÉCONOMIQUES (2000), « Le retour du plein emploi », *L'Économie Politique*, n° 8.

AMAR M. et TOPIOL A (2001), « L'emploi par métier en 2010 », *Premières Synthèses*, DARES, n° 43.4.

AMAR M. et VINEY X. (2000), « Recruter en 1999, des difficultés plus ou moins vives suivant les métiers recherchés », *Premières Synthèses*, DARES, n° 22.1.

ANPE (2000), *Rapport d'activité*, « Les chiffres 2000 ».

BAUDELOT C. et GLAUDE M. (1989), « Les diplômes se dévaluent-ils en se multipliant ? », *Économie et statistique*, n° 225.

BOISSONAT J. (1995), *Le travail dans vingt ans*, Rapport de la commission du Commissariat général du Plan, Paris, La Documentation Française.

BOULARD N. et LERAIS F. (2002), « La politique de l'emploi en 2000 », *Premières Synthèses*, DARES, n° 09.2.

BOYER R., JUILLARD M. et REYNAUD B. (1999), Les conséquences de l'Euro sur les relations professionnelles et les contrats salariaux des différents pays membres, programme CEPREMAP-CGP, *rapport final*.

CHARDON O. (2001), « Les transformations de l'emploi non qualifié depuis vingt ans », *INSEE Première*, n° 796.

CONCIALDI P. (2000), « Les travailleurs pauvres », *Droit social*, n° 7-8.

CRÉPON B et DESPLATZ M. (2002), « Une nouvelle évaluation des effets des allègements de charges sociales sur les bas salaires ? », *Économie et statistique*, n° 348.

DARES (2002), « Les tensions sur le marché du travail en décembre 2001 », *Premières Informations*, n° 18.1.

DU CREST A. (2001), *Les difficultés de recrutement en période de chômage*, Paris, L'Harmattan.

EYMARD-DUVERNAY F. et MARCHAL E. (1997), *Façon de recruter, le jugement des compétences sur le marché du travail*, Paris, Métailié.

FAVEREAU O. (1989), « Marchés internes, marchés externes », *Revue Économique*, n° 2, volume 40.

FORGEOT G. (2001), Le phénomène de sur-éducation en France, *Note du CERC*.

FREYSSINET J. (2001), « Les logiques des politiques d'emplois aidés en Europe », *communication au colloque Emploi : quelles innovations ?* Institut CDC-DPME, Paris, 21 juin 2001.

GAMEL C. (2000), « Le diplôme, un « signal » en voie de dépréciation ? », *Revue d'économie politique*, n° 110.

GAUTIÉ J. et NAUZE-FICHET E. (2000), « Déclassement sur le marché du travail et retour au plein emploi », *La lettre du CEE*, n° 64.

GAZIER B. (2000), « L'articulation justice locale/justice globale, le cas des « marchés transitionnels du travail », *Revue économique*, vol. 51, n° 3.

INSEE / Darès / Liaisons sociales (2002), « Les bas salaires », *Dossier thématique*, n° 20.

LAROQUE G. et SALANIÉ B. (2000), « Une décomposition du non-emploi en France », *Économie et statistique*, n° 331.

LIZÉ L. (1998), *Analyse économique de la sortie du chômage : embauche des demandeurs d'emploi et intermédiation publique en France*, thèse de doctorat de science économique, Université de Paris I.

MALINVAUD M. (1998), « Les cotisations sociales à la charge des employeurs : analyse économique », *Rapport du CAE*, n° 9.

MARCHAND O. (2001), « Les plans nationaux d'action pour l'emploi et la construction d'indicateurs de suivi au niveau européen », *Premières Synthèses*, DARES, n° 17.1.

MARCHAND O. (2002), *Plein emploi, l'improbable retour*, Paris, Gallimard.

MAURIN E. (2002), *L'égalité des possibles*, Paris, Le Seuil.

OCDE (2001), *Les perspectives de l'emploi*, Paris OCDE.

OURS VAN J. C. (1991), « The Efficiency of the Dutch Labour Market in Matching Unemployment and Vacancies », *The Economist*, vol. 139, n °3.

PIGNONI M.-T. et POUJOULY C. (1999) « Trajectoires professionnelles et récurrence du chômage », *Premières Synthèses*, DARES, n° 14.3.

PISANI-FERRY J. (2000), *Plein emploi*, Rapport pour le Conseil d'Analyse Économique, n° 30, Paris, La Documentation Française.

ROUILLEAULT H. (2001), *La réduction du temps de travail, les enseignements de l'observation*, Commissariat général du Plan, Paris, La Documentation Française.

SUPIOT A. (1999), *Au-delà de l'emploi*, Paris, Flammarion.

L'État social à l'épreuve de la politique économique et du risque

Christophe RAMAUX (MATISSE, Université Paris 1 – CNRS)

Résumé

Construit contre la représentation libérale de la société et de son économie, l'*État social* relève d'une logique *statutaire* au service d'une visée : le *bien-être social*. La « nouvelle économie néo-classique » de même que la lecture en termes de *risques* invitent, à ce niveau, à un véritable renversement de perspectives.

1. INTRODUCTION

Le système de marché laissé à lui-même est-il le système économique le plus efficace notamment pour atteindre le plein-emploi ? Trois types de réponses peuvent être apportées à cette question qui ne sont évidemment pas sans incidence sur la façon de concevoir l'intervention publique en particulier dans le champ de l'emploi et de la protection sociale. A la réponse libérale s'opposent les représentations hétérodoxes (d'inspiration keynésienne ou marxiste en particulier) qui ont largement légitimé la construction de l'État social après 1945. La « nouvelle économie néo-classique » qui domine le champ académique depuis une bonne vingtaine d'années plaide, quant à elle, en faveur d'un redéploiement de l'intervention publique selon une visée bien précise : réaliser le programme du marché que des « imperfections » l'empêchent de réaliser lui-même.

Après avoir précisé comment l'État social s'est construit contre la représentation libérale de la société et sa façon de traiter la question sociale (2.), il est précisé ce que donnent à voir les lectures keynésiennes et néo-classiques à ce propos (3.). Dans un dernier temps, on s'interrogera sur la portée et les limites de la lecture de l'État social en termes de « risque » (4.).

2. L'ÉTAT SOCIAL EN PERSPECTIVE

2.1. Le libéralisme et la question sociale

La représentation libérale de l'économie, dominante au XIXe siècle, débouche sur une double prescription en matière d'intervention publique : (i) celle-ci doit avant tout permettre aux ajustements marchands de se déployer. Ne sont donc recevables que les règles publiques qui contribuent à instituer cet ordre concurrentiel, notamment sur le marché du travail (*cf.* la suppression des corporations notamment) ; (ii) le champ des politiques sociales doit être réduit *a minima*, soit, pour l'essentiel, le secours aux invalides. Toute intervention au-delà est condamnée au nom notamment, et déjà, de deux arguments économiques : l'un portant sur la demande de travail – le coût des politiques sociales ne peut que perturber le jeu des ajustements marchands, et partant réduire la production et l'emploi ; l'autre sur l'offre de travail – les prestations sociales versées aux valides ne peuvent que les pousser à l'indolence.

La « question sociale » ainsi que celle des obligations qui en découlent ne sont pas pour autant évacuées, elles sont « simplement » exclues du champ de l'intervention publique, reléguées dans le domaine privé de la bienfaisance et de la prévoyance individuelle. La bienfaisance ? Le riche a bien cette obligation à l'égard du pauvre. Mais elle ne peut être que morale. Outre les arguments proprement économiques précités, plusieurs autres, directement tirés du « *diagramme du libéralisme* » (*cf.* EWALD, 1986, p. 57-59), plaident contre la transformation de cette obligation morale en obligation sociale inscrite dans le droit positif : (i) la morale exclut la contrainte, au risque sinon de s'annuler elle-même. Forcer à la vertu et au dévouement c'est annihiler l'une et l'autre. Alors que la bienfaisance volontaire est posée comme une relation sociale fondamentale dans la mesure où elle assure la médiation indispensable à la stabilité de la société (le riche se transforme en bienfaiteur du pauvre), la transformer en droits du pauvre serait « *autoriser* » ceux-ci « *à exiger l'aumône par la force* » (A. Thiers); (ii) suivant la conception civiliste du droit positif, « *il n'y a de droit que contractuel, le droit suppose l'échange d'équivalents* ». En conséquence, le pauvre qui reçoit « *sans donner se situe en deçà du droit* ». La bienfaisance ne peut décidément être fondée en obligation juridique. La prévoyance ? C'est fondamentalement par elle que le pauvre pourra s'extraire de sa condition. Le pauvre, et au-delà le salarié lui-même qui, par la prévoyance réalisée sous forme d'épargne volontaire[1], pourra s'extraire de sa condition salariale et accéder ainsi à la république des propriétaires qui demeure alors l'horizon de la société libérale[2].

Le développement concomitant du salariat et du paupérisme met à bas cette utopie d'un accès à la sécurité et plus largement au progrès social par le seul jeu du marché du travail et de l'épargne volontaire. Plus que le mouvement ouvrier lui-même, au départ rétif aux assurances sociales[3], c'est le patronat qui va le premier rompre avec la fiction d'une force de travail comme simple marchandise dont l'échange pourrait être assimilé à celui d'une chose. Dès le milieu du XIXe siècle, dans les grandes entreprises en particulier, et à l'instar de ce que fait déjà l'Etat pour ses propres agents, il déploie des stratégies afin de stabiliser, d'une part, et de

---

[1] Institutions libérales, les caisses d'épargne le sont dans la mesure où elles reposent sur le doublon *propriété* et *liberté* (des dépôts et des retraits).

[2] Certains plaidoyers contemporains en faveur de l'épargne salariale et de fonds de capitalisation sous contrôle syndical ne puisent-ils pas, pour partie et dans un contexte évidemment différent, au même schème argumentatif ?

[3] L'une des raisons de cette opposition d'une partie du mouvement ouvrier est la crainte de voir les cotisations sociales se traduire par une baisse des salaires nets, le tout pour un système de garantie apparaissant encore bien vague du point de vue de ses retombées (*cf.* HATZFELD, 1971, p. 27). Des craintes qui seront avivées par les dérives (affectation des fonds à d'autres objets, non garantie en cas de faillite, etc.) de la gestion patronale des premières caisses de secours.

motiver, d'autre part, la main-d'œuvre[4]. Contre la fiction marchande, le patronat découvre ainsi, à sa façon, ce que Marx (et les classiques à leur façon) n'avait cessé de pointer : le salariat se joue dans deux espaces qui s'articulent dialectiquement (et donc en s'opposant) : celui des rapports marchands (moment de l'*échange*), bien sûr, mais aussi celui des rapports de production (moment de l'*usage* et de la *production* de nouvelles ressources). Le rapport salarial ne peut décidément se réduire au moment de l'échange sur le marché du travail. Encore faut-il que l'objet de l'échange salarial, la force de travail, et c'est bien la preuve qu'elle n'est pas une chose, travaille ensuite, c'est-à-dire qu'elle coopère, qu'elle se mobilise et même, déjà[5], qu'elle s'engage dans la durée.

Le patronage, ou paternalisme, avec ses prestations d'entreprise sera donc la base sur mais aussi contre laquelle se construiront les assurances sociales à partir de la fin du XIXe siècle et, au final, plus largement, l'État social à partir de 1945. À partir de, car elles légitiment, à l'encontre du « libre salaire » et de la seule prévoyance individuelle, l'idée d'une nécessaire *socialisation*. Contre, dans la mesure où elles opposeront finalement la socialisation *publique*[6] à celle opérée sous autorité et contrôle patronaux.

2.2. État social et logique statutaire

Il est hors de propos ici de retracer la longue (et laborieuse) transition qui va des premières assurances sociales et des premiers balbutiements du droit du travail à l'État social tel qu'il n'a cessé lui-même de se développer à partir de 1945. Insistons cependant, pour la suite du propos, sur deux caractéristiques de cette grande transformation.

Première caractéristique : la naissance des assurances sociales, du droit du travail et, plus largement ensuite, de l'État social s'accompagne et s'explique pour

---

[4] H. HATZFELD (1971), après bien d'autres, souligne que les premiers pas de la protection sociale « *ne sauraient s'expliquer sans une référence à une politique du personnel. Il s'agit de recruter des travailleurs, et de s'assurer de la stabilisation et de la discipline de la main-d'œuvre* » (p. 172). Les modèles néo-classiques à base de risques de « tire-au-flanc » ou bien encore de « turn-over » n'ont décidément rien inventé de ce point de vue. Mais qui sait les lire, sait que leur propos est en effet ailleurs : partir de « petites histoires » bien réelles (dont le stock est inépuisable et promet de longs jours tranquilles pour la recherche en « nouvelle économie du travail ») pour en *déduire* une explication du chômage par excès du coût du travail.

[5] Contrairement à une idée fort répandue, la question de la durabilité du lien d'emploi n'est pas une spécificité du fordisme. Elle se pose bien avant comme en témoigne à sa façon l'institution du Livret ouvrier (1803), pour fixer la main-d'œuvre, ou bien encore cette citation de LE PLAY (cité par EWALD, 1986, p. 127) qui recense, parmi les « *pratiques essentielles* » d'une bonne gestion, « *la permanence des engagements réciproques* » entre salariés et patrons. Suggérons qu'elle se pose aussi ensuite, c'est-à-dire comme une question actuelle.

[6] Que celle-ci prenne une forme étatique (comme dans les pays nordiques) ou d'institutions *sui generis* (les différentes caisses de Sécurité sociale) importe peu à ce niveau.

partie par une transformation en profondeur de la représentation de la société et de son économie. La loi sur les accidents du travail de 1898, pour ne citer qu'elle, impose ainsi l'idée que les risques ne sauraient dorénavant s'apprécier sur le seul registre de la faute et de la responsabilité individuelle, qu'il s'agisse de celle de l'ouvrier ou du patron. Il existe des risques sociaux qui mettent en cause la société elle-même, son organisation, et dont elle seule peut assumer la responsabilité, qui d'individuelle devient ainsi sociale (ainsi que les obligations qui en découlent). Plus fondamentalement, les parlementaires (sous l'influence notamment du solidarisme) admettent ce faisant peu à peu l'idée selon laquelle la société ne fait pas qu'*excéder* la somme des relations interindividuelles – ce que la représentation libérale peut fort bien admettre (l'association volontaire procure des gains) – mais qu'elle les *précède* et contribuent à les *instituer*. Renversement complet de perspective comme le souligne EWALD : « *le tout précède les parties* », il n'est plus possible de concevoir la société comme le produit d'une somme de contrats interindividuels, ni « *d'imaginer qu'un état de nature aurait précédé la société. On ne saurait donc plus parler de droits naturels, de droits que l'homme posséderait par nature* » (p. 326). Le droit peut devenir *social,* puisque l'homme est dans la société, qu'il est lui-même immédiatement social.

Seconde caractéristique : une logique proprement statutaire, institutionnelle, s'impose à travers l'État social et ses deux principaux volets que sont la protection sociale et le droit du travail[7]. Sur ce dernier registre, on sait le rôle qu'a pu jouer la notion de subordination. Cette qualification, loin de conforter l'assimilation de la force de travail à une chose, vaut reconnaissance du fait que la *personne* même du travailleur est bel et bien toujours présente dans la mise à disposition d'une capacité de travail. La conception civiliste de la relation d'emploi fonctionnait sur le couple contractualisation-réification : elle donnait au travailleur le statut de *sujet* de droits, tout en assimilant sa capacité de travail à une *chose* négociable, un patrimoine, qui peut être cédé à autrui comme toute marchandise. Or, comme le souligne SUPIOT (1994), cette conception recèle un vice intrinsèque : si ce n'est certes pas la personne du travailleur qui est l'objet de la relation salariale, celle-ci n'en reste pas moins toujours présente dans la mise à disposition d'une capacité de travail. Dit autrement, si le postulat de non-patrimonialité du corps humain - le travailleur ne peut se vendre - est indispensable pour fonder des sujets de droits, le service dont il est question à travers le louage de service du Code civil, demeure inséparable de la personne même du travailleur, car ce sont bien le corps du travailleur, ses capacités physiques et intellectuelles, qui sont l'objet du contrat. On ne subordonne jamais un objet, mais une *personne*. Bref, la définition de la relation salariale comme une relation de subordination atteste du fait que cette relation ne peut être entièrement réifiée, *i.e.* réduite à une relation entre choses.

Mais la subordination ne remet pas en cause le seul volet « réification » de la conception civiliste et c'est ce qui importe ici. De façon tout à fait immédiate, elle

---

[7] En y incluant le droit à la négociation collective qui déborde en fait en partie le droit du travail (en affectant notamment le volet protection sociale).

prend aussi *"à revers les grands principes sur lesquels repose le droit des contrats : principe d'égalité des parties, et principe de liberté contractuelle. Là où le droit des contrats postule l'autonomie de la volonté individuelle, le droit du travail organise la soumission de la volonté"* (SUPIOT, 1994, p. 109-110). Cette antinomie entre un ancrage qui demeure contractuel, *i.e.* qui postule l'autonomie des parties, et une définition de son objet - la relation salariale comme relation de subordination - qui nie cette autonomie, le droit du travail l'a surmontée, pour une large part, par les voies du collectif et plus précisément par la notion de droits sociaux. Une solution qui remet en cause la dimension *contractuelle*, par l'ajout d'une dimension *statutaire*. Si certaines dispositions du Code civil dérogeaient d'emblée au principe contractuel[8], ces ruptures sont sans commune mesure avec celles qui s'affirmeront au fil de la codification du droit du travail.

La relation salariale s'est trouvée ainsi progressivement insérée dans un ensemble de règles qu'on ne peut assimiler indistinctement à des règles contractuelles interindividuelles. Nombre d'entre elles ne sont pas le produit de l'accord de volontés, exprimé à l'occasion du contrat de travail, et s'imposent aux parties prenantes à ce contrat. Le principe d'ordre social, clé de voûte du droit du travail, inscrit ainsi une hiérarchie des normes - interdiction de toute dérogation contractuelle aux règles légales ou aux dispositions des conventions et accords collectifs - et un *principe de faveur* pour les salariés, parfaitement contradictoires avec la primauté accordée par l'approche civiliste à l'intentionnalité et à l'égalité en droits des parties. Le pôle du contrat n'est pas pour autant totalement « écrasé ». La relation salariale demeure tributaire de cette forme d'expression de l'accord de volonté que constitue le contrat de travail, et ce dernier, par l'application même du *principe de faveur*, peut toujours donner des droits supplémentaires au salarié. Loin de laisser en l'état ce pôle du contrat, les droits sociaux en transforment toutefois sensiblement le sens. Expression initiale de la seule *« volonté des sujets de droit »* et, partant, d'une conception purement individualiste de la relation de travail, le contrat de travail est aussi devenu l'acte par lequel se déclenche l'application d'une série de normes constitutives d'un *statut*, qui *« exclut la volonté des sujets de droit dans la définition des liens qui les unissent »* (SUPIOT, 1994, p. 14).

2.3. L'État social : un nouveau contrat social ?

La notion de contrat social peut bien entendu être mobilisée pour asseoir la légitimité de par l'État social. Le solidarisme, avec en particulier la notion de quasi-contrat avancée par BOURGEOIS, s'est ainsi efforcé d'appréhender les nouveaux droits sociaux sans rompre totalement avec l'approche contractuelle des libéraux. Plus fondamentalement encore, on peut soutenir que cette notion de contrat social permet d'insister sur deux attributs de l'État social : (i) pour instituer

---

[8] Le Livret ouvrier, par exemple, ainsi que l'un des deux articles que le Code civil lui-même consacre pour préciser le louage de service et selon lequel *« le maître est cru sur son affirmation, pour le paiement du salaire »*, ce qui, comme le note B. Reynaud (1988), *« trahit le principe général d'autonomie de la volonté et d'égalité des cocontractants »* (p. 220).

un ordre institutionnel qui s'impose aux individus, y compris au besoin contre leur volonté, cet État n'en demeure pas moins un État démocratique ; (ii) corollaire de ceci, la définition même des contours de l'État social, c'est-à-dire des droits sociaux, relève d'une délibération politique. Avec la reconnaissance qu'elle excède les relations nouées entre les individus, la société devient « *son propre objet de réforme* » (EWALD, 1986, p. 167).

Si la référence au contrat social ainsi entendue peut s'avérer fructueuse, elle n'épuise cependant pas la lecture des ressorts de l'État social. Mieux, elle masque que l'ordre social ainsi institué ne procède pas du contrat, ou tout du moins pas uniquement de lui. D'autres règles et notamment des règles-conventions (acceptées comme allant de soi mais qui ne sont pas le produit direct d'un accord) et des règles hétéronomes (*i.e.* des règles contraintes qui s'imposent en dépit de la volonté) le structure. La lecture proposée par EWALD[9] de l'État-providence comme « *société assurantielle* » peut en ce sens être contestée (et elle le sera sur un autre registre ensuite, *cf. infra*). Selon ses propres termes, en effet, « *l'idée d'assurance est indissociable de celle de contrat et de droit* » (p. 263). La lecture du droit social comme tension et articulation entre un ordre du *contrat* et un ordre du *statut*, proposée par SUPIOT, est autrement plus fructueuse. Elle permet, par exemple, de saisir que si la relation salariale relève bien du contrat, puisqu'il y a bien *contrat* de travail, elle relève aussi d'un ordre proprement statutaire qui en fait enserre largement le premier terme.

Ces nuances ne sont que théoriques si on en juge par les propositions avancées par le MEDEF dans le cadre de la « refondation sociale ». En dépit de multiples remises en cause[10], le « principe d'ordre social » par lequel est organisée une « hiérarchie des normes » en faveur des salariés (un accord d'entreprise - et *a fortiori* un contrat de travail - n'est valide que s'il est plus favorable au salarié qu'un accord de branche qui doit lui-même être plus favorable que la loi) est toujours une spécificité forte du droit du travail. À l'inverse du droit civil qui ne reconnaît fondamentalement que des parties égales et, à ce titre, fondées à passer des contrats, il est tout entier construit sur la reconnaissance du fait que le salarié et l'employeur ne sont pas égaux : l'un doit vendre sa force de travail (ses capacités physiques et intellectuelles) pour vivre, tandis que l'autre a le capital lui permettant d'acheter et d'utiliser celle-ci pour en tirer profit. Le droit du travail est donc un droit asymétrique (dimension étonnement peu présente chez EWALD) : sa vocation même est de protéger le salarié au détriment des détenteurs du capital, en enserrant le contrat de travail dans un statut (SUPIOT, 1994).

A travers la refondation sociale, le MEDEF invite à un renversement complet de cette architecture. GAUTIER-SAUVAGNAC synthétise ainsi ce projet : « *Il faut*

---

[9] Notons que EWALD (1986) utilise abondamment la notion de contrat social, sans véritablement en définir les termes et les limites.

[10] *Cf.* le développement de la négociation d'entreprise au détriment des négociations de branche et interprofessionnelles, ou bien les possibilités d' « accords dérogatoires » (notamment en matière de modulation du temps de travail).

réinventer un système à partir du niveau optimum d'efficacité économique et sociale du dialogue social, c'est-à-dire l'entreprise. Tous les niveaux ont leur rôle à jouer, mais il nous faut renverser la pyramide, en faisant de l'entreprise, voire de l'établissement, la base élargie du système, et en redonnant à la loi son rôle de définition des principes [...]. *L'accord de branche n'a vocation à s'appliquer que dans les entreprises où un accord d'entreprise ne serait pas intervenu*[11] ». Il y a bien renversement de la pyramide : la loi (et donc le Code du travail) cesse d'être le socle de droit sociaux, elle est réduite au rang - essentiellement procédural - de déclaration de principe et n'offre plus qu'un « *filet de sécurité* »[12], les règles de travail et d'emploi étant, pour l'essentiel, produites au niveau de l'entreprise, voire de l'établissement. En pratique, il n'est guère difficile d'imaginer quelles seraient les conséquences de ce retour à une régulation concurrentielle. Au niveau de l'entreprise, et *a fortiori* des établissements, le rapport de force est souvent très peu favorable aux salariés. La plupart des entreprises de moins de 50 salariés, et nombre de celles de moins de 200, sont dépourvues de section syndicale. Dès lors que les règles de base de la relation salariale seraient définies à ce niveau, c'est le principe même de faveur qui serait remis en cause : par définition, on ne peut, en effet, concevoir de « principe de faveur » pour les salariés avec la pyramide inversée que propose le MEDEF[13]. Avant de voir comment une certaine lecture en termes de « risque » s'articule à ce projet, il est nécessaire de revenir sur l'articulation entre politique économique et État social.

3. L'ÉTAT SOCIAL À L'ÉPREUVE DE LA POLITIQUE ÉCONOMIQUE

2.3. L'État keynésien ou quand l'État social reçoit sa « positivité propre »

L'État social n'est pas « *la correction de l'État libéral, une sorte de parasite que l'on pourrait émonder si l'on en avait la volonté* ». Il a une « *positivité propre* » (EWALD, p. 11). Dans le champ des théories économiques, il a fallu attendre la révolution keynésienne pour que ce programme se déploie pleinement. Au cœur de la théorie keynésienne se trouve en effet la thèse – partagée par MARX même si c'est selon une toute autre perspective – selon laquelle le capitalisme *libéral* n'est pas le système le plus efficace. Le problème, pour KEYNES, n'est donc

---

[11] Déclaration lors de la réunion paritaire du 14 mars 2000.

[12] *Ibid.*

[13] L'accord sur les « voies et moyens de la négociation collective » signé, le 16 juillet 2001, par le patronat et quatre organisations syndicales (FO, CFDT, CFTC, CFE-CGC) est évidemment plus prudent que les propositions initiales du MEDEF. Il reconnaît une légitimité au rôle du législateur « *qu'il tient du suffrage universel* », ainsi qu'au « *principe de faveur* » et aux « *dispositions d'ordre public social définies par la loi* ». Ceci étant posé, la logique demeure bien celle d'un rétrécissement drastique des prérogatives du législateur. Le texte prévoit ainsi un *champ* d'intervention de la loi (par domaines) étroitement délimité, le reste devant être laissé à la négociation collective. Simultanément, seule cette dernière serait habilitée à intervenir pour l'application des directives européennes qui ne se singularisent pas, jusqu'à preuve du contraire, par leur audace sociale.

pas un problème d'imperfections. Ce ne sont pas d'éventuelles imperfections qui sont sources d'inefficacités et de gaspillages, c'est le système de concurrence parfaite laissé à lui-même qui a toute les chances de se traduire par une insuffisance de la demande anticipée et donc par du chômage involontaire. L'intervention publique (politique budgétaire, politique monétaire mais aussi politique de redistribution des revenus afin d'accroître la part de ceux qui ont une propension à consommer plus élevée) est donc nécessaire, non pour suppléer aux imperfections du marché, mais pour réaliser ce que le marché laissé à lui-même ne peut réaliser : le plein emploi notamment.

Avec KEYNES, l'État reçoit sa « positivité propre » dans le champ de la théorie et de la politique économique. En retour, la construction de l'État social après 1945 a trouvé dans cette représentation non libérale de l'économie, l'une de ses principales sources de légitimation. De nombreux travaux, régulationnistes en particulier, se sont employés à retracer l'effectivité des politiques keynésiennes dans le nouveau régime de politique économique et, plus largement, d'accumulation mis en place à partir de 1945. On peut visualiser par le schéma suivant, la place qu'y occupe l'État social :

L'État social dans le régime keynésien de croissance

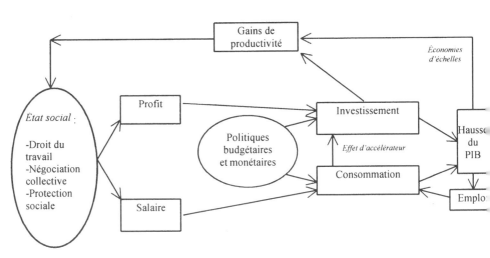

A travers ces trois volets que sont le droit du travail, le droit à la négociation collective et la protection sociale, l'État social assure un rôle majeur en particulier dans la répartition de la valeur ajoutée et donc des gains de productivité entre salaire et profit. Sa vocation, en matière de rémunération, n'est pas d'assurer un filet de protection minimale, il est de soutenir leur augmentation régulière afin d'assurer celle de la consommation et, partant, celle de l'investissement (effet d'accélérateur) et de la croissance. Témoin de cette socialisation, la part des prestations sociales, dans le revenu disponible des ménages, passe de 19,3 % en 1960 à 32,4 % en 1980 (PALIER, 2002). L'État social n'a pas plus vocation à absorber la politique économique. Par la redistribution de la valeur ajoutée qu'il organise, il s'articule au contraire aux politiques budgétaires et monétaires de soutien à la conjoncture et à l'emploi.

2.4. La « nouvelle économie néo-classique » où lorsque l'intervention publique réalise le « programme du marché »

A l'encontre de la lecture keynésienne qui lie le chômage à l'insuffisance de l'accumulation du capital et le pose, en ce sens, comme du chômage *conjoncturel*, la théorie néo-classique, avec ses multiples variantes, appréhende le chômage comme *structurel*. Des structures, liées à l'existence d'imperfections « exogènes » (Smic, droit du travail, protection sociale, pouvoir syndical, etc.) ou « endogènes » (dans la circulation de l'information notamment), empêchent le salaire de se fixer au niveau concurrentiel censé assurer l'égalité entre l'offre (des travailleurs) et la demande (des entreprises) de travail. D'où, en retour, un certain type de prescriptions : il faut soit démanteler les structures, position défendue par les libéraux, soit les contourner par des *interventions publiques* qui permettront de réaliser le « programme du marché » que les imperfections l'empêchent de réaliser lui-même. Dans cette dernière optique, défendue par les « sociaux-libéraux », la politique sociale de l'État ne disparaît donc pas. Mieux, on peut dire qu'elle « absorbe » la politique économique : les instruments kéynésiens de soutien budgétaire et monétaire à la croissance étant jugés, au mieux, inefficaces, la politique économique a vocation à se réduire aux politiques sociales « structurelles » en direction des rigidités du marché du travail.

L'intervention publique dans le champ du « social » ne sort évidemment pas indemne de ce renversement de perspective. Ses finalités et ses instruments s'en trouvent radicalement modifiés. L'objectif central n'est plus de doter la main-d'œuvre d'un statut lui offrant, entre autres, une croissance régulière de sa rémunération. Il est d'infléchir le fonctionnement du marché du travail afin de retrouver l'équilibre perdu par l'existence de rigidités structurelles. Alors que le « marché du travail » - tout comme celui du capital - n'existe pas à proprement parler chez Keynes[14], il s'agit à présent de réaliser le « programme du marché », *via*, en particulier deux types de mesures : (i) les aides à l'emploi censées accroître la demande de travail par la baisse du coût du travail ; (ii) les mesures d'incitations, dont l'archétype est l'impôt négatif, supposées agir sur l'offre de travail en réduisant le nombre des chômeurs volontaires[15]. De façon plus systématique, on peut visualiser par le graphique suivant le redéploiement de l'État qui, de *social* et

---

[14] Le marché du travail n'existe pas chez KEYNES dans le sens où l'emploi dépend d'autre chose (le niveau de la demande effective) que de l'ajustement entre une offre et une demande autour d'un prix (qui serait le salaire réel) sur un marché (qui serait celui du travail).

[15] Volontaires dans le sens où ils refusent de travailler pour le salaire courant et se satisfont des prestations sociales (allocation chômage ou RMI).

articulé aux politiques budgétaires et monétaires de soutien à la croissance, devient *social-libéral* dans le régime dit de la désinflation compétitive[16] (ou de la « maîtrise des déficits publics ») :

L'État social-libéral dans le régime de la désinflation compétitive

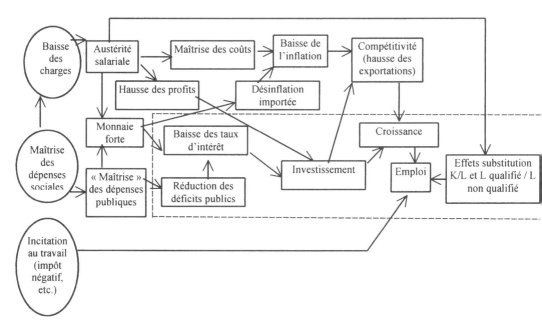

Outre les effets escomptés des aides à l'emploi sur la demande de travail[17] et des mesures d'incitation sur l'offre de travail, l'État social-libéral ainsi conçu est construit pour « neutraliser » dans un sens non-keynésien la politique budgétaire et la politique monétaire. Neutralisation directe dans le premier cas : la maîtrise des dépenses sociales, *via* notamment une *contributivité* et une *sélectivité* accrue des prestations, alimente la politique générale de « maîtrise des dépenses publiques » mise en oeuvre afin (*via* le jeu des effets d'éviction) de réduire les taux d'intérêt et, par là, soutenir l'investissement et la croissance. Neutralisation plus indirecte dans le second cas : la politique de monnaie forte (supposée contribuer à la baisse des taux d'intérêt) nécessite un programme « crédible » - notamment aux yeux des marchés financiers libéralisés - en matière d'inflation et de maîtrise des dépenses publiques. Une crédibilité à laquelle contribue justement la double maîtrise du coût du travail (par la baisse des cotisations rebaptisées pour l'occasion

---

[16] LORDON (1997).

[17] Outre l'effet susbstitution capital / travail et l'effet substitution travail qualifié / travail non qualifié, l'austérité salariale, encouragée par les aides à l'emploi, est censée doper la demande de travail par deux autres biais : l' « effet compétitivité » (d'emblée non « vertueuse » à l'égard des « partenaires » européens) et l' « effet profit » (qui renvoie plutôt au registre classique de l'argumentaire libérale en économie).

« charges sociales ») et des dépenses sociales. L'efficacité de ce redéploiement de l'intervention publique et, plus généralement, du schéma de la désinflation compétitive dans lequel il s'insère peut être discutée à l'aune des résultats obtenus au cours des vingt dernières années. Sans entrer dans le détail, on peut soutenir que les enchaînements inclus dans le cadre en pointillé n'ont en fait pas ou peu fonctionnés durant la période 1983-1997, d'où les piètres résultats obtenus sur le front de l'emploi et du chômage[18]. Preuve plus positive, on peut aussi soutenir que les performances indéniables enregistrées sur ce même front, sur la période 1997-2001, l'ont été dans la mesure où justement les trois piliers de la désinflation compétitive (austérité salariale, monnaie forte et rigueur budgétaire) ont été « relâchés », suivant le schéma suivant :

La reprise de l'emploi depuis 1997 : un schéma explicatif

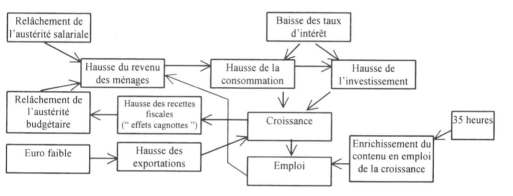

Suivant ce schéma d'explication[19], ce sont donc les inflexions prises à l'égard du social-libéralisme qui expliqueraient les résultats enregistrés en matière

---

[18] Plusieurs éléments permettent d'expliquer ces « échecs ». Alors que le franc fort devait permettre de baisser les taux d'intérêt, c'est leur hausse qui a été nécessaire pour l'arrimer au mark. Le principal blocage de l'investissement est cependant à chercher ni dans cette hausse des taux, ni *a fortiori* dans les taux de profit (établis à des niveaux records dès la seconde moitié des années quatre-vingt), mais dans une consommation des ménages rendue atone par l'austérité salariale et certaines hausses d'impôts (TVA notamment). L'effet d'accélérateur a donc joué dans un sens négatif ce qui n'a fait qu'accroître la logique récessive. Loin de se réduire, les déficits publics ont, quant à eux, fortement augmenté dans la première moitié des années quatre-vingt-dix. Plus que les dépenses, c'est la hausse des taux d'intérêt (et donc la charge de la dette publique) et, surtout, la réduction des recettes fiscales (liée notamment à la faiblesse de la croissance) qui sont en cause.

[19] Le cœur est ici formé par le grand absent du schéma précédent : la consommation des ménages. C'est sa reprise qui a entraîné celle de l'investissement (on retrouve l'« effet d'accélérateur ») et, plus généralement, de la croissance. Une reprise permise par une légère augmentation du pouvoir d'achat des salaires par tête (au même rythme que la productivité sur l'ensemble de la période) et par certaines mesures budgétaires (hausse de certaines prestations, baisse de la TVA, etc.) qui ont augmenté le revenu disponible des ménages.

d'emploi et de chômage. Des inflexions pas toujours assumées comme telles cependant, ce qui témoigne des hésitations plus générales du gouvernement Jospin, hésitations que l'on retrouve d'ailleurs – preuve à nouveau de l'étroite articulation entre type de politique économique et type de politiques « sociales » mises en œuvre – dans le champ de ses interventions en matière de politique de l'emploi ou de protection sociale (*cf.* CONCIALDI, 2001).

4. L'ÉTAT SOCIAL PAR DELÀ LE RISQUE

La catégorie de « risque social » a largement accompagné le développement de l'État social. On suggérera cependant que cette notion – à l'instar de celle d' « assurance sociale » – non seulement n'épuise pas, mais peut rendre en partie illisibles quelques-unes des caractéristiques essentielles de cet État (4. 1.). Sur cette base, on s'interrogera sur le sens que revêt l'apologie du risque par le Medef (4. 2.).

4.1. Le « risque social » : pertinence et tautologie

Que la catégorie de risque – et d'assurance sociale – ait largement supporté la genèse de l'État social, l'ouvrage d'EWALD (1986) en apporte une démonstration à bien des égards convaincante. C'est pourtant en partant d'une lecture critique de cet ouvrage que l'on se propose de saisir les limites de cette catégorie.

A l'encontre du paradigme libéral et de son régime de responsabilité (soit contractuelle, soit délictuelle), la reconnaissance du mal comme mal *social* et des risques comme *risques sociaux* introduit une rupture d'ensemble dans la représentation que la société se fait d'elle-même. Rupture qui appelle et légitime la création de l'État social : la reconnaissance des accidents du travail comme risques sociaux, « *imputables à personne* » (p. 90), si ce n'est à la société elle-même, permet en effet de sortir de la responsabilité pour faute individuelle et engage la nécessaire responsabilité et intervention de la société dans le champ du social. Cette thèse défendue avec force par EWALD n'épuise cependant pas sa propre lecture de l'État social. La reconnaissance des risques sociaux inaugure une nouvelle ère : celle où la société se trouve fondée à intervenir dans le champ économique avec des visées sociales, non pour surmonter des imperfections du marché, mais en fonction d'une positivité propre y compris par rapport aux relations contractuelles-marchandes elles-mêmes. Dans l'optique libérale « *la sphère des obligations juridiques est limitée au respect des droits d'autrui : le droit ne peut me contraindre qu'à réparer le tort fait à autrui, mais non à lui faire du bien* » (p. 359). Dès lors que la société se reconnaît une responsabilité *sociale* - avec les obligations *sociales* qui en découlent - s'ouvre, à l'inverse, un nouveau champ d'intervention qui lui-même induit une nouvelle forme d'intervention

---

Simultanément, les 35 heures, ont permis d'enrichir le « contenu en emploi de la croissance » (HUSSON, 2002). La croissance retrouvée, un « effet cagnotte » ont simultanément permis de rétablir rapidement les comptes publics. *cf.* notamment RAMAUX (2001) et Fondation Copernic (2001) pour de plus amples développements en ce sens.

publique. Nouveau champ, celui des *besoins sociaux* dont on pressent à la fin du XIXe qu'ils ne peuvent décidément pas êtres satisfaits par le seul jeu de la prévoyance et de la bienfaisance individuelle. Nouvelle forme, avec la définition proprement *politique* de ces besoins et des dispositions (prestations sociales mais aussi règles du droit du travail) à mettre en œuvre pour les satisfaire. De même que s'affirme « *un programme d'auto-institution et d'auto-organisation de la société* » (p. 197) – à l'exclusion d'un quelconque ordre extérieur donc –, s'affirme la légitimité d'une répartition proprement politique – et à ce titre *a priori* indéterminée – des prestations et de la charge de leur financement : « *la mesure de l'indemnité ne se trouve plus dans l'objectivité du préjudice, mais dans une certaine obligation que la société se reconnaît envers certains de ses membres. La mesure est variable ; elle [...] n'est autre qu'un rapport social* » (p. 292). La logique du « *tarif* », avec sa dimension subjective, politique (*cf.* FRIOT, 1998 et 1999 pour une systématisation en ce sens), l'emporte sur celle du « *prix* » supposé objectif.

Mais, et pour le coup contre EWALD (1986), on peut soutenir que cette logique proprement politique de définition et satisfaction des besoins sociaux, ouverte par la reconnaissance initiale des risques comme risques sociaux, a finalement conduit l'État social à déborder largement la seule couverture des risques. Dit plus positivement, l'État social, né de la prise en charge de risques sociaux, s'est finalement déployé selon une visée autrement plus ambitieuse que l'on peut qualifier au choix de *progrès social* ou de *bien-être social*. Né dans les affres des politiques minimalistes de secours face au paupérisme[20] et face aux accidents du travail (ou c'est bien la peau même du travailleur qui est en jeu), sa vocation – inscrite dans la reconnaissance même des droits sociaux – s'est étendue à beaucoup plus et finalement autre chose : garantir, non pas un filet de protection minimale, mais un certain *bien-être social*. Dans droits sociaux (et sécurité sociale), le social intervient en quelque sorte doublement : non seulement c'est la société qui garantit des droits, mais c'est elle qui en délimite le périmètre. La définition des droits et de la sécurité devient elle-même sociale.

Le risque - et la technique de l'assurance qui lui est associée - ne permet pas, et c'est tout le problème, de saisir cette potentialité intrinsèque, ce plein déploiement de l'État social[21]. EWALD (1986) le reconnaît lui-même à sa façon lorsqu'il indique : « *la notion de besoin donne à la Sécurité sociale un domaine quasi*

---

[20] L'ouvrage d'HATZFELD (1971) s'ouvre par un chapitre consacré à « *Paupérisme, paupérisation et insécurité* ».

[21] Dans le même sens, P. CONCIALDI (1999) indique : « *la notion de risque n'envisage qu'une des faces, la plus sombre, de la protection sociale. Car au risque de chômage correspond le droit à l'emploi, au risque de maladie, le droit à la santé, au risque vieillesse, le droit de la retraite, etc. [...]. En d'autres termes, la protection contre les risques n'est qu'un moyen en vue d'une fin plus large et plus positive, qui consiste, à travers la garantie d'un droit social commun, à favoriser le développement et l'épanouissement des êtres humains* » (p. 205).

illimité [...]. *A la différence du risque qui, par principe, est limité à ce que le groupe peut allouer dans l'éventualité de sa réalisation, le besoin est fondamentalement illimité* [...]. *Il n'y a pas d'objectivité du besoin social ; le besoin* [...] *est marqué d'un arbitraire constitutif* », il « *se décrète* » selon des normes politiques[22]. Et « *corrélativement il y a une 'dynamique des besoins sociaux'* » [...] *une tendance à ce qu'ils s'étendent et se multiplient* ». D'où la limite même de la notion de risque qui « *ressort* [...] *de l'impossibilité où l'on est de définir objectivement le risque couvert par la Sécurité sociale, c'est-à-dire le risque social : par une tautologie nécessaire, est « risque social » ce qui est couvert par la Sécurité sociale* » (p. 401). Le risque devient une simple tautologie. On ne saurait mieux désigner sa limite y compris, pour le coup, contre EWALD lui-même[23].

Cette limite est d'autant plus saillante si on se réfère à l'autre grand volet de l'État social qu'est le droit du travail. Si celui-ci puise aussi, pour partie, ses racines aux accidents du travail (*cf. supra*), il apparaît, en effet, clairement qu'on ne peut le réduire à la catégorie du risque : comment appréhender, par exemple, le droit aux congés payés ? Comme la réponse au *risque* de ne pas reproduire sa force de travail ? La tautologie deviendrait pur sophisme.

4.2. La société du risque : quel sens ?

Hypertrophiée dès l'ouvrage de EWALD (1986) – ainsi d'ailleurs que dans celui de BECK (1986, trad. fr. 2001)[24] – la catégorie de « risque » est réapparue comme la grille d'entrée théorique proposée par le MEDEF dans le cadre de la refondation sociale[25]. Le risque est élevé au rang de « *philosophie politique globale* », considéré comme « *la catégorie politique majeure* » (EWALD et KESSLER, 2000, pp. 55-56). Il est, ni plus, ni moins, tout à la fois « *une morale, une épistémologie, une idéologie, en fait une manière de définir la valeur des valeurs* » (*ibid.* p. 61)[26].

---

[22] *Cf.* EWALD (1986) : « *il n'y a pas de besoins sociaux sans normes, sans une décision politique* » (p. 401)

[23] Les développements précédents étant posés, EWALD (1986) referme, si l'on peut dire, rapidement le couvercle en ramenant sa lecture de l'État Providence au risque et à l'assurance.

[24] Pour une critique de cet ouvrage qui vient d'être traduit en français, *cf.* CHAUVEL et RAMAUX (2002).

[25] Avec, en particulier, les contributions de KESSLER (1999), EWALD et KESSLER (2000), SEILLIÈRE (2000).

[26] Le risque est aussi devenu la « *mesure de toutes choses* » (*ibid.* p. 65). Bien que l'hypertrophie du risque y soit déjà bien présente, on ne résiste pas à opposer à ce qui précède, ce qu'indiquait EWALD (1986) à propos de l'État Providence. Avec lui, « *la valeur des valeurs n'y est pas fixée une fois pour toutes* » (1986, p. 532). En raison de sa définition et délimitation proprement politiques (*cf. supra*), « *il y a non seulement division sur les valeurs et les intérêts, mais aucun principe de détermination de la valeur des valeurs* » (p. 504).

Sans nier que la notion puisse être utilisée à bon escient[27], il faut s'interroger sur le sens que revêt cette invitation au risque. Polysémique à souhait, la catégorie de risque invite, en l'occurrence, à une certaine lecture de l'État social et de sa refondation. A l'instar de la crainte que le risque évoque spontanément, l'hypertrophie du risque conforte tout d'abord l'idée selon laquelle la société serait nécessairement marquée par une insécurité sociale généralisée, notamment en matière d'emploi (RAMAUX, 2001). Simultanément, elle tend à *réifier* ce qui relevait auparavant d'une définition proprement politique[28]. Cette réification est d'autant plus forte, que proposition est faite de revenir en deçà des risques *sociaux* avec la reconnaissance des *risques de l'existence* (KESSLER, 1999, p. 625). Risques de l'existence qui permettent de pointer les risques moraux et de sélection adverse – où l'on retrouve la vieille problématique de l'indolence[29] – associés à l'État social et de réhabiliter la problématique de la responsabilité individuelle contre celui-ci. Risque de l'existence, qui invite à limiter l'étendue de l'État social au profit des « *nouveaux entrepreneurs sociaux* » que sont « *la famille, l'entreprise et les marchés* » (*ibid.*, p. 632).

Du bien-être social au risque, il y a bien un renversement de perspective, parfaitement congruent, au demeurant, avec celui opéré par le retour du statut au contrat.

BIBLIOGRAPHIE

BECK U. (2001), *La société du risque. Sur la voie d'une autre modernité* (trad. 1986), Aubier, Alto, 528 p.

CHAUVEL L. et RAMAUX C. (2002), « Le risque à défaut d'émancipation (au risque de dire tout... et n'importe quoi) », *Mouvements*, n° 21-22, p. 166-170, La Découverte, mai.

CONCIALDI P. (1999), « Pour une économie politique de la protection sociale », *Revue de l'Ires*, n° 30, p. 177-217.

EWALD F. (1986), *L'État providence*, Grasset, Paris, janvier, 608 p.

EWALD F. et KESSLER D. (2000), « Les noces du risque et de la politique », *Le Débat*, n° 109, p. 55-72, mars-avril.

---

[27] On peut ainsi lire le modèle de la *corporate gouvernance* et les formes néo-libérales de rémunération (individualisation, actionnariat salarié, participation et intéressement, nouvelles formes de travail indépendant, etc.) en termes de transfert d'une partie du *risque d'entreprise*, traditionnellement assumé par les actionnaires, vers les salariés eux-mêmes (*cf.* notamment les travaux de MORIN, 1999).

[28] Réification que renforce le couplage du risque à l'assurance et à la technique actuarielle.

[29] KESSLER indique ainsi que « *pour ce qui concerne le risque de chômage,* [...] *on ne peut plus considérer qu'il soit indépendant du comportement des individus. C'est ce qu'on essaye d'exprimer à travers la notion d'employabilité* » (1999, p. 626).

FONDATION COPERNIC (2001), *Un social-libéralisme à la française ? Regards critiques sur la politique économique et sociale de L. Jospin*, La Découverte, novembre, 210 p.

FRIOT B. (1998), *Puissances du salariat. Emploi et protection sociale à la française*, éd. La Dispute.

FRIOT B. (1999), *Et la cotisation sociale créera l'emploi*, éd. La Dispute.

HATZFELD H. (1971), *Du paupérisme à la sécurité 1850-1940*, Presses Universitaires de Nancy, Collection Espace Social.

HUSSON M. (2002), « Réduction du temps de travail : une nouvelle évaluation, *La Revue de l'IRES,* n° 38-1.

KESSLER D. (2000), « L'avenir de la protection sociale », *Commentaires*, n°87, p. 619-632, automne.

LORDON F. (1997), *Les quadratures de la politique économique. Les infortunes de la vertu*, Albin Michel Economie.

MORIN M.-L. (1999), *Prestation de service et activité de travail*, La Documentation Française.

PALIER F. (2002), *Gouverner la sécurité sociale. Les réformes du système français de protection sociale depuis 1945*, PUF, Le lien social, mars, 467 p.

RAMAUX C. (2001a), « Refondation sociale et « risque » : quels enjeux, quelle alternative », *in* FONDATION COPERNIC (2001), p. 157-176.

RAMAUX C. (2001b), « Quel bilan critique des années Jospin ? », *Utopie Critique*, n° 21, décembre, p. 11-26.

REYNAUD B. (1989), *Le modèle hiérarchique : une méthode d'analyse des relations salariales*, thèse d'État en Sciences économiques, université Paris X - Nanterre, mars, 351 p.

SEILLIERE E.-A. (2000), *« Le nouveau partage des risques dans l'entreprise »*, *Risques*, n° 43, septembre.

SUPIOT A. (1994), *Critique du droit du travail*, PUF, mai.

Évaluation socio-économique des dispositifs d'aide à la création d'entreprise par des publics en difficultés : éléments pour une approche méthodologique.

Nadine RICHEZ-BATTESTI (CEFI, Université de la Méditerranée),
Patrick GIANFALDONI (CREDO, Université d'Avignon et CEFI)

Résumé

Cet article vise en priorité à formaliser une démarche méthodologique pour tenter d'évaluer les dispositifs d'aide à la création d'entreprise, à travers une approche multi-dimensionnelle. Il illustre cette démarche par les premiers résultats auxquels nous avons abouti.

1. INTRODUCTION

Au sein des politiques publiques, les dispositifs d'appui à la création de très petites entreprises, notamment en direction de publics en difficulté, ont connu un essor sans précédent dans les quinze dernières années tant au niveau national qu'au niveau européen. Présentés comme une voie possible de lutte contre le chômage et l'exclusion, ces dispositifs territorialisés sont considérés comme l'un des maillons de la politique de l'emploi et s'inscrivent de ce fait dans le champ de la politique sociale. Participant à l'émergence d'une offre potentielle d'activités et d'emplois, ils sont susceptibles de contribuer à l'apparition et au développement de certains secteurs et activités économiques.

Une des caractéristiques de ces dispositifs est d'être le plus souvent portée par des acteurs associatifs qui mixent des ressources publiques et privées, pour offrir un service non marchand d'accompagnement à la création de micro-entreprises. Notre analyse portera exclusivement sur ces opérateurs associatifs, dans le cadre de la région Provence-Alpes-Côte-d'Azur (PACA). Il s'agit alors de tenter d'évaluer les performances de ces dispositifs et leur contribution à la dynamique territoriale[1]. Nous employons ici le terme "performance" (GADREY, 2001) à dessein, en considérant que les volumes et les quantités (et donc le produit et la productivité) sont des indicateurs très imparfaits de l'efficience et de l'efficacité (VELTZ, 2000) des services d'accompagnement à la création d'entreprises.

Les avancées de la recherche sur l'économie des services dans les vingt dernières années soulignent l'absence de pertinence d'une analyse centrée sur la

---

[1] Ce papier retrace la première étape d'un travail de recherche en cours dans le cadre de l'appel d'offre "Dynamiques solidaires" de la MiRe et de la DIES 2001-2003, en collaboration avec Pénélope CODELLO (CRIDA) et Coralie PEREZ (CEREQ)

croissance et la productivité dans le champ des services non standardisés ou, en d'autres termes, le caractère inopérant de la simple transposition des outils appliqués au paradigme industriel pour évaluer les services. Mais elles n'ont pas permis de déboucher sur un nouveau paradigme unifié, étayé par des concepts originaux pour caractériser ce que d'aucuns qualifient de régulation post-fordiste. Nous manquons d'outils d'analyse et de critères d'évaluation, ce qui suppose d'accepter les " tâtonnements ", de considérer qu'ils participent de la production de connaissances. En l'absence de paradigme, l'approche empirique retrouve un statut essentiel et, à travers elle, l'élaboration d'une méthodologie d'analyse prend toute son importance pour contribuer à terme à la transférabilité des résultats obtenus et à leur éventuelle généralisation.

Notre travail retrace ici la construction de ce cadre analytique et méthodologique d'évaluation des dispositifs d'accompagnement. Il s'inscrit dans une démarche qui vise à contribuer à l'élaboration de conventions d'évaluation permettant de s'accorder sur des critères d'efficience et de produits. Après avoir présenté notre positionnement analytique nous aborderons successivement l'organisation du service et l'évaluation des résultats des dispositifs mis en œuvre.

2. COMMENT ÉVALUER DES SERVICES D'ACCOMPAGNEMENT TERRITORIALISÉS ?

L'absence de données agrégées concernant l'ensemble des dispositifs d'appui à la création d'entreprises au niveau local, départemental et régional pour le territoire de la région PACA contraint fortement notre analyse. Il n'existe, en effet, ni recensement exhaustif des organismes d'appui à la création de très petites entreprises en région PACA et au niveau de chacun des départements qui la compose, ni données agrégées portant sur les créations d'entreprises aidées tant du point de vue de leur nombre que de leur secteur d'appartenance ou encore du nombre d'emplois créés (APCE, 2001). La multiplication et la diversification des dispositifs ces dernières années expliquent, partiellement sans doute, cette absence de données. Elles illustrent aussi une coordination insuffisante entre les différentes institutions publiques et entre les dispositifs, pourtant indispensable à la production de données quantitatives. Nous ne disposons que de statistiques concernant la création d'entreprises dans son ensemble en région PACA.

Les dispositifs d'accompagnement à la création d'entreprises que nous étudions s'adressent majoritairement à des chômeurs et des Rmistes. Ils ont pour objet de faire acquérir par le porteur de projet les compétences nécessaires à la création d'entreprises et donc lui permettre à la fois de viabiliser son projet, de l'insérer dans des réseaux (administrations, banques,...) et de recourir à un organisme de financement pour obtenir un prêt. Ils contribuent donc à la constitution du capital social de l'entrepreneur (BOUTILLER, UZUNIDIS, 1999). Pour le créateur, l'accompagnement permet de réduire les incertitudes et les asymétries d'information, de maîtriser la complexité du processus de création et d'accéder à un financement du projet s'il est viable. Cet accompagnement couvre cinq types d'activités ou de services : l'accueil pour identifier les besoins des candidats et formaliser le projet ; le conseil pour l'opérationnaliser ; la prise de garantie ; le financement ; le suivi, une fois l'entreprise créée. Du point de vue de leur organisation, ces dispositifs d'accompagnement confèrent au secteur associatif une fonction centrale d'interface entre les porteurs de projets et les acteurs susceptibles de l'aider à le réaliser (collectivités territoriales et organismes publics et parapublics, organismes d'épargne et de crédit, organismes privés de type cabinet juridique, d'expertise comptable, d'assurance). Le financement de ces dispositifs est majoritairement public et repose essentiellement sur une solvabilisation de l'offre de services par conventionnements avec les associations et de la demande par des chéquiers-conseils en direction de porteurs de projets.

2.1. Une approche socio-économique
pour évaluer les dispositifs d'accompagnement

Notre positionnement analytique s'efforce d'intégrer la triple spécificité des dispositifs d'accompagnement à la création d'entreprise qu'il s'agit de brièvement présenter. Tout d'abord, ils reposent sur la production de services non marchands et à fort contenu relationnel, qui s'adressent à des publics en difficulté, en vue de les accompagner vers la création d'entreprise, et à travers elle vers l'auto-emploi. Ensuite, ils sont portés par des organisations appartenant au champ de l'économie sociale et mobilisent à la fois des salariés et des bénévoles. Enfin, les services d'accompagnement sont produits dans le cadre d'une architecture en " réseau contextualisé " (GIANFALDONI, RICHEZ, 2001) dont les modes de coordination et de gouvernance conditionnent non seulement les performances du réseau et donc des services, mais aussi les performances du territoire au sein duquel il se déploie.

La plupart des travaux réalisés sur les services dans les dernières années concluent à la difficulté de mesurer leur contribution à la croissance économique et de façon plus spécifique à évaluer les services en tant que tels, par la simple transposition des méthodes appliquées dans l'industrie. De ce fait, dans le prolongement des travaux de GADREY, nous postulons que leur contribution à la richesse suppose une évaluation " du produit et de la performance " (GADREY, 1996, p.16) de ces services. En d'autres termes, nous posons comme hypothèse que la mesure du produit réel ne peut se limiter au volume de travail réalisé au sein des différents organismes d'accompagnement à la création d'entreprises. Nous considérons dans le même temps que la mesure du nombre de création d'entreprises et des emplois qui lui sont associés sont de fait des indicateurs tr ès imparfaits de contribution à la richesse. Nous retenons l'idée selon laquelle " l'organisation - entendue comme la qualité de la coopération et des interfaces entre acteurs d'une chaîne productive - devient le facteur de performance central " (VELTZ, 2000, p.17).

Parallèlement, les réflexions dans le champ de l'économie sociale et solidaire portent de façon croissante sur l'évaluation de la production associative et soulignent, à des degrés divers, la nécessité de se doter d'outils d'évaluation de l'utilité sociale des associations et des externalités[2] produites par leur activité (LIPIETZ, 2000 ; GARDIN, FRAISSE, LAVILLE, 2001). De ce point de vue, nous retenons l'hypothèse que l'évaluation des dispositifs d'accompagnement à la création d'entreprises ne se réduit pas aux résultats directs, mais doit tenter d'incorporer des résultats indirects et donc, la prise en compte des externalités positives.

Enfin, le renouvellement des approches sur les territoires tend à mettre l'accent sur l'importance de la compréhension des dynamiques locales diversifiées et des formes territoriales originales que prend la régulation des relations de pouvoir et de coordination. Ainsi BENKO et LIPIETZ (1992) croisent développement régional et analysent des systèmes productifs locaux, tandis que BAGNASCO et SABEL (1994) privilégient l'analyse des districts industriels. D'autres analysent les territoires en tant qu'espaces institutionnalisés d'action (TALLARD, THÉRET, URI, 2000) et s'efforcent de caractériser les relations entre politiques publiques et logiques d'actions collectives sur un territoire. Ces travaux relient, à des degrés divers, les formes de coordination et de gouvernance aux performances des territoires[3]. Dans cette perspective, nous considérons que l'efficacité des formes d'architecture en réseau au sein desquels les dispositifs d'accompagnement s'inscrivent, dépend de, et conditionne la cohérence et la dynamique des territoires. Il nous semble alors indispensable, à travers l'analyse socio-économique des conventions (BOLTANSKI, THÉVENOT, 1991 ; BOLTANSKI, CHIAPELLO, 1999), d'identifier la pluralité des logiques et des justifications de l'action portée par les différents partenaires et les tensions qui en résultent afin de contextualiser cette organisation en réseau et d'en évaluer les performances et les effets (GADREY, 2000 ; RICHEZ-GIANFALDONI, 2001).

Plus globalement, à la manière de GADREY (1996, 2001) ou de VIVERET (2001), nous ne nous positionnons pas dans une perspective de croissance économique, mais plutôt de développement et de création de richesse. Nous considérons que les indicateurs de " volume " (tels que le nombre de salariés travaillant dans ces dispositifs ou de porteurs de projets accueillis) ou encore en termes de résultats (tels que le nombre d'entreprises ou d'emplois créés) ne permettent pas à eux seuls de rendre compte de la performance des dispositifs d'accompagnement à la création d'entreprises, ni de leurs effets sur un territoire, pas plus que d'analyser les pratiques et d'en préconiser les transformations.

Nous adhérons donc à une analyse de type socio-économique, qui repose sur une évaluation multi-critères des dispositifs d'accompagnement, au sein de laquelle les dimensions qualitatives et organisationnelles sont prédominantes, sans pour autant évacuer la nécessité de produire des données quantitatives.

---

[2] Il y a externalité lorsque les actions d'un agent ont une incidence directe sur l'environnement des autres agents, sans que ces derniers n'en assument le prix.

[3] Ainsi VELTZ (1994, p. 8) souligne que " le développement économique des territoires,…, passe aujourd'hui par la densité et la qualité des maillages entre les acteurs ".

2.2. De l'organisation du service à ses effets

Nous retenons la différenciation préconisée par GADREY (1996) et de BANDT (1991) entre service immédiat d'un coté et résultats directs et indirects que ces services ont contribué à produire de l'autre, tout en la spécifiant aux services d'accompagnement.

- l'évaluation du service immédiat permet de caractériser l'activité du prestataire de service et d'apprécier son efficience opérationnelle. Elle repose sur l'analyse de l'objet du service, de son mode de production et des ressources mobilisées pour le réaliser.

- le " résultat direct ou encore résultat opérationnel " des services, le plus souvent la création d'une entreprise, dépend de paramètres relatifs à l'usager et de variables d'environnement. Il ne peut donc être approché à travers les seuls indicateurs de volume. Les " résultats indirects ou encore les produits médiats " sont, quant à eux, de deux natures. Les premiers concernent l'usager du service - ils sont donc individuels - et sont un indicateur des effets produits par les services sur le bénéficiaire au-delà de l'objectif de la création d'entreprise Les seconds peuvent être approchés à travers les externalités positives qu'ils produisent. On prend ici en considération les bénéfices pour l'ensemble de la collectivité (réduction des dépenses passives, diminution du travail au noir, effet de richesse territoriale,…), en considérant ces services non plus seulement en tant que services individuels mais en tant que services " quasi-collectifs ".

Ce cadre nous permet d'analyser conjointement la prestation de service (le service rendu et son objet), l'activité mise en œuvre (l'ensemble des dispositifs déployés et donc l'unité organisationnelle au sein de laquelle l'activité de service se déploie) et les effets (directs ou indirects) qui en résultent. Il répond aussi à notre souci de tenter d'évaluer une organisation en réseau et ces effets sur l'ensemble de la collectivité et notamment sur un territoire donné. Le recueil d'informations passe alors par des entretiens approfondis en direction des partenaires du réseau.

En s'appuyant sur cette distinction entre service immédiat et résultats directs et indirects, la suite de cet article s'efforce de préciser notre méthode, tout en présentant quelques-uns des premiers résultats auxquels nous avons abouti.

3. L'ORGANISATION AU CŒUR DU SERVICE IMMÉDIAT

Analyser le service immédiat d'accompagnement, c'est avant tout analyser son organisation. Nous avons sélectionné quatre points d'entrée pour appréhender l'organisation des services d'accompagnement.

3.1. Identifier des modèles d'accompagnement et de financement

Les dispositifs d'accompagnement ont en commun deux caractéristiques. D'une part, il n'y a pas de séparabilité des résultats des dispositifs vis-à-vis des porteurs de projets et l'on est en présence d'une participation conjointe des prestataires et des bénéficiaires au sein du service en acte, ce qui suppose un certain degré d'individualisation de la prestation. D'autre part, le résultat d'un service n'a pas d'existence autonome vis-à-vis de la réalisation du projet de création et la mise en œuvre du service fait l'objet d'une adaptation à la demande. En reprenant les catégorisations introduites par BARCET (1991), les phases du service proposé (diagnostic, conseil,...) sont généralement caractérisées par un faible degré de tangibilité et par un engagement de moyens plus que de résultats ; il n'existe pas de solution unique et optimale et il est donc difficile de standardiser le service.

Partant du constat que les opérateurs associatifs ne couvraient pas la totalité de la chaîne d'activités du service d'accompagnement et que les modalités d'accompagnement étaient hétérogènes, un premier travail a consisté à élaborer une typologie des modèles d'accompagnement et de financement. Il s'agissait de croiser les types d'activités couvertes et les modalités d'accompagnement (individuelles ou collectives). Sur la base d'un inventaire non exhaustif des structures d'accompagnement et de financement en PACA, nous distinguons quatre modèles d'accompagnement et trois modèles de financement.

- l'accompagnement coopératif (couveuses, coopératives d'activité) ;

- l'accompagnement collectif (APEAS, Place) ;

- l'accompagnement individuel associatif (boutiques de gestion, RILE) ;

- l'accompagnement individuel territorialisé (lié directement à une décision communale) ;

- le crédit médiatisé (PFIL et ADIE) ;

- le capital-risque (Cigale) ;

- le Fonds de garantie.

Différencier ces modèles nous permet à la fois de caractériser des partenariats plus ou moins étendus, de repérer des " emboîtements " plus ou moins forts entre les organismes partenaires et d'évaluer le degré de concurrence ou de complémentarité entre les différents opérateurs (en termes de publics, de catégories de services rendus et de territoires d'action).

3.2. Une organisation en réseau

Les organismes associatifs ont en commun d'opérer un interface entre le porteur de projet et les différents acteurs susceptibles de l'aider à le réaliser. Ils constituent donc l'unité-pivot de l'organisation de la production de service d'accompagnement, autour de laquelle gravitent diverses catégories de partenaires. Ils nouent donc des partenariats plus ou moins formalisés avec des organismes d'épargne et de crédit, des entreprises, des services de support (experts-comptables, services juridiques, services d'assurance) et des collectivités territoriales et autres organismes publics et parapublics. Pour remplir leur mission, ces organismes s'inscrivent donc dans des architectures en réseaux (GIANFALDONI, RICHEZ-

BATTESTI, 2001) de façon à combiner (en direction du porteur de projet) les différentes compétences nécessaires à la création d'entreprises. Cette combinaison des compétences repose sur des dispositifs de coordination fondés largement sur la confiance (KARPIK, 1998), donc implicitement sur la répétition des actions en commun et sur les apprentissages collectifs dans l'action (RICHEZ-BATTESTI, MENDEZ, 1999).

Dans ce contexte, la question de l'efficience opérationnelle de la structure d'offre de services bute sur la mesure des services produits et des différents facteurs explicatifs de la performance organisationnelle. Comment mesurer l'efficience du service quand le résultat n'a pas d'existence autonome vis-à-vis des institutions d'aide et d'accompagnement en amont et vis-à-vis de la demande individualisée en aval ? Comment mesurer l'apport de chacune des parties aux résultats en raison de la co-activité, des rétroactions immédiates, des fortes interdépendances au cours du processus de production des services ? Comment évaluer la plus ou moins grande facilité d'accès au financement de l'entreprise pour le porteur de projet, sachant qu'elle est l'une des conditions essentielles de la création d'entreprise mais qu'elle sanctionne dans le même temps la qualité du projet et celle de l'accompagnement (VALLAT, 2000). Certes, les analyses d'impact livrent des indications sur le nombre de personnes accueillies, conseillées ou suivies, sur la quantité et le montant de prêts effectués, sur le nombre d'entreprises créées et éventuellement sur leur taux de survie ou de viabilité, sur l'emploi induit. Mais l'élaboration d'indicateurs ou de ratios d'efficience se confronte au problème de l'estimation des résultats et des moyens : concernant la sélection des candidats à la création, les temps d'activité, la répartition des coûts entre acteurs, l'apport du bénévolat, des biais de tous niveaux existent pour évaluer rigoureusement les services économiques rendus.

A ce stade de l'analyse, deux façons de contourner ces difficultés peuvent être envisagées. On peut faire le choix de privilégier une approche qualitative des deux propriétés économiques du réseau : les effets d'externalité et les effets d'interface (RICHEZ-BATTESTI, GIANFALDONI, 2001) :

- les effets d'externalité trouvent leur origine dans la densification des mailles d'un réseau, qui entraîne une plus grande mutualisation des risques et des coûts, une fluidité accrue de l'information et une meilleure diffusion des savoirs opérationnels entre acteurs. Les externalités apparentes de liaisons dépendent des économies ou des déséconomies engendrées par la multiplication des partenaires. Ainsi, la spécialisation flexible qui caractérise les réseaux d'accompagnement, consistant à diviser les phases opérationnelles, débouche sur des externalités positives. Quant à la variation des coûts d'infrastructure et de coordination, elle dépend de l'influence respective des logiques marchande (effets négatifs en termes de coûts de transaction), technique (effets positifs en termes d'économies de procédure) et domestique (effets positifs en termes d'économies d'apprentissage). Les externalités latentes du réseau résultent à la fois de l'instauration de règles et de dispositifs entre acteurs sociaux produisant de la confiance (limitation de l'opportunisme et de l'intérêt individuel) (KARPIK, 1998) et de la fertilisation croisée des savoirs.

- les effets d'interface entre des organismes appartenant à l'économie sociale et des créateurs de TPE devraient - logiquement - être marqués par une forte spécificité d'intégration socio-économique et de lutte contre l'exclusion. La faculté de repérage des candidats à la création dans le dédale des organismes intervenants ainsi que le degré d'accessibilité à l'information est un premier indicateur de l'efficacité du réseau. En second lieu, l'élaboration de grilles de sélection des candidats, puis la capacité à repérer rapidement les besoins des porteurs de projets et l'orientation éventuelle vers des partenaires, en réduisant en grande partie les risques d'échec, est un second indicateur de cette efficacité. Enfin, le nombre de bénévoles, le nombre d'heures " de travail " qu'ils consacrent aux organismes et l'identification des tâches ou des fonctions qu'ils occupent, notamment dans le cadre du suivi des porteurs de projet ou lors des comités de crédit, sont aussi constitutifs de ces effets d'interface et participent de l'efficacité des réseaux.

Une autre façon de contourner le problème passe par l'analyse des modes de coordination et de gouvernance du réseau (GIANFALDONI, RICHEZ-BATTESTI, 2001). En référence à certains travaux menés dans le champ de l'évaluation des politiques publiques territoriales partenariales (BENHAYOUN, LAZZERI, 1998, p. 37 ; VIVERET, 2001), l'efficience du service dans le cadre du réseau pourrait être approchée par une analyse des valeurs portées par chacun des différents partenaires. L'économie et la sociologie des conventions nous offrent alors un cadre d'analyse adéquat de la construction des actions collectives (BOLTANSKI, THÉVENOT, 1991 ; BOLTANSKI, CHIAPELLO, 1999) Après avoir identifié la morphologie du réseau et donc les combinaisons de compétences institutionnelles et les liaisons de coordination de type horizontal ou vertical entre les différents partenaires, on peut à la fois repérer les principes de légitimité de l'action (et donc le système de valeurs qui conditionne l'action) et les logiques de coordination (marchande, industrielle, domestique,...) qui coexistent et font tension au sein des différents partenaires et entre eux. On peut ainsi caractériser le pilotage global du processus d'accompagnement et les processus de décision, éléments indispensables à l'analyse de la performance organisationnelle.

Au sein de ce réseau, tant du point de vue de ses propriétés économiques que des modes de coordination et de gouvernance qui le caractérisent, les modalités de l'intervention publique méritent une attention particulière.

3.3. Intervention publique et logiques d'actions collectives : interdépendance ou surdétermination ?

L'action des pouvoirs publics porte sur les ressources financières allouées à l'appui à la création d'entreprises. Elle conditionne donc en grande partie l'offre de services. Mais elle influence aussi les conditions de la production du service et l'organisation en réseau, par le cadre collectif d'actions qu'elle peut contribuer à élaborer.

Du point de vue de leurs ressources, la plupart des dispositifs d'accompagnement dépendent étroitement des conventionnements avec les collectivités territoriales et notamment le Conseil Général ou avec des organismes para-publics tels que l'ANPE et l'AGEFITH. Les Pouvoirs Publics apportent aussi un soutien aux chômeurs et/ou Rmistes porteurs de projets de création d'entreprises[4] en rendant solvable le service d'accompagnement (financements directs ou par l'intermédiaire de la Caisse des Dépôts et Consignations ou des chambres consulaires). Enfin, les collectivités territoriales sont susceptibles de contribuer à l'élaboration d'outils de financement régionaux à utilité sociale, le plus souvent sous la forme de fonds de garantie. Ce financement public vise donc soit l'activité, soit l'emploi et l'insertion par une solvabilisation de la demande, soit encore l'accès au financement pour le créateur. Dans ce contexte, le montant du financement public mobilisé directement pour les associations, en direction des publics concernés, ou indirectement dans le cadre d'un fonds de garantie, nous donne des informations sur la place occupée par la redistribution en direction de l'appui à la création d'entreprise. Mais il ne nous permet pas d'évaluer les conséquences de ces différentes formes de financement sur le mode de production du service et leurs effets sur l'organisation en réseau. Il importe donc d'analyser de façon plus fine les relations financières qui se développent entre les organismes et les financeurs publics et les formes au sein desquelles elles se déploient (FRAISSE, GARDIN, 2002). Il faut alors tenir compte à la fois de l'objet de la relation financière (achat de services, subventions, conventions), de l'objet du versement (le financement du service d'accompagnement ou de l'insertion), des modalités de versement (directe ou indirecte, sous forme tutélaire dans un cadre discrétionnaire ou réglementaire, contractuelle ou négociée) et des contrats d'objectifs qui leur sont associés.

On peut ainsi identifier les modes de coordination entre financeurs et organismes d'accompagnement et les formes de régulation qui en résultent, et par là même le degré de concurrence imposé par les Pouvoirs Publics dans la production des services d'accompagnement. Pour le dire autrement, la forme que prend le financement public conditionne non seulement l'offre de service mais aussi le mode de production du service. Ainsi dans le cas des plate-formes d'initiatives locales (PFIL), la région PACA semble avoir contribué à faciliter leur mise en réseau et le développement d'échanges d'expériences et la mutualisation des savoirs. Dans le cas des boutiques de gestion, dans les Bouches-du-Rhône, et pour une catégorie particulière de publics - les Rmistes - le Conseil Général tend à répartir les parts de marché de façon contractuelle, en évitant le monopole d'un

---

[4] Prêts à taux zéro, suppression de taxes à la création comme les droits de timbres résiduels ou l'enregistrement au registre national du commerce, exonération de charges sociales et d'impôts à travers l'Aide au Chômeur Créateur ou Repreneur d'Entreprise (ACCRE), aides financières à travers le Dispositif d'Encouragement au Développement d'Entreprises Nouvelles (EDEN), simplification du régime fiscal à travers la réduction des obligations comptables et fiscales, chéquier-conseil dont 75 % de la valeur d'échange est prise en charge par l'État.

seul organisme, mais en introduisant une sorte de quasi-marché. Il en résulte des situations de concurrence entre les boutiques de gestion qui limitent leur pouvoir de négociation et réduisent fortement les coopérations.

Mais en matière de mode de production du service, l'action des pouvoirs publics ne se limite pas à la dimension financière. Ils influencent les conditions de production du service tant du point de vue des règles de conduite qu'ils édictent que des obligations qu'ils imposent (notamment une quantité prédéterminée de certaines catégories de bénéficiaires) et qui exercent de fortes contraintes sur les contours des actions et sur le contenu des activités des organismes. Les Pouvoirs Publics peuvent aussi contribuer à la structuration de réseaux d'accompagnements sur un territoire, inciter au développement d'économies de variété (notamment à travers des conventionnements ou des appels d'offres) et influer sur la réduction des coûts de transaction (à travers notamment la stabilisation de relations partenariales formalisées).

On ne peut par conséquent analyser le service d'accompagnement indépendamment de la nature et de la forme des relations qui se nouent entre les associations d'un côté, et les collectivités territoriales et les Pouvoirs Publics de l'autre. Si les dispositifs sont étroitement liés (pour la plupart d'entre eux) à la forme que prend la régulation publique, ils sont aussi susceptibles de participer à la transformation de la régulation publique, selon des processus d'interaction plus ou moins complexes (LAVILLE, 1997, p. 86). Et c'est là l'un des effets que l'on peut attendre de l'action collective, dans ses rétroactions sur l'action publique.

3.4. L'importance des ressources humaines

Dans ces organisations d'accompagnement, organisations fortement intensives en travail, les modalités de gestion des ressources humaines sont essentielles. Leur spécificité est de mobiliser à la fois des salariés et des bénévoles. Les salariés sont majoritairement jeunes, d'ailleurs le plus souvent sous contrat emploi-jeunes, et dans la plupart des cas confrontés à leur première expérience professionnelle. Ce qui nous amène à retenir l'hypothèse que les performances de l'organisation sont en partie conditionnées par sa capacité à professionnaliser ses salariés (CODELLO, 2002) et à organiser des formes de mobilité interne afin de limiter le turn-over et de capitaliser les savoirs acquis par l'expérience.

Si l'on s'intéresse plus spécifiquement au bénévolat, l'évaluation du nombre de bénévoles mobilisés et/ou du nombre d'heures de travail qu'ils accomplissent (données par nature difficiles à recueillir) sont des indicateurs très imparfaits de leur contribution à la production du service et à son efficience. Ces indicateurs devraient être complétés par l'observation de l'origine sociale et professionnelle des bénévoles et des formes de mobilisation du bénévolat en liaison avec la fonction qu'ils occupent dans le processus de production du service. On pourrait dans le même temps évaluer la contribution de ces formes de mobilisation à l'organisation en réseau. Une façon de procéder passe par l'identification de différentes modalités d'"enrôlement" du bénévole : bénévolat gestionnaire, productif, de soutien aux professionnels ou de soutien aux porteurs de projets (FRAISSE, GARDIN, 2002). Nos premiers résultats laissent supposer la prédominance d'un bénévolat gestionnaire (dans le cadre du conseil d'administration des organismes) et d'un bénévolat de soutien aux porteurs de projets (notamment dans le cadre de l'accompagnement post-création). Reste alors à tenter de comprendre comment sont articulés les salariés et les bénévoles dans ces organisations.

A ce stade, on ne peut que constater la difficulté à différencier explicitement l'analyse de l'organisation du service de l'analyse de ses effets que nous avons partiellement abordés et qu'il s'agit maintenant d'approfondir.

4. L'ÉVALUATION DES RÉSULTATS DIRECTS ET INDIRECTS

Evaluer les résultats des dispositifs d'accompagnement ne peut se limiter au dénombrement des entreprises créées. Il faut tout à la fois relativiser cet indicateur et tenter de repérer d'autres effets, plus indirects, relatifs à la fois au porteur de projets et plus largement à la collectivité. Nous considérons donc le service d'accompagnement à la fois en tant que service individuel en direction du porteur de projet avec la production d'une identité socio-professionnelle, et en tant que service quasi-collectif dont la contribution au développement socio-économique d'un territoire peut se décliner en termes d'externalités positives.

4.1. Les limites d'une évaluation du résultat direct en termes de volume d'entreprises créées

Le résultat direct est généralement mesuré par le nombre d'entreprises créées à l'issue du processus d'accompagnement, ce qui a le mérite de la simplicité. Les financeurs publics se réfèrent d'ailleurs presque exclusivement à ce critère pour reconduire le financement, allant même jusqu'à conditionner le financement, non plus au nombre de personnes accueillies, mais au volume d'entreprises créées. C'est notamment le cas du Conseil Général des Bouches-du-Rhône pour l'année 2002. Ce résultat direct peut aussi être mesuré à travers le nombre d'emplois créés. Mais, étant donné que la grande majorité des entreprises créées ne débouchent à court terme que sur un emploi, il est quasiment équivalent de mesurer le nombre d'entreprises ou le nombre d'emplois.

On peut relever deux limites au fait de circonscrire les résultats au volume d'entreprises créées :

- une première limite est liée à l'horizon temporel de référence qui s'inscrit dans le court terme. Or, une fois l'entreprise créée, l'enjeu est bien sa pérennisation. D'autant qu'en région PACA, 6 entreprises sur 10 ne passent pas le cap des cinq années d'existence. Sachant qu'au mieux les dispositifs offrent un accompagnement théorique[5] post-création pendant une durée de 2 ans, et que ces entreprises du fait des caractéristiques des porteurs de projets sont relativement fragiles, il est indispensable de mesurer leur taux de survie à 2 ou 5 ans. Mais le suivi de ces entreprises reste difficile à instrumenter et coûteux, ainsi que le soulignent la plupart des structures. Seule l'ADIE nous a signalé, sur l'ensemble de ses implantations en région PACA, un taux de survie à deux ans supérieur à la moyenne régionale. De la même manière, il serait intéressant de pouvoir évaluer la contribution de ces créations d'entreprises à l'émergence de nouveaux secteurs et activités, susceptibles ou non de transformer à terme non seulement la localisation des activités sur un territoire, mais aussi les caractéristiques du système productif local. Pour les Bouches-du-Rhône, bien que nos résultats ne soient pas exhaustifs, les secteurs d'activité dominants sont le commerce (plus de 40 %) ; l'artisanat et les services aux ménages représentent respectivement un peu plus de 20 % des entreprises créées, tandis que les activités artistiques et les nouvelles technologies concernent moins de 5 % du total des créations. Il y a donc peu d'activités innovantes, ce qui s'explique en partie par la faible intensité capitalistique de ces entreprises. 90 % des créateurs ont en effet investi moins de 7 500 euros. Les activités créées s'inscrivent généralement dans des logiques de reproduction sociale ou professionnelle, liées aux expériences personnelles, familiales ou à celles du réseau interpersonnel dans lequel le porteur de projet est inséré. Toutefois, la création d'entreprises dans le champ des services correspond partiellement à une forme d'innovation de débouchés, en répondant à des besoins non satisfaits jusqu'alors, notamment dans ce que l'on qualifie communément de services de proximité. Enfin, et là aussi, nos résultats sont imparfaits, 80 % des entreprises créées ont un potentiel de développement réduit et sont qualifiées par les organismes eux-mêmes d'activité de survie ou d'activités permettant juste de faire vivre une famille. Par conséquent, il est bien évident que l'évaluation des résultats immédiats n'est pas forcément compatible avec un horizon temporel plus long que devrait intégrer l'appui à la création d'entreprise. Toutefois, peu nombreuses sont les structures susceptibles d'envisager un suivi des entreprises à plus long terme. C'est d'ailleurs le délai de remboursement du crédit qui conditionne le plus souvent la durée de l'accompagnement post-création et la mesure du taux de survie à terme.

- une seconde limite porte sur la question de l'adéquation des objectifs à la mesure des résultats : *a priori*, la création d'entreprise est conçue comme un moyen d'insertion et de retour à l'emploi. Or, à ne mesurer que la création d'entreprise, on transforme l'instrument en résultat, et on réduit la portée originelle des dispositifs[6].

---

[5] Nous employons ici le terme théorique, car la plupart des organismes sur lesquels nous avons enquêté ont du mal à mener à bien le volet accompagnement post-création, du fait de montants financiers alloués réduits et de leurs difficultés à mobiliser des bénévoles en quantité suffisante pour assurer le suivi post-création.

[6] LAVILLE souligne le même type de limite dans le cas des services de proximité où il diagnostique un amalgame entre insertion et services de proximité (LAVILLE, 1998, p. 186).

Une telle démarche conduit à n'évaluer l'insertion des personnes qu'à l'aune de la création d'entreprises, alors même que tout retour à l'emploi ou toute capacité à rebondir sur un tout autre projet pourrait s'avérer pertinent en termes d'insertion. Ce n'est pas sans effet sur le mode de production du service au sein duquel la dimension insertion de l'activité de service à contenu fortement relationnel peut se réduire au profit de la prédominance d'une dimension plus technique du service centré sur la mise à disposition d'outils et de méthodes plus standardisés (étude de marché, élaboration de budget,…). Ainsi, nos observations tendent à mettre en évidence que l'accueil sert essentiellement à écrémer les candidats à la création, pour ne garder que les " meilleurs "[7] et que l'objectif des organismes n'est pas de faire du " social " mais de garantir la qualité technique des dossiers des créateurs et de s'assurer de la viabilité de leurs projets, et ce dans un temps limité. On ne saurait donc négliger le fait que la nature des objectifs affichés rétroagit sur le service immédiat et donc sur l'activité du prestataire de services qui doit alors, tout à la fois mieux sélectionner les publics qu'il va choisir d'accompagner (l'écrémage) et rechercher des formes de normalisation et de standardisation de l'activité pour gagner en efficience. De façon complémentaire, l'absence d'information sur la qualité des emplois créés contribue elle aussi à limiter la prise en compte du volet insertion. Et, peu nombreuses sont les structures à se préoccuper de la précarité de celui qui a créé, pourtant importante du fait de la faiblesse des revenus tirés de son activité. Là encore, selon nos estimations, au moins un tiers des créateurs dispose d'un revenu inférieur au SMIC, mais supérieur au plafond fixé pour avoir accès à la couverture maladie universelle. Une part significative des créateurs est ainsi exclue de l'accès à la protection sociale. La loi d'orientation contre les exclusions (adoptée en 1998) n'offre qu'une réponse partielle et une fois encore de court terme au problème de la faiblesse des revenus et de la précarité en prévoyant qu'une personne peut cumuler pendant les trois premiers mois d'exercice d'une activité (puis de façon dégressive ensuite) une allocation avec le revenu d'activité.

Ces deux limites pourraient en grande partie être réduites en élargissant la gamme d'indicateurs de résultats retenus. Mais le problème principal, celui de la pertinence de tels indicateurs pour évaluer l'efficacité des services d'accompagnement, reste entier. Ils négligent les paramètres relatifs à l'usager et les variables d'environnement, dont on sait qu'ils interfèrent fortement avec les résultats de l'activité. En limitant ici notre analyse à l'usager, de tels indicateurs seraient appropriés si l'on était en présence d'une catégorie homogène d'usagers[8], à qui l'on pourrait proposer des méthodes standardisées et reproductibles, au sein d'un horizon temporel parfaitement défini, et qui permettrait donc de bâtir un modèle unifié de production de services. Or, les mêmes effets (la création

---

[7] Mais l'organisme qui fait l'accueil n'est pas forcément celui qui accompagne le créateur…

[8] On peut considérer que les stratégies d'écrémage au moment de l'accueil sont susceptibles de limiter l'hétérogénéité des usagers, pour autant le contenu relationnel du service reste fort et conditionne largement le type d'évaluation du résultat que l'on peut en faire.

d'entreprise) sont plus ou moins difficiles à obtenir en fonction des caractéristiques des porteurs de projets, dont on sait la forte hétérogénéité en termes de parcours, d'expérience et de compétences formalisées (RICHEZ-GIANFALDONI, 2001). Ainsi que le note GADREY (1996, p. 84) " la non-séparabilité des résultats vis-à-vis des personnes, la participation conjointe des prestataires et des bénéficiaires au stade du service en acte, le degré d'individualisation et d'adaptation de la prestation rendent délicates ou sans objet les évaluations d'un volume de résultats immédiats ou directs ". Ce constat est encore renforcé du fait de l'organisation résiliaire des services d'accompagnement, ainsi que nous l'avons déjà souligné

4.2. L'évaluation des résultats indirects : entre production d'identité socio-professionnelle et externalités positives

Si les résultats directs présentent de redoutables problèmes d'évaluation, que penser alors des résultats indirects qui résultent de la consommation des services par les usagers ? Qu'ils soient individuels ou collectifs, ils ne sont que très rarement pris en considération.

Les résultats indirects, de nature individuelle, concernent l'usager du service. Ils s'expriment en premier lieu par le fait d'accéder à un statut (créateur d'entreprise) et l'estime de soi qui résulte de ce positionnement social. On peut qualifier cet effet de production d'identité sociale. Le second résultat indirect est lié aux compétences individuelles acquises par le porteur de projet. En effet, par le processus de création dans lequel l'individu est acteur à part entière, ses compétences se structurent et s'ordonnent conformément aux normes dominantes autour des principes d'autonomie, d'initiative et de responsabilité (DUBAR, 1996). On assiste ainsi à une double production d'identité sociale et professionnelle (RICHEZ-BATTESTI, GIANFALDONI, 2001), qui participe du processus d'insertion. Ces deux effets sont fréquemment évoqués par les organismes, mais sans jamais être formalisés. La plupart d'entre eux soulignent qu'avant (la création) et après, les porteurs de projets " ne sont plus les mêmes ". Il faudrait donc pouvoir soit analyser les transformations des trajectoires des individus, soit comparer les caractéristiques de leur situation à l'origine avec celles de leur situation une fois l'entreprise créée.

Les résultats indirects, de nature collective, peuvent être appréhendés à travers six effets : la réduction des dépenses passives[9], l'accès à l'emploi et à la formation, la réduction du travail non déclaré, la cohésion sociale, la construction de nouveaux champs d'activité, la dynamisation des territoires et les effets d'entraînement qui résultent du travail en réseau des partenaires notamment en termes de politiques publiques et d'évolution de leurs formes de régulation. Ainsi, l'ADIE souligne qu'un chômeur coûte 18 000 euros par an tandis que l'accompagnement d'un porteur de projet ne coûte que 5 000 euros. On a là une brève illustration, certes

---

[9] On retrouve ici l'une des justifications macroéconomiques du nouveau champ des politiques sociales ouvert par le rapport SCHWARTZ (1982) autour des questions d'insertion sociale et professionnelles.

imparfaite, de la réduction des dépenses passives. On prend en considération les bénéfices pour l'ensemble de la collectivité, en considérant ces services non plus seulement en tant que services individuels mais en tant que services " quasi-collectifs ". Ils s'apparentent donc à des externalités positives[10], dont on peut s'efforcer (pour certaines d'entre elles) de mesurer monétairement leur impact sur l'environnement à travers une valorisation monétaire des bénéfices engendrés (FRAISSE, GARDIN, LAVILLE, 2001). Il serait difficile, une fois encore, de discerner les externalités produites par chacun des partenaires des externalités génériques découlant d'une organisation en réseau. Enfin, ne serait-il pas nécessaire de se pencher sur leurs conditions de production ? (GIANFALDONI, 2002).

Ces effets n'étant que rarement évalués, ils ne font l'objet d'aucune articulation avec les politiques publiques, notamment en termes de critères d'attribution des financements publics. Or c'est bien tout l'enjeu de l'effort d'évaluation des résultats indirects qui traverse à la fois les réflexions sur l'utilité sociale des associations[11] (LIPIETZ, 2000 ; FRAISSE, GARDIN, LAVILLE, 2001), et celles portant sur l'intervention publique (DU TERTRE, 1999).

5. CONCLUSION

Au terme de cette réflexion, on mesure tout à la fois l'ambition de notre démarche et ses limites, eu égard aux données disponibles d'une part et à la difficulté de produire et de traiter des informations originales et multidimensionnelles dans un temps réduit. Les modèles en réseau semblent être caractérisés par des relations de « coopétition » (BOLTANSKI, CHIAPELLO, 1999) et des formes de normalisation de l'activité tendent à s'y déployer notamment au niveau des PFIL. On constate aussi la prédominance d'une logique de guichet plus que de service et l'absence de capacité à produire des diagnostics territoriaux susceptibles d'orienter la création d'entreprises en direction de certains secteurs d'activité, tant au niveau des pouvoirs publics que des organisations mobilisées dans les réseaux. L'approfondissement de nos enquêtes de terrain devrait nous permettre à terme de déboucher sur des résultats plus précis.

BIBLIOGRAPHIE

APCE (2001), *Rapport annuel sur la création d'entreprises.*

BAGNASCO A. et SABEL C.-F. (dir.) (1994), *PME et développement économique en Europe*, coll. Recherches, La Découverte.

BANDT de J. (1991), *Les services : productivité et prix,* Economica..

---

[10] Pour une discussion sur les externalités dans le champ de l'entrepreneuriat social, voir GIANFALDONI (2002).

[11] Cf à ce titre les travaux menés par l'équipe du CRIDA à Paris, et ceux de l'équipe de D. DEMOUSTIER à l'IEP de Grenoble.

BARCET A. (1991), *Qualité, normes et services,* INIST/CNRS, juin.

BENHAYOUN G. et LAZZERI Y. (1998), *L'évaluation des politiques publiques de l'emploi,* Que sais-je, PUF.

BENKO G. et LIPIETZ A. (1992), *Les régions qui gagnent - Districts et réseaux : les nouveaux paradigmes de la géographie économique,* coll. Économie en Liberté, PUF.

BOLTANSKI L. et THEVENOT L., (1991), *De la justification,* Métaillé.

BOLTANSKI L. et CHIAPELLO E. (1999), *Le nouvel esprit du capitalisme,* NRF, Essais, Gallimard.

BOUTILLER S. et UZUNIDIS D., (1999), La légende de l'entrepreneur, Syros.

CODELLO P. (2002), « Contribution à la réflexion sur la professsionnalisation dans les associations d'aide à la création d'entreprise », *document de travail interne,* Contrat Dynamique solidaire, MiRe-DIES.

CALLON M. (1988), *La Science et ses réseaux. Genèse et circulation des faits scientifiques,* La Découverte.

CALLON M. (1991), « Réseaux technico-économiques et irréversibilités », in R. Boyer (éd.), *Figures de l'irréversibilité en économie,* EHESS, Paris.

DARES (1994), *Travail et Emploi, Créateurs et créations d'entreprises*, Ministère de l'Emploi et de la Formation Professionnelle, n °58.

DUBAR C. (1996), « Socialisation et processus », *in* PAUGAM S. (dir.) *L'exclusion : l'état des savoirs*, coll. Textes à l'appui, La Découverte, p.111-119.

DU TERTRE C. (1999), « Les services aux personnes : vers une régulation conventionnée et territorialisée ? », *L'année de la régulation*, n° 1, coll. Recherches, La Découverte, p. 213-237.

FRAISSE L., GARDIN L. et LAVILLE J.-L. (2001), « Les externalités positives dans l'aide à domicile : une approche européenne », *in* LAVILLE J.-L., NYSSENS M. (dir), *Les services sociaux : entre associations, État et marché,* coll. Recherches, La Découverte.

FRAISSE L.et GARDIN L. (2002), « Outils d'analyse des initiatives d'économie solidaire », *Document de travail*, CRIDA.

GADREY J. (2001), « Régime de croissance, régime de productivité : peut-on penser les régulations post-fordistes avec des concepts fordistes ? », *La lettre de la Régulation*, n° 39, décembre.

GADREY J. (2000), « Le tiers secteur comme objet d'étude : quel objet, quelles études », *Sociologie du travail*, n° 42, p.601-606.

GADREY J. (1996), *Services : la productivité en question*, Paris, Desclée de Brouwer.

GIANFALDONI P. (2002), « Rationalité économique et entrepreneuriat : quelles leçons pour l'économie solidaire ? », *Communication au colloque Sens et portée de l'économie solidaire*, Centre Walras, Lyon 5-7 février.

GIANFALDONI P. et RICHEZ-BATTESTI N. (2001), « Les dispositifs d'accompagnement à la création de très petites entreprises : comment appréhender la normalisation de l'organisation du service ? », *Communication au colloque Économie sociale, mutations systémiques et nouvelle économie*, LAME-CERAS, Reims, 29-30 novembre.

KARPIK L. (1998), « La confiance : réalité ou illusion ? examen critique des thèses de Williamson », *Revue Économique*, vol. 49, n° 4, p. 1043-1056.

LAVILLE J.-L. (1998), « Associations entreprises et politiques publiques : l'exemple des services de proximité », *revue du Mauss*, n° 11, 1er semestre.

LAVILLE J.-L. (1997), « L'association : une forme productive originale », *in* LAVILLE J.-L., SAINSAULIEU R., *Sociologie de l'association*, coll. Sociologie Économique, Desclée de Brouwer.

LIPIETZ A. (2001), *Pour le Tiers Secteur*, La Découverte, La Documentation Française.

RICHEZ-BATTESTI N. et GIANFALDONI P. (2001), « Création de très petites entreprises à faible valeur ajoutée et valorisation de compétences », *in* DONZEL A. (dir.), *Métropolisation, gouvernance et citoyenneté dans la région urbaine marseillaise*, Maisonneuve & Larose éditeurs, p. 61-82.

RICHEZ-BATTESTI N. et MENDEZ A. (1999) « Les banques coopératives et mutualistes entre concurrence et solidarité : la confiance au centre d'un modèle alternatif de compétitivité ? », *revue Internationale de l'Économie Sociale*, n° 274, p. 17-42.

TALLARD M., THERET B. et URI D. (dir) (2000), *Innovations institutionnelles et territoires*, coll. Logiques Politiques, L'Harmattan.

VALLAT D. (2000), « L'évaluation des pratiques d'accompagnement à la création d'entreprise par les chômeurs : questions méthodologiques », *document de travail*, Centre Walras.

VELTZ P. (2000), *Le nouveau monde industriel*, coll. Le Débat, Gallimard.

VELTZ P. (1994), *Des territoires pour apprendre et innover*, éditions de l'Aube.

VIVERET P. (2001), *Reconsidérer la richesse*, Rapport d'étape de la mission Nouveaux facteurs de richesse, Secrétariat d'État à l'Économie solidaire.

Impact du développement économique sur les conditions de travail : protection *versus* exclusion des salariés âgés

Ariane PAILHÉ, INED

Résumé

Les enquêtes sur les conditions de travail (INSEE, 1984, 1991 et 1998) montrent que l'exposition aux différentes contraintes de travail s'est accrue dans les années quatre-vingt et quatre-vingt-dix. Toutes choses égales par ailleurs, on montre que l'âge protège les salariés des pénibilités physiques et des contraintes marchandes, par le jeu de mécanismes de ré-affectation mais aussi d'exclusion du marché du travail.

1. INTRODUCTION

En France, dans le cadre d'un vieillissement global de la population, le taux d'activité des plus de 55 ans est faible. D'après les données du dernier recensement de la population de 1999, il s'élève à 71 % pour les 55-59 ans, à 15 % pour les 60-64 ans. Le taux d'emploi est plus encore bas (38 % en 1997 pour les 55-64 ans). Parallèlement, la proportion des moins de 25 ans diminue, les effectifs de ces générations étant moins nombreux et la scolarité prolongée. La part des 40-55 ans progresse, entraînant une élévation de l'âge moyen des actifs occupés.

Face aux problèmes de financement des retraites et à la progression du taux de dépendance, l'allongement de la durée de cotisation, et par conséquent l'allongement de la durée de vie active, figure en première ligne des mesures envisagées. Cette orientation, entamée par la loi du 1993[1], va à contre-courant des pratiques des décennies précédentes. Ainsi des mesures institutionnelles telles la baisse de l'âge normal de la retraite, le développement des pré-retraites ou encore la dispense de recherche d'emploi et la non-dégressivité des allocations pour les chômeurs de plus de 55 ans visaient à diminuer rapidement et sans conflit social le nombre de salariés excédentaires. Cette orientation s'oppose également aux pratiques des employeurs, souvent réticents à embaucher des salariés de plus de 50 ans (JOLIVET, 1999). D'autre part, elle va à l'encontre des aspirations de nombre de salariés âgés qui désirent se retirer plus tôt. La question des conditions de travail apparaît souvent au cœur de leurs revendications, comme en témoigne le développement de mouvements sociaux dans certaines professions autour de la question de la retraite à 55 ans.

Le parcours professionnel et notamment les conditions de travail ont une influence sur l'espérance de vie (DESPLANQUES *et alii*, 1996), l'espérance de vie sans incapacité (CAMBOIS *et alii*, 2001) et plus généralement, sur la santé aux âges élevés (CASSOU *et alii.*, 1994). Par ailleurs, les travaux d'épidémiologistes et

---

[1] Sur l'allongement de la durée de cotisation de 37,5 ans à 40 ans pour les salariés du secteur privé.

d'ergonomes ont montré que certaines contraintes de travail sont particulièrement pénalisantes pour les salariés âgés (LAVILLE, 1989)[2].

C'est pourquoi des mécanismes de sélection ont longtemps permis de réguler les ajustements entre âge et conditions de travail au sein des entreprises, par le biais de ré-affectations, mais aussi d'exclusions (VOLKOFF, MOLINIE, 1995). Ainsi, durant les Trente Glorieuses, des politiques de protection des salariés âgés prévalaient : gestion du personnel favorisant l'ancienneté, protection contre le licenciement des plus anciens, tâches moins pénibles confiées aux travailleurs approchant l'âge de la retraite. Le marché du travail était segmenté (DOERINGER, PIORE, 1971 ; PIORE, 1978 ; CASES et alii, 2001), les travailleurs disposant d'une grande ancienneté étant protégés.

A partir des années quatre-vingt et surtout quatre-vingt-dix, face à la montée de l'instabilité de l'environnement et l'exposition à la concurrence internationale, les entreprises ont développé une recherche de gains de productivité et une réduction de l'ensemble des coûts[3]. Concernant l'emploi, elles ont réagi par un accroissement de la productivité et une recherche de flexibilité tant quantitative que qualitative. Au total, ces changements organisationnels ont bousculé la structure verticale de l'emploi propre au modèle taylorien (ASKENAZY et alii, 2001 ; COUTROT, 2000).

Dans ce cadre, nous étudions les mécanismes de sélection sur l'âge. Les ré-affectations des travailleurs âgés sont-elles remises en question au profit d'exclusions du marché du travail ? Jusqu'à quel âge cette protection se manifeste-t-elle ? En d'autres termes, dans le cadre d'un environnement économique ouvert sur l'extérieur et d'une concurrence accrue, les travailleurs vieillissants appartiennent-ils encore aux segments protégés du marché du travail ?

Le travail empirique porte sur le questionnaire complémentaire à l'Enquête Emploi sur les conditions de travail (INSEE, 1984, 1991 et 1998). La première partie présentera des statistiques descriptives sur l'exposition à certaines conditions de travail par âge et par génération. Une analyse de données nous permettra ensuite de dégager une typologie des principales contraintes et de construire la variable explicative utilisée. Dans la troisième partie nous estimons l'effet de l'âge sur l'exposition toutes choses égales par ailleurs.

2. ÉVOLUTION DES CONDITIONS DE TRAVAIL DEPUIS LES ANNÉES QUATRE-VINGT

2.1. Les données

Les données utilisées sont celles des deuxième, troisième et quatrième Enquêtes Conditions de Travail, réalisées en complément de l'Enquête Emploi en mars 1984, 1991 et 1998. Elles ont été soumises à tous les actifs ayant un emploi dans un

---

[2] Les troubles musculo-squelettiques (affectations péri-articulaires) sont par exemple provoqués par des gestes de travail, en général répétitifs, effectués surtout en position articulaires extrêmes.

[3] Elle ont notamment développé la gestion à flux tendu et la standardisation des lignes de production.

ménage sur trois de l'échantillon de l'Enquête Emploi, soit environ 21 000 personnes. Nous avons réduit notre échantillon aux 18 800 salariés de 16 à 64 ans.

Les thèmes abordés sont les contraintes physiques exigées par la nature des tâches à accomplir (postures inconfortables, pollution atmosphérique, nuisances agressives : bruit, manipulation de matières dangereuses ou d'outils ayant des conséquences à long terme), les contraintes psychologiques (tensions nerveuses prolongées), les contraintes organisationnelles (travail à la chaîne, travail de nuit, répartition de ces tâches au sein des équipes et aménagement du temps de travail). Le questionnaire, orienté initialement vers les exigences physiques du travail, a au fil du temps intégré des questions sur la charge mentale.

L'appréciation des conditions de travail est étroitement liée au fait que les risques deviennent « objectivés », c'est-à-dire explicités, construits en tant que risque, en fonction par exemple de mouvements sociaux ou de survenue d'accidents du travail dans le poste de travail (CÉZARD, DUSSERT, GOLLAC, 1999 ; GOLLAC, 1994). C'est pourquoi aux questions subjectives sur la perception des conditions de travail par les salariés (questions liées aux efforts physiques, à la température, à l'exposition aux risques, bruit, efforts de mémoire, risque d'erreurs, aspects cognitifs, psychologiques ou relationnels du travail), s'ajoutent dans l'enquête des questions objectives (horaires de travail, techniques et organisation du travail,…).

2.2. Tendances générales de l'évolution des conditions de travail

Alors que l'exposition aux pénibilités physiques s'est stabilisée au cours des années quatre-vingt-dix, la pression temporelle s'est accentuée, marquée par l'expansion des contraintes commerciales dans l'industrie, et des contraintes industrielles dans les services (GOLLAC *et alii*, 2001).

2.2.1. Vers une stabilisation des pénibilités physiques

Après une forte progression des nuisances et pénibilités de mars 1984 à mars 1991, le nombre de salariés faisant des efforts physiques à leur travail s'est stabilisé entre 1991 et 1998 (CÉZARD, HAMON-CHOLET, 1999a). Après une augmentation, certaines pénibilités ont vu néanmoins leur occurrence régresser : ainsi la proportion de salariés travaillant avec une posture pénible est passée de 56 % en 1984 à 62 % en 1991 puis à 54 % en 1998. La population touchée par au moins un des facteurs de risque (risque de brûlure, de chute grave, respiration de fumées, de poussières, de toxiques,…) est ainsi passée de 52 % en 1984 à 68 % en 1991 puis à 70 % en 1998. Pour les pénibilités physiques (rester longtemps debout, déplacer des charges lourdes, subir des secousses, ne pas quitter son travail des yeux…), elle est passée de respectivement 68 %, à 82 % puis 84 %.

Cependant, les salariés cumulent un plus grand nombre de contraintes : entre 1991 et 1998 ils sont exposés en moyenne à une contrainte de pénibilité physique de plus (sur un total de 10) et à 0,5 risque de plus (sur un total de 14).

2.2.2. Un travail plus dense

Par rapport à 1984 et 1991, les contraintes de rythme de travail ont progressé (BUÉ *et alii*, 1999). Le rythme de travail est en effet plus souvent imposé par des contraintes techniques (11 % en 1991, 16 % en 1998), le déplacement d'un produit ou d'une pièce (6 % en 1984 et 1998, 4 % en 1991), des normes de production à respecter dans l'heure (18 % en 1984, 16 % en 1991, 29 % en 1998), ou encore des contrôles et surveillances (29 % en 1998 contre 23 % en 1991). Les délais sont de plus en plus courts : 60 % des salariés de l'industrie ont des délais à respecter en une journée maximum. En 1998, 52 % des salariés sont obligés de se dépêcher, une plus grande part de salariés jugent par ailleurs leur temps insuffisant pour effectuer correctement leur travail (24 % contre 22 % en 1991).

2.2.3. Un travail plus flexible

Plus nombreux sont les salariés à travailler régulièrement ou occasionnellement le dimanche (23 % en 1984, 21 % en 1991, 27 % en 1998), le samedi (50 % en 1998 contre 48 % en 1991), de nuit (15 % contre 13 %). La part de salariés travaillant en contrat à durée déterminée (7 % contre 4 %), en intérim (de 2 % contre 1 %) ou à temps partiel (18 % contre 12 %) progresse. Une part non négligeable de salariés dont les horaires sont imposés par l'entreprise a une incertitude forte sur ses horaires de travail : 13 % ne les connaissent pas pour le mois à venir, 7 % pour la semaine à venir et 3 % pour le lendemain en 1998.

Les travailleurs doivent plus souvent changer de poste selon les besoins de l'entreprise (30 % contre 28 %) et abandonner leur tâche pour en effectuer une autre non prévue (56 % contre 48 %). Ces interruptions sont perçues comme perturbatrices dans 48 % des cas. Même si les rotations de postes sont source d'erreurs dans 21 % des cas, elles sont plus souvent jugées bénéfiques que néfastes au niveau de la charge de travail (32 % contre 29 %) et surtout de l'intérêt du travail (67 % contre 12 %).

2.2.4. Une plus grande autonomie des salariés

L'autonomie des salariés est appréhendée par le caractère plus ou moins impératif du suivi des consignes, par les espaces d'intervention en cas d'incidents, par la possibilité de se concerter avec d'autres, par les prescriptions du travail, l'appel à l'initiative. Les marges d'initiative s'accroissent, ainsi une plus faible proportion de salariés déclare devoir suivre strictement des consignes (38 % en 1998 contre 42 % en 1991). De même, les salariés ont moins souvent des délais à suivre (69 % contre 72 %), une plus forte part de salariés gère les incidents personnellement (de 49 % à 56 %) et les tâches sont moins formalisées : 89% ont en 1998 le choix des méthodes de travail contre 82 % en 1991.

Cette plus grande autonomie a cependant un revers, les salariés sont souvent obligés de se débrouiller seuls dans une situation difficile (souvent 24 %, parfois 56 %) et les coopérations entre collègues se font légèrement plus rares (86 % contre 87 %).

2.2.5. *Un accroissement des tensions*

Les tensions au travail sont appréhendées par des questions directes comme la perception de tensions dans ses rapports avec la hiérarchie ou avec le public, mais aussi par les craintes de sanction, les interruptions inopinées d'un travail pour un autre, le fait de devoir se dépêcher, de ne pas quitter son travail des yeux, de travailler dans le bruit, de manquer de temps, ou encore le sentiment de responsabilité (CÉZARD, HAMON-CHOLET, 1999b). Les tensions s'accroissent, notamment dans les rapports avec le public (29 % contre 22 %), elles sont relativement élevées dans les rapports entre collègues (30 %) ou dans les rapports avec les supérieurs hiérarchiques (30 %).

2.3. Une réduction des contraintes avec l'âge

2.3.1. *Des contraintes de travail moins fréquentes pour les plus âgés*

Les salariés vieillissants sont relativement moins exposés aux pénibilités et risques que leurs cadets : ainsi à partir de 50 ans, la proportion de salariés soumis à des efforts physiques, des secousses ou vibrations, à des pénibilités visuelles, ou à des températures extrêmes diminue. Cependant, les ré-affectations semblent réduites, les proportions de seniors affectés par ces contraintes restant élevées (réduction d'à peine 2-3 points par rapport à la moyenne) et le cumul des contraintes demeurant stable avec l'âge (graphiques 1 et 2). En outre, les plus de 55 ans déclarent davantage être soumis à des contraintes de postures (postures pénibles, devoir rester longtemps debout). La relative plus faible expositions aux pénibilités et risques, mais surtout le bénéfice de l'expérience professionnelle les rend moins vulnérables aux accidents du travail (6 % d'entre eux, contre 8 % en moyenne en sont victimes en 1998).

Graphique 1 : **Cumul des risques professionnels selon l'âge, 1998**

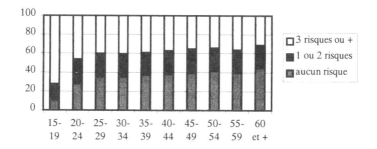

Graphique 2 : **Cumul des efforts physiques selon l'âge, 1998**

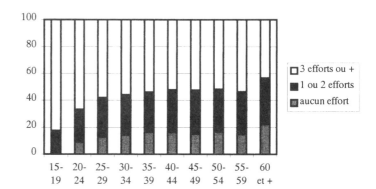

Les contraintes de rythme de travail (travail à la chaîne, rythme de travail imposé par des normes de production, le déplacement automatique d'un produit ou d'une pièce ou la cadence automatique d'une machine) sont également un peu moins fortes pour les salariés vieillissants (38 % des 55-60 ans y sont exposés contre 45 % en moyenne). De même, la proportion de salariés en horaires alternants baisse avec l'âge, notamment à partir de 55 ans (6 % contre 10 % en moyenne). En outre, la proportion de salariés obligés de se dépêcher baisse légèrement avec l'âge (49 % des plus de 55 ans, contre 52 % en moyenne) et ils sont moins nombreux à estimer avoir un temps insuffisant pour effecteur correctement leur travail (22 % contre 24 % en moyenne).

Avec l'âge, les contraintes de temps sont plus lâches et la flexibilité du travail moins forte. Ainsi la liberté de choix des horaires est plus ample et les incertitudes au niveau des horaires de travail à effectuer moins grandes (les variations imposées d'horaires ou de jours de travail diminuent légèrement avec l'âge). De même, après 50 ans le travail de nuit occasionnel connaît une forte baisse, le travail de nuit habituel diminuant plus légèrement avec l'âge. La proportion de salariés travaillant régulièrement ou occasionnellement le dimanche ou le samedi baisse également au fil de l'âge. Enfin, les rotations régulières entre plusieurs postes diminuent avec l'âge. Cependant, alors que ces changements de poste sont le plus souvent perçus comme positifs au niveau de l'intérêt au travail et neutres au niveau de la charge de travail, cette instabilité est moins bien perçue par les plus âgés, notamment les hommes.

Finalement, les tensions vécues tant dans les rapports avec le public, qu'avec les collègues ou les supérieurs hiérarchiques sont moins fréquentes chez les seniors (à partir de 55 ans pour les premières, 45 ans pour les suivantes).

2.3.2. Une croissance des contraintes dans le temps à tout âge

Les contraintes se sont accrues entre 1984 et 1998 quel que soit l'âge. L'analyse par génération montre par exemple que pour toutes les générations les contraintes de rythme de travail, les pénibilités physiques (graphique 3), les expositions à des facteurs environnementaux et les risques professionnels (graphique 4), sont plus durement ressentis avec le temps. Les seules générations qui voient leur exposition diminuer sont celles qui atteignent un âge supérieur à 60 ans en 1998, on peut penser qu'il existe un fort biais de sélection, en raison des départs à la retraite dans les professions les plus exposées.

2.3.3. Les plus jeunes sont les plus exposés aux contraintes

Quel que soit le type de pénibilité ou de risque étudié, les jeunes sont systématiquement les plus exposés, ils cumulent en outre un plus grand nombre de contraintes. Ce cumul, associé à une faible expérience, les rend particulièrement vulnérables aux accidents du travail : 13 % des 20-25 ans ont été victimes d'accidents du travail en 1998 contre 8 % en moyenne. En outre, les jeunes de moins de 25 ans, notamment les hommes, connaissent une très grande flexibilité des horaires et les contraintes de rythme de travail les plus fortes (62 % contre 52 % en moyenne en 1998).

Graphique 3 : **Cumul des contraintes de pénibilité par génération**

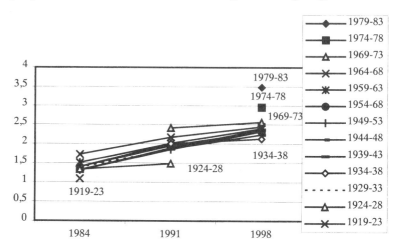

Graphique 4 : **Cumul des risques professionnels par génération**

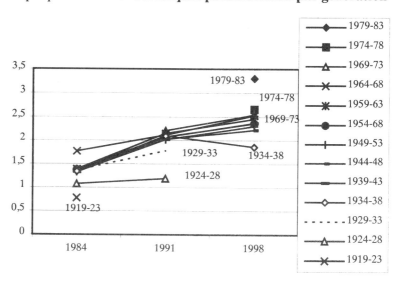

L'étude descriptive de l'évolution des conditions de travail révèle une augmentation régulière de l'exposition aux mauvaises conditions de travail entre 1984 et 1998 chez les âgés, mais plus encore chez les plus jeunes. La France suit ici la tendance européenne (VOLKOFF *et alii*, 2000). Le durcissement de la concurrence et l'ouverture des marchés ont rendu le travail plus pénible, plus dense, mais surtout plus flexible. La plus grande autonomie des salariés a pour contrepartie un accroissement des tensions.

A partir de 50 ans, les salariés sont relativement moins exposés aux pénibilités et risques. Cependant, des effets de structure peuvent nuancer ou au contraire exagérer cette plus faible exposition, les âgés n'occupant pas les mêmes postes ou ne travaillant pas dans les mêmes secteurs que les plus jeunes. Nous isolerons les effets de l'âge sur l'exposition aux contraintes par régression multivariée, dont les variables expliquées sont le fruit d'une typologie des conditions de travail.

3. TYPOLOGIE DES CONDITIONS DE TRAVAIL SUR LE MARCHÉ DU TRAVAIL FRANÇAIS

3.1. Trois types de contraintes

L'analyse des correspondances multiples (ACM) des variables qualitatives permet de synthétiser les informations fragmentaires de l'enquête, on peut ainsi faire une typologie des différentes conditions de travail.

Trois principaux types de contraintes ressortent[4] :

- les pénibilités et risques : les variables ayant une forte inertie sont par exemple le risque projection ou de chute de matériaux, le risque de blessure sur machine, le risque de chute grave, faire des efforts physiques, travailler dans le bruit...

- les horaires flexibles et atypiques : travail le samedi, le dimanche, le soir, nombre de jours travaillés dans la semaine variable et imposé par l'entreprise, plus de cinq jours ouvrés par semaine, repos inférieur à 48 heures consécutives, absence de pause pour le repas, horaires alternants, plusieurs périodes de travail dans une journée...

- les contraintes marchandes : pas d'horaire habituel, rythme de travail imposé par la demande, vécu de situations de tension, consignes peu claires et insuffisantes, se débrouiller seul, faire face à une demande extérieure demandant une réponse immédiate, être en contact avec le public, utiliser l'informatique, horaires non fixés... Ce type de contrainte ressort à partir de 1991 en raison du développement de nouveaux métiers faisant appel à ce type de compétences (d'où l'introduction dans l'enquête de nouvelles variables relatives aux contraintes psychologiques et organisationnelles).

3.2. Principales caractéristiques des salariés exposés aux différentes contraintes

A partir de l'analyse des correspondances multiples, on construit des variables numériques qui synthétisent l'information contenue dans ces variables[5]. On peut ainsi faire une typologie des individus selon leurs conditions de travail. L'exposition aux différentes contraintes dépend fortement de caractéristiques individuelles telles l'âge, le sexe, le niveau d'éducation, l'ancienneté dans

---

[4] Ces trois contraintes correspondent aux trois premiers axes de l'ACM. Chaque axe oppose les salariés exposés aux différentes contraintes à ceux qui n'y sont pas exposés.
[5] En pratique, on extrait de l'ACM pour chaque individu sa coordonnée sur chacun des axes.

l'établissement, elle reflète également les différences organisationnelles entre secteurs d'activité et professions.

Les hommes[6], les salariés à niveau d'éducation peu élevé, ceux occupant des emplois manuels (ouvriers, contremaîtres et dans une moindre grande mesure les techniciens), les intérimaires et les apprentis sont plus exposés aux contraintes physiques. Les secteurs pour lesquels les pénibilités et les risques physiques sont les plus forts sont l'agriculture, l'industrie et les transports, dans les entreprises privées, mais surtout publiques.

L'exposition à la flexibilité horaire, plus forte pour les femmes, diminue avec l'élévation du niveau d'éducation. Les personnels à faible ancienneté, les contractuels et les CDD, les ouvriers non qualifiés et agricoles, les employés et professions intermédiaires sont plus soumis aux horaires atypiques. La flexibilité horaire est plus fréquente dans l'agriculture, les IAA, les transports, l'immobilier, mais surtout dans les services aux particuliers, l'éducation et la santé. Les horaires atypiques sont plus courants dans l'administration et les collectivités locales.

En revanche les contraintes marchandes sont plus fortes pour les salariés plus éduqués, surtout en 1998, ceux ayant une ancienneté élevée, les cadres, professions intermédiaires et employés. Les contraintes marchandes sont plus souvent présentes dans l'énergie, l'éducation, la santé et l'administration publique et dans les établissements publics.

Graphique 5 : **Exposition aux différentes contraintes selon la tranche salariale, 1998**

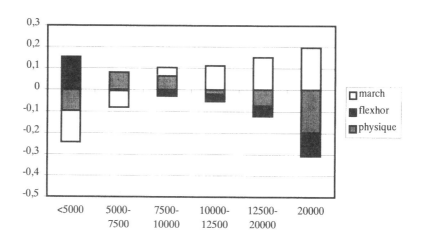

Les salariés aux revenus mensuels inférieurs au SMIC sont ceux qui sont le plus touchés par les horaires atypiques, principalement car ils travaillent à temps partiel (graphique 5). Les salariés aux rémunérations les plus élevées, eux, sont moins soumis aux contraintes physiques et à la flexibilité horaire. En revanche, l'exposition aux contraintes marchandes s'élève avec la rémunération. Il semble donc que l'initiative, la prise de responsabilité sont plus rétribuées que la pénibilité physique.

L'âge apparaît comme un facteur déterminant de l'exposition aux différents types de conditions de travail (graphique 6) : les pénibilités physiques, fortes pour les plus jeunes, décroissent avec l'âge jusqu'à 34 ans. La protection s'accroît à partir de 45 ans. Les salariés des classes d'âge intermédiaires sont les plus exposés aux contraintes marchandes, parce qu'ils ont à la fois de l'expérience et des compétences demandées par ces nouveaux métiers. Les plus âgés sont moins touchés car leurs compétences sont moins adaptées (ou supposées telles par les employeurs). La flexibilité horaire, elle, concerne les salariés des classes d'âge extrêmes.

Entre 1991 et 1998, l'âge joue plus sur les différentes pénibilités : les jeunes sont plus exposés et les âgés moins protégés (sauf les 50-54 ans). Par rapport à 1991, l'exposition aux pénibilités physiques varie moins selon le sexe, même si les hommes y sont toujours beaucoup plus exposés. L'exposition aux contraintes dépend en 1998 plus fortement du niveau d'éducation : les plus éduqués sont encore plus exposés aux contraintes marchandes et l'éducation protège moins des contraintes physiques.

Graphique 6 : **Exposition aux différentes contraintes selon l'âge, 1998**

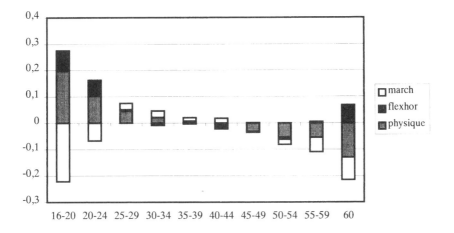

4. L'EFFET DE L'ÂGE SUR L'EXPOSITION AUX DIFFÉRENTES CONTRAINTES

4.1. Le modèle estimé

Afin de mesurer l'effet de l'âge indépendamment des effets de structure, on régresse par la méthode des moindres carrés ordinaires chaque variable synthétique de contrainte[7] sur l'âge. Les autres variables explicatives sont le sexe, le niveau d'éducation, l'ancienneté dans l'entreprise, le poste occupé, le secteur d'activité, la taille de l'établissement, le type de propriété de l'entreprise, la région et le type de contrat de travail.

Notre sous-population, en ne retenant que les personnes salariées, ne représente pas aléatoirement la population totale. Les personnes inactives sont notamment exclues. Or celles-ci, et notamment les pré-retraités, peuvent revêtir des caractéristiques particulières. Notre distribution, qui ne sélectionne que les personnes salariées, serait donc tronquée, et les β estimés biaisés. Nous corrigerons ce biais de sélection par la méthode proposée par J. HECKMAN (1980). Il propose une solution en deux étapes pour corriger ce biais de sélection. On estime dans un premier temps la probabilité de participation[8]. Les paramètres estimés permettent de calculer l'estimation de l'inverse du ratio de Mill $\lambda_i = f(\phi_i)/1 - F(\phi_i)$ qui est enfin intégrée comme variable explicative dans les équations d'exposition aux différents risques. Un test de Student permettra de mesurer si le coefficient de l'estimation correspondant à ce ratio est significatif. S'il l'est, le biais de sélection l'est aussi. La comparaison des équations non corrigées et corrigées du biais de sélection nous permet de conclure quant à la remises en question des ré-affectations des travailleurs âgés au profit d'exclusion du marché du travail.

4.2. Résultats

Concernant les contraintes physiques, les facteurs explicatifs les plus importants sont le sexe, la profession exercée, le fait de détenir un diplôme d'enseignement supérieur ou de travailler dans l'éducation ou la santé.

L'exposition aux contraintes physiques diminue significativement avec l'âge (tableau 1). Les plus jeunes, notamment les moins de 25 ans, sont les plus exposés. A partir de 50 ans on note une diminution de l'exposition. Ainsi, comparativement aux 35-49 ans, les salariés de 50-54 ans ont en moyenne un coefficient inférieur de 0,03, les 55-60 ans de 0,02. On remarque cependant que les 50-54 ans sont un peu moins exposés que les 55-59 ans. A partir de 60 ans l'exposition est moins forte (- 0,09). Il existe donc une protection significative des salariés âgés.

---

[7] Les trois variables expliquées correspondent à la coordonnée de chaque individu sur chacun des axes factoriels de l'ACM.

[8] Les variables explicatives sont l'âge, le niveau d'éducation, la situation familiale, la nationalité, le type de zone de peuplement et la région de résidence. Nous avons également introduit une variable quadratique pour l'âge afin de rendre compte de la baisse de la probabilité de participation aux âges les plus avancés.

Tableau 1 : **Coefficient des variables d'âges sur l'exposition aux contraintes physiques, 1998**

	Sans correction du biais	t	Avec correction du biais	t
15-24	0,112	(11,9)	0,101	(7,5)
25-34	0,068	(12,5)	0,065	(11,3)
35-49	Réf.		Réf.	
50-54	- 0,028	(- 4,0)	- 0,030	(- 4,1)
55-59	- 0,022	(- 2,4)	- 0,029	(- 2,6)
60-65	- 0,086	(- 3,6)	- 0,104	(- 3,6)

Source : propres calculs à partir de l'INSEE, Enquête Conditions de travail
Autres variables : sexe, niveau d'éducation, ancienneté dans l'entreprise, poste, secteur d'activité, taille de l'établissement, propriété de l'entreprise, type de contrat de travail.

Le biais de sélection lié au fait d'être un actif occupé est significatif. La correction de ce biais modifie surtout les coefficients des variables relatives à l'âge. En effet, elle accroît légèrement la valeur du coefficient (négatif) aux tranches d'âge élevées. Ainsi, si les salariés les plus âgés avaient conservé leur emploi (s'ils n'étaient ni devenus chômeurs, ni pré-retraités), l'âge protègerait plus de l'exposition aux pénibilités physiques. Les salariés qui perdent ou quittent leur emploi occupent donc des postes où il existe une protection face aux pénibilités physiques. Les exclusions se substituent donc parfois aux protections. En conclusion, il existe bien des mécanismes de sélection sur l'âge face aux pénibilités et risques, qui se manifestent à la fois par une certaine protection des salariés les plus âgés, mais aussi par leur exclusion du marché du travail.

Les facteurs jouant le plus sur l'exposition à la flexibilité horaire sont la profession et le secteur d'activité. Ainsi le risque s'accroît pour les ouvriers non qualifiés, les employés du commerce et des services aux particuliers, les salariés de l'éducation, de la santé et des IAA.

L'âge joue relativement peu sur la flexibilité horaire (tableau 2). Les horaires atypiques sont cependant moins fréquents avec l'avancée en âge, tout comme avec l'ancienneté (ancienneté inférieure à 5 ans). Les plus de 55 ans, mais surtout les plus de 60 ans ont des horaires plus flexibles, notamment du fait du développement du temps partiel dans le cadre de mesures de transition progressive vers la retraite (cessations progressives d'activité, plans de retraites progressives). La flexibilité horaire est pour les salariés âgés rarement une contrainte, elle est plus souvent une forme d'aménagement de leur temps de travail.

Les coefficients des variables d'âge supérieur deviennent non significatifs avec la correction du biais de sélection, ceux partant occupant des postes à plein temps.

Tableau 2 : **Coefficient des variables d'âges sur l'exposition à la flexibilité horaire, 1998**

Age	Sans correction du biais	t	Avec correction du biais	t
15-24	0,017	(2,4)	- 0,022	(- 2,2)
25-34	- 0,003	(- 0,8)	- 0,011	(- 2,7)
35-49	Réf.		Réf.	
50-54	0,003	(0,6)	- 0,006	(- 1,1)
55-59	0,016	(2,3)	- 0,010	(- 1,2)
60-65	0,067	(3,7)	0,002	(0,1)

Source : propres calculs à partir de l'INSEE, Enquête Conditions de travail
Autres variables : sexe, niveau d'éducation, ancienneté, poste, secteur d'activité, taille et propriété de l'établissement, région, contrat de travail

L'exposition aux contraintes marchandes diminue également avec l'âge (tableau 3). La protection des salariés âgés est moins forte lorsqu'on corrige du biais de sélection. Les salariés qui partent occupent donc des emplois dans lesquels les mécanismes de protection des plus âgés face aux contraintes marchandes sont peu fréquents ou absents.

Sur la période 1984-1998 (tableau 4), dans le cadre d'un durcissement général des pénibilités physiques, la protection des salariés âgés est stable pour les 55-59 ans, elle est plus forte pour les 50-54 ans et les plus de 60 ans. La différence la plus importante apparaît pour les plus jeunes qui sont beaucoup plus exposés en 1998 qu'en 1991. Face aux contraintes marchandes, la protection des plus âgés s'est accrue entre 1991 et 1997.

Tableau 3 : **Coefficient des variables d'âges sur l'exposition aux contraintes marchandes, 1998**

	Sans correction du biais	t	Avec correction du biais	t
15-24	0,007	(1,1)	0,065	(6,5)
25-34	0,022	(5,6)	0,034	(8,1)
35-49	Réf.		Réf.	
50-54	- 0,031	(- 6,0)	- 0,017	(- 3,3)
55-59	- 0,055	(- 8,0)	- 0,018	(- 2,1)
60-65	- 0,073	(- 4,1)	0,024	(1,1)

Source : propres calculs à partir de l'INSEE, Enquête Conditions de travail
Autres variables : sexe, niveau d'éducation, ancienneté, poste, secteur d'activité, taille et propriété de l'établissement, région, contrat de travail

Tableau 4 : **Évolution des coefficient des variables d'âge, 1984-1998**

	1984	*1991*	*1998*
Contraintes physiques			
15-24	0,041	0,056	0,109
25-34	0,030	0,038	0,062
35-49	Réf.	Réf.	Réf.
50-54	- 0,023	- 0,013	- 0,037
55-59	- 0,045	- 0,054	- 0,041
60-65	- 0,071	- 0,079	- 0,107
Flexibilité horaire			
15-24	Ns	0,022	0,018
25-34	Ns	Ns	Ns
35-49	Réf.	Réf.	Réf.
50-54	Ns	0,019	Ns
55-59	Ns	Ns	Ns
60-65	Ns	Ns	0,061
Contraintes marchandes			
15- 24		-0,027	Ns
25-34		Ns	0,019
35-49		Réf.	Réf.
50-54		- 0,016	- 0,030
55-59		- 0,027	- 0,051
60-65		- 0,042	- 0,067

Source : propres calcul à partir de l'INSEE, Enquête Conditions de travail
Autres variables : sexe, niveau d'éducation, ancienneté dans l'entreprise, poste, secteur d'activité, propriété de l'entreprise, région

5. CONCLUSION

Les changements organisationnels induits par la recherche de gains de productivité face à la montée de la concurrence internationale ont provoqué une dégradation des conditions de travail en France au cours des années quatre-vingt et quatre-vingt-dix. Les pénibilités physiques et risques professionnels sont plus fréquents, les rythmes de travail plus intenses, la flexibilité du travail et les contraintes de demande se développent fortement. Cette dégradation s'exerce quel que soit l'âge des salariés, mais plus encore chez les plus jeunes.

Dans ce cadre, les mécanismes de protection des salariés âgés perdurent : relativement aux salariés plus jeunes, les plus de 50 ans sont protégés des contraintes physiques et marchandes. Ils font face à une flexibilité horaire plus grande, principalement du fait du développement du temps partiel aux âges élevés, qui constitue une forme de protection (même si cette forme d'ajustement est loin d'être généralisée). Les jeunes, eux, se déclarent plus exposés à l'ensemble de ces risques. On peut avancer que leurs moindres contreparties statutaires, qui permettent souvent de contrebalancer les pénibilités, les rendent plus sensibles aux conditions de travail.

Cependant, même s'ils sont protégés par rapport aux plus jeunes, l'exposition des plus de 50 ans s'est accrue par rapport à celle des générations précédentes au même âge. En outre, on note le développement d'exclusions de l'emploi dans les métiers où il existe traditionnellement une protection. En conclusion, les salariés âgés appartiennent encore aux segments protégés du marché du travail, cependant la protection offerte par ces segments s'affaiblit dans le temps.

BIBLIOGRAPHIE

ASKENAZY P., CAROLY E. et MARCUS V., "New Organizational Practices and Working Conditions: Evidence from France in the 1990s", *Couverture orange,* CREPREMAP, n° 01-06.

CAMBOIS, E. ROBINE J.-M. et HAYWARD M. D. (2001), "Social Inequalities in Disability-Free Life Expectancy in the French Male Population : 1980-1991", *Demography*, n° 4.

CASES C. et MISSÈGUE N. (2001), "Une forte segmentation des emplois dans les activités de services", *Économie et Statistique*, n° 344.

CASSOU B., DERRIENIC F., IWATSUBO Y. et AMPHOUX M. (1994), "Incapacité physique après la retraite et conditions de travail", *Gérontologie et société*, n° 70.

CÉZARD M., DUSSERT F. et GOLLAC M. (1999), "Méthodologie et évolution des réponses dans les trois enquêtes", *Les conditions de travail en enquêtes*, Documents d'études de la DARES, n° 29.

CÉZARD M. et HAMON-CHOLET S. (1999a), "Efforts et risques au travail", *Premières synthèses*, DARES, n° 16.1.

CÉZARD M. et HAMON-CHOLET S. (1999b), "Travail et charge mentale", *Premières synthèses*, DARES, n° 27.1.

COUTROT T. (2000), "Innovations dans le travail : la pression de la concurrence internationale, l'atout des qualifications", *Premières Synthèses*, DARES 2000.3 n° 09.2.

DESPLANQUES G., MIZRAHI A. et MIZRAHI A. (1996), "Mortalité et morbidité par catégories sociales", *Solidarité santé, études statistiques*, n° 4.

DOERINGER P.B. et PIORE M. (1971), *International Labour Market and Manpower Analysis*, Heath Lexington Books.

GOLLAC M. (1994), "Donner un sens aux données, l'exemple des enquêtes statistiques sur les conditions de travail", *dossiers de recherche du Centre d'Etude de l'emploi*, n° 3.

GOLLAC M. et VOLKOFF S. (2001), *Les conditions de travail*, La découverte, Repères, n° 301.

JOLIVET A. (1999), *Entreprise et gestion de la main d'œuvre vieillissante : organisation, discrimination*, thèse de doctorat, université Paris 1.

PIORE M. J. (1978), "Dualism in the Labor Market", *Revue économique*, vol. 29, n° 1.

VOLKOFF S. et MOLINIE A.-F. (1995), "Éléments pour une démographie du travail" *in Le travail au fil de l'âge*, Octarès Éditions, Toulouse.

VOLKOFF S., MOLINIE A.-F. et JOLIVET A. (2000), "Efficaces à tout âge ? Vieillissement démographique et activités de travail", *Dossier du CEE*, n° 16.

Résurgence du contrat à durée déterminée en France depuis les années quatre-vingt : une analyse à partir de la mise en perspective de la détermination de la durée des relations de travail aux XIXe et XXe siècles

Damien SAUZE (MATISSE, Université Paris 1 – CNRS)

Résumé

Partant du constat de la progression des relations de travail régies par le contrat à durée déterminée (CDD) en France depuis plus de deux décennies, ce papier s'interroge sur l'évolution de la détermination de la durée des relations de travail depuis deux siècles. L'analyse de cette évolution, en considérant les enjeux de sécurité et de liberté liés à la durée des relations de travail, permet sa décomposition en trois phases, dont la progression actuelle des CDD est la dernière.

1. INTRODUCTION

Depuis que des statistiques annuelles sur les contrats à durée déterminée (CDD) existent en France, la part des salariés en CDD dans l'emploi salarié privé a plus que triplé, passant d'un peu plus de 2 % en 1982 à plus de 6 % en 2001 (*cf.* graphique en annexe).

Si aujourd'hui la distinction entre CDD et CDI (contrat à durée indéterminée) renvoie à une opposition entre contrats de courte durée et contrats de longue durée, le critère stable qui permet d'opposer ces deux types de contrats est la manière dont le contrat prend fin. Dans le cas du CDD, la fin du contrat est prévue dès sa conclusion, et il n'est en principe pas possible de le rompre avant l'échéance ainsi fixée. Dans le cas du CDI, la durée du contrat n'est pas déterminée à l'avance, il prend fin par une rupture, que cette rupture soit désirée par les deux parties ou seulement par l'une d'entre elles. Cependant, les conditions de cette rupture du CDI, de même que les conditions de recours au CDD ont varié au cours du temps.

S'interroger sur la tendance actuelle à la progression du CDD, implique de s'interroger sur le processus de détermination de la durée du contrat de travail, le CDD et le CDI étant des instruments à la disposition des acteurs de ce processus, tout en considérant l'évolution de la distinction entre ces deux instruments. On entendra par processus de détermination de la durée des relations de travail le résultat de la confrontation des stratégies des employeurs et des salariés quant à la durée de la relation de travail, cette confrontation ayant lieu dans un cadre légal et réglementaire lui-même pour partie résultat de cette confrontation. Ainsi l'objet de cette contribution est de replacer dans une perspective historique le processus de détermination de la durée des relations de travail afin de mieux comprendre sa configuration actuelle.

Il paraît pertinent de remonter jusqu'à la Révolution qui, en supprimant les corporations et en interdisant des engagements illimités, ouvre une nouvelle ère dans les relations entre patrons et ouvriers qui sont dès lors régies par le contrat. C'est à partir de ce moment que la question de savoir comment se termine le contrat prend un sens.

Deux enjeux sont au cœur du processus de détermination de la durée de la relation de travail : un enjeu de sécurité et un enjeu de liberté. En effet chacune des parties a intérêt à contrôler au maximum la durée de la relation, c'est-à-dire à s'assurer que la relation ne prendra pas fin si elle ne le désire pas et qu'elle sera libre de la rompre au moment où elle le souhaite. La recherche de sécurité de l'une passe par la restriction de la liberté de l'autre. Partant de la mise en évidence de ces enjeux, il est possible de distinguer trois phases historiques dans le processus de détermination de la durée de la relation de travail.

Au cours d'une première phase, jusqu'à la fin du XIXe siècle, les enjeux qui semblent prédominer sont celui de la liberté pour le travailleur et celui de la sécurité pour le patron. À partir de la fin du XIXe siècle, l'enjeu de la sécurité apparaît pour les salariés sans vraiment remettre en cause la liberté des patrons. Enfin, à partir de la fin des années soixante, la contradiction entre sécurité des salariés et liberté des employeurs devient plus vive et se caractérise par une rupture dans la tendance à la progression de la sécurité des salariés.

2. LES ENJEUX DE LA DURÉE DU CONTRAT AU XIXe SIÈCLE : LIBERTÉ POUR LES SALARIÉS, SÉCURITÉ POUR LES PATRONS

2.1. Le cadre juridique des relations de travail au XIXe siècle

Mis à part une loi (22 germinal an XI), il n'existait pas de législation spécifique au travail. Les relations de travail étaient donc régies par le Code civil, par le droit commun des contrats, elles étaient formalisées par un contrat de louage de services. Seuls deux articles du Code civil (1780 et 1781) apportent des précisions sur le contrat de louage de services par rapport aux autres types de contrat.

Néanmoins la question de la durée de relation de travail est déjà très présente et le contrat à durée déterminée est conçu comme protecteur de la liberté des travailleurs. L'article 1780 énonce en effet, que « on ne peut engager ses services qu'à temps, ou pour une entreprise déterminée ». Il s'agit de la traduction d'un des grands principes du Code civil qui est la prohibition des engagements perpétuels. En l'occurrence, il permet de garantir le travailleur contre tout risque d'esclavage ou de servitude. La loi du 22 germinal an XI limitait même la durée des engagements entre patrons et ouvriers à un an. Cependant cette même loi instaurait par son article 12 le livret ouvrier dont la rétention par le patron permet de prolonger la durée de la relation à sa guise : « Nul ne pourra, sous peine de dommages-intérêts envers son maître, recevoir un ouvrier, s'il n'est pas porteur d'un livret d'acquit de ses engagements, délivré par celui de chez qui il sort. »

Pour le reste, les relations entre employeurs et travailleurs sont régies par les règlements d'atelier et les litiges sont arbitrés par les Conseils de prud'hommes. Ces règlements sont établis par les patrons pour sanctionner des comportements qu'ils réprouvent : absentéisme, retards, flâneries.

2.2. Le livret ouvrier et les règlements d'atelier permettent aux patrons de s'assurer de la continuité de la relation de travail

Les règlements d'atelier établissent aussi des règles pour la démission de leurs ouvriers, fixant des préavis pouvant aller jusqu'à trois mois (OLSZAK, 1999). On s'imagine la difficulté de démissionner pour des salariés soumis à de tels préavis. Comment un salarié qui aurait trouvé un nouveau patron, pourrait-il faire patienter ce dernier pendant les trois mois que dure son préavis chez son ancien patron ?

La législation sur le livret comporte des dérogations au droit commun, et en particulier remet en cause le principe de la limitation de la durée des engagements et permet aux patrons d'éviter la démission de leurs salariés (SAUZET, 1890) : « Un patron désireux de s'attacher un ouvrier habile, en a le moyen ; il pourra même tourner l'article 1780 du Code civil et l'article 15 de la loi du 22 germinal an XI : il n'a qu'à faire à cet ouvrier, sur son salaire, des avances un peu considérables, telles qu'il faudra supposer un très long temps de travail pour que l'ouvrier puisse recouvrer sa liberté ». SAUZET (1890) cite des exemples de ce genre de pratiques, repris au rapport du comte Beugnot à la chambre des pairs en 1845 :

« *Dans les villes manufacturières les avances se montent à la somme totale de 300 000 ou 400 000 francs par an. Il en est une où des ouvrières en dentelle gagnent 40 centimes par jour et reçoivent des avances de 300 francs. Que d'années ne leur faudra-t-il pas pour reconquérir la liberté de leur travail ?* ». « *Il n'est pas rare de voir des commissionnaires, courtiers et d'autres intermédiaires, avancer 300, 500 et même 1 000 francs à un ouvrier, pour l'enlèvement à son patron et l'astreindre à l'avenir à une situation de dépendance* ».

A l'occasion de débats parlementaires en 1850 au sujet de la législation sur le livret, le ministre du commerce reconnaît « vainement la loi a-t-elle fixé à un an la durée de l'engagement que l'ouvrier peut consentir grâce à l'imprudente faculté qu'elle lui donne et au privilège illimité qu'elle confère au patron, il se trouve avoir aliéné son indépendance pour un temps infini. » (SAUZET, 1890). En effet un salarié ne pouvant pas se faire embaucher sans montrer son livret, il était condamné à rester chez son employeur tant que ce dernier ne lui rendait pas son livret. Un moyen pour l'employeur de retenir un salarié était ainsi de faire des avances sur salaire à ce travailleur et de ne pas lui rendre son livret tant qu'il n'avait pas remboursé ses avances.

L'existence et la persistance de la législation sur le livret ouvrier tout au long du siècle, s'expliquent en partie par la volonté de la part des employeurs de contrôler la durée de la relation. A chaque fois que cette législation est remise en cause, les employeurs s'y opposent en craignant de perdre un moyen de contrôle sur leur main-d'œuvre.

Ainsi, en 1854, alors qu'il est question de supprimer le droit pour le patron de retenir le livret, on trouve de fortes oppositions. « Dès l'instant que le livret sera entre les mains de l'ouvrier lui-même il pourra lui servir de passeport, ce qui était un obstacle deviendra une tentation et l'ouvrier quittera son atelier sous le prétexte le plus léger. Ainsi seront introduites dans les ateliers des tendances mauvaises ; les liens se relâcheront, les garanties seront affaiblies et l'égalité aura cessé d'exister[1] ».

Certains employeurs dont les salariés n'étaient pas concernés par la législation sur le livret ont prôné son extension :

« *Ainsi un conseil général voit dans l'extension du livret à tous les ouvriers agricoles ou industriels, un moyen d'empêcher les agriculteurs d'être abandonnés par leurs ouvriers allant chercher de meilleurs salaires dans les manufactures, et les manufactures dans des moments de ralentissement d'être désertées par leurs ouvriers allant chercher du travail aux champs, trouvant librement dans l'agriculture où ils ne sont pas tenus d'exhiber un livret en règle, un débouché et des salaires* ». (SAUZET, 1890)

2.3. Les salariés cherchent à accroître leur mobilité pour réduire leur dépendance

La mobilité saisonnière entre les secteurs agricole et industriel constituait une pratique courante au XIXe siècle. L'enquête de 1862 sur l'agriculture révèle que les ménages journaliers habituellement employés dans ce secteur, consacrent sur une année près d'un quart de leur temps à des « industries diverses », « les occupant accessoirement pendant le chômage des travaux agricoles ou même pendant la durée de ces travaux » (BOMPARD, MAGNAC, POSTEL-VINAY, 1990). De façon symétrique, l'enquête de 1860 dans l'industrie permet une évaluation mensuelle du taux de chômage qui met en évidence une progression du chômage industriel les mois d'été et une diminution l'hiver qui constitue selon BOMPARD *et alii* une forte présomption de migrations saisonnières entre les secteurs industriel et agricole. Ces auteurs montrent les incitations salariales à ce type de migration, le salaire agricole devenant plus élevé que le salaire industriel dans la période estivale.

Le fait pour les salariés de pouvoir rompre leur contrat quand ils le souhaitent pour pouvoir aller chez un autre employeur, les préserve contre une trop grande dépendance vis-à-vis d'un seul employeur.

Selon TOPALOV, qui a étudié l'instabilité du lien salarial au XIXe siècle, « toutes ces formes de mobilité témoignent de possibilités multiples de sortir du salariat industriel, souvent d'enracinement durable hors de celui-ci, et constituent des manières efficaces de se soustraire à ses contraintes. La précarité de l'emploi

---

[1] Député Levasseur, séance du 31 mai 1854

faisait perdre aux travailleurs des salaires et leur imposait l'incertitude du lendemain [...]. Mais les mobilités qui lui étaient associées leur procuraient en même temps de l'indépendance vis-à-vis des patrons et, plus largement du salariat » (TOPALOV, 1994). Il faut en effet rappeler qu'au XIXe siècle, le salariat n'est encore que dans sa phase de constitution. Le travail indépendant reste majoritaire.

L'existence de migrations saisonnières entre agriculture et industrie que nous avons déjà soulignée, témoigne de l'enjeu pour les salariés de pouvoir quitter leur patron quand ils le souhaitent. Mais cet enjeu ne se limite pas aux mobilités saisonnière et intersectorielle. La figure du « sublime »[2] qui est « un type d'ouvrier indiscipliné » mais « souvent habile » et qui a « de trois à cinq patrons différents par année » (HATZFELD, 1971), représente bien l'enjeu de la liberté de mobilité pour le salarié.

2.4. Pourquoi une priorité à la sécurité pour les patrons et une priorité à la liberté pour les salariés ?

D'après les observations précédentes, le comportement des salariés, par rapport au contrôle de la durée du contrat de travail semble plutôt être une attitude de lutte contre le pouvoir de l'employeur de prolonger le contrat autant qu'il le souhaite, que de lutte pour la sécurité de l'emploi, au moins jusque vers la fin du XIXe siècle. La notion d'emploi n'existe d'ailleurs pas encore à cette époque, il est encore impensable qu'un travailleur puisse exiger de quelque manière que ce soit d'être lié durablement à son patron.

Comment interpréter cette priorité à la liberté de se dégager de la relation de travail pour les salariés ? Au XIXe siècle, la priorité des patrons est à la mobilisation du travail. Même si le siècle est ponctué de crises, il existe un problème de mobilisation de la main-d'œuvre, le développement de l'industrie est conditionné par la quantité de travailleurs disponibles. La production augmente plus vite que la population active dans l'industrie. Certes cela se manifeste par une progression de la productivité. Mais on peut penser que cette progression n'est qu'une réponse au problème de l'insuffisance de la main-d'œuvre et qu'elle ne supprime pas complètement ce problème. Dans ce contexte, on comprend l'intérêt des employeurs à retenir la main-d'œuvre.

Tous les secteurs industriels ne semblent pas adopter les même réponses face à l'instabilité de la main-d'œuvre et ne pas être touchés de la même manière par cette mobilité. Certains secteurs retiennent plus facilement leurs salariés en leur proposant des salaires plus élevés que le salaire agricole. La recherche de la prolongation des relations de travail par le patron ne passe pas toujours par la privation de la liberté du salarié de se dégager de la relation. L'utilisation du livret ouvrier ou du règlement d'atelier pour retenir les travailleurs est d'autant plus

---

[2] Le sublime est le titre de l'ouvrage de Denis Poulot, petit patron parisien. Dans ce pamphlet anti-ouvrier publié en 1869, Poulot établit une typologie des ouvriers dans laquelle le sublime désigne l'ouvrier allergique à l'autorité patronale.

fréquent lorsque la politique salariale ne peut pas jouer ce rôle. Le fait que l'exemple d'avances salariales cité plus haut, se situe dans le secteur du textile n'est certainement pas un hasard. En effet, d'après Bompard *et alii*, le textile fait partie des secteurs qui versent plutôt des bas salaires et « rendent attractives les mobilités saisonnières vers l'agriculture ».

Par ailleurs, les pratiques de rétention de la main-d'œuvre ne s'appliquent que de façon sélective. La population flottante, qui désigne au XIXᵉ siècle la partie de la population active qui n'est pas durablement stabilisée dans une entreprise, est une population assez hétérogène (GERME, 1978). Outre les ouvriers qualifiés dont le « sublime » est un bon représentant, et les ouvriers retournant de façon saisonnière dans le secteur agricole, la population flottante renvoie aussi à l'instabilité de l'emploi du fait du patron, autrement dit, à l'existence d'un volant de main-d'œuvre (GERME, 1978).

Malgré cela, le salariat n'est pas encore dominant au point de constituer l'unique moyen d'existence des individus et par conséquent la revendication de stabilité de la relation salariale n'est pas encore prioritaire pour les travailleurs. L'assurance de la sécurité des moyens d'existence passe par la liberté de se désengager d'une relation salariale pour aller chercher de meilleures opportunités de travail à une époque où la recherche de la stabilité de l'emploi ne fait pas encore sens. COTTEREAU (2000) a montré qu'au XIXᵉ siècle la notion de chômage ne qualifiait pas une période d'absence de travail mais une « période d'activité(s) lucrative(s) de substitution et d'attente à la suite d'une perte d'activité(s) lucrative(s) considérée(s) comme normale(s) ». A partir d'un travail d'analyse biographique, il montre l'existence de multiples activités lucratives souvent en dehors du salariat qui au-delà de l'activité considérée comme normale, assurent périodiquement (on qualifie alors cette activité de chômage) ou de façon régulière (il s'agit alors de pluriactivité) les moyens d'existence des travailleurs. De plus il note que l'établissement à son compte constitue à l'époque une aspiration largement partagée, pour conclure que « resitué parmi les projets de vie professionnelle, le salariat s'avère essentiellement provisoire ». Ceci permet de mieux comprendre pourquoi à cette époque la sécurité des moyens d'existence ne passe pas d'abord par la stabilité de l'emploi.

3. À PARTIR DE LA FIN DU XIXᵉ SIÈCLE, LA SÉCURITÉ DEVIENT UN ENJEU MAJEUR POUR LES SALARIÉS

3.1. Le passage de la recherche de la liberté à la recherche de la sécurité pour les salariés

Le livret ouvrier est abandonné en 1890. Depuis plusieurs années, cette législation régulièrement remise en cause était de moins en moins appliquée (GERME, 1978). Certains employeurs avaient en effet développé des pratiques alternatives pour retenir leurs salariés. La constitution de caisses de prévoyance pour la maladie, les accidents du travail, mais surtout les retraites était un moyen pour les employeurs de s'attacher leurs salariés. « Une partie du patronat a créé à l'usage des ouvriers des caisses de maladie ou de retraite ». « Nous voyons apparaître une sorte de salaire indirect qui s'ajoute au salaire proprement dit et dont le but est évidemment d'assurer l'attachement du travailleur à l'entreprise qui l'emploie » (HATZFELD, 1971)

C'est d'ailleurs le développement de ces pratiques qui a ensuite conduit les salariés à leurs premières revendications en faveur d'une plus grande stabilité de l'emploi, lorsque les employeurs cherchent à se séparer de leurs salariés quand la conjoncture économique s'est dégradée. En effet, les premières plaintes de salariés contre la rupture de leur contrat apparaissent dans les années 1870, contre des compagnies de chemin de fer ayant congédié leurs salariés qui avaient cotisé à des caisses de prévoyance retraite. En étant licenciés, ces salariés perdaient tout droit à pension qu'ils avaient acquis grâce à la cotisation à ces caisses.

La Cour de cassation dans les années 1870, commence par donner raison aux employeurs : « le louage de services, sans détermination de durée, peut toujours cesser par la libre volonté de l'une ou l'autre des parties contractantes, pourvu toutefois que les délais-congés commandés par l'usage aient été observés. Spécialement, un employé de chemin de fer, révoqué même sans motifs légitimes, n'a droit à aucune indemnité »[3]. Les termes « louage de services, sans détermination de durée » apparaissent pour la première fois dans les arrêts de la Cour de cassation à cette occasion. En 1859, la Cour affirmait encore conformément à l'article 1780 du Code civil : « En matière de louage de service, la loi n'admet pas un engagement d'une durée illimitée »[4].

Certes il est possible de faire une nuance entre louage de service sans détermination de durée et louage de service d'une durée illimitée et de prétendre que le louage sans détermination de durée pouvait être accepté même au regard de l'article 1780, mais l'ajout d'un alinéa à cet article par la loi de 1890 est révélateur de l'évolution du contrat de louage de service au cours du XIXe siècle. En effet, si l'interdiction d'engagement perpétuel est préservée, la loi du 28 décembre 1890 sur le contrat de louage de services et sur les rapports des agents des chemins de fer avec les compagnies, y ajoute notamment l'alinéa suivant : « *Le louage de service, fait sans détermination de durée, peut toujours cesser par la volonté d'une des parties contractantes* ». Par rapport à la rédaction du Code civil de 1804, il y a la prise de conscience qu'un engagement pour une entreprise (tâche) déterminée peut avoir une durée indéterminée mais malgré tout limitée par la durée de l'exécution de la tâche ou par la possibilité de pouvoir rompre le contrat de façon unilatérale.

Cependant cette loi pose aussi la question des obligations que peut entraîner une telle rupture unilatérale. L'étude de ces obligations est essentielle d'un point de vue économique, car elles peuvent freiner le recours à cette solution. Cette même loi affirme : « *Néanmoins, la résiliation du contrat par la volonté d'un seul des*

---

[3] Cass. Civ. 5 février 1872
[4] Cass. Civ, 8 février 1859

contractants peut donner lieu à des dommages-intérêts », elle vient consacrer la jurisprudence établie au cours des années précédentes, en ce qu'elle entérine le principe de pouvoir verser des dommages-intérêts. Cependant elle ne définit pas les conditions dans lesquelles le versement de dommages-intérêts est une obligation pour la partie qui a rompu le contrat. Selon la jurisprudence, ils ne sont dûs que dans le cas où il serait possible de prouver que la partie qui a résilié le contrat a commis une faute, soit en ne respectant pas les usages ou une clause du contrat (les usages ou le contrat pouvant prévoir des dommages-intérêts en cas de rupture du contrat) soit en ayant eu la volonté de causer un préjudice (SAUZET, 1891). Par conséquent, les limites à la résiliation du contrat de travail restent faibles. La possibilité inscrite dans la loi que la rupture unilatérale du contrat donne lieu à des dommages-intérêts constitue toutefois une première étape dans l'élaboration du droit du licenciement.

Si tout au long du XIX⁰ siècle, le pouvoir de détermination de la durée des relations salariales était inégalement distribué en faveur des employeurs, les lois de 1890, par la suppression du livret ouvrier et la première pierre de la construction d'un droit du licenciement marquent un début de retournement.

3.2. La construction de la stabilité de l'emploi autour du CDI au cours du XX⁰ siècle

Au début du XX⁰ siècle il semblerait que le CDI soit utilisé pour embaucher les ouvriers alors que le CDD serait réservé aux employés, mais le CDI est encore loin de représenter la stabilité de l'emploi pour les ouvriers. En effet, selon F. GAUDU (1996) « la situation des employés en général est plus stable que celle des ouvriers, parce que les employés sont recrutés sous contrat à durée déterminée. À l'époque, en effet, le droit du licenciement n'a pas encore fait son apparition, et par voie de conséquence le contrat à durée indéterminée est extrêmement précaire, sauf le préavis qui peut être prévu par l'usage, auquel le salarié peut d'ailleurs renoncer au moment de la conclusion du contrat de travail ». Cependant, au cours du siècle, le rapport entre ces deux types de contrat quant à la stabilité qu'ils procurent semble s'être inversé. En effet, la brèche ouverte par la loi de 1890 s'élargit progressivement d'une part par la jurisprudence de la Cour de cassation qui applique la théorie de l'abus de droit pour qualifier un licenciement d'abusif, d'autre part au moyen de la négociation collective qui répand petit à petit la pratique des indemnités de licenciement (GAUDU, 1996).

Ces progrès des droits attachés au CDI sont ensuite entérinés par la loi. La loi de 1928 a tenté de faire progresser la possibilité de dommages-intérêts en cas de rupture unilatérale du contrat en donnant les moyens au tribunal de faire une enquête sur les circonstances de la rupture et en obligeant le juge à indiquer expressément le motif allégué par la partie qui a rompu le contrat (FAVENNEC-HÉRY, 1998). Cependant la Cour de cassation considère que la charge de la preuve incombe toujours à la partie victime de la rupture et que l'employeur est seul juge. La Cour affirme en effet en 1930 que « l'employeur est seul juge de la question de savoir si les services que lui rendait son employé étaient satisfaisants » (HORDERN, 1991, p. 94). La loi du 19 février 1958 a institué un délai-congé d'une durée minimale d'un mois en cas de licenciement, qui a été portée à deux mois par l'ordonnance du 15 juillet 1967 pour les salariés ayant au moins deux ans d'ancienneté dans l'entreprise. L'ordonnance du 13 juillet 1967 généralise l'indemnité de licenciement, elle l'établit à un minimum de 10 heures de salaire ou $1/20^e$ de mois de salaire par année de présence, pour les seuls salariés ayant plus de 2 ans d'ancienneté ininterrompue dans la même entreprise. Toutes ces lois en envisageant le licenciement et non la démission permettent une progression asymétrique de la stabilité du CDI au profit du salarié. Cependant le conditionnement de certains de ces droits à l'ancienneté du salarié incite tout de même celui-ci à rester dans l'entreprise pour pouvoir acquérir des droits plus importants.

3.3. Comment cette construction de la stabilité de l'emploi autour du CDI a-t-elle été possible ?

La recherche de la stabilité de l'emploi par les salariés a été constante au cours du XXe siècle. Elle semble avoir des causes plus structurelles que les tensions sur le marché du travail. Si la stabilité de l'emploi devient plus cruciale dans les périodes de chômage, on peut toutefois constater la permanence de sa revendication en période de plein-emploi (années 1950 et 1960). Cette permanence peut s'expliquer par une variation non plus conjoncturelle du risque de rupture du contrat contre lequel il s'agit de se protéger, mais par une modification plus structurelle qui toucherait davantage l'ampleur du dommage en cas de survenance du risque que la probabilité de sa réalisation. En effet, il est possible de considérer que la généralisation du salariat et l'élévation du niveau de développement économique ont rendu la perte d'emploi plus dommageable. Au XIXe siècle, la pluriactivité et le chômage au sens qu'il avait à cette époque (COTTEREAU, 2000) constituaient une assurance de revenus en cas de perte d'un emploi salarié. Les conséquences d'un licenciement se sont également aggravées dans la mesure où la protection sociale qui s'est développée tout au long du XXe siècle est assise sur l'emploi et qu'une perte d'emploi signifie également une perte de droits sociaux.

La réduction des possibilités d'existence hors du salariat, facilite la mobilisation de la main-d'œuvre par les employeurs et rend moins nécessaire de brider la liberté des salariés de rompre leur contrat de travail. Toutefois, au cours la période de forte croissance et de plein emploi de l'après guerre, la mobilité excessive des salariés peut poser problème à certains employeurs. Ainsi d'après FOURCADE (1992) selon les propos de M. NEIDINGER, responsable dans les années cinquante à la Fédération parisienne de la Métallurgie, «la *réaction patronale à l'apparition des premières sociétés de travail temporaire, dans les années cinquante a été négative parce qu'elle captait les meilleurs éléments des entreprises et amplifiait les surenchères salariales, en pleine pénurie de main œuvre* ». Cette remarque nous permet de comprendre pourquoi dans cette période de plein-emploi les employeurs n'avaient pas intérêt à recourir à des contrats à faible degré d'engagement comme un contrat d'intérim ou un CDD de courte durée. On comprend qu'au cours de cette période un renforcement des garanties de sécurité de l'emploi liées au CDI ne pose pas vraiment de problème aux employeurs. Cependant cela ne paraît pas suffisant pour expliquer qu'ils aient accepté d'accorder ces garanties s'appliquant uniquement pour les salariés. Pour comprendre ce renforcement il est nécessaire d'invoquer les rapports de force. La progression de la sécurité de l'emploi à travers le CDI ne peut pas être interprétée que comme une réponse aux tensions sur le marché du travail. Elle s'explique par la permanence des revendications des salariés dans ce domaine et par leur aboutissement grâce à la progression de leur pouvoir de force qui n'est certes pas indépendante des tensions sur le marché du travail.

4. À PARTIR DE LA FIN DES ANNÉES SOIXANTE, CONTRADICTION ACCRUE ENTRE SÉCURITÉ DES SALARIÉS ET LIBERTÉ DES EMPLOYEURS

4.1. Renforcement de la sécurité liée au CDI pour les salariés

La sécurité de l'emploi devient un thème de négociation collective interprofessionnelle à la fin des années soixante. Ce sont les confédérations syndicales de salariés qui sont demandeuses de telles négociations. Depuis 1965, elles sollicitent le CNPF sur plusieurs thèmes de négociations dont celui de l'emploi. Il faut attendre les événements de mai 1968 pour que dans le protocole de Grenelle, le CNPF accepte l'ouverture de négociations au niveau interprofessionnel en matière de sécurité de l'emploi (DELAMOTTE, 1969). Ces négociations ont donné lieu à l'accord interprofessionnel du 10 février 1969 sur la sécurité de l'emploi entre le CNPF et la CGPME d'une part et FO, la CFDT, la CGT, la CGC et la CFTC d'autre part. Cet accord instaure des procédures de consultation du comité d'entreprise et des commissions paritaires de l'emploi ayant des compétences dans le domaine du reclassement et de l'adaptation des salariés. Au-delà de la stabilité de l'emploi dans l'entreprise, la sécurité de l'emploi à travers l'intérêt accordé aux reclassements, commence déjà à passer par l'idée de garantir une continuité des trajectoires professionnelles.

La législation sur le licenciement connaît deux étapes majeures au cours des années 1970. Ces deux étapes aboutissent à reconnaître deux types de motif de licenciement : le motif personnel et le motif économique. Dans les deux cas, la limitation de la liberté de l'employeur a consisté à instaurer une procédure d'information du ou des salariés et à leur accorder la possibilité d'exiger d'être informé(s) de la "cause réelle et sérieuse" du licenciement afin de pouvoir le contester. Ces avancées ont été obtenues par les lois de 1973 (loi sur le licenciement pour motif personnel) et 1975 (loi relative au licenciement pour cause économique) reprenant les principales dispositions de l'accord interprofessionnel de 1969. Auparavant, la contestation du licenciement pour motif personnel nécessitait que le salarié prouve le caractère abusif du licenciement. A partir de la loi de 1973, il ne s'agit plus de prouver un abus de droit mais de demander à l'employeur de justifier l'exercice de son droit. Saisi par le salarié, le juge apprécie le caractère réel et sérieux de la cause invoquée par l'employeur. Cependant si le juge n'a pas les moyens de contester la justification de l'employeur, la charge de la preuve incombe toujours au salarié. Le licenciement pour motif économique bénéficie à cette époque de protections supplémentaires pour les salariés. L'accord du 14 octobre 1974 a créé une allocation supplémentaire d'attente dont seuls les licenciés pour motif économique bénéficient. La loi de 1975 renforce le contrôle administratif qui s'applique aux licenciements économiques en systématisant l'autorisation administrative préalable. Cependant l'autorisation est accordée dans la plupart des cas et elle est supprimée en 1986.

A partir de 1986, il s'agit moins d'empêcher les licenciements que d'essayer de les prévenir et de gérer leurs conséquences pour les salariés. Cette tendance est renforcée par la loi de 1989 « relative à la prévention du licenciement et au droit à la conversion » et par celle de 1993 qui concerne le plan social et les mesures de reclassement. La première généralise les conventions de conversion et instaure le principe de priorité de réembauchage. La seconde précise le contenu minimum du plan social. L'obligation légale de reclassement des salariés reste une obligation de moyen et non de résultat et nombre de ces dispositions ne s'appliquent pas aux petites entreprises, à commencer par l'obligation de plan social qui ne concerne que les entreprises de plus de 50 salariés.

4.2. Regain d'intérêt des employeurs pour le CDD

La difficulté croissante pour les employeurs à se séparer de salariés embauchés en CDI a rendu attrayant pour eux le recours à un type de contrat qui était tombé en désuétude[5] : le CDD qui permet dès sa conclusion d'en fixer le terme. Ce dernier prend fin à l'échéance du terme sans que l'employeur ait à se soumettre aux règles de la rupture. Les protections attachées au CDI ont inversé par rapport au XIXe siècle l'intérêt respectif du CDD et du CDI par rapport à la stabilité de l'emploi du point de vue des salariés. Celle-ci passe désormais davantage par le CDI que par le CDD.

Le fait qu'aucune statistique sur les CDD ne soit disponible de façon régulière avant le début des années 1980 témoigne du moindre enjeu qu'avait cette question avant cette époque. Le problème apparaît un peu plus tôt dans la jurisprudence. Le juriste G. POULAIN (1971) note « un problème qui avait disparu des recueils de jurisprudence se pose depuis une quinzaine d'années avec une acuité particulière : il s'agit précisément de la distinction des contrats de travail à durée déterminée et indéterminée ». Enfin, le législateur s'est saisi de cette question et lui a apporté une première réponse par la loi du 3 janvier 1979.

POULAIN montre que la jurisprudence des années soixante et soixante-dix avait apporté des réponses satisfaisantes à ce problème et que la solution du recours au législateur ne s'imposait pas (POULAIN, 1979). Il note que le législateur avait

---

[5] « Aussi assistons-nous aujourd'hui à un retour très net à la pratique du contrat à durée déterminée », POULAIN (1971)

d'ailleurs refusé d'intervenir en ce domaine quelques années auparavant. Il réfute l'argument avancé dans l'exposé des motifs de la loi de 1979, selon lequel la solution jurisprudentielle serait insatisfaisante parce que l'absence de caractère général de la jurisprudence entraînerait la méfiance des salariés comme des employeurs par rapport à ce type de contrat. En effet, les années qui ont précédé la loi ont vu un fort accroissement du nombre de salariés liés par des CDD. Cette réfutation n'est que renforcée par l'observation des multiples interventions du législateur au cours de la décennie suivante (ordonnances de 1982 et 1986, lois de 1985 et 1990) qui n'ont pas donné au cours de cette période un caractère plus stable et général au régime du CDD. POULAIN montre qu'en réalité le souci du législateur est de favoriser un recours plus massif à ce type de contrat. Il interprète cette loi « donnant notamment une définition élargie du CDD » comme la réponse à « une demande pressante du patronat » (POULAIN, 1979). L'élargissement de la possibilité de recours au CDD a été permis par cette loi de deux manières : par la réhabilitation[6] des contrats à durée déterminée à terme incertain[6] et par l'autorisation du renouvellement des contrats. Selon G. LYON-CAEN (1980), « La loi a ainsi coupé les ailes à la jurisprudence ».

Le problème de l'emploi est au cœur de cette première loi sur le CDD. Elle est conçue comme un des éléments de la politique de lutte contre le chômage du gouvernement de l'époque. Selon le ministre du travail défendant son projet de loi devant l'assemblée nationale « la bataille de l'emploi impose [...] des mesures de clarifications énergiques, qui, [il] en est convaincu, auront un effet certain. »[7]. Ces propos illustrent bien la stratégie du gouvernement face au chômage à travers cette loi sur les CDD, il s'agit de réduire les hésitations qu'ont les employeurs à embaucher et pour cela de satisfaire toutes leurs revendications. Suite à cette loi, on a cependant observé non pas une baisse du chômage mais une augmentation de la part des CDD dans l'emploi.

A la faveur du changement de majorité politique, le législateur par une ordonnance de 1982, est intervenu à nouveau pour restreindre les possibilités de recours à ce type de contrats. Cette ordonnance affirme le principe selon lequel « le contrat de travail de droit commun est le contrat à durée indéterminée, le recours au contrat à durée déterminée étant limité à des cas où l'emploi pourvu ne présente manifestement pas un caractère permanent »[8]. Plusieurs mesures sont prises dans cet objectif : une liste limitative des cas de recours est élaborée, un seul renouvellement du CDD est autorisé, une prime de fin de contrat égale à 5 % des salaires versés est instaurée, la durée du contrat est limitée entre six mois et un an selon les cas de recours. Cependant la liste a été rapidement élargie dès 1985 par la

---

[6] La loi distingue en effet deux types de CDD selon la définition de leur terme : les CDD conclus de date à date, les CDD conclus pour une tâche déterminée dont le terme correspondant à la fin de l'exécution de la tâche ne peut pas toujours être connu avec certitude, on parle donc de terme incertain.

[7] JO, compte rendu des débats, assemblée nationale, séance du 5 décembre 1978, p. 8837

[8] Ordonnance n° 82-130 du 5 février 1982.

même majorité politique puis supprimée à la faveur d'une nouvelle alternance en 1986. Elle a finalement été ré-instaurée en 1990.

Si en matière de licenciement, le législateur a entériné les avancées obtenues par les salariés au moyen de la négociation collective, en ce qui concerne la réglementation du CDD, du point de vue des salariés, il est d'abord revenu en arrière par rapport aux solutions qui avaient été élaborées par la jurisprudence, ses interventions successives au cours des années quatre-vingt n'ont pas permis d'enrayer le développement du recours au CDD. Par ailleurs il est intéressant de noter que ce n'est qu'au moment où le CDI commence à perdre du terrain au profit du CDD qu'il est affirmé comme la norme juridique du contrat de travail, le CDD constituant une dérogation à cette norme.

4.3. Pourquoi une contradiction accrue entre liberté des employeurs et sécurité des salariés ?

Le renforcement des sécurités liées au CDI est-il suffisant pour expliquer le besoin de la part de l'employeur de retrouver une liberté dans la gestion de l'emploi qu'exprimerait le recours accru au CDD ? Certes la forte progression du chômage a renforcé les pressions des salariés pour une plus grande sécurité de l'emploi et a permis les avancées que nous avons décrites. Cependant ces progrès restent modestes, le coût des licenciements est renforcé mais les licenciements n'ont pas diminué pour autant. Si un problème de liberté dans la gestion du volume de l'emploi apparaît, on peut donc penser que ce n'est pas parce que cette liberté a été restreinte mais parce que ce besoin de liberté se serait accru. Il s'agit donc de s'interroger sur les raisons pour lesquelles le besoin de contrôler les variations de l'emploi se serait accru pour les employeurs.

Une première raison à ce besoin de liberté accru peut provenir d'une augmentation de la volatilité du niveau de l'emploi. Cette augmentation peut provenir d'une augmentation de la volatilité de la production qui amènerait à réviser plus fréquemment le niveau de l'emploi et impliquerait la nécessité d'un plus grand contrôle des employeurs sur la durée de la relation de travail. Cependant indépendamment de la volatilité du niveau de la production, la volatilité accrue de l'emploi peut être causée par un changement dans les stratégies des employeurs, par la volonté de reporter sur les salariés les risques de variation du niveau de l'activité (ce qui par ailleurs ne fait que renforcer le besoin de sécurité des salariés), par des modifications de l'organisation du travail qui modifieraient le lien entre variations de la production et variations de l'emploi.

L'augmentation de la volatilité de l'emploi n'est toutefois pas une condition nécessaire pour expliquer un besoin de contrôle accru des variations de l'emploi par l'employeur. En effet à volatilité de l'emploi constante, il suffit qu'un des moyens de contrôle du volume de l'emploi se soit affaibli pour expliquer que les employeurs utilisent plus largement qu'avant les licenciements et les CDD pour retrouver leur maîtrise des variations de l'emploi. Or si l'on envisage une diminution des démissions (départs volontaires des salariés), pour des variations de l'emploi inchangées, il faut bien que cette baisse des démissions soit compensée par une augmentation des départs contrôlés par l'entreprise ou par une diminution des entrées. La baisse des démissions rend plus difficile le contrôle de l'emploi par les embauches, car elle réduit les besoins d'embauches. Par conséquent le seul moyen de garder un contrôle équivalent sur l'emploi suite à une baisse des démissions, est de mieux contrôler les départs, soit par les licenciements soit par les CDD dont l'employeur peut fixer le terme.

Nous avons envisagé les différentes raisons qui peuvent permettre d'expliquer un besoin accru de liberté des employeurs dans le contrôle du volume de l'emploi. Toutefois la question de savoir la part que peut tenir chacune de ces raisons dans cette explication nécessiterait un travail empirique plus approfondi.

5. CONCLUSION

L'analyse du processus de détermination de la durée des relations de travail en France au cours des deux derniers siècles, permet de dégager une tendance à la progression des revendications de stabilité de ces relations de la part des salariés et à leur aboutissement par la construction d'un statut autour du CDI. La période récente semble toutefois marquer une rupture dans la mesure où la renaissance d'un autre type de contrat, le CDD initialement conçu pour protéger la liberté des salariés, permet cette fois aux employeurs de préserver leur liberté de déterminer la durée du contrat de travail et de se soustraire aux garanties acquises par les salariés avec le CDI.

La progression récente des CDD pourrait donc s'interpréter comme une réponse au besoin de liberté des employeurs par rapport à la détermination de la durée du contrat de travail qui se serait accru non pas seulement du fait du renforcement des garanties obtenues par les salariés autour du CDI mais surtout par des besoins accrus du contrôle du volume de l'emploi qui peuvent avoir différentes raisons : instabilité accrue de la production et de l'emploi mais aussi baisse des démissions provoquant une rigidification du marché du travail.

ANNEXE

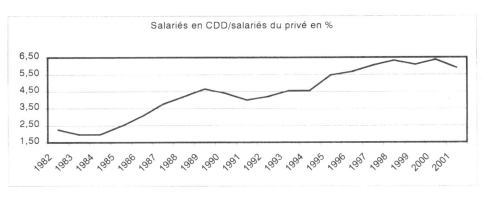

Salariés en CDD/salariés du privé en %

Source : Enquête Emploi INSEE 1982 à 2001.

BIBLIOGRAPHIE

BOMPARD J.-P., MAGNAC Th. et POSTEL-VINAY G. (1990), « Emploi, mobilité et chômage en France au XIXe siècle : migrations saisonnières entre industrie et agriculture », *Annales ESC*, janvier-février, n° 1, p. 55-76.

COTTEREAU A. (2000), Précarité, pluriactivité et horizons biographiques au XIXe siècle en France, *in* BILLARD I., DEBORDEAUX D., LUROL M., *Vivre la précarité. Trajectoires et projets*.

DELAMOTTE Y. (1969), « L'accord interprofessionnel sur la sécurité de l'emploi du 10 février 1969 », *Droit Social*, p. 498-508

FAVENNEC-HERY F. (1998), « Regards sur le droit de résiliation unilatérale du contrat de travail : les apports de la loi du 13 juillet 1973 » *in* Le Crom J.-P., *Deux siècles de droit du travail. L'histoire par les lois*, éd. de l'atelier.

FOURCADE B. (1992), « Les situations particulières d'emploi de 1945 à 1990 », *Travail et Emploi*.

GAUDU F. (1996), « Les notions d'emploi en droit », *Droit social,* n° 6, juin, p. 569-576.

GERME J.-F. (1978), *Emploi et main-d'œuvre au XIXe siècle. Étude des enquêtes sur la condition ouvrière en France*, thèse, université Paris I.

HATZFELD H. (1971), *Du paupérisme à la sécurité 1850-1940*, Presses Universitaires de Nancy, Collection Espace Social.

HORDERN F. (1991), « Du louage de services au contrat de travail ou de la police au droit », *Cahiers de l'Institut Régional du Travail* n° 3, université de Méditerranée Aix-Marseille III.

LYON-CAEN G. (1980), « Plasticité du capital et nouvelles formes d'emploi », *in Droit Social*, n° 9-10, septembre-octobre.

MARCHAND O. et THELOT C. (1997), *Le Travail en France 1800-2000*, Nathan, Essais et Recherche.

OLSZAK N. (1999), *Histoire du droit du travail*, PUF.

POULAIN G. (1979), « La loi du 3 janvier 1979 relative au contrat de travail à durée déterminée », *Droit Social*, mars, p. 67-79.

SAUZET M. (1890), *Le livret obligatoire des ouvriers*, F. Pichon éd.

SAUZET M. (1891), « Etude sur le nouvel article 1780 du Code civil » , *Annales de droit commercial*, 1891, n° 2-3.

TOPALOV C. (1994), *La naissance du chômeur*, Albin Michel.

Les politiques d'aide à la création d'entreprise par les chômeurs entre libéralisme économique et économie solidaire

David VALLAT (Centre WALRAS, Université Lyon 2)

Résumé

Cet article questionne les politiques mises en œuvre par les pouvoirs publics pour soutenir la création d'entreprise par les chômeurs. De telles politiques peuvent être lues tout autant comme une forme de solidarité visant à développer les capacités d'action des personnes que comme un dispositif libéral de *help yourself*.

1. INTRODUCTION

Un accès malaisé au travail caractérise, nous semble-t-il, le phénomène de précarisation généralisée que nous constatons aujourd'hui et qui est communément appelé *exclusion*. Une caractéristique majeure des exclus actuels, par opposition à la pauvreté telle qu'elle était perçue antérieurement, est d'être des surnuméraires (CASTEL 1995, p. 399 *sq*), de ne pas avoir de place dans la société. Rappelons-nous comment les pauvres au Moyen-Âge sont intégrés à la société (GEREMEK, 1990). De même, l'existence d'une « armée industrielle de réserve » est justifiée par son appellation même : c'est une main-d'œuvre disponible en cas de besoin. La première caractéristique du pauvre aujourd'hui qui explique peut-être son caractère d'exclu est qu'il est inutile, cette inutilité étant socialement acceptée. Le Revenu Minimum d'Insertion[1], voté par une loi du premier décembre 1988 ne vise rien d'autre que réintégrer dans la société les personnes se trouvant à l'écart, notamment par l'absence de travail. En effet, un des principes premiers du RMI est qu'il est « à la fois une somme d'argent résultant d'un droit reconnu, mais aussi une dignité retrouvée avec un travail et une occupation »[2]. Ce dispositif témoigne de la conscience collective qu'une absence durable de travail remet en question le lien entre l'individu et le groupe et par-là même affaiblit la société, qui n'est finalement que la somme de tous les liens. Le RMI est une voie parmi un ensemble de pistes de solutions qui sont mises en œuvre pour pallier cet affaiblissement de la société. Une autre solution est de miser sur les effets de la croissance qui devrait

---

[1] Les termes d'insertion et d'intégration sont utilisés, quand il s'agit de lutter contre l'exclusion, de manière relativement indifférenciée. Cependant les définitions de ces termes diffèrent. Intégrer signifie, selon son étymologie, rendre complet. En revanche, insérer correspond à l'idée d'introduire. Si l'on se réfère à la conception française du lien social, le RMI doit intégrer plutôt qu'insérer.

[2] Discours de François MITTERRAND à Lille le 29 avril 1988, cité par Michel RAYMOND, 1997.

nous amener vers le plein emploi. Le plein emploi mais à quel prix, est-on en droit de s'interroger ? L'INSEE indique que la France compte d'ores et déjà 1,3 million de travailleurs pauvres[3] (personnes disposant d'un revenu inférieur à la moitié du revenu médian). Il y a donc peu de raisons d'être optimiste d'autant que l'Observatoire national de la pauvreté et de l'exclusion sociale soulignait dans un rapport du 23 novembre 2000 que les effets de la croissance économique sur la pauvreté sont « lents à se faire sentir »[4]. Notre propos est ici d'analyser une voie autre pour lutter contre le chômage et l'exclusion.

La création d'entreprise par les chômeurs, puisque telle est notre objet d'étude, est un enjeu majeur pour la politique de l'emploi. Même si une corrélation directe entre niveau du chômage et niveau de la création d'entreprise ne peut être mise en avant, il n'en reste pas moins vrai que l'intervention publique a changé de nature vis-à-vis de la création d'entreprise en prenant conscience de son impact pour la politique de l'emploi : une création d'entreprise sur deux est une création d'emploi (puisqu'un créateur sur deux est chômeur ou inactif).

Perçue initialement comme relevant d'une politique libérale (création de l'ACCRE en 1979 par Raymond BARRE, loi MADELIN de 1994, création de la BDPME sous le gouvernement JUPPÉ), le soutien à la création d'entreprise s'apparente, quand il est orienté vers des publics particuliers, à une politique sociale (notamment sous le gouvernement JOSPIN dans le cadre de la loi du 29 juillet 1998 d'orientation relative à la lutte contre les exclusions, une mesure vise à soutenir la création d'entreprise avec le dispositif d'Encouragement au Développement d'Entreprises Nouvelles – EDEN – initialement avance remboursable, muée en prime à l'automne 2001). Indiquons d'ores et déjà que la problématique que nous posons appartient à un champ en continuel changement : la commission du Commissariat Général du Plan chargée d'évaluer les aides à la création d'entreprise faisait remarquer en 1996 le faible impact de ces aides en termes de créateurs concernés : « A l'intérieur même de la trentaine d'aides spécifiques à la création, il est important de noter que seulement six groupes de mesures concernent plus de 10 000 créateurs par dispositif et par an »[5]. Ce constat a conduit à introduire de nouvelles mesures.

Ce nouveau statut de la création d'entreprise, entre soutien à l'économie et aide aux personnes en difficulté, engendre une situation floue. Nous nous proposons d'interroger cette situation dans deux directions : le soutien à la création d'entreprise perçu comme un dispositif libéral visant à faire des chômeurs les acteurs de leur parcours d'intégration sociale (*help yourself*) ; une deuxième vision des choses tend à percevoir le soutien à la création d'entreprise par les chômeurs comme relevant d'une économie solidaire caractérisée par une hybridation des ressources (publiques/privées), une gouvernance locale (voire micro-locale), une

---

[3] INSEE, *Économie et statistiques*, n°335, décembre 2000.
[4] *Le Monde*, 24/11/2000.
[5] LARRERA DE MOREL, 1996, p. 55.

éthique de l'ordre de la recherche de l'intérêt collectif (à mi-distance entre l'intérêt général et l'intérêt individuel), une pratique de l'action se nourrissant d'une « *impulsion réciprocitaire* »[6].

Ces deux pôles que l'on aurait tendance à opposer partagent, dans la pratique, de nombreux points communs. La place centrale du créateur d'entreprise acteur de son projet est l'un d'eux. La frontière est ténue entre le discours qui consiste à dire (de manière caricaturale) : « les chômeurs, qu'ils créent leur entreprise »[7] et des pratiques visant à autonomiser, à développer les *capacités d'action* des personnes (à raison car elles sont objectivement entravées) dans la lignée des travaux et analyses de SEN ([1987] 1993, 1999, [1999] 2000).

Après avoir pris la mesure du rapport que les Pouvoirs Publics ont avec la création d'entreprise (2.) nous étudierons en quoi la création d'entreprise peut être un élément de lutte contre le chômage (3.) et comment l'État intervient dans ce sens (4.). En définitive nous verrons que ce n'est que par le biais de partenariats public-privé noués dans la proximité (5.) que la création d'entreprise par les chômeurs peut être un véritable levier d'intégration sociale (6.).

2. UN NOUVEAU REGARD SUR LA CRÉATION D'ENTREPRISE ?

Que retenir des États Généraux de la création d'entreprise[8] qui se sont tenus à Paris le 11 avril 2000 à l'instigation du Secrétariat d'État aux PME, au Commerce, à l'Artisanat et à la Consommation ? Plusieurs centaines de personnes se pressent dans la salle du Caroussel du Louvre. Dès l'allocution d'ouverture du Ministre de l'Economie, des Finances et de l'Industrie, Laurent FABIUS, le ton est donné. La création d'entreprise en France est une « grande cause nationale ». Les très petites entreprises (moins de 9 salariés) sont à l'honneur. C'est ici que le discours tranche radicalement avec la conception traditionnelle en vigueur dans notre pays en matière d'entreprise : l'accent est mis fortement sur le dynamisme et les potentialités en emplois des très petites entreprises. Ce changement de perception notamment chez les politiques est le fruit du travail de multiples organisations qui, sur le terrain, tentent depuis des années de rendre la vie des créateurs de petites entreprises un peu moins compliquée. Le poste de conseiller auprès de Laurent FABIUS obtenu par Maria NOWAK, présidente de l'Association pour le Droit à l'Initiative Économique (ADIE), est symptomatique de ce radical changement de point de vue. Même si l'image de la grande entreprise employant des milliers de salariés et garante de l'emploi n'est pas complètement erronée elle a eu tendance à occulter les milliers d'emplois créés par les très petites entreprises[9]. Corrélativement les aides publiques, jusqu'à récemment, se sont plutôt focalisées

---

[6] « La conception de l'activité économique à partir d'une *impulsion réciprocitaire* peut permettre à celle-ci d'être fondée sur le sens qui lui est donné par les participants et par là même de favoriser des dynamiques de *socialisation* » (LAVILLE, 1994, p. 74, voir également LAVILLE, 1999).

[7] Mot peut-être un peu rapide d'un de nos anciens Premiers ministres.

[8] www.pme-commerce-artisanat.gouv.fr

[9] Plus de 90 % des entreprises emploient 4 salariés et moins (voir www.apce.com).

sur le soutien à l'embauche. Néanmoins depuis quelques années plusieurs mesures ont été prises en faveur des petits projets et une attention toute particulière a été accordée aux chômeurs créateurs d'entreprise : l'exonération de charges sociales de l'ACCRE a été étendue en 1998 aux personnes remplissant les conditions pour bénéficier de contrats « emploi-jeune », aux bénéficiaires de l'allocation de parent isolé ; mise en place d'un dispositif d'avances remboursables[10] (Encouragement au Développement d'Entreprises Nouvelles - EDEN) ; aménagement du régime fiscal de la micro-entreprise ; cumul entre minima sociaux et revenus d'activité, etc.

Plusieurs nouvelles mesures ont été annoncées à l'occasion des États Généraux : suppression des droits exigés lors de la constitution d'une société, simplification des formalités administratives (la « liasse unique » devrait être remplacée peu à peu par une inscription en ligne sur Internet), réduction des cotisations versées par les créateurs d'entreprise lors des deux premières années, libération du capital d'une SARL sur 5 ans au lieu d'une libération immédiate, aide au financement des petits projets (moins de 100 000 francs).

Cette perception actualisée de la création d'entreprise ne doit pas faire oublier une tendance générale si ce n'est à la baisse au moins à la stagnation. Un sondage du début de l'année 2000[11] indique que « 13 millions de personnes souhaiteraient créer une entreprise au cours de leur carrière professionnelle ». Bien entendu ces velléités sont un peu vagues, néanmoins parmi elles, « 24 % déclarent vouloir passer à l'acte dans moins de deux ans », ce qui induit *a priori* un projet d'entreprise. Pourtant on ne compte qu'environ 176 754 créations *ex-nihilo*[12] en 2000.

Or la création d'entreprise[13] est un enjeu de poids pour la politique de l'emploi. En effet, plus d'un demi-million d'emplois a été généré par la création d'entreprise en 2000[14].

3. CRÉATION D'ENTREPRISES ET CHÔMAGE

Il faut d'abord noter que (en 1998) 35 % des nouveaux chefs d'entreprise proviennent du chômage (environ 100 000 pour 280 000 nouveaux chefs d'entreprise en création, réactivation ou reprise). Parmi ceux-ci 19 % de chômeurs de courte durée, ces derniers étaient près de 30 % en 1994 ce qui dénote une détérioration de la situation.

Si l'on prend en compte la population des chômeurs, force est de constater une baisse significative des créations d'entreprise entre 1994 et 1998. Ainsi la

---

[10] Devenues primes fin 2001.

[11] Sondage IFOP du 7 janvier 2000.

[12] Sauf indications contraires les sources chiffrées proviennent de APCE, *Rapport annuel 2000*, « Evolution du profil des créateurs et des entreprises créées ».

[13] De manière générale nous utilisons le terme « création » au sens large.

[14] En l'occurrence les chiffres ici concernent création + reprise uniquement.

proportion des chômeurs parmi les créateurs d'entreprise tend à se réduire tout en restant, quand même, considérable.

Tableau 1 : **Nombre de « créations-reprises » selon la situation antérieure du créateur**

	1994	1998	1994-1998	en %
Chômeurs de moins d'un an	58 000	36 000	- 22 000	- 38%
Chômeurs de plus d'un an	35 000	32 000	- 3 000	- 9%
Chômeurs	93 000	68 000	- 25 000	- 27%
En activité	96 000	105 000	9 000	9%
Sans activité	30 000	30 000	-	0%
Autres	14 000	8 000	- 6 000	- 43%
Total	233 000	211 000	- 22 000	- 9%

Source : *Entreprise en bref, études et statistiques*, n°2, mars 2000, Ministère de l'Economie, des Finance et de l'Industrie.

Le chômage est donc moins présent dans la création ; ce mouvement semble s'être poursuivi en 1999/2000. Rien ne permet de dire que le chômage est en corrélation avec le taux de création d'entreprise, même s'il existe une relation. En effet, une comparaison par régions des taux de chômage et des taux de création pour 10 000 habitants (l'un et l'autre en 1999) n'amène aucun résultat concluant.

Néanmoins la proportion de chômeurs dans la création d'entreprises est significative :

Tableau 2 : **Répartition des créateurs selon leur statut**

	Actifs	Chômeurs de moins d'un an	Chômeurs de plus d'un an	Total chômeurs (1)	Inactifs (2)	Total (1)+(2)
1994	42 %	27,4 %	16,3 %	43,7 %	14,3 %	58 %
1998	50 %	19 %	16 %	35 %	15 %	50 %

Source : APCE, rapport annuel 1999 (publié en 2000)

Ainsi si les chômeurs ne représentent « que » 35 % des créateurs d'entreprise en 1998 (contre 43,7 % en 1994), un créateur sur deux était auparavant chômeur ou inactif. Même si certaines créations sont « contraintes », ce motif tend à diminuer au profit du goût d'entreprendre.

4. LES DIFFÉRENTES FORMES D'INTERVENTIONS PUBLIQUES DANS LE SOUTIEN À LA CRÉATION

4.1. Un essai de typologie des principales aides

Les interventions publiques en matière de création d'entreprise sont nombreuses. Toutes cependant ne concernent pas les chômeurs. Nous nous attachons plus particulièrement à l'étude des mesures que les praticiens de la finance solidaire considèrent comme efficaces et en rapport avec la population cible, qui est celle des chômeurs créateurs, investissant un montant peu important dans son projet. Ainsi nous laissons de côté plusieurs mesures qui semblent peu adaptées à la population cible (prêts bonifiés à l'artisanat, exonération pour le créateur qui embauche, exonération d'impôt touchant les sociétés, contre-garantie SOFARIS) ou qui touchent une population très restreinte (aides aux personnes handicapées : AGEFIPH, aides aux projets innovants : Agence Nationale pour la Valorisation de la Recherche).

La commission du Commissariat Général du Plan chargée d'évaluer les aides à la création d'entreprise fait remarquer le faible impact de ces aides en termes de créateurs concernés : « A l'intérieur même de la trentaine d'aides spécifiques à la création, il est important de noter que seulement six groupes de mesures concernent plus de 10 000 créateurs par dispositif et par an »[15]. Parmi ces dispositifs nous en laissons plusieurs de côté qui concernent peu la population cible. Les dispositifs restants sont reportés dans le tableau ci-après en prenant en compte s'il y a lieu les modifications depuis 1994 (année de référence pour les enquêtes répertoriées par le Commissariat Général du Plan).

Nous avons complété ce tableau par quatre dispositifs particulièrement bien adaptés pour le public cible : les plates-formes de développement local, le régime fiscal simplifié des microentreprises, le Prêt à la Création d'Entreprise (PCE) et le dispositif Encouragement au Développement d'Entreprises Nouvelles (EDEN).

---

[15] LARRERA DE MOREL, 1996, p. 55.

Tableau 3 : **Principales aides publiques à la création d'entreprise pouvant être perçues par les chômeurs**[16]

Type d'aide / Année de référence pour données chiffrées	Principaux relais de l'aide	Public cible	Origine & Forme de l'aide	Coût total / nombre de bénéficiaires
Aide aux Chômeurs Créateurs ou Repreneurs d'Entreprise (ACCRE) / 1998	Organismes d'accompagne ment à la création	- chômeur	- ministère de l'Emploi - gratuité pendant 12 mois de la couverture sociale	nc
Chèque conseil (lié au dispositif ACCRE) / 1994	Organismes d'accompagne ment à la création	- chômeur	- ministère de l'Emploi - chèque acheté 100 francs par le créateur et ayant un pouvoir d'achat de 400 francs pour payer du conseil	- 19 millions de francs - 64 000 chèques-conseil utilisés
Accueil-suivi-formation-conseil mis en œuvre au sein du réseau « Entreprendre en France » / 1994	Chambres consulaires	- tout public	- Association Française des Banques et les Chambres de commerce - programme d'accueil des créateurs « Entreprendre en France »	- 600 millions de francs - 450 000 entretiens réalisés - 100 000 créateurs / repreneurs
Zone franche urbaine (ZFU), zone de redynamisation urbaine (ZRU), zone urbaine sensible (ZUS) / 1997	Commune	- création dans la zone éligible à l'aide - tout public	- politique de la Ville - exonération IS, taxe professionnelle, taxe foncière, charges sociales patronales (ZFU) - exonération IS, taxe professionnelle et charges sociales patronales (ZRU) - exonération de la taxe professionnelle (ZUS)	- fin des ZFU le 31/12/01 et transformation en ZRU - 44 zones franches urbaines - 350 zones de redynamisation urbaine - 700 zones urbaines sensibles
Plates-formes de développement local / 2000	Organismes d'accompagne ment à la création	- chômeur - projets susceptibles de favoriser le développement économique et social	- collectivités locales - prêt d'honneur (sans garantie, sans intérêt) - mise en contact avec des institutions financières - conseil et suivi	- 25 000 projets accueillis et réorientés (+50% par rapport à 1999) - 4 600 entreprises financées
Régime fiscal simplifié pour les microentreprises / 1998	Chambres consulaires Organismes d'accompagne ment à la création	- chiffre d'affaires annuel hors taxes inférieur à 100 000 francs	- ministère de l'Economie - allégement des charges fiscales (abattement forfaitaire sur les recettes annuelles, dispense de paiement de la TVA, etc.) - obligations comptables et fiscales réduites	nc
Encouragement au Développement d'Entreprises Nouvelles (EDEN) / 2000	Organismes d'accompagne ment au financement	- bénéficiaires de minima sociaux - jeune (remplissant conditions pour être « emploi-jeune »)	- ministère de l'Emploi - avance remboursable, pouvant atteindre 40 000 F pour un créateur isolé	- dispositif devant se terminer au 31/12/00 prolongé car toutes les demandes n'avaient pas été traitées - transformation de l'avance remboursable en prime
Prêt à la création d'entreprise (PCE) / 2000	Organismes d'accompagne ment à la création	- projet d'un montant inférieur à 300 000 francs	- **BDPME** - financement au maximum de 52 000 francs en priorité pour immatériel - prêt sans garantie	- environ 2000 PCE accordés fin 2000

[16] Source : outre des informations recueillies à la Chambre de commerce et d'industrie et auprès des organismes, une synthèse des aides à la création d'entreprise se trouve dans Bertrand LARRERA DE MOREL, 1996, p. 131-134. Une actualisation peut être faite en consultant le site de l'APCE (www.apce.com).

Abordons plus en détail quelques mesures adaptées au public des chômeurs créateurs d'entreprise. Qu'il s'agisse de l'Aide aux Chômeurs Créateurs ou Repreneurs d'Entreprise (ACCRE), les plates-formes de développement local ou les dispositifs PCE et EDEN, il existe de nombreux points communs dont le plus fondamental est de réserver une large part d'autonomie à l'organisme d'accompagnement et de financement partenaire. D'une manière générale on constate fréquemment dans le tableau récapitulatif des aides l'action d'un organisme local d'accompagnement et/ou de financement solidaire. En effet, la plupart des dispositifs d'aide sont relayés par un organisme appartenant au secteur associatif. L'État trouve dans l'organisme solidaire un partenaire plus proche des réalités locales. La fonction de médiation des associations reste essentielle, et ceci d'autant plus pour des personnes en voie de marginalisation.

• Le dispositif ACCRE (Aide aux chômeurs créateurs ou repreneurs d'entreprise) n'a pas, à l'origine, pour vocation de favoriser la création d'entreprise par des chômeurs en voie de marginalisation. Mis en place en 1977 pour les cadres, ce dispositif combinant des exonérations (charges sociales et impôts) et une prime (32 000 francs en 1994) est étendu à tous les demandeurs d'emploi indemnisés en 1986 et aux bénéficiaires du Revenu Minimum d'Insertion en 1991. A partir de 1994, le dispositif devient plus sélectif puisqu'il concerne les chômeurs depuis plus de six mois. Il touche néanmoins environ 80 000 personnes à cette époque. Le tableau ci-après décrit l'évolution du nombre des bénéficiaires de ce dispositif.

Tableau 4 : **Bénéficiaires de l'ACCRE**[17]

Année	1993	1994	1995	1996
nombre de bénéficiaires	53 000	78 862	86 729	40 000
pourcentage des créations pures	31 %	43 %	49 %	nc

L'année 1996 marque une forte réduction du budget consacré à cette mesure et se traduit par une diminution des bénéficiaires. La disparition de la prime ACCRE début 1997 est fortement critiquée par les organismes de finance solidaire[18]. En effet, cette prime que les organismes de finance solidaire aidaient à obtenir permettait au chômeur créateur d'envisager un prêt bancaire. L'apport en capital que constitue la prime joue en faveur de l'obtention d'un prêt d'autant que l'association partenaire a aidé le créateur à finaliser son projet. Supprimer la prime

---

[17] Source : Fondation pour le progrès de l'homme, 1997, pp. 7-8.
[18] Voir par exemple NOWAK, 1997 et MUKEBA, 1998.

contraint à trouver un autre dispositif susceptible d'avoir un effet de levier sur le crédit.

• Cela a d'abord été le rôle des plates-formes de développement local. Plusieurs partenaires (dont une collectivité locale) abondent un fonds local de garantie pour faciliter au créateur l'accès au prêt bancaire. La collectivité locale met à disposition de l'association chargée d'évaluer les projets et de suivre les créateurs, un fonds pour accorder des prêts d'honneur. Le prêt d'honneur a le même effet multiplicateur sur le crédit que la prime ACCRE. Il est, de plus, doublé d'un fonds de garantie. La banque partenaire prend peu de risques à accorder un prêt.

• Le cofinancement bancaire des projets permet un gain de professionnalisme. Pourtant les petits projets sont peu financés directement par les banques du fait de la question du risque. Lancé en 2000, le Prêt à la Création d'Entreprise (PCE) vise à pallier la sous-capitalisation des petits projets (projets inférieurs à 300 000 francs). Le PCE intervient en accompagnement d'un prêt bancaire d'un montant au moins équivalent (on retrouve ici la notion d'effet de levier). Le PCE est sans garantie, ni caution personnelle car il bénéficie d'une intervention de Sofaris. Cette mesure doit être organisée en partenariat avec l'organisme d'accompagnement qui va aider à la mise en place du projet. Car si le prêt est garanti, il doit néanmoins être fait à bon escient.

• Institué par la loi du 16 octobre 1997 relative au développement d'activités pour l'emploi des jeunes, et par la loi du 29 juillet 1998 d'orientation relative à la lutte contre les exclusions, le dispositif EDEN (circulaire DGEFP n°99-18 du 6 avril 1999 relative au soutien à la création ou à la reprise d'entreprise) permet à un créateur titulaire de minima sociaux (ou à un jeune éligible à la mesure « emploi-jeune ») de bénéficier d'une avance remboursable, pouvant atteindre 40 000 F pour un créateur isolé. Le dispositif a été construit en partenariat direct avec des structures locales de financement solidaire susceptibles d'instruire les dossiers. Si le dispositif EDEN reconnaît la compétence de certains réseaux associatifs en matière d'accompagnement de projets il ne concerne que les associations impliquées dans une démarche couplant accompagnement et prêt.

Une autre caractéristique forte est l'idée d'avance remboursable. Il s'agit bien d'instaurer avec le créateur un rapport de réciprocité et non une mesure d'assistance. Ce fonctionnement cautionne une responsabilité réciproque : la responsabilité de la collectivité qui aide à la lutte contre le chômage et qui aide à l'accompagnement du porteur de projet ; la responsabilité de ce dernier qui doit rembourser son prêt. La transformation fin 2001 de l'avance remboursable en subvention risque de remettre en question cette coresponsabilité.

4.2. Un foisonnement d'aides

La multiplication des aides à la création d'entreprise, leur diversité et la discontinuité des dispositifs dans le temps ne peuvent que désorienter les créateurs. On distingue quatre grandes phases :

Raymond BARRE, alors Premier ministre donne le coup d'envoi, en 1979, à une première série de mesures de soutien à la création d'entreprise. Il crée l'Aide aux Chômeurs Créateurs et Repreneurs d'Entreprises (ACCRE) et instaure le Centre des Formalités des Entreprises (CFE)

En 1986, Alain MADELIN, ministre de l'industrie, simplifie les formalités de création. Le régime des travailleurs non salariés est considérablement amélioré par la loi du 11 février 1994 (loi MADELIN).

En 1996, sous le gouvernement JUPPÉ, Jean-Pierre RAFFARIN annonce une série de mesures avec la création de la BDPME, et du CNCE.

Sous le gouvernement JOSPIN, dans le cadre de la loi du 29 juillet 1998 d'orientation relative à la lutte contre les exclusions une mesure vise à soutenir la création d'entreprise avec le dispositif d'Encouragement au Développement d'Entreprises Nouvelles (EDEN).

Si certaines des mesures perdurent (ACCRE) ce n'est pas sans des aménagements. D'autres ont des durées de vie plus limitées au départ mais se poursuivent, souvent victimes de leur succès (EDEN). Certaines mesures, en revanche, sont supprimées (prime ACCRE) ou se transforment (EDEN), ce qui n'est pas sans poser la question de l'harmonisation. Par exemple, comment transformer les bénéficiaires de l'avance remboursable EDEN en bénéficiaires de la prime EDEN ?

Ces multiples transformations et aménagements rendent opaques ces dispositifs d'aide pensés initialement pour faciliter la vie des créateurs d'entreprise. De même, ils occasionnent un surcroît de travail aux organismes d'accompagnement qui non contents de devoir informer les créateurs doivent traiter les nouveaux dispositifs (et donc se former). Par ailleurs, la fin d'un dispositif peut mettre en péril les modes d'accompagnement et de financement : ainsi la suppression de la prime ACCRE a remis en question les plans de financement de bon nombre de créateurs.

De plus, il arrive que certaines aides se télescopent. Ainsi, les chéquiers conseils qui servent à acheter du conseil sont financés à hauteur d'un quart par le créateur. Or, il existe plusieurs dispositifs d'accompagnement gratuits. Même si la complémentarité entre les dispositifs est, en général, recherchée, les télescopages qui peuvent apparaître sont des indicateurs d'une carence de pilotage par les pouvoirs publics.

5. UN NÉCESSAIRE PARTENARIAT AVEC DES OPÉRATEURS DE PROXIMITÉ

Les organismes d'accompagnement et de finance solidaire de proximité[19] complètent les politiques publiques par une action locale, personnalisée qui repose sur des partenariats avec les collectivités notamment à travers les plates-formes de

---

[19] Voir VALLAT, 1998, 1999a, 1999b, GUÉRIN et VALLAT, 1999, 2000a et 2000b.

développement local. Le croisement de financements publics et d'une action locale d'initiative privée permet d'agir dans la proximité. Ceci autorise la mise en place de relations personnalisées avec toutes les richesses humaines que cela implique, ce que des aides publiques directes ne permettent pas.

Plutôt que d'opposer dispositifs publics et privés, il nous semble plus opportun d'insister sur leur complémentarité. La plupart des expériences de finance solidaire dépendent étroitement des autorités publiques à travers les subventions dont elles bénéficient, le plus souvent de la part des collectivités locales. Par ailleurs, l'évolution de la finance solidaire est étroitement liée à la mise en place progressive au cours de la dernière décennie des outils de financement local à utilité sociale (notamment les fonds de garantie locaux), issus de la décentralisation et de la territorialisation des financements publics. Parmi les différentes filiations d'origine des outils de financement local, on note le rôle prépondérant des collectivités locales.

Face à une difficulté d'obtention de crédits bancaires pour créer sa propre activité se mettent en place, depuis quelques années, des initiatives qualifiées de finance solidaire, microfinance, ou encore finance de proximité. Il s'agit, en fait, de permettre à des personnes exclues du système bancaire de créer leur propre emploi, à travers la mise en place de prêts, de fonds de garanties, ou encore de prises de participation. Les interventions financières sont de faible montant (en général dans une fourchette de 5 000 à 50 000 francs), ce qui justifie le terme de microfinance. En l'absence de garanties réelles, elles reposent nécessairement sur une certaine solidarité qui consiste à établir des partenariats de proximité autour du créateur en mobilisant, organisme de conseil, organisme prêteur, collectivités locales, etc. Le point de départ d'un tel phénomène est à chercher au Bangladesh avec le remarquable succès de la Grameen Bank fondée par le professeur YUNUS pour lutter contre le poids des usuriers dont l'activité de crédit a tendance à appauvrir les emprunteurs. Il est devenu une figure emblématique du mouvement qui prône l'élargissement de l'octroi du crédit aux plus pauvres de manière à ce que ces derniers créent leur propre activité. Plus que des techniques financières spécifiques, la Grameen Bank a permis de mettre en avant la possibilité de prêter aux pauvres afin qu'ils deviennent acteurs de leur propre développement. Les pays en développement ne sont pas les seuls à expérimenter des initiatives de crédit solidaire comme la surmédiatisation de la Grameen Bank du Bangladesh le laisserait entendre (VALLAT, 1999a ; PIERRET, 1999a). L'Europe, au XIXe siècle a été pionnière en ce domaine (VALLAT, 1999b). La prospérité économique qu'a connu l'Europe après-guerre a permis d'alimenter les circuits redistributifs par le biais du principe d'État-providence. Ce n'est véritablement qu'à partir de la décennie quatre-vingts que la question de l'emploi se pose avec force. Dès lors dans toute l'Europe des initiatives visant à instrumentaliser le crédit pour lutter contre le chômage voient le jour. Il s'agit bien souvent de pallier les défaillances du système bancaire traditionnel qui, à l'instar de ce qui se passait un siècle plus tôt, rechigne à prêter à des personnes en situation de précarité. Assez curieusement les financiers traditionnels de l'économie sociale, les grandes banques coopératives et mutualistes, ne sont pas forcément les plus avancées dans ce domaine bien qu'elles jouent, néanmoins, un rôle essentiel. Un grand nombre d'organismes engagés dans l'octroi de crédit pour les personnes défavorisées est créé au cours de la dernière décennie[20].

Ces dispositifs de finance solidaire consistent à favoriser la création de leur propre emploi par les personnes en voie de marginalisation. Il s'agit donc de coupler le crédit avec un accompagnement à la création d'entreprise, dispositif permettant de viabiliser le projet.

La démarche réciprocitaire mise en oeuvre par ces organismes est elle-même partie intégrante du processus de resocialisation. Il s'agit de considérer le chômeur non plus comme un inutile laissé aux bons soins de l'État-Providence mais comme une personne susceptible de posséder un projet professionnel/projet de vie pouvant être mis en oeuvre par la création de son entreprise.

6. LA CRÉATION D'ENTREPRISE PAR LES CHÔMEURS UN MOYEN D'INTÉGRATION SOCIALE

Le travail est un facteur majeur d'intégration sociale. Or, une difficulté à accéder à l'emploi peut être palliée par la création d'entreprise pour peu que l'on en ait une approche réaliste sans la considérer comme la panacée. Ainsi la création d'entreprise joue un rôle moteur dans l'intégration des immigrés note *Le Monde* du 08 mai 2001. Il est vrai que la proportion d'immigrés parmi les créateurs ne cesse d'augmenter. Ainsi par exemple 14,2 % des travailleurs italiens immigrés sont artisans, commerçants ou chefs d'entreprise. On trouve une proportion de 10,1 % pour les Espagnols, 8,9 % pour les Algériens et en moyenne 8,4 % pour les immigrés qui travaillent (Source : Enquête Emploi INSEE, citée par *Le Monde*). L'immigration peut être un atout dans la création d'entreprise notamment par la possibilité de bénéficier de réseaux culturels[21]. Elle peut être comme le note le Comité d'Information et de Mobilisation pour l'Emploi (CIME) aussi un handicap (discrimination face au financement, problèmes de compréhension liés au langage, etc.)[22].

L'expérience de l'association Conseil à la Création d'entreprise et Coopération Internationale (3CI) illustre ce lien fort entre création d'entreprise et intégration sociale. Cette association est née en 1985 dans les quartiers Nord de Marseille à l'initiative de personnes du monde associatif et social. L'objet initial, et toujours d'actualité, est de proposer un service d'appui technique à la création d'entreprise à des personnes qui ont des difficultés à se retrouver dans les canaux traditionnels (consulaires notamment). Non pas car ces canaux les excluent mais car ils

---

[20] Pour de plus amples informations sur ces organismes voir BOTHOREL, 1997 ; NOWAK, 1994 ; ainsi que SERVET et VALLAT, éds, 1998 et 2001 et SERVET, dir., 1999.
[21] Voir PAIRAULT, 1995 et SEFFAHI et VALLAT, 1998.
[22] « Immigration et création d'activité », Comité d'Information et de Mobilisation pour l'Emploi (CIME), décembre 2000.

n'apportent pas de solutions à leurs problèmes. Il s'agit de donner un contenu concret à l'« insertion par l'économique ». Si initialement le public de 3CI (à Marseille) était composé à 80 % de personnes issues de l'immigration cette proportion est de 50 % aujourd'hui du fait de la généralisation du chômage qui touche toutes les couches de la population.

La pauvreté et l'exclusion peuvent être lues comme des phénomènes qui nient les libertés des individus pour peu que l'on se donne une définition extensive de la liberté. Une démocratie garantit les libertés civiles et politiques des individus ; ces libertés ne sont pas menacées *a priori* par la pauvreté. Pourtant il est avéré que les populations fragiles souffrent de nombreux handicaps, y compris en France : être au chômage ne facilite pas l'accès au logement, à des soins de qualité, aux loisirs, etc.. Outre cet accès limité pour cause de revenus insuffisants, le chômage et la pauvreté ont des conséquences insoupçonnées : un chômeur a une probabilité moindre de former un couple ; il a une aussi une probabilité de décès 2,3 fois plus forte qu'un actif [23]. Ne sommes-nous pas confrontés ici à des atteintes à la liberté : liberté de se loger, de se soigner, de se divertir, ou tout simplement de vivre longtemps ? C'est le constat que fait SEN, prix Nobel d'économie en 1998[24]. Sen distingue deux formes de liberté, négative et positive. Les libertés négatives correspondent aux bornes tracées par la loi et peuvent se résumer par la question suivante : qu'ai-je le droit de faire ? (symétriquement qu'est-ce qui m'est interdit ?). Ainsi un chômeur de longue durée a parfaitement le droit de créer son entreprise. Créer son activité permet d'obtenir non seulement un revenu mais aussi un statut social, une « identité au travail ». Pour autant est-ce que la personne a véritablement les moyens de mener son projet à bien ? Il lui manque des connaissances juridiques, comptables, marketing. Comment trouver des financements ? Auprès de qui s'adresser pour faire son business plan ? Où trouver un local ? Peut-on cumuler RMI et revenus de l'activité ? Telles sont des questions qui ne trouvent pas forcément de réponses ; ceci suppose déjà que la personne ait la capacité de s'interroger à ce sujet, autrement dit qu'elle perçoive la création d'entreprise comme une opportunité réalisable.

En s'intéressant non pas à ce que les gens ont le droit de faire mais à leur capacité d'action[25], force est de constater que l'obtention d'un crédit bancaire ou d'informations sur la création d'entreprise, ou encore l'accompagnement à la création d'entreprise, sont du registre de la liberté positive. Les organismes d'accompagnement à la création d'entreprise par les chômeurs et ceux de finance solidaire développent les capacités d'action des personnes, y compris en montrant que la création d'entreprise n'est pas réservée à une élite mais est à la portée de

---

[23] *Le Monde*, 28/11/2000.

[24] Pour la suite du développement nous nous inspirons de Amartya SEN, [1987] 1993, 1999, [1999] 2000.

[25] On emploie parfois dans ce sens le néologisme « capabilités » qui est une traduction littérale de *capabilities* signifiant capacités, aptitudes.

tous. L'intervention des organismes de finance solidaire ne se justifie pas seulement face à une difficulté d'obtention de crédits bancaires pour les chômeurs créateurs d'entreprises. Adjoindre l'adjectif « solidaire » au terme de « finance » permet de préciser que la préoccupation principale des acteurs n'est pas, dans ce cas, la rentabilité économique mais plutôt des principes éthiques ou de solidarité. Dans cette perspective, la finance solidaire peut être perçue comme un *continuum* d'activités allant de l'accueil et du conseil aux porteurs de projets jusqu'au suivi de leur entreprise en passant par la collecte d'une épargne éthique et la phase de financement proprement dite par octroi de crédit ou prise de participation. Dans notre acception de la finance solidaire, celle-ci concerne l'ensemble des activités favorisant la création d'un projet par une personne en phase de marginalisation. Cela inclut, bien évidemment, les activités financières au sens strict (crédit, prise de participation) mais aussi le conseil, le suivi, la formation, l'accompagnement autrement dit toute activité visant à étendre le champ des libertés positives des personnes en situation de marginalité désireuses de créer leur activité.

7. POUR CONCLURE : QUEL STATUT POUR LES CHÔMEURS-CRÉATEURS D'ENTREPRISE ?

7.1. Création d'entreprise et responsabilité sociale

Nous avons évoqué précédemment que l'accompagnement à la création d'entreprise pour les chômeurs est une forme de développement des libertés positives (des capacités d'actions) de ces derniers.

Attention toutefois à ne donner qu'une vision idyllique du développement de ces libertés. « En parlant de liberté comme d'un mot asymétrique qui ne désignerait que les chaînes du passé sans parler des rattachements de l'avenir, les progressistes commettent une erreur aussi grossière que celle de leur prétendus opposants » (LATOUR, 2000, p. 193). Favoriser la création d'entreprise par les chômeurs ne doit en aucun cas être envisagé comme une fin en soi, sauf à ne considérer comme digne d'intérêt qu'une diminution du chiffre du chômage. Il ne faut pas oublier la qualité de ces micro-emplois nouvellement créés sous peine de voir se développer une forme de « capitalisme aux pieds nus » (LAVILLE, 1999, p. 69 *sq.*). Celle-ci passe par un revenu décent, des conditions de travail convenables, une protection sociale de plein droit. En France notamment, la création de micro-entreprises ne peut-elle être perçue comme un moyen de laisser de côté la législation sur le salaire minimum ? Bien sûr les micro-entrepreneurs ne sont pas des salariés, mais peut-on tolérer que, pour certains, leur rémunération soit largement inférieure au salaire minimum interprofessionnel de croissance ? N'y a-t-il pas là un risque de voir se constituer une classe d'entrepreneurs au rabais ? Ne percevant que des revenus peu élevés, ces personnes risquent de se situer à la marge de la protection sociale. Le risque est que la création d'une micro-entreprise coupe le lien avec la protection sociale, alors que la personne peut encore se situer, du fait de revenus très faibles, dans son champ d'application. Plus généralement, le risque inhérent aux initiatives d'accompagnement et de finance solidaire est que l'État reporte certaines de ses prérogatives de protection sociale sur les organismes d'accompagnement et de financement de la création d'entreprise par les chômeurs : à eux, dès lors, de s'occuper des chômeurs.

7.2. Les risques liés à l'entreprise individuelle

L'entreprise individuelle est la forme juridique la plus simple de création d'entreprise et est particulièrement bien adaptée aux petits projets. Ainsi il n'y a pas de capital minimum obligatoire, la création et le fonctionnement sont simplifiés. Toutefois outre que le chef d'entreprise est, en cas de défaillance, responsable sur ses biens propres il perd en passant du statut de salarié à celui d'entrepreneur individuel un ensemble d'avantages. Ainsi il ne bénéficie pas de l'assurance chômage (Assedic), il n'a pas d'indemnités journalières en cas de maladie, maternité ou accident du travail. Il ne bénéficie pas non plus d'une retraite aussi intéressante que celle des salariés.

Ainsi considérer la création d'entreprise comme un simple moyen de pallier le chômage revient à avaliser un statut moins intéressant pour les entrepreneurs individuels que celui qu'ils avaient en tant que salariés. C'est d'autant plus vrai que les revenus des exploitants individuels ont subi de fortes baisses en sept ans (entre 1990 et 1997)[26].

Bien entendu, le régime des travailleurs non salariés a été considérablement amélioré par la loi du 11 février 1994 (appelée communément loi MADELIN). Ce régime offre aux travailleurs non salariés trois types de prestations jusqu'alors réservées aux salariés :

- régime de prévoyance

- régime de retraite complémentaire

- régime de perte d'emploi

Le Gouvernement a aussi légiféré pour faciliter la « vie » des créateurs d'entreprise en situation précaire en leur permettant de cumuler minima sociaux et revenus de l'activité (depuis la Loi n°98-657 du 29 juillet 1998 relative à la lutte contre les exclusions et plus spécifiquement depuis le Décret n°98-1070 du 27 novembre 1998 relatif au cumul de certains minima sociaux avec des revenus d'activités). Le cumul étendu au maximum sur 12 mois intervient de manière dégressive et varie selon les types d'allocation (RMI, allocation parent isolé, allocation de solidarité spécifique, allocation insertion, allocation veuvage).

Toujours est-il que le statut de l'entrepreneur individuel n'est pas le même que celui du salarié. Il est vrai que le statut social est lui aussi différent. Mais est-ce toujours véritablement un motif de fierté d'être entrepreneur individuel ? L'affirmation du désir d'autonomie des entrepreneurs semble l'indiquer. Pour

---

[26] INSEE Premières, n° 732, août 2000

autant il s'avère qu'objectivement l'entrepreneur individuel doit faire face à des risques spécifiques[27] :

• *risques économiques* : ils concernent non seulement le patrimoine, comme nous l'avons indiqué plus haut, mais aussi le revenu professionnel. L'absence de distinction entre la personne et l'entreprise est une question centrale posée à la protection du travail indépendant.

• *risques sociaux* : ce sont tous les aléas qui risquent de faire perdre la capacité de travail : maladie, accident du travail, vieillesse, maternité. Or la couverture contre les risques sociaux a été pensée par rapport au travail salarié et demeure largement mois efficace pour le travail indépendant.

Nous pouvons noter avec le recul historique que le changement de perception du soutien à la création d'entreprise s'inscrit pleinement dans la transformation des rapports de travail qui caractérise *le nouvel esprit du capitalisme* (BOLTANSKI, CHIAPELLO, 1999). L'économie des conventions nous donne un cadre analytique permettant de concevoir de quelle manière ce changement se *justifie* (BOLTANSKI, CHIAPELLO, 1999 ; BOLTANSKI, THÉVENOT, 1991) et finalement à quel point la création de très petite entreprise s'intègre dans le cadre de ce que BOLTANSKI et CHIAPELLO caractérisent comme la *cité par projet*.

Ainsi même si l'État abandonne certaines de ses prérogatives (notamment une certaine forme de gouvernance qu'il délègue), en définissant et appliquant le Droit, il reste le garde-fou ultime de la protection des personnes dans un champ qui connaît une forte tendance à l'individualisme.

BIBLIOGRAPHIE

APCE, *Rapport annuel 2000*.

AUCOUTURIER A.-L., CEALIS R. et CHARPAIL CH. (1996), *Itinéraire d'un chômeur créateur d'entreprise*, Paris, Cahier Travail et Emploi (DARES), La Documentation Française, 325 p.

BESSON E. (1999), « Pour un plan d'urgence d'aide à la création de 'très petites entreprises' », *rapport à l'Assemblée nationale*, 14 septembre 1999 (http://www.assemblee-nationale.fr).

BOLTANSKI L. et THÉVENOT L. (1991), *De la justification. Les économies de la grandeur*, Paris, Gallimard, 483 p.

BOLTANSKI L. et CHIAPELLO E. (1999), *Le nouvel esprit du capitalisme*, Paris, Gallimard, 843 p.

---

[27] Voir l'intervention de Marie-Laure MORIN intitulée « L'activité professionnelle indépendante, quelle protection juridique ? » au colloque de la Caisse des Dépôts et Consignation, « Emploi : quelles innovations ? », Paris, 21/06/01.

BOTHOREL E., dir. (1997), « Les instruments financiers d'Economie sociale en Europe et la création d'emploi », rapport d'EPICEA/INAISE pour la Commission européenne, DG5.

CASTEL R. (1995), *Les métamorphoses de la question sociale. Une chronique du salariat.*, ed. Fayard, 490 p.

GEREMEK B. ([1978] 1990), *La potence ou la pitié. L'Europe et les pauvres du Moyen Âge à nos jours*, Paris, Gallimard, 330 p.

GUÉRIN I. et VALLAT D. (2000a), *Les clefs du succès de la création d'entreprise par des chômeurs*, rapport au Bureau International du Travail, janvier 2000, 92 p.

GUÉRIN I. et VALLAT D. (1999), « Exclusion et finance solidaire : le cas français «, *Economie et solidarités*, Revue du Centre Interdisciplinaire de Recherche et d'Information sur les Entreprises Collectives (CIRIEC-Canada), volume 30-1, mai 1999.

GUÉRIN I. et VALLAT D. (2000b), « Très petites entreprises et exclusion bancaire en France : les partenariats associations-banques », *Revue d'économie financière*, n°58, été 2000, p. 151-162.

LARRERA DE MOREL B. (1996), dir., *Evaluation des aides à la création d'entreprise*, Paris, La Documentation Française, 162 p.

LATOUR B. (2000), « Factures/fractures : de la notion de réseau à celle d'attachement », *in* André Micoud, Michel Peroni, éds, *Ce qui nous relie*, éditions de l'Aube, 2000, p. 189-207.

LAVILLE J.-L. (1994), dir., *L'économie solidaire, une perspective internationale*, Paris, Desclée de Brouwer, 334 p.

LAVILLE J.-L. (1999), *Une troisième voie pour le travail*, Paris, Desclée de Brouwer, 217 p.

MORIN M.-L. (2001) « L'activité professionnelle indépendante, quelle protection juridique ? » intervention au colloque de la Caisse des dépôts et consignation, « Emploi : quelles innovations ? », Paris, 21/06/01.

MUKEBA C. (1998), "Aide à la création d'entreprise par les chômeurs et les allocataires du RMI " *in* Servet (Jean-Michel) et Vallat (David), dir., *Exclusion et liens financiers* (Rapport 1997), Paris, AEF/Montchrestien, 1998, 287 p.

NOWAK M. (1994), *La banquière de l'espoir*, Paris, Albin Michel, 293 p.

NOWAK M. (1997), " Le micro-crédit dans le monde ", dossier Finance et emploi : engager le débat, *Echange et projet* n° 78, novembre 1997.

PAIRAULT T. (1995), *L'intégration silencieuse, la petite entreprise chinoise en France*, Paris, L'Harmattan, 250 p.

PIERRET D. (1999), « Programmes de microcrédit du Nord et du Sud. Croisement des sources d'inspiration, cloisonnement des réflexions » *in* Rapport *Exclusion et liens financiers* 1999-2000, rapport coordonné par Jérôme Blanc, Isabelle Guérin, Jean-Michel Servet et David Vallat, Paris, Economica, 1999, 434 p.

RAYMOND M. (1997), " Pauvreté, précarité, RMI ", in *La protection sociale en France*, Paris, La documentation Française (les notices), 1997, 176 p.

SEFFAHI M. et VALLAT D. (1998), « L'entrepreneuriat ethnique maghrébin : approche anthropologique des modalités de création d'entreprise chez les migrants maghrébins en France », , in J.-M. Servet, D. Vallat (éd.), Rapport *Exclusion et liens financiers* 1997, Paris, AEF/Montchrestien, 1998, 287 p.

SEN A. ([1987] 1993), *Ethique et économie*, Paris, PUF, 364 p.

SEN A. ([1999] 2000), *Un nouveau modèle économique*, Paris, Odile Jacob, 356 p.

SEN A. (1999), *L'économie est une science morale*, Paris, La Découverte, 126 p.

SERVET J.-M. et VALLAT, D., (1998), éds, *Rapport Exclusion et liens financiers* 1997, Paris : édition Montchrestien..

SERVET J.-M. et VALLAT D. (2001), éds, *Rapport Exclusion et liens financiers* 2001 (préface de Laurent Fabius), Paris, Economica.

VALLAT D. (1998) , « La finance solidaire, un champ d'application varié », *Rapport Moral sur l'Argent dans le Monde*, Paris, AEF/Montchrestien, pp. 499-519.

VALLAT D. (1999a), *Exclusion et liens financiers de proximité (financement de micro-activités),* thèse de Doctorat (nouveau régime), université Lyon 2, décembre 1999, 525 p.

VALLAT D. (1999b), « L'émergence du crédit populaire en France au XIXe siècle » *in* Bernard Gazier, Jean-Luc Outin, Florence Audier, eds, *L'économie sociale. Formes d'organisation et institutions*, tome 2, Paris, L'Harmattan, 1999, 543 p., p. 243-253.

YUNUS M. (1997), *Vers un monde sans pauvreté*, Paris, Jean-Claude Lattès, 345 p.

"Insiders" et "outsiders" dans l'Europe des régions : une analyse en termes de clubs

Frédéric CARLUER (PEPSE - Espace Europe, Grenoble II et Matisse, Paris I),
Séverine CHAPON (PEPSE, Université Pierre Mendès-France, Grenoble),
Fanny DJEBBARI-KAPPES (GEMMA-LERE, Université de Caen)

Résumé

Si les trajectoires socio-économiques des régions européennes convergent indéniablement vers des rythmes identiques, le problème d'un rattrapage effectif (croissance supérieure des retardataires) se pose encore avec une grande acuité. C'est ce que montre une analyse en termes de clubs de convergence (des taux d'activité et de chômage), à partir de l'application des chaînes de Markov (sur la période 1983-1996), dont la bimodalité ou le statisme sont avérés.

1. INTRODUCTION

L'approfondissement de l'intégration économique européenne a suscité de nombreux espoirs en termes d'amélioration des niveaux de productivité et de richesse et en termes de créations d'emploi. Pourtant, l'hypothèse d'un développement harmonieux au sein de l'ensemble de l'Europe a depuis longtemps été mise en doute, comme en témoigne l'instauration de dispositifs destinés à atténuer les déséquilibres nationaux et, plus encore, régionaux. Il semble en effet que les régions de l'Union ne tirent pas profit de l'intégration européenne de la même manière (DIGNAN (1995), MARTIN et OTTAVINO (1996), JOVANOVIC (1997), CHAPON et CARLUER (2001)). Certaines bénéficient d'un cercle vertueux de croissance (mis en évidence ici par des taux de chômage faibles et des taux d'activité[1] plutôt élevés) tandis que d'autres restent à l'écart de celui-ci : c'est ce que nous dénommons ici respectivement les "insiders" et les "outsiders".

Au niveau empirique, la bimodalité mise en évidence au travers de la tendance à la polarisation des régions dans les clubs le plus et le moins performants en

---

[1] La définition du taux d'activité ici retenue sera celle du rapport entre la population active et la population totale. Une définition plus traditionnelle retient le ratio « population active » / « population en âge de travailler » (c'est-à-dire âgée de 16 à 65 ans), mais cette dernière donnée n'était pas disponible.

Il va sans dire que le fait de retenir la population totale a tendance à biaiser certains résultats. On pense notamment aux pays dans lesquels la population en âge de travailler est relativement faible (ce qui tendrait à accroître le taux d'activité) alors que la population totale peut être élevée du fait de la forte proportion de jeunes de moins de 15 ans ou de personnes âgées.

termes d'activité et de chômage suggère l'existence de dynamiques spatio-socio-économiques différenciées et rappelle l'analyse théorique menée par DOERINGER et PIORE sur le marché du travail (DOERINGER et PIORE (1971)).

Afin de mieux caractériser ces espaces économiques aux trajectoires divergentes, pour mieux saisir ceux qui ont connu une mobilité ascendante (ou descendante) dans l'échelle de classement des régions européennes, une analyse en termes de clubs de convergence (par quartiles) peut être menée. Le recours aux chaînes de Markov offre la possibilité de faire ressortir les évolutions et, en particulier, les performances relatives de chacune des régions (correspondant à la NUTS 1 élargie de la base REGIO d'Eurostat) sur longue période (1983-1996).

Après avoir apporté quelques précisions méthodologiques (section 1), une étude empirique des clubs régionaux européens est réalisée en matière de taux d'activité et de taux de chômage sur la période 1983-1996 (section 2), dont les résultats sont mis en rapport avec les politiques socio-économiques européennes (section 3).

2. L'ANALYSE DES DISPARITÉS : ÉLÉMENTS DE MÉTHODOLOGIE

L'analyse des disparités spatiales et de leur évolution nécessite dans un premier temps de définir des méthodes statistiques pertinentes. Les tests classiques de convergence n'apparaissent pas adaptés à notre étude dans la mesure où ils conduisent à réduire *a priori* la diversité des évolutions possibles (LICHTENBERG (1994), GALOR (1996), ELMSLIE et MILBERG (1996)). La sigma-convergence, qui mesure l'évolution de la dispersion d'un indicateur de performance au sein d'un ensemble d'unités, et la beta-convergence, qui évalue la convergence réelle des économies et renvoie à l'existence d'une relation négative entre un niveau de chômage et d'activité et une croissance ultérieure, n'apportent qu'une réponse binaire à la question de la convergence (BARRO, SALA-I-MARTIN (1996)).

De nouvelles formes de convergence ont ainsi été définies. Les notions de convergence conditionnelle et de clubs de convergence introduisent notamment l'idée que des pays ou régions peuvent présenter des différences dans leurs structures, ce qui amène les économies à ne pas converger vers un même état de croissance mais plutôt vers des états spécifiques (BIANCHI (1997), CANOVA (1999)).

Une manière de rendre compte de l'ensemble des évolutions possibles passe par l'étude de l'évolution de l'ensemble de la distribution d'un indicateur de performance. La méthode la plus facilement mobilisable, dans ce cadre, consiste à faire appel aux chaînes de MARKOV (SPIELERMAN (1972)) afin de mettre en lumière l'existence d'un processus de transition vers un ensemble fini d'états (QUAH (1993), MAGRINI (1995)). Plus précisément, si l'on considère un ensemble d'économies appréhendées au travers d'un indicateur de performance entre deux dates t et $t+n$, il est possible de définir un ensemble de I intervalles de valeurs correspondant à I situations (allant du très riche au très pauvre) et de construire, à partir des observations, une matrice de transition en répertoriant le nombre d'économies se trouvant à l'état $i=1$ à I en début de période (t) et $j=1$ à I en fin de période $(t+n)$:

$$
M = \begin{bmatrix} m_{11} = \dfrac{n_{11}}{n_{1.}} & \cdots & \cdots & \cdots & m_{1I} = \dfrac{n_{1I}}{n_{1.}} \\ \cdot & \cdot & & \cdot & \cdot \\ \cdot & \cdots & m_{ij} = \dfrac{n_{ij}}{n_{i.}} & \cdots & \cdot \\ \cdot & & & & \cdot \\ m_{I1} = \dfrac{n_{I1}}{n_{I.}} & \cdots & \cdots & \cdots & m_{II} = \dfrac{n_{II}}{n_{I.}} \end{bmatrix}
$$

Avec n_{ij} le nombre d'économies se trouvant à l'état i en t et à l'état j en $t+n$, m_{ij} la proportion de ces économies par rapport à l'ensemble se trouvant à l'état i en t.

Quant aux éléments de la diagonale, ils représentent les proportions des économies n'ayant pas changé d'état. Par construction, les éléments de M sont non négatifs et la somme de chaque ligne est égale à 1. Cette matrice permet ainsi de repérer et de mesurer l'ampleur des forces d'inertie et de mobilité de ces économies :

- des valeurs importantes sur la diagonale principale indiquent une inertie importante des évolutions (caractérisée par un non changement de classes entre le début et la fin de période),

- des valeurs importantes à droite de la diagonale principale témoignent de l'existence d'une mobilité ascendante (les économies se retrouvent dans une classe supérieure donc dans un groupe délimité par des valeurs supérieures de l'indicateur),

- tandis que des valeurs importantes à gauche correspondent à une mobilité descendante (rétrogradation dans l'échelle des clubs).

C'est à partir de là que l'utilisation des chaînes de Markov s'avère déterminante. En supposant que les probabilités de transition sont constantes dans le temps c'est-à-dire que $m_{ij}(t) = m_{ij}$ pour tout t, et en notant par $p_i(t)$ la probabilité d'être à l'état i en t, alors on obtient un vecteur des probabilités p évoluant comme suit : $p(t+1) = p(t)M = p(0)M^t$

Sur cette base, il existe un vecteur ligne de dimension $1*I$ noté s tel que $s=sM$, appelé le vecteur de probabilité ergodique[2] (distribution d'équilibre ou

---

[2] L'ergodicité est une propriété des chaînes de Markov qui stipule l'existence d'un temps de récurrence moyen fini pour chaque état, où le temps de récurrence est le temps requis pour un premier retour au premier état sachant que le retour est possible à n'importe quel moment.

comportement limite) de la chaîne de Markov vers lequel tend la matrice M^l quand t tend vers l'infini. Les valeurs de ce vecteur de probabilité sont atteintes lorsque les proportions d'économies dans chaque état restent constantes dans le temps. Il est alors possible de repérer le type de modalité et d'analyser la distribution d'équilibre du processus (SILVERMAN (1986), QUAH (1996-1997), FINGLETON (1997), DURLAUF et QUAH (1998)).

Ce type d'analyse permet ainsi de ne pas réduire *a priori* la diversité des évolutions possibles, de rendre compte de la pluralité des trajectoires régionales, de donner un premier aperçu des changements structurels et d'éclairer les processus de convergence ou de divergence (CHESHIRE *et alli* (1995), VERSPAGEN (1997), JEAN-PIERRE (1999), BEINE *et alli* (1997)). C'est donc logiquement cette méthode que nous retenons pour analyser l'évolution des disparités régionales en matière de taux d'activité et de taux de chômage en Europe.

3. L'ÉVOLUTION DES DISPARITÉS RÉGIONALES EN EUROPE

Les résultats sur l'évolution des disparités régionales en termes de taux d'activité et de taux de chômage sont donnés respectivement dans les matrices 1a, 1b, 1c et 2a, 2b, 3c. La première matrice qui donne la position et l'évolution de 69 régions européennes entre 1983 et 1996 suggère, entre autres, que sur les dix-huit régions (dernier quartile) dont le taux d'activité est le plus faible en 1983, douze se trouvent dans la même configuration en 1996 et six bénéficient d'une progression. La seconde matrice complète les informations précédentes en nommant les régions concernées. Quant à la troisième, elle prend en considération l'évolution annuelle (et non plus les dates initiale et finale) et rend ainsi mieux compte des trajectoires et, tout particulièrement, de leur dynamique.

Le premier résultat important qui ressort tient à la relative inertie en matière de taux d'activité : quarante régions sur les soixante-neuf étudiées, soit plus des deux tiers, restent dans la même classe entre 1983 et 1996, treize connaissent une mobilité ascendante et passent dans une classe supérieure tandis que seize passent dans une classe inférieure (mobilité descendante). On s'aperçoit que le troisième club a connu une véritable implosion puisque près de 60 % des régions qui le composent passent dans une classe différente, inférieure (club des retardataires) ou supérieure (club des "suiveurs") dans des proportions voisines. Cette mobilité, notamment descendante, explique les valeurs du vecteur ergodique qui donne une image de la répartition à terme des régions : 40 % des régions se situant à terme dans le deuxième club. Le club des leaders a quant à lui connu un profond renouvellement, les "départs" étant supérieurs aux "arrivées", le poids de celui-ci se restreint (17 % au final), ce qui confirme la tendance à la polarisation de l'activité dans l'Europe des régions.

L'hypothèse implicite est ici que chaque état est atteignable dans l'absolu depuis n'importe quel autre état (irréductibilité).

Matrice 1a : Position et évolution des 69 régions européennes en matière de taux d'activité, en %, 1983-1996

	[0-92,1[	[92,1-98[	[98 – 109,7[	[109,7-139,4]
[0-92,1[	67	22	11	0
[92,1-98[	35	41	24	0
[98 – 109,7[	6	12	65	18
[109,7-139,4]	0	0	41	59
Proportion départ	26	25	25	25
Limite ergodique	26%	18%	40%	17%

Les résultats sont très différents lorsque l'on s'intéresse au taux de chômage. L'inertie est nettement moins importante en la matière comme en témoigne la faiblesse du nombre de régions qui restent dans la même classe entre 1983 et 1996 (vingt-neuf sur soixante-neuf, c'est-à-dire moins de la moitié). Les mobilités ascendante et descendante obtiennent des "scores" proches (respectivement vingt-deux et dix-huit) mais il convient toutefois de souligner que les régions qui passent dans une classe supérieure entre les deux dates, autrement dit celles dans lesquelles le taux de chômage diminue, sont plus nombreuses que celles qui voient leur situation se détériorer. On observe avec optimisme que ce sont les régions dont les taux de chômage sont les plus élevés (régions qui appartiennent au premier club[3]) qui connaissent une surmobilité ascendante (quatre d'entre elles passent dans la classe supérieure et six font un saut de deux classes). De même, les régions appartenant au deuxième groupe sont plus nombreuses à faire un saut de deux classes traduisant une amélioration substantielle sur le front du chômage dans celles-ci. Le vecteur ergodique est logiquement plus élevé pour le quatrième club, comprenant 40 % des régions, ce qui témoigne d'une réelle convergence.

Matrice 2a : Position et évolution des 69 régions européennes en matière de taux de chômage, en %, 1983-1996

	[0-71[	[71-97,5[	[97,5-133,5[	[133,5-223,8]
[0-71[	67	22	11	0
[71-97,5[	28	33	33	6
[97,5-133,5[	31	13	25	31
[133,5-223,8]	0	35	24	41
Proportion départ	26	26	23	25
Limite ergodique	40%	25%	21%	14%

Une étude nominative permet d'enrichir ce diagnostic. Les résultats montrent, s'agissant des taux d'activité, que ce sont principalement des régions du pourtour

---

[3] Le raisonnement en matière d'analyse des taux de chômage est inverse de celui mené en matière de taux d'activité. Les régions qui appartiennent au premier club sont celles qui connaissent les taux de chômage les plus élevés.

méditerranéen (Grèce, Espagne, Italie du Sud, France méditerranéenne) qui sont ou se maintiennent dans le club des « retardataires » (régions qui connaissent les taux d'activité les plus faibles), témoignant d'une relative homogénéité nationale dans ce quatrième club. On note par ailleurs une rétrogradation de la plupart des autres régions italiennes (deux passent du deuxième au troisième club et deux autres du troisième au quatrième). Quelques régions portugaises descendent également dans le classement (deux passent du premier au deuxième club et une autre du deuxième au quatrième). Les régions allemandes connaissent une grande inertie, à savoir un maintien dans les deux premiers clubs tandis que les régions françaises restent dans les clubs intermédiaires ou voient leur situation se dégrader, notamment la région francilienne. Quelques régions britanniques (du nord surtout) chutent également dans le classement tandis que l'ensemble des régions néerlandaises et l'Irlande connaissent une mobilité ascendante.

Matrice 1b : **Les clubs régionaux européens en matière de taux d'activité**

	CLUB 4	CLUB 3	CLUB 2	CLUB 1
CLUB 4	**Be3; Gr2, Gr4 ; Es2, Es4, Es6, Es7 ; Fr8 ; It8, It9, Ita, Itb**	Gr1; Es3, Es5 ; Ie	Nl1, Nl2	
CLUB 3	Be1; Dec ; Es1 ; Fr3 ; It6, It7	**Be2 ; Fr2, Fr4, Fr5 ; It1; Lu ; Ukn**	Gr3 ; Fr6 ; Nl3, Nl4	
CLUB 2	Pt23	It3, It5	**De5, De7, De9, Dea, Deb ; Fr7 ; It2, It4 ; Pt15 ; Ukc, Ukl**	Def ; Pt12 ; Ukk
CLUB 1			Fr1 ; Pt11, Pt14 ; Ukd, Uke, Ukg, Ukm	**Dk ; De1, De2, De3, De6 ; Pt13 ; Ukf, Ukh, Uki, Ukj**

L'analyse des clubs régionaux européens en matière de taux de chômage révèle une mobilité plus importante. Le club qui connaît les taux de chômage les plus élevés (club 1) est composé de régions du pourtour méditerranéen, ce qui est à rapprocher de la configuration en termes de taux d'activité. Les régions espagnoles se maintiennent pour la majorité d'entre elles dans cette situation entre 1983 et 1996 tandis que certaines régions italiennes sont rétrogradées dans ce club. On peut souligner l'évolution notable des régions britanniques qui connaissent dans leur quasi-totalité une amélioration de leur classement, et parfois même un double saut. C'est également le cas de l'Irlande et des régions néerlandaises. En revanche, nombre de régions françaises connaissent une rétrogradation (du troisième au deuxième club, voire du deuxième au premier).

Matrice 2b : **Les clubs régionaux européens en matière de taux de chômage**

	CLUB 4	CLUB 3	CLUB 2	CLUB 1
CLUB 4	**De1, De2, De7, Deb; Gr4 ; It2, It4 ; Lu ; Pt11, Pt12, Pt23 ; Ukj**	Gr1, Gr2 ; It1; Pt15	Fr1, Fr7	
CLUB 3	Dk ; Def ; It3; Ukh, Ukk	**De6, De9, Dea, Dec; Fr4 ; It5**	De3 ; Fr2, Fr5, Fr6 ; It6, It7	Fr3
CLUB 2	Be2; Nl2, Nl3, Nl4; Ukf	Pt13 ; Uke	**Be3 ; De5 ; Gr3 ; Pt14**	Es1 ; Fr8 ; It8, It9, Ita
CLUB 1		Nl1; Ukd, Ukg, Ukl, Ukm, Ukn	Be1; Ie ; Ukc, Uki	**Es2, Es3, Es4, Es5, Es6, Es7 ; Itb**

L'existence de bonds spectaculaires (ou "leapfrogging" selon ABRAMOVITZ, (1986), BREZIS *et alii* (1993), MOTTA *et alii* (1997)) effectués par certaines régions (saut de deux classes) qui correspondent parfois à des avancées ("forging ahead"), d'autres fois à des retours en arrière ("falling behind") est récapitulée ci-dessous.

Tableau 1 : **"Forging ahead" versus "falling behind"**

	"Forging ahead"	"Falling behind"
Taux d'activité	Nl1, Nl2	Pt23
Taux de chômage	Be2 ; Nl1, Nl2, Nl3, Nl4 ; Ukd, Ukf, Ukg, Ukl, Ukm, Ukn	Fr1, Fr3, Fr7

Les résultats que nous donnent les matrices 1c et 2c sont cohérents avec ce qui vient d'être dit. S'agissant de la variable taux d'activité, on observe une forte stabilité des régions. A l'inverse, pour la variable taux de chômage, la limite ergodique montre que, dans le long terme, le positionnement des régions évolue de manière notable. Les régions se concentreront en plus grand nombre dans les troisième et quatrième clubs (respectivement 28 % et 35 %) alors qu'ils ne représentaient que 26 % et 29 % des régions en début de période. *A contrario*, le premier club qui représentait 22 % de ces dernières n'en représente plus à terme que 15 %. Ces informations confirment donc l'importance de la mobilité ascendante en particulier pour les régions à fort taux de chômage initial.

Matrice 1c : **Clubs régionaux en matière de taux d'activité, 1983-96, N-N+1**

	[0-92,1[	[92,1-98[	[98 – 109,7[	[109,7-139,4]
[0-92,1[	90	10	0	0
[92,1-98[	15	72	14	0
[98 – 109,7[	0	10	81	9
[109,7-139,4]	0	1	12	87
Proportion départ	30	22	27	22
Limite ergodique	30%	21%	29%	20%

Matrice 2c : **Clubs régionaux en matière de taux de chômage, 1983-96, N-N+1**

	[0-71[	[71-97,5[	[97,5-133,5[	[133,5-223,8]
[0-71[	90	10	0	0
[71-97,5[	13	75	13	0
[97,5-133,5[	0	16	79	5
[133,5-223,8]	0	0	8	92
Proportion départ	29	26	24	22
Limite ergodique	35%	28%	22%	15%

4. ÉLÉMENTS D'INTERPRÉTATION

La mise en évidence d'une diminution des disparités nationales dans les taux d'activité et les taux de chômage (CHAPON, CARLUER, (2001)) ne doit pas occulter d'importantes variations dans les structures régionales au sein des États-membres. Cette étude confirme ainsi l'existence d'un rattrapage régional différencié au sein de l'Union Européenne (BOUBA-OLGA, CARLUER, (2001)) qui laisse entrevoir, au travers de l'analyse des clubs de convergence, une Europe des régions duale avec un clivage Europe du Sud / Europe du Centre et du Nord.

4. 1. Analyse de la dynamique des taux d'activité

Cette bimodalité est particulièrement visible dans l'analyse de la dynamique des taux d'activité puisque ce sont les régions grecques (au nombre de quatre), espagnoles (au nombre de sept), d'Italie du Sud et le Sud-méditerranéen français qui forment le plus gros contingent des régions les moins "actives".

Traditionnellement, les trois premiers pays se caractérisent par une faible participation à l'activité dont l'origine principale tient à la participation réduite des femmes au marché du travail. Cette configuration spécifique est à relier à la nature du contrat social entre les sexes en vigueur dans ce groupe de pays, qualifié de "méridional"[4] (FOUQUET, GAUVIN ET LETABLIER, (1999)). La famille y constitue une institution sociale essentielle mais aussi une unité de production fondamentale

---

[4] La nature du contrat social entre les sexes fait référence à la manière dont se répartissent les obligations familiales et les activités professionnelles entre hommes et femmes.

de biens et services non marchands et cela, dans le cadre de systèmes de protection sociale pouvant être qualifiés de "rudimentaires" (LEIBFRIED, (1993)). Le minimalisme des politiques sociales mises en œuvre qui leur est associé peut s'expliquer par la formation récente de ces systèmes[5] et, de façon liée, par un manque de moyens. Dans ce contexte marqué par l'insuffisance des équipements sociaux collectifs ou des dispositifs publics en faveur d'une meilleure conciliation entre vie professionnelle et vie familiale, on comprend le rôle que jouent les "solidarités privées", lesquelles révèlent l'existence d'une véritable "société-providence" par analogie avec l'État-providence.

Les configurations allemande et britannique qui font entrevoir des taux de participation plus élevés peuvent être expliquées par l'importance de l'activité dans toutes les classes d'âge, tout particulièrement en Grande-Bretagne et ce, malgré des régimes sociaux fonctionnant selon des logiques différentes.

L'Allemagne est classée dans le groupe continental et s'appuie sur un système de protection sociale qualifié de "conservateur-corporatiste" dans la mesure où l'accès aux droits sociaux et l'étendue de la couverture sociale sont fondés sur la position sur le marché du travail (ESPING-ANDERSEN, (1999)). Par la pratique des droits dérivés qui permet l'accès des femmes aux droits sociaux en tant qu'ayant-droit de leur conjoint, ce système fait la part belle au familialisme. La division des rôles entre hommes et femmes est fortement institutionnalisée par le système de protection sociale et les politiques sociales mises en œuvre : aux premiers la fonction économique de nourrir la famille conformément à la représentation du "male breadwinner", aux secondes le soin à la famille. La société est organisée autour de cette représentation hiérarchique fondée sur la différenciation et la complémentarité des rôles. Dans cette logique, les politiques de fourniture de services sociaux ne sont pas très développées.

La configuration britannique est très différente. Son système social relève d'un modèle "libéral" de protection sociale fondé sur un minimalisme des politiques sociales afin de ne pas perturber le fonctionnement du marché. Dans un tel contexte, la conciliation entre vie professionnelle et vie familiale relève des initiatives individuelles et des femmes. Cela n'empêche pas celles-ci d'avoir des taux de participation à l'activité parmi les plus élevés au sein de l'Union Européenne du fait notamment de la forte diffusion du temps partiel. Par ailleurs, la faiblesse des garanties sociales publiques et la valorisation du travail explique que la participation soit très forte à toutes les tranches d'âge en particulier chez les 15-24 ans et les 55-64 ans[6]. C'est donc l'importance de la participation à l'activité

---

[5] C'est en Italie que le système de protection sociale présente la plus grande maturité. En Grèce, le système actuel date, en revanche, de la fin de la dictature militaire de 1974. Ce qui complique singulièrement la convergence des systèmes sociaux européens à terme (BOUGET, (2001)).

[6] Les pays scandinaves que nous n'avons pu, faute de données disponibles avant 1988, intégrer dans notre étude bénéficient également de taux de participation très élevés malgré des systèmes sociaux

dans toutes les classes d'âge qui justifie l'appartenance de la plupart des régions britanniques aux clubs bénéficiant des taux d'activité les plus élevés.

La position française, plutôt médiocre en termes de taux d'activité, ne tient pas tant à l'insuffisante participation des femmes qu'à la faiblesse des taux d'activité aux deux extrémités de la vie active (15-24 ans et 55-64 ans) qui explique qu'en dépit d'une importante participation à l'activité des 25-54 ans, les taux d'activité globaux sont faibles.

Une explication de l'inertie importante des taux d'activité par rapport aux taux de chômage régionaux au sein de l'Union Européenne tient probablement au caractère fondamentalement « sociétal » de cet indicateur. On perçoit en effet que la participation à l'activité d'une population renvoie à un ensemble de traditions historiques et culturelles lentes à faire évoluer et sur lesquelles les institutions européennes n'ont eu jusqu'à présent qu'une influence très limitée bien que jouant un rôle important dans l'évolution des modèles nationaux. La Communauté européenne s'est cependant récemment prononcée pour agir en la matière. Dans le but de faire de l'Europe "*l'économie de la connaissance la plus compétitive et la plus dynamique du monde, capable d'une croissance économique durable accompagnée d'une amélioration quantitative et qualitative de l'emploi et d'une plus grande cohésion sociale*", le Conseil européen de Luxembourg en 1997 a exhorté les États membres à promouvoir l'activité féminine en faisant de l'égalité des chances entre hommes et femmes l'un des quatre piliers au sein desquels ils doivent inscrire leurs politiques nationales (LETABLIER, (2001)).

L'inclusion des femmes sur le marché du travail est ainsi devenue l'une des priorités de l'Union Européenne comme en témoigne l'article 137 du Traité CE qui énonce que "*la Communauté soutient et complète l'action des États-membres dans les domaines suivants : [...] l'égalité entre hommes et femmes en ce qui concerne leurs chances sur le marché du travail et le traitement dans le travail*". La Charte communautaire des droits sociaux fondamentaux des travailleurs, signée en 1989, mettait déjà en exergue l'importance de la contribution des femmes à l'économie, la volonté de renforcer cette priorité se matérialisant dans l'élaboration d'un programme d'action communautaire pour l'égalité des chances en 1991. Cette orientation fut ensuite reprise dans la recommandation sur la convergence des objectifs et des politiques sociales de 1992 ainsi que dans le Livre blanc de 1993.

---

fonctionnant sur une toute autre logique. L'accès aux droits sociaux se fait sur la base de la citoyenneté et non sur celle des besoins. La protection sociale y est très développée : le système est à la fois fournisseur de transferts et fournisseur de services. Dans ce contexte, la population dispose d'une totale liberté pour intégrer ou non le marché du travail.

4. 2. Analyse de la dynamique des taux de chômage

L'analyse de la dynamique des taux de chômage fait ressortir une plus grande mobilité des régions européennes qui témoigne, à n'en pas douter, de l'impact plus important des politiques et des dispositifs communautaires en la matière.

Le renforcement de la cohésion européenne par l'atténuation des disparités entre les régions figure explicitement parmi les objectifs que se fixe la Communauté européenne au début des années soixante-dix. Une avancée notable est engagée dès 1967 avec la création au sein de la Commission européenne d'une direction générale, "DG Regio", ayant pour fonction d'organiser une politique régionale communautaire, représentant en ce sens une rupture par rapport à l'hypothèse retenue par les auteurs du Traité selon laquelle les forces du marché garantiraient d'elles-mêmes la réduction des écarts de développement. C'est véritablement à partir de cette décennie, marquée par le ralentissement de la croissance économique, le déclin des régions industrielles sous l'effet de mutations productives majeures, que le besoin d'une aide particulière se fait ressentir d'autant que l'adhésion de nouveaux pays à la Communauté européenne accroît les disparités économiques et sociales.

C'est dans ce contexte que les fonds structurels, vecteur de solidarité au niveau communautaire, prennent une plus grande importance, et tout particulièrement le Fonds Social Européen (FSE), seul instrument communautaire prévu par le Traité de Rome pour améliorer les perspectives professionnelles de la Communauté (1971). Un Fonds Européen de DÉveloppement Régional (FEDER) ayant pour objet de financer les projets d'infrastructure et les investissements productifs dans les régions défavorisées est créé en 1975 avec pour mission de corriger les déséquilibres structurels et régionaux (même si son impact s'avère, pour l'instant, relativement limité (CARLUER, GAULIER, (2001)) initiant ainsi l'abandon par la Communauté du dogme libéral selon lequel l'intégration sociale suit l'intégration économique. Un nouvel élan est donné à la dimension sociale européenne avec l'Acte unique européen (1986) qui consacre un nouveau titre à la cohésion économique et sociale dans le but d'aller plus loin dans la réduction des écarts de développement entre les régions (articles 158-162).

Le renforcement de la cohésion économique et sociale (en matière de taux de chômage en particulier) doit en partie à la réforme des fonds structurels engagée en 1988. Quatre principes ont été définis dans le but d'accroître l'efficacité des actions structurelles. Les principes de concentration et d'additionnalité figurent parmi les plus importants[7]. Le premier s'appuie sur une concentration des fonds structurels sur les territoires ou les publics les plus en difficultés. Quant au second, il impose aux fonds structurels de n'intervenir qu'en complément des financements nationaux de manière à ne pas s'y substituer et à représenter un

---

[7] Les deux autres principes sont les principes de programmation et de partenariat.

véritable bénéfice aux territoires éligibles. Cette réorganisation des objectifs poursuivis par les actions structurelles dont les fonds structurels sont les outils financiers réaffirme l'attention accordée à la recherche d'une amélioration de la situation des États ou régions les plus en difficultés. De cinq, le nombre d'objectifs passe à trois. Le premier a pour fonction d'aider les régions en retard de développement, le second a pour but de soutenir la reconversion économique et sociale des zones confrontées à des difficultés structurelles (industrie en mutation, déclin rural, etc.). Quant au troisième, il s'inscrit dans le cadre de la stratégie européenne pour l'emploi définie à Amsterdam en 1997 et repose sur l'adaptation et la modernisation des politiques d'éducation, de formation et d'emploi.

Les moyens financiers consacrés à l'atténuation des disparités régionales sont en constante progression depuis l'adoption du "Paquet Delors I" en 1988. Les dotations financières consacrées aux fonds structurels sont doublées et passent de 45 milliards d'écus à plus de 90 milliards avec l'adoption du "Paquet Delors II" en 1994 qui définit les orientations financières sur la période 1994-1999. La nouvelle programmation budgétaire sur la période 2000-2006 fait passer les montants consacrés aux fonds structurels à 195 milliards d'euros, faisant d'eux le deuxième poste budgétaire communautaire (CHALLÉAT, (2001)). Pourtant, en dépit de la montée en puissance de cette préoccupation, l'Europe est loin de donner une image homogène que ce soit en termes de niveau de richesse ou de taux de chômage.

On constate notamment une forte inertie des régions espagnoles et italiennes qui se maintiennent dans le club des régions aux taux de chômage les plus élevés ou y sont rétrogradées, manifestant ainsi l'inaptitude des fonds communautaires à résoudre le problème du chômage dans certaines circonstances. Rappelons notamment que l'Espagne bénéficie d'un fonds de cohésion qui complète les fonds structurels dans l'aide aux États membres les plus en retard de développement. La distance qui sépare certaines régions espagnoles et celles de l'Italie du Sud du centre européen peut expliquer qu'en dépit de l'importance des moyens financiers communautaires octroyés dans ces pays, le manque de dynamisme économique et le problème du chômage restent non résolus par cette voie.

En revanche, l'action communautaire semble avoir porté ses fruits en permettant à l'Irlande ainsi qu'à de nombreuses régions britanniques ou néerlandaises de connaître une mobilité ascendante. Si les régions d'Italie du Nord (les plus proches du centre européen que représente le Luxembourg), d'Allemagne ou du Portugal connaissent dans leur grande majorité un maintien dans les clubs les plus performants sur le front du chômage, la plupart des régions françaises rétrogradent sautant d'une classe, voire de deux pour certaines d'entre elles, notamment la région francilienne.

5. CONCLUSION

Si des progrès significatifs ont pu être réalisés en matière de cohésion économique (au travers de la marche vers l'euro) et en matière de cohésion sociale (en témoigne la relative convergence des taux de chômage), les disparités entre les régions, bien que s'étant atténuées, restent fortes. Ceci confirme le défi de cohésion auquel est confrontée l'Union Européenne, défi qui se présentera avec une plus grande force suite à l'adhésion future des pays d'Europe centrale et orientale. Si dans l'Europe actuelle, 19 % de la population vit dans une région dont le produit intérieur brut (PIB) est inférieur à 75 % de la moyenne communautaire, ce sera potentiellement le cas de 36 % de la population dans une Europe à 27. De même l'écart de développement entre le groupe des régions les plus riches (premier quartile) et celui des régions les plus pauvres (dernier quartile) passerait de 1 pour 2,6 à 1 pour 5,6. Le défi est immense et pose indéniablement la question des moyens (financiers, institutionnels) consacrés à la cohésion socio-territoriale.

BIBLIOGRAPHIE

ABRAMOVITZ M.(1986), "Catching Up, Forging Ahead and Falling Behind", *Journal of Economic History*, 43 (2), p. 385-406.

BARRO R.J. et SALA-I-MARTIN X. (1996), *La croissance économique*, McGraw-Hill/Ediscience, Paris.

BEINE M., DOCQUIER F. et HECQ A. (1999), "Convergence des groupes en Europe : une analyse sur données régionales", *Revue d'Économie Régionale et Urbaine*, n° 1, pp. 45-62.

BIANCHI M. (1997), "Testing for Convergence : Evidence from Nonparametric Multimodality Tests", *Journal of Applied Econometrics*, vol. 12, p. 393-409.

BOUBA-OLGA O. et CARLUER F. (2001), "Convergence(s) régionale(s) en Europe : des économies d'agglomération aux économies de proximité", *troisième Congrès de la Proximité*, Paris.

BOUGET D. (2001), "Convergence in the social welfare systems in Europe : myth or reality ?", *in* B. Dervaux *et alii*, *Intégration européenne et économie sociale*, tome 1, L'Harmattan, Paris, p. 29-50.

BRESIS E., KRUGMAN P. et TSIDDON D. (1993), "Leapfrogging in International Competition, a Theory of Cycles in National Technological Leadership", *American Economic Review*, vol. 83, n° 5, p. 1211-1219.

CANOVA F. (1999), "Testing for Convergence Clubs in Income Per Capita : A Predictive Density approach", *CEPR*, n° 2201.

CARLUER F. et GAULIER G. (2001), "Les productivités des régions françaises sur moyenne période. Une convergence de façade", *Revue Économique*, vol. 52, n° 1, p. 147-166.

CHALLÉAT M. (coord.) (2001), *Les fonds structurels européens*, La Documentation Française, Paris.

CHAPON S. et CARLUER F. (2001), "La convergence des taux de chômage des régions européennes ou la cohésion de l'Union en question", *in* B. Dervaux *et alii*, *Intégration européenne et économie sociale*, tome 2, L'Harmattan, Paris, p. 73-86.

CHESHIRE P., et CARBONARO G. (1995), "Convergence/Divergence in Regional Growth Rates : an Empty Black Box? ", *Discussion Papers in Urban and Regional Economics*, vol. 8, n° 109, University of Reading.

DIGNAN T. (1995), "Regional Disparities and Regional Policy in the European Union", *Oxford Review of Economic Policy*, vol. 11, n° 2, p. 64-95.

DOERINGER P. et PIORE M. (1971), *Internal Labor Markets and Manpower Analysis*, Health Lexington Books.

DURLAUF S.N. et QUAH D.T. (1998), "The New Empirics of Economic Growth", *NBER Working Paper*, n° 6422.

ELMSLIE B. et MILBERG W. (1996), "The Productivity Convergence Debate : a Theoretical and Methodological Reconsideration", *Cambridge Journal of Economics*, vol. 20, p. 153-182.

ESPING-ANDERSEN G. (1999), *Les trois mondes de l'État providence. Essai sur le capitalisme moderne*, PUF, coll. Le lien social, Paris, 310 p. ; trad. de : *The Three Worlds of Welfare Capitalism*, Cambridge, Policy Press, 1990.

FAYOLLE J., et LECUYER A. (2000), "Croissance régionale, appartenance nationale et fonds structurels européens", *Revue de l'OFCE*, n° 73, p. 165-196.

FINGLETON B. (1997), "Specification and Testing of Markov Chain Models : an Application to Convergence in the European Union", *Oxford Bulletin of Economics and Statistics*, vol. 59, n° 3, p. 385-403.

FOUQUET A., GAUVIN A. et LETABLIER M-T. (1999), "Des contrats sociaux entre les sexes différents selon les pays de l'Union européenne", in Conseil d'analyse économique, *Égalité entre femmes et hommes : aspects économiques*, n° 15, La Documentation Française, Paris, p. 105-131.

GALOR O. (1996), "Convergence ? Inferences from Theoretical Models", *The Economic Journal*, vol. 106, p. 1056-1069.

JEAN-PIERRE P. (1999), "La convergence régionale européenne : une approche empirique par les clubs et les panels", *Revue d'Économie Régionale et Urbaine*, n° 1, p. 21-44.

JOVANOVIC M. (1997), *European Economic Integration : Limits and Prospects*, Routledge, London.

LEIBFRIED S. (1993), "Towards a European Welfare State ?", *in* C. Jones (ed.), *New perspectives on the welfare state in Europe*, Routledge, London, p. 133 – 156.

LETABLIER M.-T. (2001), "L'égalité entre les sexes, un enjeu européen", *Les 4 pages du CEE*, n° 46, juillet.

LICHTENBERG F. (1994), "Testing the Convergence Hypothesis", *The Review of Economics and Statistics*, vol. 76, n° 3, p. 576-579.

MAGRINI S. (1995), "Economic Convergence in the European Union : A Markov Chain Approach", *Discussion Papers in Urban and Regional Economics*, vol. 8, n° 111, University of Reading.

MARTIN P.J. et OTTAVIANO G.I.P. (1996), "La géographie de l'Europe multi-vitesses", *Économie Internationale*, n° 67, p. 45-65.

MOTTA M., THISSE J.F. et CABRALES (1997), "On the Persistence of Leadership or Leapfrogging in International Trade", *International Economic Review*, Vol. 38, n° 4, p. 809-824.

QUAH D.T. (1993), "Empirical Cross-Section Dynamics in Economic Growth", *European Economic Review*, Vol. 37, p. 426-434.

QUAH D.T. (1996a), "Regional Convergence Clusters across Europe", *European Economic Review*, n° 40, p. 951-958.

QUAH D.T. [1996b], "Convergence as Distribution Dynamics (with or without Growth)", *CEPR Discussion Paper*, Series 317, London.

QUAH D.T. (1997), "Empirics for Growth and Distribution : Stratification, Polarization, and Convergence Debate", *Journal of Economic Growth*, vol. 2, n° 1, p. 27-59.

SILVERMAN B.W. (1986), *Density Estimation for Statistics and Data Analysis*, Chapman & Hall, London.

SPILERMAN S. (1972), "The Analysis of Mobility Processes by the Introduction of Independent Variables into a Markov Chain", *American Sociological Review*, vol. 37, p. 277-294.

VERSPAGEN B. (1997), "European 'Regional Clubs' : Do They Exist, and Where Are They Heading ? On Economic and Technological Differences Between European Regions ", *Working Paper*, MERIT, Maastricht.

ANNEXE : NOMENCLATURE DES RÉGIONS

Abréviations	PAYS et RÉGIONS	Abréviations	PAYS et RÉGIONS
be	Belgique	Ie	Irlande
be1	Région Bruxelles-capitale	It	Italie
be2	Vlaams Gewest	it1	Nord Ovest
be3	Région Wallonne	it2	Lombardia
dk	Danemark	it3	Nord Est
de	Allemagne	it4	Emilia-Romagna
de1	Baden-Württemberg	it5	Centro (I)
de2	Bayern	it6	Lazio
de3	Berlin	it7	Abruzzo-Molise
de5	Bremen	it8	Campania
de6	Hamburg	it9	Sud
de7	Hessen	Ita	Sicilia
de9	Niedersachsen	Itb	Sardegna
Dea	Nordrhein-Westfalen	Lu	Luxembourg
Deb	Rheinland-Pfalz	Nl	Pays-Bas
Dec	Saarland	nl1	Noord-Nederland
Def	Schleswig-Holstein	nl2	Oost-Nederland
Gr	Grèce	nl3	West-Nederland
gr1	Voreia Ellada	nl4	Zuid-Nederland
gr2	Kentriki Ellada	Pt	Portugal
gr3	Attiki	pt11	Norte
gr4	Nisia Aigaiou, Kriti	pt12	Centro (P)
Es	Espagne	pt13	Lisboa e Vale do Tejo
es1	Noroeste	pt14	Alentejo
es2	Noreste	pt15	Algarve
es3	Comunidad de Madrid	pt23	Açores et Madeira
es4	Centro (E)	Uk	Royaume-Uni
es5	Este	Ukc	North East
es6	Sur	Ukd	North West (including Merseyside)
es7	Canarias	Uke	Yorkshire and The Humber
Fr	France	Ukf	East Midlands
fr1	Île de France	Ukg	West Midlands
fr2	Bassin Parisien	Ukh	Eastern
fr3	Nord - Pas-de-Calais	Uki	London
fr4	Est	Ukj	South East
fr5	Ouest	Ukk	South West
fr6	Sud-Ouest	Ukl	Wales
fr7	Centre-Est	Ukm	Scotland
fr8	Méditerranée	Ukn	Northern Ireland

Chapitre 9

Formation et emploi

L'incidence des histoires individuelles sur l'insertion professionnelle : une analyse sur données longitudinales

Jean-Michel PLASSARD, Wissem SASSI (LIRHE-CNRS, Université Toulouse I)

Résumé

L'article analyse les relations entre le temps mis pour accéder à un emploi, la durée de cet emploi, et le salaire versé pour les étudiants issus de l'enseignement post-secondaire français. Les estimations sont effectuées à partir de la démarche préconisée par BRATBER et NILSEN (1998).

1. INTRODUCTION

Les premières expériences des débutants sur le marché du travail ne sont pas neutres pour leurs parcours professionnels ultérieurs. Durant cette période, les jeunes rencontrent des événements très importants dans leur vie tels que la fin de leurs études, l'obtention de leur premier emploi permanent après être passés par des transitions entre les divers états du marché de l'emploi. Il est probable que ces divers facteurs influencent leurs comportements et les attitudes en matière de succès ou d'échec durant les premières années de vie active sur le marché de l'emploi. Dans ce contexte, la durée passée dans un emploi et le salaire constituent des indicateurs de rendement du capital humain.

Dans cet article, nous nous concentrons sur la relation entre la durée de recherche du dernier emploi, le salaire mensuel perçu et la durée du maintien dans cet emploi que nous tentons de modéliser simultanément. Le fait que l'hétérogénéité non observée puisse biaiser les estimations des salaires et la durée de l'emploi de référence, rend pertinent de prêter attention au phénomène d'endogénéité pour les trois variables expliquées en question (NILSEN et TORTENSEN, 2000).

La démarche ne s'inscrit pas dans l'optique d'un véritable modèle structurel de recherche d'emploi ; et nous adoptons une stratégie de modélisation appliquée usuelle en considérant une forme réduite des équations de durée (chômage et emploi). Nous estimons également l'équation de salaire, en traitant simultanément les trois mesures de rendements de la recherche d'emploi : la durée de recherche, le salaire et la durée de l'emploi. La longueur de la période du chômage et la durée du dernier emploi viennent compléter l'information sur l'équation du salaire. Car, le salaire accepté est corrélé au salaire de réserve et par voie de conséquence au taux de sortie du chômage. Il en résulte que la rémunération doit être estimée en tenant en compte de la dépendance entre le salaire, le chômage et la durée de l'emploi de référence.

L'objet de cet article est d'analyser, pour des jeunes diplômés de l'enseignement supérieur, l'évolution du salaire perçu avec la durée d'accès à l'emploi (le dernier emploi décrit par chaque travailleur dans l'enquête) en même temps que son impact sur la survie dans cet emploi. Il s'agit par ailleurs, d'isoler les effets individuels de ceux induits par le processus de recherche dans la détermination des salaires. Dans l'analyse, nous essayons de tenir compte d'une caractéristique essentielle du modèle élémentaire de recherche d'emploi, à savoir la séquentialité dans la stratégie de quête d'emploi, afin de mettre en exergue une éventuelle relation entre les salaires perçus par les demandeurs d'emploi et leurs histoires individuelles sur le marché du travail. La structure du modèle économétrique développé dans ce papier est bâtie autour de trois équations principales, les deux premières concernant les durées de recherche et de maintien dans le dernier emploi, l'autre concerne le salaire mensuel obtenu.

Nous utilisons, à titre principal, les données issues de l'enquête du Centre d'études et de recherches sur les qualifications (CÉREQ) effectuée en mars 97 auprès des sortants de l'enseignement supérieur. Ces données décrivent le processus d'insertion professionnelle reconstitué mois par mois pour les étudiants de l'enseignement supérieur sortis en 1994. La période couverte par l'enquête va de septembre 1994 jusqu'à mars 1997. L'échantillon de 6 521 étudiants couvre la totalité des filières de l'enseignement supérieur. Il est constitué par 1 316 sortants de niveau III (diplômés bac plus deux, DEUG, BTS, DUT), 1 481 sortants du système des écoles (écoles d'ingénieurs et écoles de commerce et/ou de gestion) et enfin 3 724 sortants de niveau II et I de l'université (deuxième et troisième cycle de l'université). Parallèlement, nous disposons des informations sur l'environnement familial capté à travers des questions sur la situation professionnelle des parents.

Le plan de l'article se décline en trois sections. La section 2 fournit un balayage rapide des théories de recherche d'emploi et d'appariement. La section 3 est consacrée à l'élaboration d'un modèle empirique ; le modèle tenant compte des corrélations entre les trois équations. L'exploitation économétrique du modèle et l'interprétation des résultats font l'objet de la quatrième section.

2. REVUE DE LA LITTÉRATURE

Le niveau et la filière de la formation se révèlent comme deux variables déterminantes pour la durée de la quête d'emploi en présence d'une concurrence exacerbée pour l'accès à l'emploi. On peut s'attendre à ce que les individus ayant un degré d'instruction plus élevé aient plus de chance d'obtenir des offres d'emploi plus rapidement après avoir fini leur formation (CARD, 1999). Toutefois, un niveau d'éducation élevé peut également augmenter le salaire de réserve et induit *ipso facto* une plus longue période de prospection d'emploi. L'effet « net » d'un haut niveau d'éducation sur la durée de recherche est donc ambigu au plan théorique.

A l'instar de ECKSTEIN et WOLPIN (1995) et BOWLUS (2001), de nombreux travaux considèrent les biographies professionnelles comme un facteur explicatif des mécanismes sélectifs enregistrés sur le marché du travail. Ces explications proposées renvoient à des considérations théoriques ou statistiques.

D'un point de vue économique, les cheminements individuels sur le marché du travail modifient les préférences, les prix et les contraintes, qui à leur tour agissent sur leurs comportements en matière de quête d'emploi. Aussi, un long épisode de chômage peut induire une perte en termes de capital humain chez le demandeur d'emploi et le pousser à réajuster sa politique de recherche. Côté entreprises, celles-ci, *a priori* peu informées sur les aptitudes des demandeurs d'emploi, sont amenées à fonder leur sélection sur la base du critère de l'expérience professionnelle ou du cursus universitaire. Dans les deux cas de figure, les biographies professionnelles des travailleurs agissent directement sur l'employabilité et induisent de vraies dépendances structurelles entre les différents états du marché du travail (emploi, chômage, inactivité, etc.).

D'un point de vue statistique, les travailleurs diffèrent selon certaines variables non observables affectant leurs probabilités d'occuper les différents états du marché du travail. Si ces variables sont corrélées entre elles et qu'elles ne sont pas contrôlées, les histoires individuelles sur le marché du travail peuvent apparaître comme un des facteurs déterminants pour l'accès à l'emploi (*i.e.* elles jouent le rôle d'une variable d'approximation des corrélations induites par l'hétérogénéité non observable). En outre, un mauvais traitement des variables non observables induit des corrélations entre les états occupés dans le passé et ceux du futur (HECKMAN et BORJAS, 1980).

Le cadre le plus généralement utilisé pour analyser la transition de l'école au système d'emploi est le modèle de recherche d'emploi présenté par MORTENSEN (1986), WOLPIN (1987), KIEFER et NEUMANN (1989) et DEVINE et KIEFER (1991). Bien que la propriété essentielle des modèles de recherche d'emploi repose sur une stratégie de salaire de réserve, il est rare que le traitement soit explicite dans les travaux empiriques. La situation est attribuée aux difficultés engendrées par les estimations de modèles de comportements individuels basés sur des décisions séquentielles. Les problèmes d'identification et de spécification engendrés notamment par ces modèles rendent les techniques empiriques courantes (MCO) non appropriées. La source de ces problèmes est en fait masquée par des structures des processus de recherche dans lesquelles les stratégies individuelles de recherche sont intrinsèquement non observables.

On peut expliquer le fait que la durée de chômage influence négativement le résultat du processus de recherche d'emploi de plusieurs façons. L'effet de stigmate suggère qu'un épisode long de chômage provoque une diminution de la cadence des arrivées d'offres d'emploi car une durée longue de chômage peut être interprétée comme un signal défavorable de productivité, ou comme un stock de capital humain insuffisant (MEYER, 1990 ; JOUTARD et RUGGIÈRO, 1996). L'intensité de recherche peut s'amenuiser, en outre, quand la durée de chômage s'allonge. Cependant, la corrélation entre la durée de chômage et le fait de recevoir et d'accepter une offre d'emploi peut également être inversée. En effet, le salaire de réserve des candidats à l'embauche peut être révisé à la baisse si ces derniers s'attendent à ce que les coûts de recherche culminent à l'approche des fins du droit (MACHIN et MANNING, 1999).

À la différence de la théorie de la quête, la théorie du *job shopping* proposée par JOVANOVIC (1978) fait l'hypothèse que le chercheur d'emploi ne peut prévoir *ex ante* sa performance, et plus généralement, son adéquation à l'emploi proposé. Le chercheur d'emploi doit accéder à l'emploi et y rester pendant une certaine période, pour savoir s'il est suffisamment compétent pour cet emploi et si son activité professionnelle lui convient. Cependant, JOHNSON suppose à la différence de JOVANOVIC (1979) une dépendance entre les différentes expériences professionnelles : le jeune diplômé tient compte de toutes les relations d'emploi qu'il a connues dans le passé pour décider de quitter ou de rester dans son emploi actuel.

Plus récemment en se basant sur des données canadiennes, BELZIL (1995) suggère qu'il y a un rapport négatif entre la durée de survie dans l'emploi et la période de chômage antérieure. Ce résultat est éventuellement imputable au système d'indemnisation du chômage qui dépend du nombre de semaines travaillées dans l'année juste avant le début de la période de chômage. Pour le marché du travail des jeunes en France, MAGNAC *et alii* (2000) indiquent qu'un niveau d'instruction élevé augmente l'employabilité et les chances de rester actif occupé, et diminue la probabilité de rester sans emploi.

3. LE MODÈLE ÉCONOMÉTRIQUE

3.1. Spécification du modèle

Notons la durée passée dans un état $T \sim G(t;x)$; G désigne la fonction de distribution cumulée f la densité de probabilité, x étant un vecteur de variables explicatives.

Le taux de risque ou de sortie d'un état est défini comme suit :

$$\lambda(t;x) = \lim_{dt \to 0} \frac{\Pr(t \le T \le t + dt \,/\, T \ge t, x)}{dt}$$
$$= \frac{g(t;x)}{1 - G(t;x)}$$

Pour étudier les trajectoires d'insertion professionnelle, nous avons fait appel aux modèles de durée. Ce type de modèle s'avère, en effet, pertinent pour interpréter les durées en fonction des caractéristiques individuelles et notamment lorsque les durées sont censurées à droite. Dans le cas présent, en effet, une partie des diplômés n'a pas à la date d'observation accédée à un emploi. Plus particulièrement, la variable aléatoire, T, suit une fonction de distribution, G, qui a comme une réalisation, t, et une spécification linéaire de la forme $x'\beta + u$. β

est un vecteur des paramètres à estimer, u étant un terme stochastique non observé. Dans cette application, le modèle prend la forme d'un système de trois équations simultanées ; il autorise une censure à droite à la fois pour la durée de prospection de l'emploi et pour la durée de séjour dans l'emploi.

Considérons x_r, x_s et x_e ; ces variables représentent respectivement les vecteurs des variables du capital humain et les variables de contrôle qui affectent la durée de recherche ou de chômage lors de la période en cours avant l'obtention de dernier emploi décrit dans l'enquête (t_r), le salaire (w), et la survie dans l'emploi de référence (t_e), respectivement.

Figure 1: **Un exemple d'itinéraire professionnel**

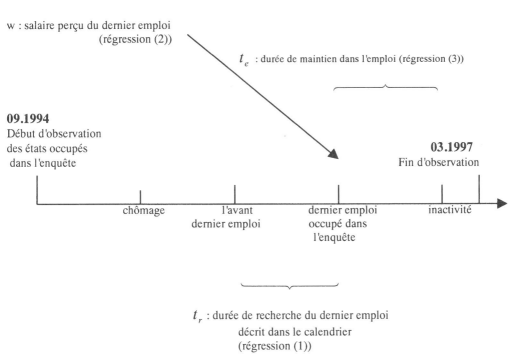

Les vecteurs des coefficients correspondants sont notés respectivement par β_r, β_s et δ_e. Nous supposons que les deux durées et le salaire peuvent être décrits par les trois régressions suivantes :

$$Ln(t_r) = Min(x'_r \beta + u_1, Ln\,\tau_r) \qquad (1)$$

$$Ln(w) = x_s' \beta_s + \eta \, Ln(t_r) + u_2 \qquad (2)$$

$$Ln(t_e) = Min(\mu_e' \delta_e + \gamma Ln(t_r) + \alpha Ln(w) + u_3, Ln\,\tau_e) \qquad (3)$$

Où τ_r et τ_e sont respectivement les dates de censure des deux durées de recherche et de l'emploi, et $\begin{pmatrix} u_1 \\ u_2 \\ u_3 \end{pmatrix} \sim N(0, \Sigma)$, où $\Sigma = \begin{pmatrix} \sigma_1^2 & & \\ \sigma_{21} & \sigma_2^2 & \\ \sigma_{31} & \sigma_{32} & \sigma_3^2 \end{pmatrix}$.

L'hypothèse de distribution de normalité jointe implique que les distributions marginales de t_r, t_s et t_e sont des distributions log-normales[1]. Il convient de noter que $Ln(w)$ et $Ln(t_e)$ sont observés uniquement quand $Ln(t_r)$ est non censurée. Par voie de conséquence, et à moins que σ_{12} et σ_{13} soient nuls, ni l'équation (2) ni l'équation (3) ne peuvent être estimées sans tenir compte du cylindrage de l'échantillon dû à cette troncature.

3.2. Méthode d'estimation

Le système (1)-(3) fait l'objet d'une estimation par la méthode de maximum de vraisemblance. Les équations (1) et (3) prennent la forme de deux régressions en présence éventuelle de censure. La fonction de vraisemblance peut être obtenue en réorganisant les trois possibilités de combinaisons de censure[2].

Premièrement, t_r peut être censurée, dans ce cas ni t_e ni w ne sont observés. Deuxièmement, t_r peut être observé alors que t_e est censurée. Finalement, ni t_r ni t_e ne sont censurées.

---

[1] BELZIL (1995) utilise ce type d'approches pour estimer la durée du chômage et de survie dans l'emploi par l'intermédiaire d'un système d'équations simultanées.
[2] LEE (1992) dérive la fonction de vraisemblance pour un modèle correspondant à nos équations (1) et (3) avec censure à gauche. Lors que les deux durées sont observées, le traitement de la deuxième régression est assez facile et ne nécessite pas une intégration multivariée.

La contribution à la vraisemblance d'un individu qui est censuré en τ_r s'écrit alors :

$$\Pr\left(t_{ri}\right) = \Phi\left(\frac{x'_{ri}\,\beta_r - Ln\left(\tau_r\right)}{\sigma_1}\right) \qquad (4)$$

Où $\Phi(.)$ représente la fonction de distribution cumulée d'une loi normale standard.

Dans le cas où t_r serait observée, mais t_e est censurée, la contribution à la vraisemblance d'un individu i s'écrit :

$$\Pr\left(t_{ei} \geq \tau_e, w_i, t_{ri}\right) = \int_{\tau_e}^{\infty} f\left(Lnt_{ei}, Lnw_i, Lnt_{ri}\right) dLnt_{ei}$$

La fonction de probabilité jointe f(.) peut être écrite comme la distribution conditionnelle du Lnt_e multipliée par la distribution jointe du Lnw et Lnt_r, cette dernière suit une loi normale bivariée.

Avec :

$$\Sigma_{11} = \begin{pmatrix} \sigma_1^2 & \sigma_{12} \\ \sigma_{21} & \sigma_2^2 \end{pmatrix}, \ \Sigma_{12} = \begin{pmatrix} \sigma_{13} \\ \sigma_{23} \end{pmatrix}, \ \Sigma_{21} = \Sigma'_{12} \ ;$$

Nous posons, $Z = \begin{pmatrix} Lnt_r - x'_r\,\beta_r \\ Lnw - \eta\,Lnt_r - x'_w\,\beta_w \end{pmatrix},$ et

$\sigma_{3.12} = \sigma_3^2 - \Sigma_{21}\,\Sigma_{11}^{-1}\,\Sigma_{12}$, la variance conditionnelle de u_3. En utilisant la règle conditionnelle de la distribution de la loi normale multivariée,

$$\Pr\left(t_{ei} \geq \tau_e, w_i, t_{ri}\right) = \Pr\left(t_{ei} \geq \tau_e / w_i, t_{ri}\right) \times f_{Lnw, Lnt_{ri_i}}\left(Lnw_i, Lnt_{ri}\right)$$

$$= \Phi\left(\frac{x'_{ei}\beta_e - Ln\tau_e + \sum_{21}\sum_{11}^{-1}Z_i}{\sigma_{3.12}}\right) \times \left(2\pi\right)^{-1}\left|\sum_{11}\right|^{-1/2}\exp\left\{-\frac{1}{2}Z'_i\sum_{11}^{-1}\right.$$

$$(5)$$

Où $x'_{ei}\beta_{ei} \equiv \mu'_e\delta_{ei} + \gamma Lnt_{ri} + \alpha Lnw_i$. Si aucune des deux durées n'est censurée, la contribution à la vraisemblance est donnée par la densité jointe de Lnt_r, Lnw et Lnt_e,

$$f\left(Lnt_{ri}, Lnw_i, Lnt_{ei}\right) = \left(2\pi\right)^{-3/2}\left|\Sigma\right|^{-1/2}\exp\left\{\begin{array}{l}-\frac{1}{2}\left(Z'_i, Lnt_{ei} - x'_{ei}\beta_e\right)\\ \Sigma^{-1}*\left(Z'_i, Lnt_{ei} - x'_{ei}\beta_e\right)'\end{array}\right\} (6)$$

En prenant les logarithmes naturels de (4)-(6), nous obtenons la fonction de vraisemblance comme suit :

$$L\left(\beta_r, \beta_w, \beta_e, \Sigma\right) = \sum_{t_{ri}\geq\tau_r}Ln\left[\Phi\left(\frac{x'_{ri}\beta_r - Ln\tau_r}{\sigma_1}\right)\right] +$$

$$\sum_{t_{ri}\leq\tau_r, t_{ei}\geq\tau_e}\left\{\begin{array}{l}Ln\left[\Phi\left(\dfrac{x'_{ei}\beta_e - Ln\left(\tau_e\right) + \sum_{21}\sum_{11}^{-1}Z_i}{\sigma_{3.12}}\right)\right] - \\ -Ln\left(2\pi\right) - \dfrac{1}{2}Ln\left(\left|\Sigma_{11}\right|\right) - \dfrac{1}{2}Z'_i\sum_{11}^{-1}Z_i\end{array}\right\}$$

$$-\sum_{t_{ri}<\tau_r, t_{ei}<\tau_e}\frac{1}{2}\left[3Ln\left(2\pi\right) + Ln\left(\left|\Sigma\right|\right) + \left(Z'_i, Lnt_{ei} - x'_{ei}\beta_e\right)\Sigma^{-1}\left(Z'_i, Lnt_{ei} - x'_{ei}\beta_e\right)'\right]$$

$$(7)$$

In fine, nous observons que le système est récursif, et que dans le cas où $\sigma_{13} = 0$, l'équation (3) peut être estimée indépendamment de l'équation (1). Dans ce cas de figure, la vraisemblance se réduit à celle obtenue chez LEE (1992). En outre, si $\sigma_{13} = \sigma_{23} = 0$, l'équation (3) peut être estimée seule. Les équations (1) et (2) seront transformées en un modèle de sélection de l'échantillon en appliquant la règle de censure de TOBIT, pour laquelle plusieurs procédures d'estimation existent. Ce modèle restreint peut être aussi utilisé afin d'exécuter le test de rapport de vraisemblance tout en prenant comme hypothèse nulle $\sigma_{13} = \sigma_{23} = 0$.

4. LES RÉSULTATS DES ESTIMATIONS

On trouvera les résultats des estimations de maximum de vraisemblance du système (1)-(3) dans le tableau 1a, 1b et 1c (*cf.* annexe 1).

En premier lieu, nous analysons les conséquences des caractéristiques individuelles du processus de recherche dans la détermination du salaire obtenu.

Les effets cumulés des variables « diplôme », « nombre d'emplois tenus dans le passé », « expérience d'emploi accumulée » et « salaire du premier emploi » (*i.e.* autant d'indicateurs sur la qualité et/ou le volume du capital humain des travailleurs) renvoient à une corrélation positive entre le stock de capital humain et le salaire de dernier emploi. La relation s'inscrit dans la perspective selon laquelle un stock de capital humain plus important améliore l'efficacité du demandeur d'emploi dans sa quête d'emploi.

Plus la durée d'accès à l'emploi est longue, moins le salaire obtenu est élevé. Ceci conduit à penser que les travailleurs concernés révisent leur salaire de réserve à la baisse lorsque le temps passe. Remarquons, cependant, le fait de n'avoir connu que du chômage durant de la période en cours augmente le salaire proposé. Ce fait n'est pas incompatible avec l'hypothèse d'efficacité de la spécialisation dans la recherche d'emploi.

Le milieu social d'un demandeur d'emploi influe sur le salaire accepté du dernier emploi via la catégorie socioprofessionnelle du père ou le statut d'activité de la mère. Un demandeur d'emploi issu d'un milieu social aisé bénéficie, *caeteris paribus*, d'un réseau de relations sociales qui peut diminuer le coût de l'information sur les emplois vacants. Enfin, pour les hommes le fait d'avoir déjà effectué le service national exerce une influence positive sur le salaire. HERPIN et MANSUY (1995) ont montré que le service national est, pour certains jeunes hommes, une période d'acquisition de compétences complémentaires et d'informations pouvant être utiles à leur avenir professionnel.

Il s'agit, maintenant, d'interpréter l'influence des caractéristiques individuelles sur l'accès à l'emploi et sur le maintien dans cet emploi

Le caractère non significatif de certaines variables dans l'une des trois groupes, ou dans les trois, tient parfois à la faiblesse des effectifs concernés. Nous ne commentons ici que les effets statistiquement significatifs en mentionnant à chaque fois la strate correspondante.

Il ressort que le niveau de diplôme (hormis pour les troisièmes cycles universités) ne semble jouer aucun rôle, ni dans la durée d'accès à l'emploi ni dans la durée de survie dans l'emploi. En effet, les « troisièmes cycles » universitaires sont les plus formés dans cette strate et ils ont une productivité et une intensité de recherche, vraisemblablement supérieures sur le marché du travail qui leur permettront d'accéder plus rapidement à l'emploi de référence. Les diplômés issus des écoles d'ingénieurs parviennent en moyenne à trouver un emploi plus rapidement que les diplômés des écoles de commerce. En revanche, les sortants des deux systèmes d'écoles séjournent pour une période quasiment identique dans le dernier emploi. Ce résultat ne surprend pas puisque 85,4 % seulement des emplois occupés par les ingénieurs, trente mois après la sortie du système éducatif en mars 1997, sont à durée indéterminée, contre 87,4 % pour les diplômés des écoles de commerce. Par ailleurs, bien qu'ils aient une durée d'accès au dernier emploi plus longue que celle des diplômés des STS, les détenteurs d'un DUT restent en moyenne plus longtemps dans l'emploi. Ceci laisse entendre que les diplômés des IUT s'insèrent plus facilement dans la vie active que ceux des STS. Toutefois, il ne faudrait pas conclure à un effet « net » de la filière de formation sur la vitesse d'insertion dans la vie active car certains travailleurs peuvent accéder à des emplois précaires.

Le genre a un impact significatif sur le phénomène étudié. Le fait d'être un homme accélère la prise d'un emploi. La probabilité de sortie vers l'emploi est donc plus faible chez les femmes que chez les hommes. En revanche, les femmes se maintiennent plus longtemps dans l'emploi. Etant donné que les femmes ont plus de difficultés de trouver un emploi que les hommes, une fois qu'elles sont dans l'emploi celles-ci tendent à y rester. Une durée d'accès à l'emploi plus longue pour les jeunes femmes ayant un enfant peut en partie traduire un report volontaire d'accès à l'emploi. Pour les jeunes hommes, la variable traduisant la présence d'enfant apparaît également comme significative sur la durée d'accès, mais l'effet est inverse de celui constaté pour les femmes. En effet, la présence d'enfant aurait tendance à accélérer la prise d'un emploi stable, toutes choses égales par ailleurs. Ce résultat doit être considéré avec prudence en raison de la faiblesse des effectifs concernés. Toutefois, les travaux de BATTAGLIDA et *al.* (1997) ont abouti à un constat similaire : les auteurs indiquent que, même si la paternité a peu d'effet sur l'itinéraire professionnel masculin, la présence d'enfant crée une nécessité de revenu qui peut accélérer la stabilisation de l'itinéraire d'emplois des hommes.

L'origine sociale des sortants de l'enseignement supérieur captée, ici, par la catégorie sociale des parents n'apparaît pas significative. Le résultat peut s'interpréter de deux façons : la formation de la personne reste prépondérante dans le parcours d'insertion ou bien il y a redondance entre le niveau de diplôme de la personne et son origine sociale.

On peut généralement associer à l'Île-de-France un certain avantage comparatif en termes d'un grand nombre d'arrivées des offres d'emploi. Celui-ci n'est pas toutefois pas général et, surtout, disparaît pour certains indicateurs comme l'accès à l'emploi qui est plus rapide en province pour les STS[3] que pour les DUT. En sens inverse, pour les sortants des universités le fait d'avoir son diplôme hors Île-de-France constitue un léger handicap pour décrocher un emploi, ceci est d'autant plus vrai que ces derniers tirent leur épingle du jeu en terme de rémunération s'ils optent pour travailler à Paris. Faire les études dans la région parisienne influe d'une manière positive sur la probabilité instantanée d'accès à l'emploi stable (les

---

[3] Voir GENDRON, 1997.

résultats obtenus pour les universités, les écoles et les détenteurs d'un DUT en témoignent). Ce résultat s'explique probablement par l'effet de proximité géographique entre le lieu d'obtention du diplôme et un bassin d'emploi particulièrement important.

Il s'agit à présent de mettre en perspective l'accès au dernier emploi et sa pérennisation au regard des caractéristiques des histoires individuelles sur le marché du travail.

Avant d'accéder à l'emploi certains travailleurs connaissent des successions, voire même des enchevêtrements de situations transitoires : chômage, inactivité, stage, service national et contrats d'insertion. Les cheminements des travailleurs à travers ces divers états vont influer sur les probabilités instantanées d'accès à l'emploi.

Si le stage ne semble jouer aucun rôle pour les écoles et les IUT et STS, pour les diplômés des universités, le fait d'avoir effectué un stage auparavant facilite l'accès à l'emploi. Ce résultat vient étayer un certain nombre de constatations déjà effectuées, à savoir que les diplômés des universités se trouvent le plus souvent dans des situations d'offreurs individuels sur le marché du travail. Le stage est encore loin d'être le sésame de la vie professionnelle, les résultats des enquêtes précédentes (Sup. 91 et Sup. 87) restent toujours d'actualité. Le stage est peut-être une condition parfois nécessaire pour obtenir un emploi, mais le stage n'apparaît pas comme une condition suffisante. Si la grande majorité des étudiants effectue un stage, ce dernier est rarement un mode de pré-embauche pour un emploi durable. Deux ans après la fin des études, moins d'un étudiant sur dix occupe un emploi dans l'entreprise où il a effectué son stage.

Pour les diplômés des IUT et des STS, le fait de n'avoir connu que le chômage avant l'emploi entrave l'accès à l'emploi. Il ressort que la période de chômage avant l'obtention du dernier emploi constitue un "signal" négatif qui handicape l'insertion professionnelle. Le fait de n'avoir connu que du chômage lors de la période en cours influe d'une manière positive sur la durée de survie dans l'emploi.

Les variables caractérisant le premier emploi s'avèrent conformes aux prédictions de la théorie du signal développé par SPENCE (1974). En effet, dans la mesure où un travailleur issu d'une université et qui a obtenu un salaire supérieur au SMIC lors de son premier emploi parvient en moyenne à trouver un emploi rapidement, on peut concevoir que ce salaire joue le rôle d'indicateur d'aptitudes. Toutefois, l'effet du salaire du premier emploi s'avère sans incidence sur le maintien dans cet emploi pour toutes les catégories.

La variable « nombre d'emplois connu par le passé » a un coefficient estimé significativement positif pour les strates des universités et les écoles. En d'autres termes, plus le nombre d'emplois occupés est élevé, plus la mobilité vers l'emploi est rapide. En sens inverse, l'effet est pénalisant pour les IUT et les STS : l'expérience mesurée par le nombre d'emplois ralentit la mobilité vers le dernier emploi occupé. En outre, l'effet de la variable « sortie de l'emploi précédent pour fin du contrat » sur la durée de survie dans l'emploi ne s'avère significatif que pour les filières courtes et il est négatif. Ce motif de rupture du premier emploi peut s'interpréter en termes d'information imparfaite sur la productivité des jeunes issus des filières courtes, que l'employeur peut utiliser lors du recrutement. Il n'est pas impossible donc que pour les sortants des écoles et des universités, le passage par un nombre d'emplois élevé permet d'acquérir une certaine expérience qui facilite par la suite la stabilisation dans l'emploi. Néanmoins, pour les travailleurs issus des IUT et des STS, le passage par un nombre d'emplois élevé renvoie plutôt à une précarité dans le processus d'insertion d'autant plus que pour ces derniers l'effet de la variable « expérience d'emploi accumulée » se révèle non significatif. Dans ce cas, on peut faire l'hypothèse que cette multiplication d'expériences sur le marché du travail s'est déroulée sur un segment qui valorise peu le capital humain.

Un certain nombre de tests d'hypothèses ont été effectués sur les termes d'auto-corrélation entre les trois régressions du modèle dont il s'agit d'analyser les implications au niveau des signes.

Nous avons indiqué auparavant que le passage par une période de chômage peut affecter le salaire dans deux directions opposées. Ces effets tendent à se compenser de sorte que l'effet direct est nul : les coefficients estimés de $Ln(t_r)$ ne sont pas significatifs sur la variabilité du salaire autour de sa moyenne. Néanmoins, un terme de covariance positif entre les deux premières équations (σ_{12}) indique qu'il existe des facteurs non observables qui tendent à allonger la période de prospection par l'intermédiaire d'une croissance du salaire de réserve et qui ont aussi une influence positive sur le salaire accepté.

En ce qui concerne la méthode d'estimation, on peut noter que si $\sigma_{23} = 0$, l'équation de maintien dans l'emploi peut être estimée séparément de l'équation du salaire. À partir des résultats enregistrés, nous voyons que tel n'est pas le cas ; en effet, il y a une corrélation négative entre les deux termes d'erreur. De même le terme de covariance entre les durées, σ_{13}, est de signe négatif, ce qui permet de rejeter l'hypothèse jointe que : $\sigma_{13} = \sigma_{23}$ par les tests effectués de WALD et de ratio de vraisemblance. Il ressort de ces résultats qu'il est efficace d'estimer le système d'équations simultanément, et que l'estimation des équations (2) et (3) de façon indépendante de la première équation risque de générer des résultats biaisés.

L'effet d'une durée de recherche sur la pérennité de l'emploi est positif signe d'une dépendance temporelle positive. Ce fait n'est pas incompatible avec l'hypothèse selon laquelle une longue période de quête d'emploi peut améliorer la qualité de l'appariement. D'autre part, des facteurs non observables agissent en sens opposés (σ_{13} et σ_{23} tous les deux sont négatifs). Si nous interprétons le facteur non observable comme étant l' « ambition », ceci semble vouloir dire que les individus les plus ambitieux auront des salaires élevés après une longue période de recherche ($\sigma_{12} > 0$) mais aussi qu'ils ne gardent leur emploi que pour une courte durée, qui est pourtant associée avec un salaire élevé (σ_{13} *et* $\sigma_{23} < 0$). On peut attribuer ce fait à ce que ces d'individus souhaitent progresser dans leurs carrières ou parce que les employeurs constatent éventuellement que leurs productivités ne méritent pas leurs salaires versés.

5. CONCLUSION

L'article visait à analyser deux particularités du fonctionnement du marché du travail, à savoir la dépendance d'états dans l'accès et la survie dans l'emploi. Pour ce faire, nous avons estimé des formes réduites permettant de tenir compte à la fois des variables explicatives, de l'hétérogénéité non observable et de l'effet propre de la durée d'accès à l'emploi sur les intensités de sortie vers l'emploi (sur les intensités de survie dans l'emploi). Ensuite, l'équation du salaire offert à un travailleur demandeur d'emploi est exprimée comme étant une fonction des caractéristiques individuelles et du marché du travail.

Les résultats obtenus pour les sortants de l'enseignement supérieur ont montré l'existence de trois facteurs déterminants des disparités individuelles dans l'accès à l'emploi et dans le maintien dans cet emploi.

a) Les histoires individuelles des travailleurs sur le marché du travail sont appréhendées par les employeurs comme un indicateur des compétences des travailleurs. En effet, l'influence de ces variables (nombre d'emploi connu par le passé, l'expérience d'emploi accumulée, salaire du premier emploi, *etc*.) tend à supplanter les effets des variables sociales, démographiques et scolaires dans la détermination des vitesses de sortie et des durées de stabilité dans l'emploi. Elles ont, par ailleurs, d'autant plus de poids qu'elles tendent à se cumuler.

b) On note aussi l'existence d'un effet déterminant des facteurs non observés aussi bien sur la durée d'accès à l'emploi que sur la stabilité de l'emploi.

c) Un effet positif de la durée écoulée dans l'emploi sur la probabilité de rester dans cet emploi.

Par ailleurs, il convient de signaler aussi deux résultats importants : i) le salaire du marché est très sensible à la qualité et/ou la quantité du capital humain du travailleur notamment par l'expérience professionnelle ; ii) l'existence d'un effet déterminant de l'hétérogénéité non observée sur le salaire de réserve.

BIBLIOGRAPHIE

BOWLUS A.J. (2001), "Equilibrium Search Models and the Transitions from School to Work", *International Economic Review*, n° 42 (1), p. 317-344.

BRATBERG E. and NILSEN Ø.A. (1998), "Transitions from School to Work : Search time and job duration ", Working Paper 1998, Department of Economics, University of Bergen.

CARD D. (1999), "The Causal Effect of Education on Earnings", *in* Ashenfelter, O. C. and Layard, R. (ed) *Handbook of Labor Economics Volume (3)*, Elsevier Science, Amsterdam, p. 1801-1863.

ECKSTEIN Z. and WOLPIN K.I (1995), "Duration to First Job and the Return to Schooling : Estimates from a Search-Matching Model ", *Review of Economic Studies*, n° 62, p. 263-286.

GENDRON B., « L'insertion professionnelle en Île-de-France des diplômés d'IUT et de STS : des effets de région, spécialités, filières », *in* Vernières M. (eds.), *L'insertion professionnelle Analyses et débats,* Economica, 1997.

KIEFER N.M. and NEUMANN G.R. (1989), *Search Models and Applied Labor Economics*, Cambridge University Press, New York.

LINDLEY R.M. (1996), "The School-to-Work Transition in the United Kingdom", *International Labour Review*, n° 135 (2), p. 159-181.

MAGNAC T., FOUCERE D., and KRAMARZ F. (2000), "Youth Employment Policies in France", *European Economic Review*, n° 44 (4-6), p. 928-942.

NILSEN Ø.A., RISA A.E. and TORSTENSEN A. (2000), "Transitions From Employment among Young Norwegian Workers", *Journal of Population Economics*, n° 13, p. 21-34.

ROSS F. (2000), "From School to Work: The Evolution of Early Labour Market Outcomes of Canadian Postsecondary Graduates", *Canadian Public Policy*, n° 26 (2), p. 197-225.

ANNEXE 1 :
Tableau 1a : Estimateurs du MV du modèle à équations simultanées (coefficients et écarts-types asymptotiques) Étudiants sortant des universités

	Eq (1) : Ln(T_r)		Eq (2) : Ln(sal)		Eq (1) : Ln(T_e)	
	Coef.	E-t	Coef.	E-t	Coef.	E-t
Constante	6.726**	0.520	1.286***	0.228	n.s	
Variables endogènes						
Ln(T_r)			- 0.031	0.024	0.251**	0.108
Ln(sal)					1.245***	0.433
Caractéristiques individuelles et familiales						
Être une femme	0.438**	0.204	- 1.224***	0.620	0.056**	0.024
Être un homme et avoir des enfants	n.s				n.s	
Être femme et avoir des enfants	0.046***	0.122	n.s		0.078*	0.056
Mère inactive	-0.106*	0.102	n.s			
Obtenu son diplôme en Province	0.025*	0.256				
Profession du père :						
*cadre	0.176**	0.085	0.056**	0.023		
*exerçant une prof. interm.	0.138*	0.087	n.s			
*employé	n.s		n.s			
A effectué son service national	n.s		0.172***	0.023	0.054***	0.041
Capital humain						
Avoir eu un 3ème cycle	n.s		0.018*	0.025	n.s	
N'a connu que le chômage	-0.344***	0.128	0.043**	0.031	0.079***	0.012
A fait ses études en I-D-F	-0.176*	0.108	0.106*	0.101		
A effectué un stage	-0.185*	0.112	n.s			
Durée d'emploi accumulée	n.s		- 0.197*	0.018	- 0.126***	0.052
A été recruté à l'issue d'un stage					0.086*	0.042
A connu un emploi	-1.102***	0.125	0.270***	0.026	0.716**	0.036
A connu 2 emplois ou +	-1.228***	0.167	n.s		1.226*	0.042
Salaire du premier emploi :						
> SMIC et < 9 000			0.108***	0.022		
≥ 9000			0.327***	0.031		
Emploi et chômage						
Premier emploi sous CDI			0.192***	0.168	0.162***	0.036
Travailler à temps plein			0.324*	0.188	0.54*	0.028
Travailler dans le secteur public			n.s		n.s	
Travailler à Paris			0.348***	0.134	n.s	
Employé			0.624***	0.130	n.s	
Technicien			0.858***	0.320	0.146**	0.49
Cadre supérieur			1.688***	0.212	0.059***	0.04
A connu un licenciement	0.74**	0.228	- 0.110*	0.048	n.s	
A quitté son emploi pour fin de contrat	-0.421***	0.126				
Taille de l'entreprise :						
* >2 et <9salariés			n.s			
* ≥ 9 et <50 salariés			0.742**	0.320		
* ≥ 50 salariés			0.648*	0.424		
Durée de chômage avant emploi			- 0.135*	0.061		
N : taille de l'échantillon	3 724					
Censure	1034/3724				1285/2090	
LogL'Hood	- 2 954,78					

(***) seuil de significativité à 1 %, (**) seuil de significativité à 2,5 % et (*) seuil de significativité à 5 %.

Tableau 1b : Estimateurs de MV du modèle à équations simultanées (coefficients et écarts-types asymptotiques)
Étudiants sortant des écoles

	Eq (1) : Ln(T$_r$)		Eq (2) : Ln(sal)		Eq (1) : Ln(T$_e$)	
	Coef.	E-t	Coef.	E-t	Coef.	E-t
Constante	7.825***	0.482	1.349***	0.345	n.s	
Variables endogènes						
Ln(T$_r$)			- 0.0205	0.0106	0.341**	0.120
Ln(sal)					1.360***	0.228
Caractéristiques individuelles et familiales						
Être femme	0.08***	0.019	- 0.048***	0.007	0.056*	0.026
Être homme et avoir des enfants	n.s		n.s		n.s	
Être femme et avoir des enfants	0.248***	0.133	n.s		0.31***	0.030
Obtenu son diplôme en Province	n.s					
Mère inactive	n.s		n.s		n.s	
Profession du père :						
*cadre	- 0.128*	0.344	0.060***	0.012		
*exerçant une prof. interm.	n.s		0.051***	0.016		
*employé	n.s		0.036**	0.15		
A effectué son service national			0.107***	0.09	0.018**	0.006
Capital humain						
Être issu d'une école de commerce	1.128***	0.587	- 0.005**	0.004	1.250***	0.244
N'a connu que du chômage	n.s		0.032**	0.018	0.588***	0.025
A fait ses études en I-D-F	- 0.133***	0.050			0.079***	0.010
A effectué un stage	n.s		0.044*	0.030		
Durée d'emploi accumulée	n.s		0.022***	0.010	n.s	
A été recruté à l'issue d'un stage			n.s		- 0.08***	0.025
A connu un emploi	- 1.186***	0.285	0.048***	0.012	0.816*	0.023
Salaire du premier emploi :						
> SMIC et < 9 000			0.127***	0.012		
≥ 9000			0.236***	0.031		
A connu 2 emplois ou +	- 1.274***	0.201	0.072***	0.018	1.226***	0.038
Emploi et chômage						
Premier emploi sous CDI			0.017***	0.001	0.068***	0.016
Travailler à temps plein			0.026**	0.010	0.036***	0.022
Travailler dans le secteur public			- 0.008*	0.006	0.072***	0.034
Travailler à Paris			0.029***	0.005	n.s	
Employé			0.061***	0.006	n.s	
Technicien			0.108***	0.014	0.174**	0.08
Cadre supérieur			0.123***	0.016	0.195***	0.052
A connu un licenciement	1.240***	0.385	n.s			
A quitté son emploi pour fin de contrat	- 0.248**	0.124	n.s			
Taille de l'entreprise :						
* >2 et <9salariés			n.s			
* ≥ 9 et <50 salariés			0.018**	0.09		
* ≥ 50 salariés			n.s			
Durée du chômage avant emploi			- 0.1**	0.043		
N :taille de l'échantillon	1 316					
Censure	272/1316				798/1044	
LogL'Hood	-1 007,36					

(***) seuil de significativité à 1 %, (**) seuil de significativité à 2,5 % et (*) seuil de significativité à 5 %.

Tableau 1c: Estimateurs de MV du modèle à équations simultanées (coefficients et écarts-types asymptotiques)
Étudiants sortant des IUTet des STS

	Eq (1) : Ln(T$_r$)		Eq (2) : Ln(sal)		Eq (1) : Ln(T$_e$)	
	Coef.	E-t	Coef.	E-t	Coef.	E-t
Constante	8.756***	0.620	1.210***	0.444	n.s	
Variables endogènes						
Ln(T$_r$)			- 0.106	0.009	0.324**	0.124
Ln(sal)					1.344***	0.345
Caractéristiques individuelles et familiales						
Être femme	0.285**	0.138	- 0.085***	0.004	n.s	
Être homme et avoir des enfants	n.s		n.s		n.s	
Être femme et avoir des enfants	0.158**	0.08	- 0.027**	0.016	0.121*	0.085
Obtenu son diplôme en Province	0.122***	0.09				
Mère inactive	n.s		- 0.03**	0.012		
Profession du père :						
*cadre	n.s		0.031*	0.014		
*exerçant une prof. interm.	n.s		n.s			
*employé	n.s		0.029**	0.012		
A effectué son service nat.ional	0.210*	0.132	0.175***	0.010	- 0.492***	0.026
Capital humain						
Être issu d'une IUT	- 0.105***	0.07	0.01*	0.005	0.05***	0.002
N'a connu que du chômage	0.19***	0.068	0.079**	0.009		
A fait ses études en I-D-F	n.s					
A effectué un stage	n.s		n.s			
Durée d'emploi accumulée	n.s		n.s		n.s	
A été recruté à l'issue d'un stage					n.s	
A connu un emploi	0.105***	0.091			- 0.578***	0.019
Salaire du premier emploi :						
> SMIC et < 9 000			0.158***	0.015		
≥ 9000			0.166***	0.010		
A connu 2 emplois ou +	1.086***	0.096			- 0.976***	0.022
Emploi et chômage						
Premier emploi sous CDI			- 0.052***	0.005	0.075***	0.029
Travailler à temps plein			0.05***	0.01	0.071***	0.022
Travailler dans le secteur public			0.029***	0.011	n.s	
Travailler à Paris			0.120***	0.006		
Employé			n.s		n.s	
Technicien			0.076**	0.010	0.047***	0.01
Cadre supérieur			0.120**	0.011	0.077**	0.036
A connu un licenciement	0.059*	0.034	n.s		- 0.375**	0.18
A quitté son emploi pour fin de contrat	n.s		n.s		- 0.220**	0.12
Taille de l'entreprise :						
* >2 et <9salariés			0.039***	0.015		
* ≥ 9 et <50 salariés			n.s			
* ≥ 50 salariés			n.s			
Durée du chômage avant emploi			- 0.131**	0.055		
N : taille de l'échantillon	1 481					
Censure	394/1481				652/1087	
LogL'Hood			- 6 587,08			

(***) seuil de significativité à 1 %, (**) seuil de significativité à 2,5 % et (*) seuil de significativité à 5 %.

Éducation, population et croissance en France après la seconde guerre mondiale : une analyse cliométrique.[1]

Magali JAOUL [2] (LAMETA, Université Montpellier I)

Résumé

Cet article développe une étude cliométrique de l'évolution du système éducatif et son lien à la population et au processus de croissance afin de mettre en évidence un lien de causalité entre les sphères éducative et économique pour le cas de la France depuis 1949.

1. INTRODUCTION

F. PERROUX (1969) définit la croissance comme *"l'augmentation soutenue pendant une ou plusieurs périodes longues, d'un indicateur de dimension, le produit global net en termes réels"*. Un tel bouleversement n'est toutefois possible qu'avec un spectaculaire développement des connaissances et n'a lieu que lorsque se trouvent réunies des conditions certes techniques mais aussi sociologiques. Si divers facteurs - population, formation,... - interviennent dans la croissance, leur rôle peut être inégal selon les périodes, voire selon les pays ou les régions. Chez les Classiques libéraux, l'éducation était avant tout une valeur sociale propre au champ politique et l'éducation générale, socialement réservée n'intervenait pas dans l'économie. Cependant, cette façon de penser va évoluer car, entre 1776 et 1848, la dépense d'éducation se transforme : lecture et écriture sont généralisées ; l'éducation ne concerne plus seulement les hautes classes mais toute la population si bien que depuis près d'un siècle, l'éducation n'est plus une sphère isolée mais tient une place à part entière dans le système économique : il n'est pas d'activité professionnelle, sociale, politique, morale, qui ne relève à quelque degré que ce soit de l'action éducative.

[1] Cet article s'intègre dans une action incitative du CNRS (Aides à Projets Nouveaux), sous la direction de Claude DIEBOLT, intitulée "Analyse cliométrique de la relation éducation-croissance en Europe aux XIX^è et XX^è siècles".

[2] L'auteur remercie Claude DIEBOLT pour ses remarques et commentaires.

Ainsi, après avoir longtemps ignoré l'éventuelle influence du savoir sur le processus de croissance, les économistes ont peu à peu pris conscience du rôle qu'il pouvait jouer dans l'économie (ARROW, 1962). Avec les théories du capital humain (SCHULTZ, 1961 ; BECKER, 1962) puis de la croissance endogène (LUCAS, 1988 ; ROMER, 1990 ; REBELO, 1991), le savoir est placé au cœur même du processus de croissance.

Qu'elle soit un bien collectif ou un bien individuel, l'éducation apparaît dans la théorie du capital humain comme indispensable à la croissance économique ; dans les théories de la croissance endogène, le lien entre croissance économique et accroissement du niveau de capital humain, est on ne peut plus, explicite.

Toutefois, dans de nombreux pays industrialisés, ce lien n'apparaît pas comme une évidence ; divers travaux comme ceux de BENHABIB et SPIEGEL (1994), JONES (1995) ou plus récemment DIEBOLT et MONTEILS (2000) ont en effet remis en cause les résultats présentés notamment par LUCAS (1988) et ROMER (1990), si bien que la tendance actuelle semble se détacher des Nouvelles Théories de la Croissance en posant le problème "de la poule et de l'œuf " : qui de l'économie ou de l'éducation « pousse » l'autre ?

Aussi, aujourd'hui, où le développement et la croissance d'une nation semblent dépendre plus que jamais de son niveau culturel et scientifique et par là même de la valeur de son enseignement, il nous est apparu intéressant de s'interroger sur le lien existant entre éducation et croissance économique, car si la relation n'est plus à démontrer, le sens réel de cette liaison reste indéterminé.

L'objet de cet article est de proposer, à travers une analyse cliométrique, une étude de cette relation, en France depuis la seconde guerre mondiale, afin de mettre en évidence d'éventuelles relations de causalité entre les sphères éducative et économique. Notre présentation s'articulera en deux étapes, tout d'abord une présentation des données et des méthodes utilisées, ensuite, une présentation des résultats.

2. DONNÉES ET MÉTHODES UTILISÉES

2.1. Données statistiques

Afin de mener notre analyse, nous considérons les variables suivantes en logarithme depuis 1949 :

- Nombre de bacheliers (LBAC).

- Dépenses d'éducation (LDEP).

- Nombre de licenciés du supérieur (LLICEN).

- Population totale (LPOP).

- Effectifs scolarisés tous niveaux confondus (LSCO).

- Effectifs scolarisés dans le supérieur (LSUP).

- Croissance économique, évaluée par le PIB (LPIB).

Nos séries sont issues de deux sources principales : les annuaires statistiques de l'INSEE et les travaux d'histoire quantitative de C. DIEBOLT.

2.2 Méthodologie utilisée

Afin d'étudier les liaisons entre le PIB et les divers facteurs de croissance, nous utilisons la modélisation VAR et la notion de causalité au sens de GRANGER. Ce type d'étude se déroule en cinq étapes (*cf.* notamment DIEBOLT et LITAGO, 1997)

2.2.1. Stationnarisation des variables

Avant tout traitement économétrique, il convient de s'assurer de la stationnarité des variables étudiées.

Un processus Xt est dit stationnaire si tous ses moments sont invariants pour tout changement de l'origine du temps. Il existe deux types de processus non stationnaires : les processus TS (Trend Stationary Processes) qui présentent une non-stationnarité de type déterministe et les processus DS (Difference Stationary Processes) pour lesquels la stationnarité est de type aléatoire. Ces processus sont respectivement stationnarisés par écart à la tendance et par un filtre aux différences. Dans ce dernier cas, le nombre de filtres aux différences permet de déterminer l'ordre d'intégration de la variable[3]. Afin de discriminer entre les deux types de processus et d'appliquer la méthode de stationnarisation adéquate, nous utilisons les tests de DICKEY et FULLER.

2.2.2. Détermination du modèle VAR optimal

Après avoir stationnarisé les variables, nous construisons un modèle VAR (Vector Auto Regressive). Ces modèles permettent, d'une part d'analyser les effets d'une variable sur l'autre au travers de simulations de chocs aléatoires et d'autre part de mener une analyse en terme de causalité.

Un modèle VAR à k variables et à p décalages, noté VAR (p) s'écrit :

$$Y_t = A_0 + A_1 Y_{t-1} + A_2 Y_{t-2} + ... + A_p Y_{t-p} + v_t \Leftrightarrow A(D)Y_t = A_0 + v_t \qquad \text{où}$$

Yt est un vecteur de dimension (k,1) et v_t le vecteur des résidus.

---

[3] S'il est nécessaire de différencier d fois une variable afin de la rendre stationnaire, on dit qu'elle est intégrée d'ordre d, noté I(d).

Avant tout traitement, il convient de déterminer le retard p optimal ; il s'agit de celui qui minimise les critères d'AKAIKE (AIC) et SCHWARZ (SBC). La connaissance de ce retard est en effet nécessaire pour les étapes suivantes. Toutefois, si le retard p demeure le même tout au long de l'étude, le modèle VAR déterminé à cette étape, peut faire l'objet d'une modification, en fonction des résultats obtenus lors de l'étape suivante.

2.2.3. *Étude de la coïntégration*

L'analyse de la coïntégration présentée par ENGLE et GRANGER (1983, 1987) permet d'identifier la véritable relation entre deux variables en recherchant l'existence éventuelle d'un vecteur d'intégration et en éliminant son effet.

Deux séries Xt et Yt sont dites coïntégrées si :

- elles sont affectées du même ordre d'intégration, " d ".

- une combinaison linéaire de ces séries permet de se ramener à une série d'ordre d'intégration inférieur, c'est à dire : Xt → I(d) et Yt → I(d), telles que (a.Xt + b.Yt) → I(d-b) avec d ≥ b ≥ 0.

On note (Xt, Yt) → CI (d, b).

Pour mettre en place ce test, on utilise la statistique de JOHANSEN, λ, calculée à partir des valeurs propres, λ_i , de la matrice définissant les relations de long terme du modèle. Cette statistique se calcule comme suit : $\lambda = -n \sum_{i=r+1}^{k} Ln(1-\lambda_i)$. Elle suit une loi de probabilité (similaire à un khi-deux) tabulée à l'aide des simulations de JOHANSEN et JOSÉLIUS.

Le test fonctionne par exclusion d'hypothèses alternatives quant au nombre de relations de coïntégration r. On teste d'abord l'hypothèse nulle Ho : r = 0 contre l'hypothèse alternative r > 0. Si Ho est acceptée, la procédure de test s'arrête sinon, on passe à l'étape suivante, en testant r = 1 contre r > 1. Ce schéma est reproduit tant que Ho est rejetée. Si pour le test de Ho : r = k contre r > k, Ho est rejetée, cela signifie que les variables ne sont pas coïntégrées.

Cette procédure est effectuée directement par les logiciels d'économétrie[4]. Le traitement de séries chronologiques impose ce test afin d'éviter les risques de régressions fallacieuses. De plus, dans le cadre de la modélisation VAR, la présence de coïntégration nécessite une correction du modèle (Vector Error Correction Model, VECM) qui tienne compte de cette relation.

---

[4] Nous utilisons ici le logiciel E-Views 2.0.

2.2.4. *Étude du modèle VAR (ou VECM)*

Si l'étape précédente met en évidence des relations de coïntégration, l'étude se fera à ce niveau sur le modèle VECM ; dans le cas contraire, on poursuit l'analyse à l'aide du modèle VAR déterminé lors de la deuxième étape. Les modèles VAR permettent d'analyser les effets d'une politique économique au travers de deux outils :

- l'analyse des fonctions de réponse impulsionnelle. Elles permettent de mesurer l'impact d'un choc sur les variables.

- la décomposition de la variance de l'erreur de prévision de chaque variable par rapport à un choc ; si un choc sur l'erreur de prévision de y_{1t} n'affecte pas la variance de l'erreur de y_{2t}, celle-ci est considérée comme exogène car elle évolue de manière indépendante.

Il est alors possible d'étudier les impacts que les variables ont les unes sur les autres. Néanmoins, si ce type de modélisation nous renseigne sur l'impact qu'ont les variables les unes sur les autres, elle n'indique pas le sens de la causalité.

2.2.5. *Étude de la causalité*

Au niveau théorique, la mise en évidence de relations causales entre les variables économiques permet une meilleure appréhension des phénomènes économiques, et amène des informations supplémentaires quant à l'antériorité des événements entre eux et par là même, permet la mise en place d'une politique économique optimisée. Nous utilisons ici la notion de causalité développée par GRANGER : la variable y_{1t} cause la variable y_{2t}, si la prévision de cette dernière est améliorée en incorporant à l'analyse des informations relatives à y_{1t} et à son passé.

Soit le modèle VAR(p) :

$$\left[y_{i,t}\right] = \left[Ao\right] + \left[A_1^i \ B_1^i\right]\left[y_{i,t-1}\right] + \left[A_2^i \ B_2^i\right]\left[y_{i,t-2}\right] + ... + \left[A_p^i \ B_p^i\right]\left[y_{i,t-p}\right] + \left[\varepsilon_{i,t}\right]$$
$$(i*1) \quad (i*1) \quad (i*i) \quad (i*1) \quad (i*i) \quad (i*1) \quad (i*i) \quad (i*1) \quad (i*1)$$

Le test s'effectue ensuite en deux temps :

- on teste Ho : y_{2t} ne cause pas y_{1t} c'est-à-dire que les coefficients des blocs matriciels B sont nuls.

- on teste H'o : y_{1t} ne cause pas y_{2t} c'est-à-dire que les coefficients des blocs matriciels A sont nuls.

Si on est amené à accepter les deux hypothèses alternatives H_1 et H'_1 , on parle de boucle rétroactive.

Le test s'effectue par comparaison des modèles VAR contraints (UVAR) par les hypothèses nulles et non contraints (RVAR).

On calcule le ratio de vraisemblance correspondant L* :

$$L* = (n - c)\,(Ln\,|\Sigma_{RVAR}| - Ln\,|\Sigma_{UVAR}|)$$ où Σ est la matrice des variances/covariances des résidus du modèle correspondant, n est le nombre d'observations et c représente le nombre de paramètres estimés dans le modèle contraint. L* suit une loi de khi-deux à 2p degrés de liberté ($X^2(2p)$).

Si L* est supérieur à la valeur critique tabulée, on rejette la validité des contraintes, c'est-à-dire que l'on admettra la présence d'une relation causale. Au niveau du traitement statistique, on acceptera une relation causale dans le cas où la probabilité calculée (PROB) est inférieure au risque de première espèce (10 %).

3. PRÉSENTATION DES RÉSULTATS

3.1. Stationnarisation des variables, choix du modèle VAR optimal et analyse de la coïntégration

Les tests de DICKEY-FULLER montrent qu'aucune des variables n'est stationnaire. Elles sont donc stationnarisées (notées avec un D) de la manière suivante :

- DLBAC, DLLICEN, DLPIB, DLSUP par différences premières. Elles sont donc intégrées d'ordre 1.

- DLPOP, DLDEP, DSCO par écart à la tendance.

On construit ensuite un modèle VAR, sur les variables stationnaires. Le nombre de retards qui minimise les critères AIC et SC est p = 1.

Hormis la " Population ", les " Dépenses " et les " Effectifs scolarisés ", les autres variables étant toutes intégrées du même ordre, se pose le problème d'une éventuelle coïntégration entre elles. Le test de JOHANSEN conduit à rejeter l'existence de relations de coïntégration. On conservera donc le modèle VAR (1) sous sa forme normale.

3.2. Modélisation VAR et étude des fonctions de réponse impulsionnelle

Le modèle VAR retenu s'écrit sous la forme : $Y_t = Ao + A_1 Y_{t-1} + v_t$, ce qui donne dans notre étude :

$$
\begin{bmatrix} DLPIB_t \\ DLBAC_t \\ DLLICEN_t \\ DLSUP_t \\ DLSCO_t \\ DLPOP_t \\ DLDEP_t \end{bmatrix} = \begin{bmatrix} Ao \end{bmatrix} + \begin{bmatrix} A_1^1 & A_1^2 \dots\dots\dots\dots\dots A_1^7 \\ A_2^1 \\ A_3^1 \\ A_4^1 \\ A_5^1 \\ A_6^1 \\ A_7^1 \dots\dots\dots\dots\dots\dots A_7^7 \end{bmatrix} \begin{bmatrix} DLPIB_{t-1} \\ DLBAC_{t-1} \\ DLLICEN_{t-1} \\ DLSUP_{t-1} \\ DLSCO_{t-1} \\ DLPOP_{t-1} \\ DLDEP_{t-1} \end{bmatrix} + \begin{bmatrix} v_t \end{bmatrix}
$$

Les fonctions de réponse impulsionnelle obtenues figurent ci-après.

Graphique 1 : **Fonctions de réponse impulsionnelle**

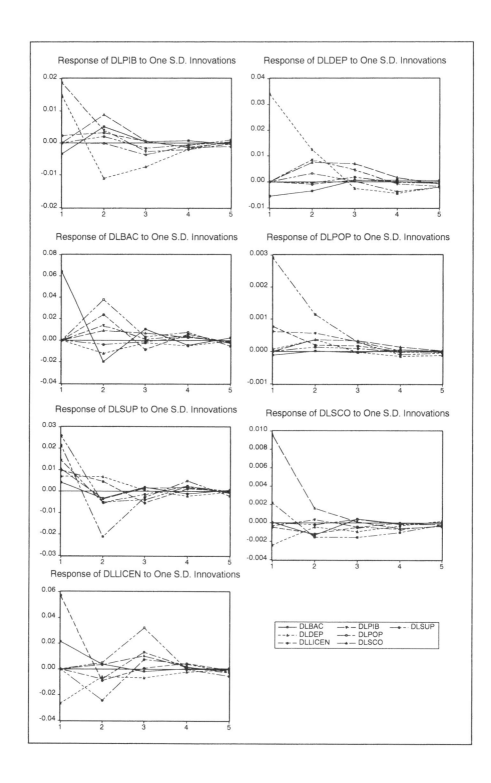

De manière générale, on peut voir que les chocs sont tous transitoires, les variables retrouvant leur équilibre de long terme au bout de cinq ans maximum. L'analyse des chocs sur les autres variables, quand les résidus du PIB varient significativement, indique une influence positive sur les dépenses d'éducation dès la première année, qui devient négative la seconde année, puis qui s'amortit. Dans une moindre proportion, le nombre de licenciés et le nombre de bacheliers sont affectés dès la première année, respectivement de manière positive et négative. Les autres variables ne sont affectées que l'année suivante, et ce, de manière positive. Cette influence s'amortit ensuite tout en devenant négative. En revanche, au cours de la deuxième période, l'influence sur le nombre de bacheliers tend à devenir positive. Notons enfin que la population n'est affectée qu'au cours de la troisième année et ce, de manière négative.

Les impacts sur le PIB sont très différents d'une variable à l'autre. La première année, il n'est affecté que lorsque se produit un choc sur les résidus de la population ou sur les effectifs du supérieur. Cette influence est positive dans les deux cas. Alors qu'elle devient négative puis s'amortit avec un choc sur les résidus des effectifs du supérieur, elle s'amortit tout en demeurant positive lorsque le choc concerne les résidus de la population. Au cours des années suivantes, le PIB est affecté positivement par une variation significative des résidus des effectifs des bacheliers et des dépenses d'éducation et négativement par un choc sur les effectifs licenciés. Mais, dans ce dernier cas, l'influence devient positive avant de s'amortir. Si le PIB est apparemment sensible aux chocs sur les variables éducatives, on remarque toutefois qu'il ne semble pas affecté par un choc sur les résidus des effectifs scolarisés. Notons pour terminer la sensibilité de la population à des chocs sur les variables éducatives : en effet, elle subit lors de l'année suivante une variation des résidus du nombre de bacheliers, un impact positif et un impact négatif lorsqu'il s'agit des résidus des effectifs du supérieur ; les résidus du nombre de licenciés l'affectent plus fortement lors de la troisième année suivant le choc pour avoir un impact quasiment nul par la suite.

L'application du test de causalité de GRANGER dans la section suivante fournit des indications quant aux véritables liaisons qu'ont les variables entre elles.

3.3. Étude de la causalité

Le test de causalité dont le tableau de résultats figure en annexe 1 permet d'accepter la présence de relations causales entre les différentes variables de notre étude.

Ces liaisons peuvent être représentées par le schéma suivant :

Graphique 2 : **Circuit de causalité**

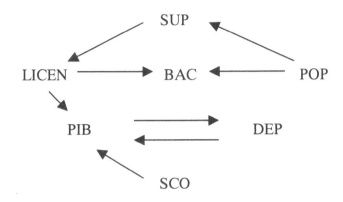

On remarque que le PIB est influencé par de nombreuses variables du système éducatif, et ce de façon directe (Effectifs scolarisés, Licenciés) ou indirecte (Effectifs du supérieur) via les licenciés. Ainsi, tout changement dans le système éducatif a des répercussions sur le PIB. De plus, l'influence de la population sur les variables éducatives et donc sur le PIB laisse supposer que le facteur démographique a un rôle non négligeable dans le système économique. Mais ce qui semble le plus important, c'est l'effet " feed-back " entre le PIB et les dépenses d'éducation. Ainsi, l'éducation au travers des dépenses qui lui sont consacrées influencerait le PIB mais serait influencée en retour par ce dernier. Dans ce cas, une politique d'aide à l'éducation serait théoriquement favorable à la croissance mais d'un autre côté, une relance économique aurait des répercussions positives sur l'éducation.

Ainsi, l'éducation apparaît certes comme l'une des causes de la croissance, confirmant les approches des théoriciens de la croissance endogène, mais également comme une conséquence de la croissance économique. En somme, " la poule a besoin de l'œuf, mais sans œuf il n'y a pas de poule ". On retrouve ici l'idée avancée par C. DIEBOLT (2000), selon laquelle l'éducation serait un investissement d'accompagnement poussé par la croissance dans le sens où investir dans l'éducation a un impact sur la croissance (mesurée ici par le PIB) mais où cet investissement est lui-même conditionné au départ par le niveau de croissance.

Cette analyse montre effectivement l'existence de réseaux d'influence entre les sphères éducative et économique, mais ne renseigne en rien sur la " quantification " de ces impacts. Ceci fait l'objet de la dernière section.

3.4. Décomposition de la variance

La décomposition de la variance dont le tableau de résultats est présenté en annexe 2, va nous permettre maintenant de déterminer dans quelle mesure les variables ont une interaction entre elles c'est-à-dire, dans quelle " direction ", le choc a-t-il le plus d'impact.

Elle indique que la variance du PIB est due à 60 % à ses propres innovations et à 37 % à celles des dépenses d'éducation ; ces dernières influencent, respectivement à hauteur de 16 % et 5,7 %, la variance des licenciés et des effectifs scolarisés. En revanche, la variance des dépenses d'éducation est due à 97 % à ses propres innovations. Ainsi, un choc sur les dépenses a plus d'impact sur le PIB, les licenciés et les effectifs scolarisés qu'un choc sur ces derniers n'en a sur les dépenses. On voit ainsi la difficulté à faire évoluer les dépenses d'éducation.

De même, étant donné que la variance de la population est due à 90 % à ses propres innovations mais que les effectifs du supérieur et les bacheliers sont influencés respectivement à hauteur de 28 % et 20 % par les innovations sur la variance de la population, un choc sur la population a plus d'impact sur les bacheliers ou les étudiants du supérieur que ces derniers n'en ont sur la population.

4. CONCLUSION

Dans le cadre de cet article nous avons montré, grâce à des données originales sur la France, qu'il existe une interaction entre l'éducation, la population et la croissance économique, et notamment que si l'éducation influence la croissance, cette influence est réciproque.

En conséquence, nous aboutissons aux résultats suivants :

- Influence de la population sur la sphère éducative notamment sur les effectifs du supérieur et les bacheliers.

- Influence directe sur le PIB de l'ensemble des effectifs scolarisés et du nombre de personnes licenciées du supérieur et influence indirecte des effectifs du supérieur et de la population via les variables éducatives.

- Un effet de " boucle rétroactive " entre les dépenses d'éducation et le PIB ; à l'image des études réalisées précédemment, l'éducation apparaît comme un investissement d'accompagnement poussé par la croissance.

ANNEXES

Annexe 1 : **Test de causalité**

Pairwise Granger Causality Tests – Lags 1			
Null Hypothesis:	Obs	F-Statistic	Probability
DLDEP does not Granger Cause DLBAC	36	0.60004	0.44408
DLBAC does not Granger Cause DLDEP		0.02694	0.87063
DLLICEN does not Granger Cause DLBAC	36	5.17088	**0.02960**
DLBAC does not Granger Cause DLLICEN		2.39225	0.13148
DLPIB does not Granger Cause DLBAC	35	0.10080	0.75294
DLBAC does not Granger Cause DLPIB		0.57963	0.45203
DLPOP does not Granger Cause DLBAC	36	15.5260	**0.00040**
DLBAC does not Granger Cause DLPOP		0.03684	0.84897
DLSUP does not Granger Cause DLBAC	35	1.15371	0.29081
DLBAC does not Granger Cause DLSUP		0.87169	0.35748
DLSCO does not Granger Cause DLBAC	36	1.90442	0.17686
DLBAC does not Granger Cause DLSCO		0.78511	0.38199
DLLICEN does not Granger Cause DLDEP	36	1.44774	0.23745
DLDEP does not Granger Cause DLLICEN		0.11805	0.73334
DLPIB does not Granger Cause DLDEP	35	4.89524	**0.03419**
DLDEP does not Granger Cause DLPIB		12.7300	**0.00116**
DLPOP does not Granger Cause DLDEP	36	0.00366	0.95214
DLDEP does not Granger Cause DLPOP		0.35441	0.55569
DLSUP does not Granger Cause DLDEP	35	0.22261	0.64026
DLDEP does not Granger Cause DLSUP		1.28127	0.26608
DLSCO does not Granger Cause DLDEP	36	0.06448	0.80113
DLDEP does not Granger Cause DLSCO		0.00082	0.97731
DLPIB does not Granger Cause DLLICEN	35	0.00371	0.95183
DLLICEN does not Granger Cause DLPIB		3.77613	**0.06083**
DLPOP does not Granger Cause DLLICEN	36	1.57557	0.21822
DLLICEN does not Granger Cause DLPOP		0.27362	0.60441
DLSUP does not Granger Cause DLLICEN	35	6.98049	**0.01264**
DLLICEN does not Granger Cause DLSUP		0.27050	0.60658
DLSCO does not Granger Cause DLLICEN	36	1.07075	0.30830
DLLICEN does not Granger Cause DLSCO		0.57385	0.45411
DLPOP does not Granger Cause DLPIB	35	0.02451	0.87657
DLPIB does not Granger Cause DLPOP		1.18454	0.28456
DLSUP does not Granger Cause DLPIB	35	1.15491	0.29056
DLPIB does not Granger Cause DLSUP		0.08212	0.77629
DLSCO does not Granger Cause DLPIB	35	5.69603	**0.02309**
DLPIB does not Granger Cause DLSCO		0.34165	0.56298
DLSUP does not Granger Cause DLPOP	35	0.36197	0.55165
DLPOP does not Granger Cause DLSUP		3.83829	**0.05886**
DLSCO does not Granger Cause DLPOP	36	0.33317	0.56771
DLPOP does not Granger Cause DLSCO		1.63137	0.21043
DLSCO does not Granger Cause DLSUP	35	0.37029	0.54714
DLSUP does not Granger Cause DLSCO		0.19169	0.66446

Annexe 2 : **Analyse de la variance**

Variance Decomposition of DLBAC:							
Period	S.E.	DLBAC	DLDEP	DLLICEN	DLPIB	DLPOP	DLSUP	DLSCO
1	0.064280	100.0000	0.000000	0.000000	0.000000	0.000000	0.000000	0.000000
2	0.083318	**65.10065**	2.102611	**8.117624**	2.837421	**20.45410**	0.214295	1.173304
3	0.084793	64.39821	2.101751	8.843585	2.761023	19.89228	0.233495	1.769657
4	0.085810	63.15022	2.393902	9.092925	2.936464	20.21537	0.379219	1.831899
5	0.086088	62.83406	2.381889	9.080386	3.011439	20.46490	0.397295	1.830036

Variance Decomposition of DLDEP:							
Period	S.E.	DLBAC	DLDEP	DLLICEN	DLPIB	DLPOP	DLSUP	DLSCO
1	0.034389	2.567506	**97.43249**	0.000000	0.000000	0.000000	0.000000	0.000000
2	0.038549	2.892638	87.99449	0.070115	4.762387	0.643754	0.012316	3.624305
3	0.039552	2.766487	84.02310	0.094261	5.825795	0.613182	0.196052	6.481128
4	0.040036	2.724189	83.25718	0.093293	5.735939	1.521772	0.196055	6.471569
5	0.040206	2.713060	82.81130	0.132376	5.879926	1.779964	0.221273	6.462098

Variance Decomposition of DLLICEN:							
Period	S.E.	DLBAC	DLDEP	DLLICEN	DLPIB	DLPOP	DLSUP	DLSCO
1	0.066768	**10.37620**	**16.04434**	**73.57946**	0.000000	0.000000	0.000000	0.000000
2	0.072661	9.031779	14.21681	63.68960	1.145159	0.456004	11.25386	0.206795
3	0.081848	7.163134	11.89603	50.20054	3.488158	15.83455	9.690677	1.726917
4	0.082127	7.117675	11.89318	50.15035	3.511942	15.72779	9.853324	1.745742
5	0.082408	7.074961	11.81302	49.81686	3.602580	16.06478	9.869386	1.758412

Variance Decomposition of DLPIB:							
Period	S.E.	DLBAC	DLDEP	DLLICEN	DLPIB	DLPOP	DLSUP	DLSCO
1	0.024100	2.028431	**37.04192**	0.895442	**60.03421**	0.000000	0.000000	0.000000
2	0.028928	4.512174	40.33549	1.817657	43.62659	0.003189	0.476353	9.228541
3	0.030294	4.131599	42.90586	1.679690	40.54186	1.543140	0.747562	8.450282
4	0.030525	4.126280	42.66915	1.870042	40.39756	1.587269	0.780903	8.568796
5	0.030574	4.129643	42.55866	1.868495	40.27852	1.684156	0.793347	8.687183

Variance Decomposition of DLPOP:							
Period	S.E.	DLBAC	DLDEP	DLLICEN	DLPIB	DLPOP	DLSUP	DLSCO
1	0.003084	0.124041	0.050289	**6.291297**	4.026681	**89.50769**	0.000000	0.000000
2	0.003382	0.105760	1.163433	5.568142	6.159211	85.62670	0.168574	1.208183
3	0.003429	0.113118	1.136774	5.668145	6.769796	84.00343	0.229671	2.079064
4	0.003437	0.132388	1.330892	5.641679	6.740960	83.69654	0.233213	2.224328
5	0.003439	0.132902	1.453195	5.634280	6.739691	83.58261	0.234203	2.223122

Variance Decomposition of DLSCO:							
Period	S.E.	DLBAC	DLDEP	DLLICEN	DLPIB	DLPOP	DLSUP	DLSCO
1	0.040143	0.003343	**5.742448**	0.201177	0.117307	4.517366	0.000000	**89.41836**
2	0.046984	1.545046	5.481556	1.471202	0.224212	6.368817	0.036669	84.87250
3	0.047652	1.643722	6.082948	1.611710	0.372177	8.310448	0.163992	81.81500
4	0.048133	1.619669	6.068490	1.583615	0.757977	9.102490	0.180280	80.68748
5	0.048204	1.616549	6.080197	1.624126	0.840529	9.110331	0.200351	80.52792

Variance Decomposition of DLSUP:							
Period	S.E.	DLBAC	DLDEP	DLLICEN	DLPIB	DLPOP	DLSUP	DLSCO
1	0.010111	1.102028	3.037925	5.960856	**13.05064**	**28.39949**	**41.69478**	**6.754279**
2	0.010519	1.285610	4.279420	5.292080	10.82981	41.16406	31.64335	5.505668
3	0.010715	1.413320	4.168751	6.499309	10.62208	40.36679	31.48768	5.442072
4	0.010809	1.442952	4.306181	6.435582	10.68257	40.57612	31.08428	5.472314
5	0.010828	1.457078	4.300733	6.417121	10.68724	40.67928	30.99180	5.466754

BIBLIOGRAPHIE

ARROW K. (1962), "The Economic Implications of Learning by Doing", *Review of Economic Studies*, 80, p. 153-173.

BECKER G.S. (1962), "Investment in Human Capital : a Theorical Analysis", *Journal of Political Economy*, 70, p. 9-49.

BENHABIB J. et SPIEGEL M.M. (1994), "The Role of Human Capital in Economic Development. Evidence from Aggregate Cross-Countries Data", *Journal of Monetary Economics*, 34, p. 143-173.

BOURBONNAIS R. (1993), "Économétrie : cours et exercices corrigés", Dunod, 2ème éd., Paris.

BOURBONNAIS R. et TERRAZA M. (1998), "Analyse des séries temporelles en économie", PUF, Paris.

CHAIX N. et GIRAUD R. (1994), "Économétrie", PUF, Paris.

DICKEY D.A et FULLER W.A (1979), "Distribution of the estimators for autoregressive time series with unit root", *Journal of the American Statistical Association*, 74, p. 427-431.

DIEBOLT C. (1999), "L'évolution de longue période du système éducatif en France : XIXè et XXè siècles. Les indicateurs physiques", *Research papers n° 8, Comparative Education Centre, Humboldt University, Berlin*, 121 p.

DIEBOLT C. (2000), "Dépenses d'éducation et cycles économiques en Espagne aux XIXè et XXè siècles", L'Harmattan, Paris.

DIEBOLT C. et LITAGO (1997), "Education and Economic Growth in Germany before the Second World War. An Econometric Analysis of Dynamic Relations", *Historical Social Research*, 22, p. 132-149.

DIEBOLT C. et MONTEILS M. (2000), "Knowledge and Economic Growth in Germany, 1872-1989", *Technical Change, Economic Growth and Convergence in Europe. New Approaches to Comparisons and Measurement*, Lund, 22-23 september 2000, 27 p.

DIEBOLT C. et MONTEILS M. (2000), "The New Growth Theories. A Survey of Theoretical and Empirical Contributions", *Historical Social Research*, 25, p. 3-22.

GAL R. (1979), "Histoire de l'éducation", PUF, Que-sais-je ?, Paris.

GUELLEC D. et RALLE P. (2001), "Les nouvelles théories de la croissance", La Découverte, Collection Repères, Paris.

GRANGER C. (1969), "Investigating Causal Relationship between Econometric Methods and Cross-Spectral Methods", *Econometrica*, 37, p. 424-439.

INSEE, "Annuaires statistiques de la France".

JOHANSEN S. (1988), "Statistical analysis of co-integration vectors", *Journal of Economic Dynamics and Control*, 12 (2-3), p. 231-254.

JONES C.I. (1995), "Time Series Tests of Endogenous Growth Models", *Quarterly Journal of Economics*, 110, pp. 495-525.

LUCAS R.E. Jr. (1988), "On the Mechanics of Economic Development", *Journal of monetary Economics*, 22, p. 3-42.

PERROUX F. (1969), "L'économie du XX^è siècle", PUF, Paris.

REBELO S. (1991), "Long-Run Policy Analysis and Long-Run Growth", *Journal of Political Economy*, 99, p. 500-521.

ROMER P.M. (1990), "Endogenous Technological Change, *Journal of Political Economy*, 98, p. 71-102 ; traduit dans *Annales d'économie et de statistiques*, 22, avril - juin 1991, p. 1-32.

SCHULTZ T.W. (1961), "Investment in Human Capital", *American Economic Review*, 51, p. 1-17.

SOLOW R.M. (1956), "A Contribution to the Theory of Economic Growth", *Quarterly Journal of Economics*, 70, p. 65-94.

Les formations continues aux nouvelles technologies : objets d'une distribution et d'effets plus inégalitaires que les formations classiques ?

Bernard CONTER (Service des études et de la statistique, région wallonne)
Jean-François ORIANNE (GIRSEF, Université catholique de Louvain)

Résumé

Les formations des salariés aux nouvelles technologies sont encouragées par l'Union Européenne et les États membres pour atteindre deux objectifs : soutenir la croissance et renforcer la cohésion sociale. Nous tentons dans cet article, à partir de données d'enquête, d'identifier les effets spécifiques de telles formations sur les trajectoires professionnelles des bénéficiaires et sur leur intégration au sein des entreprises.

1. INTRODUCTION

Les nouvelles technologies de l'information et de la communication (TIC) sont souvent présentées comme un moteur de croissance. Elles impliqueraient d'importants efforts de formation en faveur des jeunes et des salariés. L'Union européenne s'est fixé pour objectif lors du sommet de Lisbonne de devenir l'économie de la connaissance la plus compétitive du monde. Pour répondre à cette ambition, les programmes de formation cofinancés par le Fonds Social Européen accordent une place importante aux formations liées aux TIC.

L'usage de l'informatique semble se répandre largement parmi les salariés. On estime à 50 % la proportion des travailleurs usant d'un ordinateur en Europe. Mais le statut professionnel semble être un déterminant de l'accès à l'outil informatique. On assiste par ailleurs à d'importantes inégalités d'usage (créatif ou, au contraire, routinier) de l'ordinateur.

Dans ce contexte, il est important d'analyser le ciblage, la nature et les effets des formations aux nouvelles technologies. Notre communication vise à apporter de tels éléments d'analyse à partir d'une enquête originale réalisée en Belgique francophone.

Si la formation continue et la formation tout au long de la vie constituent des priorités, l'accès aux formations est, dans le contexte étudié, plus aisé pour certaines catégories de salariés. L'enquête CVTS (Continual Vocational Training Survey) et les enquêtes sur les forces de travail indiquent en effet que le statut professionnel, le genre, le niveau de diplôme initial, la taille de l'entreprise ou le secteur constituent des critères discriminants de l'accès aux formations. Les enquêtes *Eurobaromètre* de la Commission Européenne tendent à montrer que les formations aux nouvelles technologies seraient, davantage encore que les formations classiques, réservées en priorité aux salariés les plus favorisés sur le marché du travail.

Le Fonds Social Européen a développé en Belgique francophone des programmes de formation visant à « adapter les travailleurs aux mutations industrielles ». Ceux-ci ont, pour une grande part, été interprétés comme outils d'adaptation aux évolutions technologiques. Près de la moitié des formations réalisées portait sur des contenus en rapport avec l'informatique. Une enquête réalisée dans le cadre de l'évaluation de ces programmes a mis en évidence les motivations des salariés à s'engager dans une démarche de formation, les apports de celle-ci en termes d'utilisation professionnelle des acquis ou d'intégration dans l'entreprise, et les effets des formations sur les trajectoires individuelles (mobilité interne ou externe, responsabilités accrues, valorisation salariale)[1]. Une analyse des données distinguant les formations informatiques des autres formations montre que la nature, les apports et les effets des premières diffèrent fortement des autres, notamment lorsqu'elles s'adressent à des travailleurs de bas niveaux de qualification.

2. INÉGALITE D'ACCÈS AUX TECHNOLOGIES ET USAGES DIFFÉRENCIÉS SUR LES LIEUX DE TRAVAIL

Comme l'ont montré CÉZARD *et alii* (2000) pour ce qui concerne la France, « la diffusion rapide de l'informatique ne s'est pas traduite par une uniformisation des probabilités d'accès » ; elle s'est opérée de façon privilégiée en direction des cadres. « L'ordinateur matérialise différentes formes de la division du travail, en premier lieu la division verticale (…) l'utilisation de l'informatique est d'autant plus répandue que les responsabilités hiérarchiques sont plus grandes » (*idem*). Le titre scolaire obtenu, l'ancienneté dans l'entreprise, la taille de l'entreprise sont autant de déterminants de l'accès aux nouvelles technologies.

Des données européennes sur l'accès à Internet confirment cette analyse. Si un tiers des citoyens de l'Union Européenne se déclarent utilisateurs d'Internet, cette proportion tombe à 28 % parmi les femmes, 24 % parmi les chômeurs, 19 % chez les bas revenus et 10 % parmi les peu qualifiés (Commission européenne, 2001b). Ces taux d'accès varient notamment selon le statut professionnel et la longueur des études initiales : les travailleurs occupant les positions les plus valorisées usent davantage des technologies nouvelles que les travailleurs manuels ou les inactifs[2]. Le critère géographique est également significatif ; des écarts importants existent entre pays européens. Par ailleurs, la proportion d'utilisateurs d'Internet atteint 42 % dans les grandes agglomérations alors qu'elle est inférieure à 30 % dans les zones rurales.

Le Rapport sur l'emploi dans le monde de l'Organisation Internationale du Travail confirme ces constats : 37 % des internautes en Europe sont des hommes dont les revenus se situent dans la tranche supérieure, vivant dans les grandes zones urbaines, essentiellement dans les pays du Nord (OIT, 2001). Si mesurer un taux d'accès à Internet permet de cerner les limites de la société de l'information, prendre en compte la « fracture numérique » suppose de s'interroger également sur les usages de ce type d'outils. A cet égard, ouvrir plus largement l'accès aux nouvelles technologies risque d'être sans effet si cette démarche ne s'accompagne pas d'efforts parallèles en termes de formation (technique mais aussi culturelle) des usagers.

---

[1] L'évaluation des programmes 'Objectif 4' et 'ADAPT' du Fonds Social Européen en Belgique francophone a été réalisé par trois centres de recherche de l'Université catholique de Louvain-la-Neuve (voir GIRSEF, IRES, IAG, 2002). On trouvera une synthèse des résultats de l'enquête auprès des bénéficiaires de formation dans CONTER *et alii*, 2002.

[2] Les taux d'accès à Internet dans l'U.E. étaient en 2000 de 69 % pour les cadres, 43 % pour les employés, 41 % pour les indépendants, 28 % pour les travailleurs manuels, 24 % pour les chômeurs, 15 % pour les personnes au foyer et 8 % pour les retraités (Commission européenne, 2001b)

Des monographies nationales complètent et enrichissent les informations fournies par les statistiques internationales. Ainsi par exemple, BEAUDOUIN *et alii* (2001) ont étudié les usages différenciés de l'intranet d'entreprise. MULHMANN (2001) s'est penché sur l'intégration de groupware dans une entreprise de services. PINTO (2000) analyse le travail de secrétariat. PRUNIER-POULMAIRE (2000) approche l'utilisation des TIC dans le secteur de la grande distribution. Ces travaux montrent que l'effet des nouvelles technologies sur le travail n'est pas univoque. L'usage des technologies, la capacité de maîtrise de celles-ci par les travailleurs, l'organisation du travail préexistante sont autant de facteurs qui rendent aléatoires et multiples les effets de l'introduction des technologies dans l'entreprise. Certaines analyses montrent que ces technologies sont utilisées à des fins de contrôle et de rationalisation du travail et ont un effet négatif sur les conditions de travail des salariés ; d'autres mettent en évidence, parfois pour des catégories de salariés différentes des premiers, des effets bénéfiques en termes de capacité d'expression, de créativité, de participation. Dans certains cas, la coexistence des deux types d'effets est observée[3].

Les besoins attendus, en termes de compétences des travailleurs, varient selon le type d'usage envisagé des nouvelles technologies. Dans certaines circonstances, l'utilisation des technologies nouvelles est facilité par une formation professionnelle. Les modes d'apprentissages sont également très variables et développés à partir d'initiatives différentes.

3. LES INÉGALITÉS D'ACCÈS À LA FORMATION CONTINUE

3.1. Participation des salariés à la formation

L'enquête CVTS réalisée à l'initiative de la Commission européenne a produit des statistiques comparables sur la formation continue des salariés dans les entreprises de l'Union Européenne[4]. Cette enquête, réalisée en 1994 et 1999, a permis d'identifier les pratiques de formation, d'en estimer les dépenses et d'évaluer l'accès des différentes catégories de salariés à la formation.

Dans les différents pays de l'Union, la proportion d'entreprises offrant des formations à leurs salariés et le nombre de salariés bénéficiant des formations au sein de ces entreprises diffèrent fortement[5]. Selon les pays, de 9 à 88 % des entreprises organisent des formations et de 35 à 65 % des salariés y participent. Les dépenses de formation constituent un autre indicateur d'évaluation de l'effort de formation continue des entreprises. Ici aussi, des écarts importants peuvent être observés entre Etats.

---

[3] Tel salarié d'un groupe industriel utilisera un réseau d'entreprise pour rechercher ou fournir de l'information, émettre des suggestions quant aux procédés de production, échanger avec ses collègues, tandis qu'au guichet de la même entreprise, l'ordinateur indiquera à un autre salarié les procédures de gestion du contact avec le client sans autre usage possible.

[4] Pour une présentation des résultats, voir Commission européenne, 1999 (enquête 1994) et NESTLER et KAILIS, 2002 (enquête 1999).

[5] Les données produites par CVTS2 pour la Belgique en 1999 indiquent une augmentation des pratiques de formation. Ainsi le taux de participation des salariés de l'ensemble des entreprises est de 41% et la durée moyenne des formations est de 31 heures (DE BRIER et LEGRAIN, 2002).

Tableau 1 : **Importance de la formation continue dans les pays de l'Union européenne**

Pays	Entreprises proposant des formations (%)	Participation des salariés à la formation (%)[6]	Dépenses en % masse salariale
Belgique	48	54	1,6
Danemark	88	55	3,0
Allemagne	67	36	1,5
Grèce	9	nd	0,9
Espagne	28	44	1,5
France	71	nd	2,4
Irlande	56	52	2,4
Italie	nd	nd	nd
Luxembourg	50	48	1,9
Pays-Bas	82	44	2,8
Portugal	11	45	1,2
Royaume-Uni	nd	nd	nd
Autriche	71	35	1,3
Suède	83	63	2,8
Finlande	75	54	2,4

Source : NESTLER et KAILIS, 2002

Enfin, le genre et la fonction occupée dans l'entreprise déterminent l'accès à la formation : les hommes (29 %) y participent plus que les femmes (27 %), les cadres et techniciens davantage que les autres salariés[7]. L'accès à la formation est donc fonction de données personnelles (âge, sexe, niveau de diplôme) mais également du type d'entreprise, du secteur d'activité ou de la région d'appartenance des individus (CONTER et MAROY, 1999).

3.2. La formation aux nouvelles technologies

La formation des salariés peut concerner des domaines très divers : techniques de production, de gestion, sécurité, par exemple. L'enquête CVTS a permis de quantifier l'importance des différents contenus de formation[8]. Si la part la plus importante du temps de formation est consacrée aux techniques nécessaires pour développer les biens ou services mis sur le marché par l'entreprise ou pour assurer la maintenance des systèmes de production, les techniques informatiques apparaissent en deuxième position dans l'ordre d'importance des contenus de formation. Cette importance relative des formations informatiques varie fortement selon les secteurs considérés. Les formations informatiques sont davantage développées dans les secteurs des services financiers, du gaz, électricité, eau, des services aux entreprises et des télécommunications que dans ceux de l'hôtellerie ou de la vente et réparation de véhicules (Commission européenne, 1999).

---

[6] Il s'agit des salariés appartenant aux entreprises formatrices.

[7] L'enquête CVTS 1994 indiquait que les taux de participation à la formation étaient, pour l'ensemble des pays de l'UE, plus élevés chez les cadres (43%) et les techniciens (45%) que chez les employés (34%) ou les ouvriers (17%) (Commission européenne, 1999).

[8] L'enquête CVTS 1994 a porté sur 12 pays de l'U.E. (l'Autriche, la Suède et la Norvège n'y ont pas participé).

Tableau 2 : **Répartition par matière du temps consacré à la formation continue dans les entreprises de l'Union européenne (EUR 12) (%)**

Matière	%
Production	26.1
Informatique	12.7
Gestion	10.4
Sécurité	7.5
Marketing	7.3
Comptabilité, finances	5.2
Ressources humaines	5.2
Langues	4.2
Autres	26.1
Total	*100.0*

Source : Commission européenne, 1999 (CVTS, 1994)

L'inégalité d'accès à la formation continue se double d'une inégalité d'accès aux formations dans le domaine des nouvelles technologies. Un sondage *Eurobaromètre* réalisé par la Commission européenne en 2001 montre en effet que le statut professionnel, le niveau de diplôme ou le sexe sont déterminants pour ce type de formation (Commission européenne, 2001b). Deux tiers des européens n'ont jamais suivi de formation en informatique. Cette proportion est encore plus grande dans des pays comme la Grèce, le Portugal ou l'Italie où elle atteint 80 %. Les hommes sont plus nombreux que les femmes à avoir reçu une telle formation (respectivement 36 et 30 %) ; le taux augmente également avec le niveau de scolarité et est plus élevé dans les couches les plus jeunes de la population.

Le statut professionnel est également un déterminant de l'accès. Ainsi, sur 100 personnes ayant reçu une formation quelconque dans le domaine informatique dans un des pays de l'Union européenne, 65 étaient des cadres[9], 55 étaient des hommes à hautes revenus. En revanche, les femmes à bas revenus (19 %) ou les retraités (13 %) constituent une faible partie des bénéficiaires de ce type de formations (Commission européenne, 2001b). Lorsque les individus ont reçu une formation en informatique, il s'agissait la plupart du temps d'une formation donnée à l'école (36,5 % des formations) ou à l'université (15,5 %). Dans un tiers des cas, il s'agissait d'une formation proposée par l'employeur, les autres formations étant réalisées en famille ou entre amis (20,5 %) ou par des collègues de travail (15,9 %) (Commission européenne, 2001b).

L'enjeu de la formation professionnelle est souvent formulé en termes d'employabilité. Ce principe renvoie au travailleur la responsabilité de son insertion ou non-insertion professionnelle. Dans un environnement changeant et concurrentiel, il n'appartient plus à l'entreprise de garantir l'emploi mais il revient au travailleur d'anticiper l'évolution des qualifications : « Dans le but de rester employable, chaque travailleur doit devenir plus flexible et accepter d'accroître et de mettre à jour ses qualifications afin de répondre aux nouvelles exigences de l'organisation du travail. Apprendre et « apprendre à apprendre » sont les voies du salut pour s'adapter aux vagues et aux remous d'une concurrence accrue et d'innovations toujours plus rapides » (VENDRAMIN et VALENDUC, 1999), ce qui est particulièrement le cas dans le domaine des nouvelles technologies. L'approche

---

[9] Une même proportion est constituée d'utilisateurs fréquents d'Internet

est porteuse de limites et de critiques. D'une part, elle revient à faire porter à l'individu seul la responsabilité de l'accès à (ou le maintien dans) l'emploi ; d'autre part, elle s'appuie sur un élément éminemment subjectif (« l'employabilité ») (CONTER et MAROY, 1999). L'expérience et la recherche scientifique ont en effet montré qu'un poste de travail n'induisait pas automatiquement un besoin irréfragable en termes de compétences (ALALUF, 2000) ; n'observe-t-on pas au sein des entreprises une variété de profils exerçant un même type de travail ?

4. EFFETS SPÉCIFIQUES DES FORMATIONS AUX NOUVELLES TECHNOLOGIES

4.1. Comment mesurer les effets des formations pour les salariés ?

Les travaux portant sur les effets des formations professionnelles sont nombreux. Dans le cadre de l'évaluation des politiques publiques, des études tentent de mesurer les effets des formations en termes d'insertion professionnelle des demandeurs d'emploi (voir par exemple LOHEST et VAN HAEPEREN, 2000 ; VAN DER LINDEN, 2001). En revanche, les études sur les effets des formations s'adressant aux travailleurs actifs sont plus rares et concernent des domaines plus divers. DUBAR (1986) souligne la multiplicité de finalités des formations continues. Il identifie une fonction économique d'adaptation aux changements techniques et des conditions de travail qui doit se manifester par une meilleure maîtrise du travail au terme de la formation, une fonction sociale d'accès aux différents niveaux de qualification, et une fonction culturelle censée favoriser un plus grand épanouissement personnel et une plus grande participation sociale des intéressés.

La formation peut avoir un effet de certification des compétences des individus ou d'augmentation du niveau de qualification. Dans un contexte de faible développement de la formation professionnelle des adultes, il a déjà été énoncé que la certification constitue une condition favorable au développement de la formation continue. La certification de la formation peut être un élément de motivation pour le participant ; elle peut parfois constituer un moyen de faire valoir des acquis auprès d'employeurs potentiels dans une perspective de mobilité professionnelle.

La formation peut encore viser une meilleure intégration des individus dans le système productif et l'entreprise. Cette intégration comprend parfois deux dimensions : elle peut porter sur le rapport de l'individu à l'activité de travail - la formation aura des effets souhaités de meilleure confiance en soi, relation avec les collègues, maîtrise du poste de travail, etc. - ou sur une fonction d'intégration idéologique et culturelle des individus dans l'entreprise (DUBAR, 1990). Dans cette perspective, les effets attendus seront une meilleure relation avec la hiérarchie de l'entreprise, un sentiment d'utilité dans l'entreprise, l'adoption d'une manière plus positive de voir son travail et son entreprise ou une meilleure compréhension de l'environnement de l'entreprise.

L'analyse socio-économique d'autres effets de la formation continue, comme la promotion des travailleurs ou l'augmentation salariale, pose des problèmes tant méthodologiques que théoriques : « D'abord, il est possible que des changements professionnels interviennent sans qu'ils soient directement déterminés par la formation, et inversement, il est possible que des effets de la formation soient fortement ressentis sans qu'ils se traduisent par des changements significatifs. » (DUBAR *et alii*, 1981).

GOUX et MAURIN (1997) ont développé un modèle économétrique pour apprécier l'impact de la formation continue sur les salaires. Il s'agissait de vérifier si un accroissement de salaire octroyé après une formation résultait de celle-ci ou s'il traduisait l'effet de mécanismes cachés expliquant simultanément l'augmentation de salaires et l'accès à la formation continue. Ils ont évalué l'impact salarial de la formation continue à 4 ou 5 %. Si l'on tient compte de l'hétérogénéité des pratiques salariales des entreprises, ce bonus tomberait à 2 %. Les chercheurs relativisent encore cet impact du fait du lien entre politique salariale et politique de formation des entreprises. « Au total, l'essentiel des différences de salaires observées (…) est dû pour moitié au fait que les entreprises formant le plus sont également celles qui pratiquent les salaires les plus élevés (effet de composition), et pour moitié à des facteurs expliquant simultanément la sélection dans le dispositif de formation continue et le niveau de rémunération individuelle (effet de sélection) ».

La question de l'impact de la formation sur la mobilité professionnelle est également traitée par ces auteurs. Leur analyse montre d'une part que la formation continue s'adresse avant tout aux salariés les mieux insérés dans les entreprises et, d'autre part, que les salariés changeant d'entreprises après la formation sont très peu nombreux et ne semblent pas bénéficier d'avantages salariaux dans leur carrière ultérieure.

4.2. Une enquête auprès de salariés ayant suivi une formation

Les effets des formations professionnelles sont donc de divers ordres et apparaissent dans les évolutions globales des trajectoires professionnelles. Nous avons tenté de les identifier par le biais d'une enquête auprès d'un échantillon de 456 travailleurs ayant suivi une formation professionnelle au cours de l'année 1998. L'objectif de cette enquête était d'interroger les bénéficiaires des formations sur les acquis et apports de celles-ci sans toutefois émettre un jugement sur leur organisation interne ou leurs objectifs. Il convient en effet de distinguer l'évaluation pédagogique, partie intégrante de l'action, de l'évaluation sociologique qui en garde une certaine extériorité. On entend par évaluation sociologique des actions de formation toute procédure d'analyse quantitative et qualitative, à base d'enquêtes portant sur les effets, professionnels ou non, provoqués à terme par une formation ; ces enquêtes ont pour effets à la fois les changements « objectifs » intervenus depuis le passage en formation et les appréciations « subjectives » de ces résultats, ainsi que les éventuelles transformations collectives induites par la formation (DUBAR, 1986). Notre démarche d'enquête auprès des bénéficiaires d'un ensemble de formations relève bien de cette seconde approche. Elle vise à la fois à collecter des informations objectives sur les changements intervenus dans les trajectoires individuelles et à obtenir des appréciations subjectives des participants sur les contenus et effets de la formation. Trois types d'informations ont été analysés : la motivation, les effets en termes de compétences et les changements dans les trajectoires professionnelles.

La motivation des individus à s'engager dans une démarche de formation a d'abord retenu notre attention. En effet, le discours sur l'employabilité et l'adaptabilité des travailleurs fait référence à la responsabilité individuelle des travailleurs par rapport à l'actualisation des compétences, et ce « tout au long de la vie ». Notre enquête portait notamment sur l'initiative de la formation et l'investissement des individus dans celle-ci (en termes monétaires ou de temps consacré).

Nous nous sommes ensuite interrogés sur leurs différents acquis, en termes de connaissances et d'usage de la formation. Ainsi, les connaissances apportées par la formation peuvent être d'ordre général ou technique, elles peuvent aussi être liées à la compréhension des consignes de travail et aux capacités d'expression. L'enquête visait également à dénombrer les formations certifiées, vu l'enjeu d'une telle forme de reconnaissance des acquis (*cf. supra*). Les apports des formations ont également été appréciés en termes d'utilisation professionnelle des acquis, de changements dans l'organisation du travail et d'intégration dans l'entreprise.

Enfin, nous avons tenté d'identifier quelques changements objectifs intervenus dans les trajectoires individuelles après la formation. Nous avons interrogé les individus sur leur perception quant à leur employabilité (chances de conserver ou trouver un nouvel emploi), ainsi que sur la mobilité professionnelle interne ou externe, sur les responsabilités nouvelles et sur les évolutions salariales, sans toutefois établir de lien de causalité entre l'effet et la formation.

Pour ces trois dimensions, nous avons voulu tester l'hypothèse d'effets différenciés auprès de différents groupes de salariés définis notamment par leur niveau de qualification. En particulier, nous postulions que les effets des formations étaient les plus importants pour les salariés de bas niveau de qualification[10] suivant des formations longues (CONTER *et alii*, 2002).

Nous avons également isolé les résultats des formations aux nouvelles technologies de ceux de l'ensemble des formations. Les formations aux nouvelles technologies regroupent celles portant sur la bureautique (y compris les initiations aux logiciels), l'informatique en général (installation de logiciels, entretien de réseaux) et celles relatives à Internet (navigation, courrier électronique, édition de pages web, construction et alimentation de sites). Les autres formations portent sur des contenus plus divers tels que les techniques de production industrielle, la communication, la gestion, les soins aux personnes, les techniques de construction et la sécurité et l'hygiène dans l'entreprise.

4.3. Mise en perspective des effets des formations

L'analyse des données de notre enquête nous a montré que les formations informatiques se distinguaient des autres formations selon plusieurs aspects.

4.3.1. *Caractéristiques des formations suivies*

Les formations informatiques sont en moyenne de plus courte durée que les formations classiques (lesquelles sont deux fois plus longues). Cependant, comme nous l'avons souligné, des différences existent aussi entre les participants à ces

---

[10] Pour cette analyse et dans la suite du texte, nous entendons par « bas niveaux de qualification », les individus ne disposant pas de diplôme supérieur à celui de l'enseignement secondaire ; les diplômés de l'enseignement supérieur, universitaire ou non, sont désignés par « hauts niveaux de qualification ».

formations selon leur niveau de diplôme. Ainsi, les formations aux nouvelles technologies suivies par les hauts niveaux de qualification sont en moyenne plus longues que pour les salariés moins formés. En revanche, en ce qui concerne les autres types de formation, les salariés les moins qualifiés ont tendance à suivre des formations plus longues.

Tableau 3 : **Durées moyennes des formations selon les types de publics**

	Formations aux nouvelles technologies	Autres formations	Total
Publics qualifiés	58,3 h.	101,9 h.	72,1 h.
Publics peu qualifiés	39,6 h.	135,5 h.	89,7 h.
Tous publics	51,2 h.	121,9 h.	80,3 h.

Source : GIRSEF, IRES, IAG, 2001.

La plupart des salariés ont suivi leur formation durant les heures de travail (68 %) et dans un centre de formation (89 %). Les formations informatiques ont lieu quasi exclusivement en centre (96 %), alors qu'une part significative des autres formations ont lieu en entreprise ou sur le mode de l'alternance (20 %). Une part importante des salariés moins qualifiés (40 %) a suivi une formation informatique en dehors des heures de travail. Cependant, ces formations informatiques impliquent moins souvent une participation financière ou des travaux à domicile aux participants (16,5 % des salariés concernés) que les autres formations (40 %).

Notons enfin que, selon l'avis des participants, les formations informatiques sont moins souvent liées à l'activité professionnelle (73 % des cas) que les autres formations (83 %).

4.3.2. Motivations et profils des participants

Pour tester nos hypothèses de recherche, nous avons constitué notre échantillon de manière à y trouver un nombre égal de salariés peu et hautement qualifiés. Un assez bon équilibre entre hommes (56 %) et femmes (44 %) a également pu être assuré.

Globalement, 80 % des participants aux formations sont salariés à temps plein[11]. En revanche, la part des participants aux formations aux TIC bénéficiant d'un contrat à durée indéterminée est plus faible (63 %) que dans les autres formations (76 %).

La motivation à s'inscrire en formation est difficilement identifiable par une enquête. Il apparaît toutefois qu'elle n'est pas toujours liée à la perception de changements internes ou externes au travail ou à l'entreprise. Ainsi, une part des salariés suivant des formations aux TIC cite comme élément déterminant de l'entrée en formation, l'introduction de nouveaux outils de production (31 %) ou des changements dans l'organisation du travail (21 %). Les participants aux autres formations mettent davantage en évidence la nécessité de prendre en compte les attentes des clients ou du marché (29 %) et les modifications de l'organisation du

---

[11] Le temps partiel concerne surtout les bas niveaux de qualification et en particulier les femmes (40% des femmes peu qualifiées).

travail (23 %). La menace de chômage n'était pas non plus la motivation première des participants : seuls 6,4 % des salariés se disaient inquiets de perdre leur emploi.

Les salariés interrogés semblent avoir un rapport positif à la formation : 90 % se disent habituellement disposés à suivre une formation dans le cadre de leur travail et 40 % ont par ailleurs suivi une autre formation durant les 12 mois précédant l'enquête.

Ces données indiquent que, malgré notre volonté de représenter de manière importante les moins qualifiés dans notre échantillon, nous avons surtout atteint des salariés relativement bien insérés dans les entreprises. Le constat renvoie aux apports de GOUX et MAURIN (*cf. supra*) : la formation continue profite d'abord aux salariés les plus stables des entreprises.

4.3.3. Effets des formations continues

La certification est un des effets observables des formations. Les participants aux formations aux TIC en ont moins bénéficié. Seuls 28 % d'entre eux ont reçu une forme d'attestation de participation ou de réussite de la formation. A l'inverse, près de trois quarts des participants aux autres formations ont obtenu un tel titre. Les diplômes légaux représentent cependant une très faible part des certificats obtenus (10 % pour les formations informatiques et 28 % des autres formations).

En ce qui concerne les connaissances ou compétences acquises, les participants aux formations aux nouvelles technologies mentionnent surtout des connaissances techniques (78 %) ou générales (73 %) alors que les participants aux autres formations citent, outre les connaissances techniques et générales (respectivement 70 et 74 %), une amélioration de leurs capacités d'expression (63 %) ou une meilleure maîtrise des consignes de travail (67 %). Notons que ce dernier acquis est davantage mentionné par les salariés les moins qualifiés.

Nous avons également interrogé les salariés sur leur insertion dans l'entreprise ou leur vision de leur travail et de l'environnement. Ces dimensions contribuent, rappelons-le, à « l'intégration idéologique » des individus dans les milieux de travail (*cf. supra*).

Les données de notre enquête montrent la faible contribution des formations étudiées à ces effets. Seules l'amélioration de la confiance en soi et la vision plus positive de son travail sont citées par une majorités de salariés. Cependant, des différences sensibles apparaissent lorsque l'on considère les résultats selon le type de formation suivie. On observe ainsi que l'ensemble des dimensions étudiées (voir tableau 4) est moins citée par les participants aux formations aux nouvelles technologies que par les participants aux autres formations.

Tableau 4 : **Effets de la formation sur l'intégration dans l'entreprise et les relations de travail (% des salariés concernés)**

	Formations TIC	Autres formations	Total
Plus de confiance en soi	49,4	69,7	58,1
Vision plus positive de son travail	46,7	56,4	50,9
Sentiment d'être plus utile dans l'entreprise	42,1	45,1	43,4
Vision plus positive de l'entreprise	34,5	43,1	38,2
Meilleure compréhension de l'environnement de l'entreprise	28,4	43,1	34,6
Meilleures relations avec les collègues	16,1	29,7	21,9
Meilleures relations avec la hiérarchie	16,5	26,2	20,6

Source : GIRSEF, IRES, IAG, 2001.

Des différences apparaissent encore au sein de ces groupes si l'on prend en compte le niveau de qualification des participants. En effet, pour la plupart des items cités les scores sont plus importants pour les salariés les moins qualifiés. Il s'agit là d'un des principaux enseignements de cette enquête : pour les salariés moins qualifiés, les effets des formations ont été plus importants en termes « d'intégration culturelle et idéologique » dans les entreprises qu'en termes de mobilité professionnelle ou de stabilisation des emplois (CONTER *et alii*, 2002).

Tableau 5 : **Changements dans les trajectoires professionnelles intervenus après la formation (% des salariés concernés)**

	Formations TIC	Autres formations	Total
Changements objectifs			
Plus de responsabilités	20,3	17,9	18,7
Changement d'entreprise	11,9	11,3	11,6
Augmentation du salaire	5,7	11,3	8,6
Changement de poste de travail	9,6	6,9	8,2
Changement de niveau hiérarchique	5,5	5,5	5,5
Perceptions			
Plus de chances de trouver un autre emploi	46,2	51,8	48,8
Plus de chances de garder l'emploi actuel	30,9	40,0	34,9

Source : GIRSEF, IRES, IAG, 2001.

En effet, si l'on examine les changements des trajectoires professionnelles perçus comme un résultat de la formation, on constate que ceux-ci ne concernent qu'une minorités des salariés (voir tableau 5). En revanche, les salariés confèrent aux formations une utilité plus importante quant à la possibilité de trouver un nouvel emploi ou, dans une moindre mesure, de conserver l'emploi actuel. Cette utilité est toutefois moins importante pour les salariés ayant suivi des formations aux nouvelles technologies mais est citée par une part plus importante de salariés moins qualifiés, quelle que soit la formation suivie.

5. CONCLUSION

Si l'utilisation des nouvelles technologies semble se généraliser, la diffusion des outils s'accompagne d'inégalités d'accès et surtout d'usage. A l'heure où la formation tout au long de la vie est instituée en priorité politique et où la formation continue devient une dimension essentielle des politiques d'emploi, des inégalités d'accès à la formation subsistent également. Les formations aux nouvelles technologies n'échappent pas à ce constat. Si certaines enquêtes ont souligné la difficulté pour certaines catégories de travailleurs, en particulier les moins qualifiés, de bénéficier de telles formations, nous avons pu mettre en évidence d'autres formes d'inégalités. Ainsi, la durée des formations est liée au niveau de qualification des participants. Par ailleurs, une plus grande proportion des salariés moins qualifiés a tendance à suivre ces formations d'initiative, en dehors des heures de travail, au contraire des plus qualifiés qui peuvent inscrire ce genre de démarche dans le cadre professionnel.

Les effets des formations continues sont difficilement mesurables. Un effet observé peut être lié à un ensemble de facteurs distincts de la formation. Nous avons cependant tenté d'analyser ces effets à partir des perceptions des salariés.

L'analyse des résultats de notre enquête a mis en évidence la spécificité des formations aux nouvelles technologies dans l'ensemble des formations continues. Elles semblent porter des effets différents, sinon moins importants, au moins pour certaines catégories de salariés.

Ainsi, les formations informatiques apparaissent moins liées à l'activité professionnelle et sont moins certifiées. Elles sont suivies pour partie par des salariés moins bien insérés dans les entreprises. Si elles offrent davantage de connaissances techniques aux yeux des participants, elles contribuent moins à des compétences transversales comme, par exemple, les capacités de communication. Mais surtout, ces formations semblent moins contribuer à l'intégration des salariés dans l'entreprise, qui se traduit notamment par le sentiment d'utilité, la confiance en soi, la compréhension de l'environnement et la qualité des relations avec les collègues ou la hiérarchie. Enfin, si les formations informatiques ne procurent pas plus de changements dans les trajectoires professionnelles que les autres formations, elles semblent permettre une responsabilisation accrue des travailleurs, ou s'accompagner de quelques modifications des contenus de travail pour certains de ses bénéficiaires. De telles conclusions incitent à interroger les politiques de formations. L'égalisation de l'accès, notamment par un ciblage plus fin des politiques de formations sur les salariés les moins qualifiés, et le développement des conditions d'une réelle valorisation des acquis des formations nous semblent à développer davantage.

BIBLIOGRAPHIE

ALALUF M. (2000), « Les nouvelles technologies produisent-elles de nouvelles qualifications et nécessitent-elles de nouvelles formations ? » dans VANDENBERGHE V. (Ed), *La Formation continue. Evolutions, transformations, enjeux*, Academia, Louvain-la-Neuve.

BEAUDOUIN V., CARDON D. et MALLARD A. (2001), « Créativité et rationalisation des usages des intranets d'entreprise » dans *Sociologie du travail* n° 43, juin.

CETTE G., MAIRESSE J. et KOCOGLU Y (2000), « L'impact des TIC sur la croissance » dans *Futuribles* n° 259.

CÉZARD M., GOLLAC M. et ROUGERIE C. (2000), « L'ordinateur, outil de travail et bien culturel » dans *Actes de la recherche en sciences sociales* n° 134.

Commission Européenne (1999), *Formation continue en entreprise : faits et chiffres*, OPCE, Luxembourg.

Commission Européenne (2001a), *E-inclusion. Le potentiel de la société de l'information au service de l'insertion sociale en Europe. Document de travail*, Bruxelles, SEC (2001) 1428.

Commission Européenne (2001b), *Eurobaromètre 55.2*, Bruxelles.

CONTER B. et ZACHARY M.-D. (2000), "Les vices cachés de l'État social actif", *Démocratie*, n° 22.

CONTER B. et MAROY C. (1999), « Développement et régulation des politiques de formation professionnelle continue », dans ouvrage collectif, *Des idées et des hommes. Pour construire l'avenir de la Wallonie et de Bruxelles*, Academia, Louvain-la-Neuve.

CONTER B., ORIANNE J.F. et MAROY C. (à par. 2002), « Une approche empirique des effets de la formation professionnelle sur les travailleurs », dans Ouvrage collectif, *Formation professionnelle continue : dynamiques individuelles*, De Boeck, Bruxelles.

DE BRIER C. et LEGRAIN A. (2002), *Politiques de formation dans les entreprises*, ICHEC, Bruxelles.

DUBAR C. (1990), *La formation professionnelle continue*, Paris, La découverte.

DUBAR C., DUBUCHY F., DELAUNAY Q., FEUTRIE M., GADREY N. et VERSCHAVE E. (1981), *Besoins de formation continue et crise économique*, Presse Universitaire de Lille.

DUBAR C. (Ed) (1986), *La formation professionnelle continue en France*, Paris.

EUROSTAT (2001a/b), *Statistiques de la société de l'information*, Statistiques en bref n° 34/2001 et 37/2001

GADREY J. (2000), *Nouvelle économie, nouveau mythe ?*, Flamarion, Paris.

GIRSEF, IRES, IAG – UCL (2000), *La formation et l'adaptation des travailleurs aux mutations industrielles. Évaluation du programme 'Objectif 4' du Fonds social européen en Belgique francophone*, rapport de recherche, Louvain-la-Neuve.

GOUX D. et MAURIN E. (1997), « Les entreprises, les salariés et la formation continue », dans *Economie et Statistique* n° 306, 1997-6, pp 41-55.

LOHEST O. et VAN HAEPEREN B. (2000), « Evaluation du Parcours d'insertion en Région Wallonne », *Discussion Paper du SES*, MRW, Jambes.

MULHMANN D. (2001), « Des nouvelles technologies à l'image des vieilles organisations » dans *Sociologie du travail* n° 43, juin.

NESTLER K. et KAILIS E. (2002), "La formation professionnelle continue en entreprise dans l'Union européenne et en Norvège (-CVTS2-)", *Statistiques en bref*, 3/2002.

Organisation Internationale du Travail (OIT) (2001*), Rapport sur l'emploi dans le monde-2001*, Genève.

PINTO J. (2000), « Les secrétaires et la nouvelle économie des bureaux » dans *Actes de la recherche en sciences sociales* n° 134, septembre.

PRUNIER-POULMAIRE (2000), « Flexibilité assistée par ordinateur », dans *Actes de la recherche en sciences sociales* n° 134, septembre.

STANKIEWICZ F., FOUDI R. et TRELCAT M.-H. (1993), « L'efficacité des stages de formation. Le cas de demandeurs d'emploi de bas niveau de qualification », in *Formation-Emploi* n° 41.

VAN DER LINDEN B. (2001), « L'effet des formations professionnelles des chômeurs : de l'impact sur l'individu à l'impact macroéconomique », *Bulletin de l'IRES* n° 227, Louvain-la-Neuve.

VENDRAMIN P. et VALENDUC G. (1999), *L'avenir du travail dans la société de l'information : enjeux individuels et collectifs*, Bruxelles, FTU-FEC.

Services à domicile : emplois, formations et politiques sociales. Pour quelle efficacité ?

Marie-Thérèse RAPIAU (CNRS/Dijon), Nelly STÉPHAN (ENESAD/Dijon)

Résumé :

L'allongement de la vie intervient sur l'accroissement et la diversité des demandes de services au domicile des particuliers. Les mesures sociales ont permis de répondre aux premières attentes tout en créant des heures déclarées de travail. Les effets satisfaction et efficacité sont à regarder tant du côté des Pouvoirs Publics, des associations que des usagers ou des intervenants qui s'inquiètent du peu de reconnaissance statutaire ou salariale de ce travail de service à domicile.

1. INTRODUCTION

Nos premières investigations en 1998 et les résultats des travaux publiés sur l'analyse comparative des filières éducatives des Ministères de l'Éducation Nationale et de l'Agriculture préparant à des métiers du secteur des services aux personnes (RAPIAU M.T., STEPHAN N., 2000), ont entraîné des interrogations et de nouvelles recherches sur le fonctionnement de ce secteur. En effet, dans un contexte de vieillissement, de mesures sociales multiples, de l'évolution des métiers, il est indispensable d'avoir des compétences reconnues pour répondre aux nouveaux besoins de services aux particuliers. Par ailleurs, l'exercice d'un emploi " au domicile du particulier " ou les nouveaux besoins en compétences des intervenants ainsi que la rénovation des formations professionnelles initiales et continuées (niveau et spécialisation) sont au centre des questionnements actuels. Le contrat d'études prospectives de ce secteur des services aux personnes (1998), la stratégie de développement des emplois de proximité par le Conseil d'Analyse Économique (CETTE G. *et alii,* 1998) ou encore les Schémas Régionaux des Professions Sociales montrent bien la juxtaposition des métiers classiques et des nouvelles professionnalités. Ces schémas des professions sociales mettent en évidence les nouveaux métiers, les métiers " classiques " avec diplômes d'État, ceux des services à domicile avec la création d'un diplôme d'État d'auxiliaire de vie sociale. Ce diplôme prévoit la certification par le dispositif de la Validation des Acquis d'Expérience prévu par la loi de modernisation sociale. Ces nouveaux besoins d'intervenants font suite à l'évolution des méthodes plus globales de traitement des problèmes sanitaires et sociaux. Les professionnels se coordonnent, prennent en charge des personnes. Les problèmes appréhendés concernent la santé, l'éducation mais aussi le non-emploi, l'exclusion, avec des moyens diversifiés par les mesures offertes par les politiques publiques spécifiques et catégorielles de l'État, du Département et de la Ville (LAVILLE J.-L., NYSSENS M., 2001).

Au cours de la dernière décennie, on observe que le secteur d'activités des services à domicile aux particuliers a créé des emplois, même si ces derniers sont souvent précaires, féminins, peu qualifiés ou à temps partiel (FOUQUET A., 2001). Depuis 1987, les pouvoirs politiques ont appliqué des mesures sociales à " objectifs multiples " : maintenir les personnes âgées à domicile, développer les emplois de service aux particuliers mais aussi lutter contre le travail non déclaré et obtenir une couverture sociale par un emploi à temps partiel pour sortir les plus démunis de l'exclusion et du chômage (CAUSSE L., 1998). L'enquête INSEE sur l'emploi de mars 2001 montre que parmi les activités ayant créé des emplois, on enregistre une croissance du secteur des services aux particuliers, soit 2 181 142 actifs occupés dont 54 % à temps partiel et un total de 9,2 % des actifs occupés (CASES C., 2001). La réflexion proposée dans cette communication concerne l'analyse de la mutation qui s'opère par la reconnaissance des emplois de services exercés " à domicile " (GADREY J., 1996). Tant les organisations, les métiers, les classifications professionnelles sont à construire plus qu'à rénover sous la pression de la nouvelle demande des usagers et des associations qui gèrent majoritairement ce secteur (HUMBERT C., 2002). Par ailleurs, si les emplois sont en mutation, les formations professionnelles doivent accompagner les nouveaux modes d'activité des salariés en faisant preuve d'innovation à la fois dans les contenus enseignés et dans les méthodes de professionnalisation, ne serait-ce que par des contrats d'alternance pour des raisons à la fois d'implication des employeurs et de prise en charge des coûts de formation par ces derniers.

Ce texte sera présenté en quatre points. Le premier rappelle les incidences de l'allongement de la vie et du vieillissement de la population sur l'amplitude des nouvelles demandes de services aux particuliers notamment pour les personnes âgées. Le second retrace l'historique des mesures de politiques sociales ainsi que l'évolution des emplois de services à domicile et leur mode de gestion. Quant au troisième, il met en évidence les caractéristiques de ces emplois dans le contexte actuel du marché du travail : emploi non qualifié, travail à temps partiel, montée de l'exclusion. L'accent est porté sur la nécessité de professionnaliser les aides à domicile et d'avoir recours à des formations innovantes. Quelques pistes de réflexion investies par la recherche, constituent la dernière section.

2. LE VIEILLISSEMENT DE LA POPULATION CRÉE UNE NOUVELLE DEMANDE DE SERVICES AU DOMICILE

Le vieillissement concerne l'ensemble des pays industrialisés et ce paragraphe permet une approche rapide, chiffrée du contexte démographique du vieillissement.

2.1. La réalité démographique du vieillissement de la population

Les critères de définition de la vieillesse comme catégorie sociale diffèrent selon les analystes. Les uns privilégient la vie active, les autres la santé, d'autres enfin se satisfont de critères économiques. Quoi qu'il en soit, en France et dans l'ensemble des pays industrialisés, la vieillesse est pensée en termes de coût économique, de charges sociales, de dépenses de santé, d'équipements spécialisés et de déficit des caisses de retraite. Avant que l'on envisage les multiples formes d'activité et d'intérêt social que peut représenter l'accroissement spectaculaire de la longévité, la vieillesse est perçue comme une source de problèmes et de difficultés pour la collectivité.

Graphique 1 : **France : La population par sexe et âge en %**

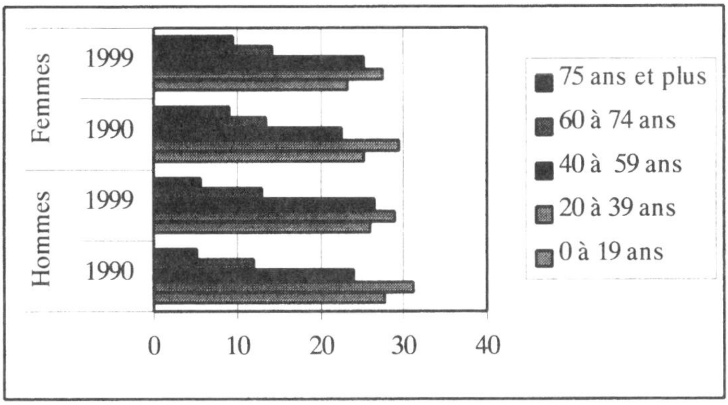

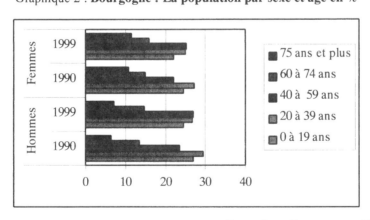

Source INSEE Recensements 1990 - 1999

Graphique 2 : **Bourgogne : La population par sexe et âge en %**

Source INSEE Recensements 1990 - 1999

Les graphiques montrent la répartition de la population par tranches d'âge en France et en région Bourgogne qui est une des régions dont la structure de population âgée est supérieure à la moyenne nationale.

En France en 1982, on comptait 10 millions de personnes âgées de 60 ans et plus, soit 18,5 % de la population totale. En 1999, la part des 60 ans et plus est de 21 % dont 7,7 % ont plus de 75 ans. Les jeunes de moins de 20 ans représentaient un tiers de la population en 1968, leur part est d'un quart au dernier recensement.

Dès 2011, les personnes âgées de 60 ans et plus seront plus nombreuses que les jeunes de moins de 20 ans. En 2025, les "retraités" potentiels seraient 16 millions, soit 24 à 30 % de la population totale. Il paraît certain que "nous serons entourés de vieux et de plus en plus vieux", avec toutes les conséquences sociales et économiques que cela ne manquera pas d'entraîner. À l'échelon mondial, la progression des plus de 60 ans est la suivante : 346 millions en 1975, 590 millions en 2000, 1 121 millions en 2025. Cette situation suscite à la fois une certaine inquiétude mais aussi des mesures de prévention et de prospective de la part des États concernés.

2.2. Les personnes âgées et le recours à l'aide à domicile

Dans les conditions de vie, l'allongement de la vie et donc l'accompagnement des personnes font que l'enquête " services de proximité " administrée et exploitée par l'INSEE reste une des sources recensant de précieuses informations. Effectivement, en 1999, l'aide à domicile en faveur des personnes âgées concernait 2,3 millions de ménages composés d'une personne âgée de 65 ans ou plus, soit le tiers de ces ménages (sources : INSEE Premières – octobre 2000.). Ces services de l'aide à la vie quotidienne relèvent de l'entre-aide gratuite par la famille ou le voisinage mais ces services sont aussi rémunérés. On y recourt pour pallier les incapacités, passagères ou durables, pour effectuer les actes de la vie quotidienne qu'il s'agisse des actes essentiels de la vie de la personne (se lever, se laver, s'habiller, s'entretenir, sortir) ou des activités liées au maintien de la personne à son domicile (courses, repas, linge, propreté du domicile). Lorsqu'une moindre autonomie s'installe, c'est l'aide progressive dans les actes essentiels de la vie qui devient une nécessité. Alors, l'aide par les proches ou par un professionnel prend tout son sens pour le maintien des personnes âgées à domicile.

3. LES POLITIQUES SOCIALES ET LES EMPLOIS DE SERVICE

Le contexte démographique des pays développés, le vieillissement de la population ainsi que la précarisation de l'emploi ont amené les gouvernements successifs à intervenir différemment et à envisager des mesures sociales " à objectifs multiples ", ce qui a été le cas de la France au cours de la dernière décennie. Par exemple, le maintien des personnes âgées à domicile avec la prise en charge du service selon les ressources rend visibles plusieurs résultats : la satisfaction des usagers et de leur entourage, mais aussi les effets mesurables par des créations d'emplois contribuant à la réduction du chômage, de la pauvreté et peut-être à la diminution des versements des minima sociaux. C'est pourquoi, les auteurs utilisent l'expression de politiques publiques à " objectifs multiples ". Ce paragraphe procède à un rappel historique des politiques et des mesures sociales en faveur des emplois de services aux particuliers.

3.1. Les principales mesures des politiques sociales des services aux particuliers de 1987 à 1996 : le service mandataire domine le secteur

Pour développer des emplois dans les services et pour pallier le problème du chômage, en 1987, le Ministre des affaires sociales Philippe SEGUIN va créer le service mandataire. Ce service facilite l'embauche de personnel par des particuliers qui sont les employeurs de la personne aidante. Le salarié dans ce cas relève de la convention collective des " employés de maison " du 3 juin 1980. Le salarié reçoit autant de feuilles de paye qu'il compte d'employeurs. L'association mandatée, en contrepartie de frais de gestion, assure la sélection du salarié formé ou non, gère son contrat de travail et le dossier employeur auprès de l'URSSAF, recherche des aides financières auprès des caisses de retraite, fait valoir la réduction des charges patronales. Elle conseille le particulier pour l'organisation du travail de l'employé, mais n'exerce aucune fonction hiérarchique sur le salarié. Le système mandataire doit permettre d'encourager, par la simplification des démarches administratives et par les déductions fiscales, l'émergence de nouvelles offres d'emploi chez les particuliers notamment ceux de plus de 70 ans.

En 1992, Martine AUBRY, Ministre de l'emploi, de la formation, de la santé et des affaires sociales, met en place les emplois familiaux. Les avantages fiscaux de cette mesure font exploser le service mandataire. Toutes les solutions sont envisagées pour favoriser la création d'emplois dans le secteur des services jugé très porteur. Ainsi, les frais occasionnés par l'emploi d'une personne accomplissant au domicile du contribuable des services correspondant aux besoins courants des personnes et des familles (travaux ménagers, garde d'enfants, soutien scolaire, aide et assistance aux personnes âgées ou handicapées) donnent droit à des déductions d'impôt. Pour bénéficier de cet allégement fiscal, il faut que les sommes soient versées à : i) un salarié dont le contribuable est l'employeur direct, ii) un organisme à but non lucratif ayant pour objet l'aide à domicile et habilité au titre de l'aide sociale ou conventionné par un organisme de sécurité sociale, le Centre Communal d'Action Sociale (CCAS) par exemple, iii) une association agréée de services par l'État. Le droit à la réduction d'impôt subsiste même si le salarié appartient à la famille de l'employeur, à condition toutefois qu'il ne relève pas du même foyer fiscal. Cette réduction est égale à 50 % des sommes dépensées par le contribuable au titre des emplois familiaux (salaires et charges sociales), dans la limite de 26 000 F par an en 1994 (4000 €).

En décembre 1994, les " chèques emploi service " sont créés. Ils simplifient encore les formalités administratives liées à l'embauche et à la rémunération d'une personne occupant un emploi familial. Ils sont distribués dans les agences bancaires, les bureaux de poste, les Caisses d'Épargne et le Trésor Public. Leur utilisation est limitée aux emplois ne dépassant pas une durée de huit heures par semaine ou d'un mois complet dans l'année. Le salaire de la personne employée ne peut être inférieur au SMIC net horaire et il doit inclure une indemnité de congés payés de 10% de la somme payée. Sont considérés comme des emplois familiaux les travaux d'entretien du jardin, le repassage, la garde d'un malade ne nécessitant pas de soins particuliers, l'aide scolaire, l'aide à domicile, les travaux de ménage, la garde des enfants occasionnelle et de manière générale tous les emplois qui relèvent de la convention collective nationale des employés de maison. Le chèque emplois service permet de simplifier très sensiblement les procédures d'embauche et de rémunération d'un salarié à domicile et à l'employeur de bénéficier de la réduction fiscale liée aux emplois familiaux. Le particulier est l'employeur, il rémunère le salarié. L'URSSAF prépare le bulletin de salaire et calcule le montant des charges patronales. Au départ, son usage était limité aux emplois dont la durée n'excédait pas huit heures par semaine ou un mois par an.

3.2. De la Prestation Spécifique Dépendance à l'Allocation Personnalisée

En janvier 1996, la loi en faveur du développement des emplois service aux particuliers a pérennisé le chèque emploi service et supprimé les limites de sa durée d'utilisation. La Prestation Spécifique Dépendance (PSD) en 1996 a entraîné une augmentation de l'offre d'emploi dans le secteur des services. Des équipes médico-sociales évaluent le degré de dépendance, à partir de la grille unique nationale AGIRR ainsi que les modalités de prise en charge par le maintien au domicile ou la recherche de solutions en hébergements collectifs.

Le 1er janvier 2002, l'Allocation Personnalisée à l'Autonomie (APA) remplace la Prestation Spécifique Dépendance (PSD). Cette loi modifie de nombreux articles du Code de l'action sociale et de la famille, ainsi que du Code de la sécurité sociale. Les bénéficiaires de l'allocation APA sont évalués à environ 800 000, alors que la PSD ne bénéficiait qu'à 135 000 personnes. Toute personne résidant en France, qui se trouve dans l'incapacité d'assumer les conséquences du manque ou de la perte d'autonomie liée à son état physique ou mental, pourra bénéficier de l'APA. Cette allocation est destinée aux personnes qui ont besoin d'une aide dans l'accomplissement des actes essentiels de la vie. Elle est réservée aux personnes de 60 ans et plus restant à leur domicile comme à celles résidant en établissement. Une grille nationale permet d'évaluer le degré de perte d'autonomie[1] et de déterminer le degré d'aide nécessité par la personne.

De manière simplifiée, le montant de l'APA est calculé selon deux critères : le degré de la perte d'autonomie et les ressources du bénéficiaire. Le montant de l'allocation versée à une personne très dépendante (GIR1) maintenue à son domicile est de 1 070 € (7 000 F) si les ressources de l'intéressé sont inférieures à

---

[1] *La grille AGIRR* (autonomie gérontologique groupes iso-ressources) est établie en fonction de vingt variables et distingue six groupes iso-ressources (GIR). Le degré de perte d'autonomie est évalué par la grille AGGIR qui permet de recenser les actes accomplis par la personne. Par exemple, le GIR I recense les personnes ayant la perte d'autonomie la plus forte, personnes qui cumulent l'altération des fonctions cérébrales et la non-mobilité. Les personnes du GIR 4 ont besoin d'aide pour se lever, la toilette, l'habillage, sans avoir d'autres difficultés dans la vie courante, et les personnes relevant des groupes 5 et 6 n'ont pas droit à l'APA car elles sont considérées comme dépendantes.

915 € (6 000 F) et de 214 € (1 400 F) si ces revenus dépassent 3 050 € (20 000 F). Les bénéficiaires s'acquittent " d'un ticket modérateur " variable selon leurs ressources. Les Conseils Généraux gèrent cette allocation et des conventions sont conclues avec les organismes de sécurité sociale ainsi qu'avec les mutuelles.

4. LE CONTEXTE SOCIAL DU MARCHE DU TRAVAIL

Ce paragraphe donne des éléments de l'analyse sur l'emploi non qualifié et rappelle les besoins de métiers différents ainsi que ceux de formations professionnelles innovantes. Aujourd'hui, les différentes mesures sociales font que le service mandataire (le particulier est l'employeur) représente près des deux tiers de l'activité des associations gérant les services aux particuliers alors que le service prestataire représente un tiers. Avec près d'un emploi sur dix, les personnels des services aux particuliers concentrent les caractéristiques d'un segment de ce marché du travail, celui des moins qualifiés et des temps partiels (INSEE, 2001).

4.1. Des titulaires d'emplois non qualifiés de plus en plus diplômés

Alors que le nombre et le niveau de diplômés augmentent, on avait annoncé un peu trop vite la baisse de l'emploi non-qualifié et en 2001, la quantité d'emplois non qualifiés est identique à celle de 1982, soit 5,1 millions (INSEE/DARES, 1999).

Graphique 3 : **Le niveau d'études des titulaires d'emploi non qualifiés** en %

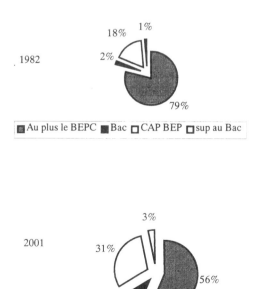

Source : INSEE premières 2001

Le graphique 3 permet de visualiser le niveau d'études de la population non-qualifiée : en 2001, 10 % sont titulaires d'un diplôme de baccalauréat (2 % en 1982) et 31 % d'un CAP/BEP (18 % en 1982) sur un total identique de 5,1 millions de personnes entre les deux années considérées (INSEE, 2001). Pour mémoire, la population active est de 26 millions en 2001 et les emplois non-qualifiés en occupent environ 20 %. La structure de ce segment d'emplois s'est transformée car un poste sur cinq a disparu de l'industrie alors qu'un nombre équivalent s'est créé dans les services : les ouvriers spécialisés ont laissé la place aux personnels de services aux particuliers, aux employés de commerce et aux agents de service. Ces salariés ont des statuts précaires : temps partiel contraint notamment dans le commerce ou les services, intérim dans l'industrie ou la construction, faible niveau de rémunération et forte précarité. Les emplois de services sont majoritairement pourvus par des femmes (87 %). L'emploi féminin à temps partiel concerne 30% des actives occupées, 44 % dans le commerce et 54 % dans les services aux particuliers.

4.2. La lutte contre le chômage et les exclusions

Le dernier plan de lutte contre les exclusions de l'automne 2001 comprend deux lignes principales : favoriser le retour à l'emploi des titulaires des minima sociaux et des jeunes sans qualification par des programmes spécifiques de l'ANPE avec conventionnement UNEDIC (TRACE, PAP, CES pour mémoire) ainsi que l'accès aux droits fondamentaux comme la continuité des droits au RMI, la revalorisation des rémunérations des chômeurs en formation. Ces mesures doivent absorber les pics statistiques du chômage tout en améliorant la situation des plus défavorisés par le renforcement de la lutte contre les exclusions. Les chiffres officiels du chômage ont baissé et cachent une mutation structurelle du chômage car la statistique ne prend pas en compte les nouvelles formes d'emplois flexibles, ni les demandeurs d'emplois exerçant une activité réduite de plus de 78 heures mensuelles (c'est le cas des employées des services aux particuliers). On a une méconnaissance de ce chômeur qui trouve des petits boulots de subsistance et de cette nouvelle catégorie du "chômeur/travailleur". En 2002, la pauvreté ne diminue pas, bien au contraire, puisque les allocataires des minima sociaux augmentent.

4.3. L'impératif besoin de formations professionnelles

L'émiettement de l'emploi dû au service mandataire fait qu'un salarié 'aide à domicile' peut avoir quatre employeurs dépendant d'associations différentes. L'employée possède quatre bulletins de salaires et si elle demande des formations professionnelles en cours d'emploi, la prise en charge soulève des formalités de prise en charge pour 8 ou 10 heures de stage. Aussi, les Pouvoirs Publics ont-ils constaté l'énorme besoin de professionnalisation des employés des aides à domicile. Lors d'un colloque sur l'aide à domicile, 23 novembre 2001, Nicole PÉRY, Secrétaire d'État des Droits de la Femme et à la Formation Professionnelle, a insisté sur la professionnalisation de ces métiers et elle a exprimé son regret de voir ces métiers "souvent assimilés à des emplois non qualifiés, à des petits boulots " après avoir constaté que " les métiers de l'aide à domicile ne bénéficient pas de la reconnaissance qu'ils méritent ". La professionnalisation passe forcément par la formation qui devrait être développée par l'intermédiaire des fonds de modernisation de l'aide à domicile. Nicole PÉRY a rappelé l'importance de la Validation des Acquis de l'Expérience (Info flash n° 580, 2001). Au printemps dernier, le Ministre délégué à l'Enseignement Professionnel a, lui aussi, remis l'accent sur les diplômes professionnels comme étant " l'affaire des entreprises " notamment sur les CAP rénovés, sur l'importance des CAP mais aussi sur " le nécessaire rassemblement des organismes de formation pour assurer la relève des 5 millions de personnes qui partiront à la retraite au cours de l'actuelle décennie ".

5. UN SECTEUR D'ACTIVITES " EN EFFERVESCENCE "

Au cours des derniers mois, le gouvernement a voulu accélérer la modernisation de ce secteur de services " à domicile ", tant par la mise en place de l'APA dont la responsabilité relève des Conseils Généraux, que par la rénovation des conventions collectives sur les statuts et rémunérations des salariés de ce secteur. L'État a mis l'accent sur la rénovation des appellations des emplois traditionnels, des emplois en émergence et s'amorce la rénovation ou la création de diplômes professionnels de formations initiales et continues.

5.1. La mutation des emplois dans un secteur géré par les associations

Les services à domicile se développent dans les années soixante-dix, constitués en services d'aide ménagère qui furent consolidés par les CCAS et des prestataires de services de type associatif. La dominante actuelle fait que ce sont les particuliers qui rémunèrent directement l'employé soit dans un rapport de gré à gré, soit avec le chèque emploi service, soit par les associations mandataires. Les services représentent un enjeu économique important comme en témoignent les nombreux rapports en France et en Europe. Historiquement, les services aux personnes étaient dans la sphère domestique, dans le champ de l'informel et par externalisation, ils sont passés vers le marché et le secteur marchand (BUTTE - GERARDIN I., 1999).

Les associations offrent un personnel pour venir en aide au maintien à domicile des personnes âgées. Cette aide comprend l'entretien du logement, l'entretien du linge, la préparation des repas, les achats et l'appui à la réalisation de démarches diverses. Lorsque des particuliers font appel à ces associations dans le cadre du service prestataire pour obtenir une aide à domicile, c'est l'association qui est l'employeur des personnes aidantes. C'est elle qui organise le travail du salarié formé ou non, qui détermine avec le particulier le contenu de l'intervention. Elle assure également le suivi de la prestation et en contrôle la qualité. Le professionnel a un statut de salarié auprès de l'association. Il reçoit une seule feuille de paye émise par l'association. Certaines associations interviennent plus particulièrement sur le domaine rural (ADMR) d'autres offrent leurs services sur le secteur urbain (Mutualité, UNASSAD).

Les emplois des services aux personnes et aux collectivités se prêtent mal à une définition globale des activités tant les emplois dans ce champ sont diversifiés, que ce soit au niveau des secteurs d'intervention qu'au niveau de la nature des tâches, leur contenu technique, le niveau de qualification requis, leur degré de spécialisation, les catégories d'employeurs, le caractère stable ou précaire de l'emploi. Toutefois, ces métiers font appel de plus en plus à un professionnalisme renforcé et recherché par les employeurs. Le savoir faire et le savoir être de la personne sont donc importants mais ne peuvent plus être suffisants.

5.2. Les atouts de la formation initiale : le cas des BEP/BEPA

Lors des analyses menées sur la comparaison des filières de formations des BEP carrières sanitaires et sociales du Ministère de l'Éducation Nationale et des BEPA services aux personnes préparés dans les établissements agricoles, les résultats avaient montré la forte proximité des référentiels de formation et des métiers préparés pour des effectifs en forte croissance de 1992 à 1998, effectifs qui sont identiques en 2001/2002 soit 11 000 élèves en BEPA et 37 000 en BEP.

Tableau n°1 : **Emplois occupés selon la filière (en %)**

	octobre 1998		octobre 1999	
	BEP	BEPA	BEP	BEPA
Aide aux personnes secteur collectif	18	24	34	24
Aide aux personnes secteur à domicile	46	43	41	30
Emploi/vente/hôtellerie/restauration	18	19	17	15
Autres emplois	18	14	8	31
Total	100	100	100	100

Source : Enquête novembre 1999

Les emplois occupés par les sortants des filières initiales de formation sont un des indicateurs de l'efficacité externe de la formation BEP/BEPA de services. On constate qu'un quart des emplois pour les sortants du BEPA sont localisés dans le secteur collectif des hôpitaux et des maisons de retraite ainsi qu'un tiers pour les BEP. Dans les deux cas, les emplois d'aide à domicile représentent une forte proportion des emplois occupés : quatre emplois sur dix pour les jeunes de BEP.

Les recrutements des élèves s'opèrent dans la complémentarité des places disponibles dans les établissements de formation et selon des critères de sélection. Une des différences des systèmes repose sur les modes de certification en contrôle continu de l'enseignement agricole ainsi que sur la prise en considération du projet personnel de l'élève. Pour montrer les déterminants collectifs et individuels de la réussite dans des établissements de formations initiales de niveau V, le modèle économétrique mesure l'impact de chaque variable dans la réussite au diplôme. Sur l'échantillon considéré de 625 élèves répartis sur cinq bassins d'emploi de la région Bourgogne où l'offre éducative comprenait des établissements des deux ministères et des deux ordres public/privé pour tester une des hypothèses de la recherche portant sur la concurrence ou la complémentarité des établissement " à zone géographique donnée ". Parmi les élèves entrés en première année, 500 passent le diplôme et la valeur prédictive du modèle est de 83,37 %, le χ^2 très significatif permet de rejeter l'hypothèse nulle. Parmi les variables, quatre sont significatives : toutes choses égales par ailleurs, la différence entre les établissements des deux ministères est significative au seuil de 10 %, l'écart de réussite est de 1 %. Parmi les trois variables individuelles : la scolarité antérieure (niveau des acquis généraux) a un impact sur la réussite au BEP/BEPA avec un écart positif de réussite de 6,7 % si l'élève est titulaire du brevet des collèges et un écart négatif de 1,7 % s'il est issu de classe de troisième technologique. Enfin, le fait d'être externe a un impact légèrement négatif de 1,4 % sur la réussite par rapport au fait d'être interne.

Tableau n° 2 : **Modèle explicatif de la probabilité de réussir à l'examen BEP/BEPA**

Variable omise	Variable active	Coefficient
Constante		2,67 ***
Établissement E.N.	Établissement agricole	- 0,48 *
Interne	Externe	- 0,72 **
Sans brevet	Avec le brevet	1,33 ***
Autre classe de	3ᵉ technologique	- 0,88 **
provenance	3ᵉ générale.	0,08 ns
Filière imposée	Choix de la filière	- 0,12 ns
A l'heure	Retard scolaire	- 0,26 ns
Garçon	Fille	- 1,03 ns
Non boursier	Boursier	0,18 ns
- 2LL		418,85
χ^2		42,07 ***
N		505

Légende : NS : Non significatif ; * significatif au seuil 10 % ; ** significatif au seuil 5 % ; *** significatif au seuil de 1 %

Source : enquête établissements 1998

Ces résultats sont favorables pour ces formations initiales préparant aux métiers de services aux particuliers si elles sont préparées sous contrats d'alternance de manière à impliquer les employeurs dans les cursus de formation et la prise en charge financière, associer les employeurs dans la sélection des candidats et à intégrer l'apprentissage des compétences en situations réelles de travail. Par exemple, le relationnel tant demandé dans les emplois de services ne se teste et ne s'améliore que lors de situations d'apprentissages réelles avec l'aide coordonnée des tuteurs et des enseignants

5.3. Le domicile : lieu d'exercice de travail ?

Une des questions cruciales reste posée par la difficulté de recrutement des personnes dont l'exercice de l'emploi s'effectue " au domicile d'un particulier " et " en toute autonomie ". Cette question concerne le droit du travail et la responsabilité du salarié ainsi que celle de l'employeur lorsque le domicile est le lieu de travail. Dans les conventions collectives le domicile est un lieu de travail qui n'est pas reconnu et les responsabilités ou droits se forgeront avec les jurisprudences qui commencent. Aussi ce contexte incite-t-il à mener une réflexion plus globale sur les nouveaux besoins des personnes âgées sollicitant des intervenants " à leur domicile " car il s'agit d'assurer l'accompagnement de la vie de ces personnes avec des alternances " domicile/hôpital/retour au domicile " et le passage progressif de l'autonomie à la dépendance. Par ailleurs, la demande des professionnels évolue en fonction de l'état sanitaire et social des usagers et des mutations de la société. Alors, les solutions mises en place actuellement pour le maintien à domicile des personnes, dépendantes ou non, font que l'on s'interroge sur les métiers et les formations à prévoir en fonction des besoins de la population concernée et de la complémentarité des intervenants de la santé et du social, au domicile d'un particulier. Les formations initiales et continues pourraient effectivement considérer autrement les évolutions des activités " au domicile de la personnes âgée ". Si la formation est prônée comme " le remède miracle " aux problèmes de gestion de la main d'œuvre de ce secteur, les conventions collectives régissant les statuts et les rémunérations sont " au dépoussiérage " et ont été votées en avril 2002. Reste à savoir comment les employeurs (des particuliers) appliqueront les acquis statutaires et salariaux pour leur employé ? Comment les associations répercuteront-elles et/ou financeront-elles les coûts réels des salaires des aides à domicile après reclassement statut/indice dans les grilles de classifications/salaires de la convention collective 2002. Il est temps de s'enquérir des questions réelles de contrat de travail, du rôle de ces travailleurs dans le maintien des personnes à domicile, des rémunérations, des statuts et des conditions d'exercice " à domicile ". Les conditions d'exercice à domicile doivent reconnaître ce dernier comme un lieu de travail, pour que ces métiers s'affirment au-delà des services domestiques, ce dans un souci d'harmonisation des services sanitaires, sociaux et domestiques.

5.4. Le besoin de reconnaissance des métiers de services aux particuliers

Toutefois, les emplois souffrent de ne pas être présentés comme de " vrais métiers " mais trop souvent comme des solutions d'attente, des situations précaires de survie économique ou bien encore comme un tremplin permettant à des exclus de renouer avec le monde du travail par l'insertion par l'économique. Une certaine confusion s'installe entre les finalités et les actions des politiques publiques menées en faveur des personnes en difficulté et l'impulsion donnée aux nouveaux métiers de services. Au-delà de l'apparition de métiers nouveaux (à effectifs actuellement faibles), cette mutation générale touche toutes les professions sociales suite à la transformation de la demande (AUTES M., 1999). Désormais, les collectivités locales jouent un rôle important que seul occupait naguère le milieu associatif. L'augmentation des situations de précarité donne la priorité à l'insertion, à la vie de la ville et à la sécurité. En conséquence, le secteur social a besoin d'actions plus collectives (gestion de projet) et de moins se centrer sur des approches individuelles.

Les emplois de services à domicile souffrent d'un manque de reconnaissance salariale mais aussi des conditions d'exercice "au domicile d'un particulier". Aussi, la reprise du marché de l'emploi ou l'opportunité d'un emploi similaire en structure collective engendrent le départ des professionnels vers des structures employeurs offrant des conditions ou des salaires supérieurs. Les aides à domicile adoptent le même comportement que ces agents économiques qui recherchent un emploi avec des conditions améliorées lorsque l'offre de travail existe. La reprise du marché de l'emploi en 2000 a provoqué des départs massifs et les associations ont parlé de pénurie de personnels, de recrutement difficile et des difficultés à stabiliser les personnels formés. Dans ce nouveau contexte de marché du travail, les aides à domicile recherchent une durée stable de travail, une amélioration du statut d'emploi et du salaire ou des avantages sociaux.

Dans cette réflexion, les approches comparatives soit des professions, soit de l'histoire des formations ou encore les dispositions prises dans d'autres politiques sociales catégorielles sont une des pistes à investir. Par exemple, les professionnels du secteur de la santé interviennent au domicile des particuliers. Ces professions de santé possèdent une codification des actes professionnels, un code juridique fixant la nature des interventions selon la qualification du professionnel concerné. De fait, les métiers sont définis par des compétences et des actes médicaux : médecin, infirmière, kinésithérapeute. Diplômés d'État, leurs interventions au domicile du particulier, leurs responsabilités sont parfaitement reconnues par la sécurité sociale (RIONDET, 2000). Alors s'il était envisagé de certifier les compétences professionnelles, de codifier par des temps moyens selon les activités à effectuer pour le maintien de la personne à son domicile, ce serait une certaine avancée dans ce secteur où la demande va aller en croissant. Actuellement, l'annonce de l'augmentation des dépenses collectives à la charge des Conseils Généraux laisse à prévoir des hausses exponentielles compte tenu de la démographie et de l'allongement de la vie.

6. CONCLUSION

Si en quinze ans l'emploi n'a augmenté que de 4 %, en revanche, les évolutions par métier sont plus contrastées. Parmi les familles professionnelles créatrices d'emplois, les métiers de l'encadrement et du tertiaire, notamment des services, sont marqués par une forte croissance et créatrices d'emplois dans le secteur sanitaire et social (PIKETTY T., 1998). Ce texte s'est centré sur les services à domicile car les mesures gouvernementales ont fortement contribué à la création d'emplois en incitant les employeurs " parfois clandestins " à régulariser la situation des personnes travaillant à leur service et à leur domicile pour des raisons de réductions d'impôt pour certaines catégories ou pour d'autres pour bénéficier d'aides financières pour les services faits à domicile. Soutenir les emplois de services dits " de proximité " est une façon de réinsérer dans le monde du travail des personnes ayant un niveau de qualification peu élevé et de lutter contre l'exclusion. En effet, ces activités à forte intensité " apparente " de travail domestique peuvent apporter une solution satisfaisante, mais non suffisante, aux problèmes d'insertion par l'économique. L'État a mis l'accent sur la rénovation des appellations des emplois traditionnels, des emplois en émergence et s'amorce la rénovation ou la création de diplômes professionnels de formations initiales et continues. Les services à domicile se structurent autour de trois ou quatre grandes catégories de métiers i) les métiers traditionnels comme les assistantes sociales et les infirmières avec des dénominations d'emploi de coordonnatrice, de responsable de secteur qui sont des personnels techniques et d'encadrement intermédiaire ii) les intervenants à domicile comme les aides à domicile, les auxiliaires de vie, avec les dénominations et les classifications de la nouvelle convention collective d'avril 2002 iii) les emplois d'encadrement technique et administratif. Quant aux formations en cours d'emploi, la Validation des Acquis d'Expérience modifiera la demande des salariés qui rechercheront la certification par les titres et les diplômes d'État car ils sont mieux reconnus dans les classifications des conventions collectives. Enfin, l'atout des formations initiales existantes au niveau V sera de considérer le cursus sous contrat d'apprentissage pour les deux années ou tout au moins pour la seconde année d'études. Cette proposition concerne la prise en charge des coûts de formation par les employeurs mais aussi la régulation quantitative et qualitative des flux de formés ainsi que la formation à un métier. Par ailleurs, les modalités de certification sont à repenser dans cette nature de formation puisque ce métier est construit sur un corpus de compétences techniques où le cœur reste les capacités relationnelles lors de son exercice. Les services de proximité constituent donc un enjeu économique et social majeur, car ils font figure de puissant réservoir potentiel d'emploi. Si l'on restreint l'approche aux services d'aide à destination des personnes à domicile, les externalités de ces services sont positives. Si l'on prend le cas des services aux personnes âgés les externalités sont positives et collectives. Le développement des services aux personnes dépendantes engendre une réduction des dépenses de chômage, de santé publique, voire une amélioration du marché du travail tout en permettant une plus grande disponibilité dans la famille. Alors les effets des mesures sociales sont efficaces sur la réduction des dépenses de santé publique, elles ont un impact positif sur l'amélioration de l'emploi même si l'on en déplore la précarité ou le manque de reconnaissance salariale. La satisfaction des usagers peut se mesurer par le maintien à domicile des personnes âgées dans des conditions de vie acceptables ainsi que pour la famille de la personne aidée.

Pour conclure, l'État-providence est soumis à une injonction contradictoire : contenir les dépenses sociales pour ne pas grever la compétitivité et financer un nombre croissant d'inactifs. En effet, au vieillissement de la population et à l'allongement de la durée de la vie s'ajoutent le chômage, le raccourcissement du temps de travail qui pèsent sur les coûts des soins, sur les coûts des services à domicile comme sur le volume des retraites. Les lois nationales très récentes sont des signes tangibles d'un secteur en totale évolution, d'un secteur en mutation sous la pression de contraintes et d'une forte demande sociale.

BIBLIOGRAPHIE

AUTES M., GUILBERT J.-P. et MONROSE M. (1999), " Les professions sociales et leur diversité ", *Données sociales*, INSEE, Paris.

BUTTE-GERARDIN I. (1999), " L'économie des services de proximité aux personnes : le cas de soutien à domicile aux personnes âgées ", *logiques de gestion*, L'Harmattan, Paris.

CASES C. et MISSEGUE N. (2001), "Une forte segmentation des emplois dans les activités de services '', *Économie et Statistiques*, n° 344.

CETTE G., HERITIER P. et TADDEI D. *et alii* (1998), " Stratégie de développement des Emplois de proximité ", *Rapport pour le Conseil d'Analyse Économique*, La documentation française, Paris.

CAUSSE L., FOURNIER C. et LABRUYÈRE C. (1998), « Les aides à domiciles », Paris, Syros.

FOUQUET A. (2001), " Le travail domestique : du travail invisible au gisement d'emploi " *in Masculin féminin : questions pour les sciences de l'homme*, PUF, coll. Sciences sociales et société, Paris.

GADREY J. (1996), " Services : la productivité en question ", *Sociologie économique*, DESCLEE de Brouwer, Paris.

HUMBERT C. (2001), " Les usagers de l'action sociale : Sujets, clients ou bénéficiaires ? ", *Savoir et formation*, L'Harmattan, Paris.

INSEE Premières (2001), n° 796.

INSEE/DARES (1999), " Les services émergents et l'emploi ", Liaisons, Paris.

LAVILLE J.-L. et NYSSENS M. (2001), " Les services sociaux : entre associations, États et marché - L'aide aux personnes âgée ", La découverte MAUSS/CRIDA, Paris.

PIKETTY T. (1998), " L'emploi dans les services en France et aux Etats Unis : une analyse structurelle sur une longue période ", *Économie et Statistiques*, n° 318.

RAPIAU M.T. et STEPHAN N. (2000), " Les métiers de services aux personnes, analyse comparée des filières de formation et du devenir des élèves ", in *Efficacité versus équité en économie sociale* , L'Harmattan, Logiques économiques, tome 2, p. 87-98.

RIONDET J. (2000), " Le développement des entreprises d'aide à la personne : propos pour une réflexion ", Qualidom, document interne.

Mesure et analyse des pratiques de formation continue en entreprise

Marie-Denise ZACHARY et Pierrette HEUSE (Département des Études, Banque nationale de Belgique)

Résumé

La formation professionnelle continue fait partie intégrante de la stratégie européenne pour l'emploi. Nous présentons dans cette contribution un état des lieux de la formation en entreprise en Belgique, en utilisant deux outils de mesure : l'enquête européenne CVTS d'une part et le bilan social des entreprises d'autre part. Nous discutons ensuite brièvement la pertinence des indicateurs et les conditions d'un meilleur suivi du développement des activités de formation.

1. INTRODUCTION

Dans un contexte de mutations profondes sur le plan économique, social, technique ou organisationnel, la notion de formation a connu un succès croissant, et le développement d'une thématique de la formation professionnelle continue ou du « lifelong learning », en liaison avec la question de l'emploi, a progressivement remplacé celle de l'éducation des adultes ou de l'éducation permanente des années soixante et soixante-dix (CONTER et MAROY, 1999).

En Belgique, le développement de la participation à la formation peut être analysé sous l'angle des transformations socio-économiques et des changements dans les politiques de formation professionnelle continue. D'une part, la montée du chômage et la surreprésentation de certaines catégories (jeunes, femmes, peu qualifiés) parmi les demandeurs d'emploi expliquent le développement de la formation des adultes, dans la mesure où on est progressivement passé de politiques de création d'emploi dans les années quatre-vingt à des politiques d'insertion professionnelle dans les années quatre-vingt-dix, qui se sont basées sur des actions de formation et de qualification des demandeurs d'emploi. D'autre part, les politiques de l'emploi se veulent aujourd'hui davantage préventives en mettant l'accent sur la formation des salariés. Par ailleurs, dans les entreprises, la nécessité de faire évoluer sans cesse les compétences des travailleurs pour faire face aux changements technologiques, du marché ou de l'organisation a tendance à renforcer les pratiques de formation professionnelle continue (CONSEIL SUPÉRIEUR DE L'EMPLOI, 2002).

2. LA FORMATION CONTINUE DANS LES POLITIQUES D'EMPLOI

2.1. Formation continue et stratégie européenne pour l'emploi

En 2001, les lignes directrices européennes pour l'emploi ont placé la formation continue de la population en âge de travailler au coeur de la stratégie européenne de l'emploi (COMMISSION EUROPÉENNE, 2001). Les États membres ont été invités à mettre en place les outils nécessaires pour que chacun soit incité, dès la fin de la formation scolaire initiale, à poursuivre sa formation tout au long de son parcours professionnel.

Dans le cadre d'une économie européenne appelée à devenir l'économie de la connaissance la plus compétitive au monde (Sommet de Lisbonne, mars 2000), la formation continue des travailleurs devient un enjeu majeur. Elle est en effet considérée comme un moyen de qualification de la main-d'oeuvre, gage de l'efficacité et de la réussite des entreprises dans un environnement hautement compétitif. D'une part, des études montrent une corrélation positive entre formation et productivité, d'autre part, le salarié est réputé en tirer bénéfice puisque ses perspectives d'emploi et son niveau de rémunération sont influencés par la formation.

Du point de vue des firmes, diverses études confirment généralement que la formation a un effet positif sur la productivité (OCDE, 1999 ; DEARDEN *et al.*, 2000). DEARDEN *et al.* montrent, sur des données britanniques, que les effets économiques dûs à la formation sont importants : augmenter la part des travailleurs formés de 5 % dans une industrie serait associé à une augmentation de la valeur ajoutée par travailleur de 4 % et à un accroissement de 1,6 % des salaires. Du point de vue des travailleurs, GOUX et MAURIN (1997, 2000) mettent notamment en évidence, sur la base de données françaises que, si elle n'influence pas directement le niveau de salaire, la formation continue stabilise les travailleurs dans l'emploi, leur permet d'accumuler de l'ancienneté et favorise ainsi indirectement la progression de leur salaire.

Dans cette perspective, la formation a également été retenue comme l'une des dimensions de la qualité de l'emploi qui représente un nouvel accent de la stratégie européenne pour l'emploi, en plus des objectifs quantitatifs définis précédemment (CONSEIL DE L'UNION EUROPÉENNE, 2001). Un des indicateurs de qualité porte spécifiquement sur la proportion de la main-d'oeuvre participant à une formation. La mesure du développement des activités de formation professionnelle au sein des entreprises devient donc particulièrement importante.

2.2. Objectifs de formation professionnelle continue en Belgique

Conscients des enjeux liés à la formation professionnelle continue, les partenaires sociaux, en Belgique, ont conclu à la nécessité d'augmenter les initiatives dans ce domaine. Selon l'accord interprofessionnel, signé en 1998, les efforts de formation déployés par les entreprises devront atteindre, en 2004 et en termes de moyens budgétaires, 1,9 %[1] des coûts salariaux. Des objectifs intermédiaires ont été fixés à 1,4 % en 2000 et à 1,6 % en 2002.

Contrairement à la France, où la loi de 1971 impose à chaque entreprise de plus de 10 salariés d'affecter chaque année une fraction minimale de sa masse salariale à la formation des salariés, l'objectif défini en Belgique demeure global : il s'agit de l'atteindre en moyenne pour toutes les entreprises quelle que soit leur taille. Il permet dès lors qu'une différenciation s'installe entre secteurs d'activité plus ou moins formateurs et entre entreprises au sein d'un même secteur.

L'accord interprofessionnel de fin 2000 a renouvelé les objectifs de formation à moyen terme et y a ajouté la nécessité de mettre en place une politique de formation ciblée sur les travailleurs les plus âgés.

---

[1] Cet objectif a été fixé par référence à la moyenne des trois pays voisins (France, Pays-Bas et Allemagne).

3. ÉTAT DES LIEUX DE LA FORMATION EN ENTREPRISE EN BELGIQUE

Pour suivre l'évolution des activités de formation professionnelle continue, deux sources de données peuvent être utilisées[2] en Belgique : l'enquête « Continuing vocational training » (CVTS) menée à l'échelle européenne d'une part et le bilan social des entreprises[3] d'autre part.

Les deux sources ont pour spécificité d'interroger les employeurs, et non les bénéficiaires, et de porter sur une période de référence de 12 mois. Elles ont pour objectif de recenser les programmes de formation structurée (elles ne touchent donc pas la formation informelle, ni la formation initiale) et ne portent que sur les formations qui bénéficient du soutien de l'employeur. L'enquête CVTS couvre les salariés des entreprises de 10 travailleurs au moins, tandis que le bilan social concerne les travailleurs de l'ensemble des entreprises, à l'exception des petites ASBL[4] de moins de 20 travailleurs et est plus exhaustif du point de vue des branches d'activité.

3.1. Enquête européenne et comparaisons internationales

L'enquête d'Eurostat (CVTS) de 1994 était la première sur la formation professionnelle continue menée dans les entreprises de l'Union Européenne sous une forme harmonisée autorisant des comparaisons internationales fiables. Elle permet de dresser un état des lieux des activités de formation continue en entreprise ; elle a été réitérée en 2000.

Le champ de l'enquête a trait à la formation professionnelle continue, définie comme « des mesures et des activités de formation partiellement ou entièrement financées par les entreprises au profit des personnels qu'elles emploient sur la base d'un contrat de travail » (de BRIER et LEGRAIN, 2002).

L'enquête interroge les entreprises de l'Union Européenne comptant au moins 10 salariés sur leurs pratiques de formation continue. Elle exclut cependant un certain nombre de branches d'activité telles que l'agriculture, l'administration publique, l'éducation et la santé[5]. Il est d'ores et déjà à noter que la non-prise en compte des entreprises de moins de 10 travailleurs conduit à une surestimation des efforts globaux de formation et des taux de participation, étant donné que l'effort de formation déployé par les entreprises est croissant avec la taille de celles-ci (de BRIER et LEGRAIN, 2002 ; GOUX et MAURIN, 2000 ; BNB, 2001).

Le contenu de cette enquête permet d'investiguer un certain nombre de variables : la taille et la branche d'activité de l'entreprise, les publics concernés par la formation (genre et statut socioprofessionnel des bénéficiaires de formation), la durée et les coûts de celle-ci, les domaines concernés et les

---

[2] L'Enquête sur les Forces de Travail constitue également une source d'informations pour la formation professionnelle. Elle n'entre cependant pas dans le cadre de cette étude qui se limite à envisager la formation financée par les entreprises pour leurs salariés.

[3] Le bilan social, en Belgique, constitue une annexe aux comptes annuels et doit être complété par toute entreprise tenue de déposer ceux-ci. L'obligation de dépôt du bilan social s'applique également à d'autres entités comme les hôpitaux et, plus généralement, les ASBL de plus de 20 travailleurs. Il est à noter que, bien qu'il y ait une obligation légale à communiquer le bilan social, son non-dépôt n'entraîne cependant aucune sanction.

[4] Association sans but lucratif, soit l'équivalent en France des associations-loi 1901.

[5] Soit, dans la classification NACE, les secteurs A, B, L, M, N, P et Q.

contenus, ainsi que des informations relatives à l'organisation et à la gestion des activités de formation. Elle ne fournit cependant pas d'informations sur l'âge des bénéficiaires, ni sur leur niveau d'éducation. Par ailleurs, les analyses peuvent être menées sur un plan diachronique (évolution dans le temps de chaque État membre) d'une part, synchronique et comparatif d'autre part.

3.1.1. Effort de formation en Belgique et progrès récents

En ce qui concerne les résultats belges, l'enquête montre une tendance générale à la hausse des indicateurs entre 1993 et 1999. Tant la part d'entreprises formatrices, que les dépenses consacrées à la formation, en pourcentage de la masse salariale, et le taux d'accès ont progressé entre ces deux dates.

Tableau 1 : **Formation formelle dans les entreprises belges**

	1993	1999
Part d'entreprises formatrices formelles (%)	42,0	48,1
Taux d'accès moyen du personnel (%)	16,3	41,1
Durée moyenne de formation par bénéficiaire (heures)	38,1	31,1
Espérance moyenne annuelle de formation par travailleur (heures)	8,3	12,8
Coût moyen de la formation (% de la masse salariale)	1,4	1,6

Sources : de BRIER et MEULEMAN (1996) ; BRIER de et LEGRAIN (2002).

Le taux d'accès augmente très sensiblement, passant de 16 % en 1993 à 41 % en 1999. Cet indicateur est particulièrement important car les analyses menées sur la formation des adultes montrent que ce sont les personnes qui ont le meilleur niveau de formation initiale qui accèdent le plus souvent à la formation continue. Ce constat est également vrai pour la formation en entreprise (CONTER et MAROY, 1999). La forte progression de cette variable est révélatrice de la tendance à la démocratisation de l'accès à la formation professionnelle continue. Selon BRIER de et LEGRAIN (2002), cet indicateur est celui qui reflète le mieux le développement de la formation dans les entreprises, car il est le plus fiable compte tenu des problèmes méthodologiques rencontrés, du moins en Belgique, pour collecter les données relatives aux heures et aux coûts.

La durée moyenne de la formation par participant (total des heures de formation, divisé par le nombre de bénéficiaires, chacun n'étant compté qu'une fois) était estimée, en 1999, à 31 heures, soit quasiment quatre journées de formation par an. En 1993, elle était de 38 heures. Cette baisse du nombre d'heures de formation, combinée à l'accroissement du taux de participation, témoigne du fait que plus de travailleurs accèdent à des formations plus courtes. C'est un deuxième indice de l'ouverture de l'accès à la formation et de réduction des inégalités entre travailleurs. L'espérance moyenne annuelle de formation (total d'heures de formation, divisé par le nombre total de travailleurs) a par ailleurs augmenté : elle est passée de 8 heures en 1993 à près de 13 heures en 1999.

Quant au coût moyen de la formation, exprimé en pourcentage de la masse salariale, il a progressé de 1,4 % en 1993 à 1,6 % en 1999, soit une évolution modeste. L'interprétation de la valeur et de l'évolution des indicateurs financiers est cependant délicate en raison, d'une part, de la difficulté à récolter les chiffres en matière de coûts et, d'autre part, du fait que des actions de formation peuvent prendre place sans qu'il y ait de dépenses effectives, par exemple quand les entreprises recourent à des opérateurs qui dispensent gratuitement les formations (pour une discussion étendue à ce sujet, voir de BRIER et LEGRAIN, 2001).

La valeur des indicateurs varie en fonction de la taille et de la branche d'activité. La taille de l'entreprise reste le facteur déterminant. Ainsi, par exemple, plus l'entreprise est petite, plus le taux d'accès est faible : il est de 19 et de 21 %, respectivement, dans les firmes de 10 à 19 et de 20 à 49 travailleurs. Les entreprises qui occupent de 50 à 249 travailleurs présentent un taux de 39 %, proche de la moyenne. Dans les plus grandes entreprises, il est proche de ou supérieur à 50 %. En ce qui concerne les dépenses également, les écarts sont manifestes : les grandes entreprises consentent, proportionnellement à la masse salariale, un effort financier deux fois plus élevé que les petites entreprises (1 % pour les entreprises occupant de 10 à 19 travailleurs, contre 2 % pour celles de plus de 1 000 salariés).

Par ailleurs, les écarts en fonction de la branche d'activité des entreprises, bien que moins importants qu'en 1993, restaient perceptibles en 1999 : les branches à haute densité de main-d'oeuvre le plus souvent faiblement qualifiée (construction, transport, vente, industries manufacturières) présentent les indicateurs les plus faibles. Ce sont aussi dans ces branches que les pratiques de formation informelle (tutorat, formation en situation de travail, organisation de conférences, mobilité du personnel, etc.) sont les plus développées, de sorte qu'il y a une compensation partielle de la faiblesse des dispositifs de formation formelle.

Tableau 2 : **Comparaison par catégorie socioprofessionnelle**[6]

	Cadres	Prof. intermédiaires	Employés	Ouvriers
1993				
- Répartition de l'effectif global (%)	13	-	43	44
- Taux d'accès moyen	45	-	41	15
1999				
- Répartition de l'effectif global (%)	19	2	38	41
- Taux d'accès moyen	58	47	50	36

Sources : de BRIER et MEULEMAN (1996) ; BRIER de et LEGRAIN (2002).

Enfin, les taux d'accès à la formation continue sont également variables en fonction de la catégorie socioprofessionnelle des travailleurs. L'augmentation du taux d'accès entre les deux enquêtes se fait sentir pour l'ensemble des catégories de travailleurs, renforçant le constat global de démocratisation. Au total, les écarts se réduisent entre les groupes sociaux et le taux d'accès des ouvriers, même s'il demeure le plus faible, connaît une forte hausse entre 1993 et 1999, qui le rapproche de la moyenne.

---

[6] En 1999, ces données n'ont été récoltées que dans les entreprises dont le siège social se situe en Wallonie ou à Bruxelles. Elles ne concernent dès lors que ces entités et pas l'ensemble de la Belgique. Les tendances sont cependant clairement perceptibles.

3.1.2. Perspective internationale

En 1999, la proportion d'entreprises qui ont proposé des cours de formation professionnelle continue a varié entre 9 % en Grèce et 88 % au Danemark. En Belgique, cette part (48 %) est relativement faible, par rapport aux pays nordiques et aux pays voisins que sont les Pays-Bas, la France et l'Allemagne.

Graphique 1 : **La formation en entreprise dans les pays de l'UE et en Norvège, en 1999**[7]

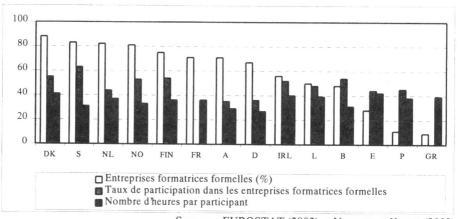

Sources : EUROSTAT (2002) et NESTLER et KAILIS (2002).

Les différences entre pays sont moins prononcées en ce qui concerne les taux de participation au sein des entreprises formatrices, qui ont oscillé entre 35 % en Autriche et 63 % en Suède. En Belgique, 54 % des travailleurs des entreprises formatrices ont eu accès à une formation. Ce taux augmente par ailleurs avec la taille des entreprises : 45 et 46 % pour les entreprises de 10 à 49 et de 50 à 249 employés respectivement, contre 60 % dans les entreprises de 250 travailleurs et plus. Enfin, la durée de la formation par participant varie de 27 heures en Allemagne à 42 heures en Espagne.

Comme en 1993, il n'existe pas de lien entre, d'un côté, la part des entreprises formatrices et, de l'autre, les chances des salariés de pouvoir accéder à une formation et le temps consacré à celle-ci (NESTLER et KAILIS, 2002). Par contre, l'analyse simultanée du taux de participation et du nombre d'heures de formation fait apparaître des différences nationales de stratégies en matière de formation continue. L'absence de corrélation plus étroite entre la position relative d'un pays pour ce qui est de la participation et du volume de formation pourrait refléter un choix entre une conception extensive et une conception intensive de l'investissement en formation (OCDE, 1999). Un pays qui allie un faible volume de formation à un grand nombre de travailleurs bénéficiaires privilégie l'aspect extensif de l'investissement en formation et tend à se situer plus haut par rapport à l'indice de participation que par rapport à l'indice du nombre d'heures. Les pays nordiques et la Belgique sont dans ce cas de figure. A l'inverse, d'autres pays

---

[7] A la fin de la rédaction de cet article, les données sont manquantes pour l'Italie et le Royaume-Uni, de même que partiellement pour la France et la Grèce.

privilégient le côté intensif, assurant une formation relativement longue à une proportion de travailleurs moyenne ou inférieure à la moyenne. On peut ranger dans ce groupe l'Espagne ou le Portugal.

L'intensité de la formation semble décroître au fur et à mesure que la participation augmente, ce qui tend à favoriser une réduction des inégalités dans l'accès à la formation continue. Les chiffres obtenus pour la Belgique en 1993 et en 1999 sont exemplaires à ce propos : on enregistre une diminution du nombre d'heures par participant de 38 à 31, parallèlement à une augmentation notable du taux de participation de 16 à 41 %.

3.2. Mesure à travers le bilan social des entreprises en Belgique

Introduit en Belgique en 1996, le bilan social contient un ensemble de données portant sur divers aspects de l'emploi dans les entreprises et fournit notamment des informations sur les efforts consentis pour la formation du personnel. Il constitue une annexe des comptes annuels que les entreprises ont l'obligation de déposer chaque année. Les données qu'il contient peuvent de ce fait être croisées avec celles provenant du bilan et du compte de résultats des entreprises, tant au niveau individuel que macroéconomique. Il est donc possible d'analyser les efforts de formation déployés par les entreprises en parallèle avec leur volume d'activité, leur rentabilité ou leur taux d'investissement. Les données disponibles portent sur le coût de la formation, le nombre de personnes concernées et les heures qui y sont consacrées. Une ventilation par genre est également possible.

3.2.1. Enseignements du bilan social sur la formation dans les entreprises

En 2000[8], près de 8 % des entreprises ont complété le tableau relatif à la formation de leur personnel figurant au bilan social. Ces entreprises, qualifiées de formatrices, occupaient à elles seules 60 % des travailleurs en Belgique. Il s'agit donc en général d'entreprises de grande taille, qui comptaient en moyenne environ 200 travailleurs chacune.

Sur la base des informations provisoires disponibles, il ressort que l'effort de formation aurait représenté, en 2000, 1,4 % des frais de personnel. Ce chiffre est en légère progression par rapport aux deux années précédentes. Les données relatives à l'exercice 2000 ne sont pas entièrement comparables à celles concernant les années précédentes, puisqu'elles se rapportent à une population réduite d'entreprises, qui compte une proportion plus importante de firmes de grande taille investissant proportionnellement davantage dans la formation de leurs travailleurs. Malgré cette réserve, il semble néanmoins qu'une intensification des efforts de formation soit en cours. Elle se marque également à travers le taux de participation à la formation et le nombre d'heures dispensées en moyenne par bénéficiaire.

---

[8] Les données de 2000 portent, non pas sur l'ensemble de la population des entreprises, mais sur celles qui avaient déposé leur bilan social au 31 août 2001.

Tableau 3 : **Formation dans les entreprises belges**[9]

	1998	1999	2000
Entreprises formatrices, en % du total des entreprises ayant déposé un bilan social	5,7	6,0	7,8
Coût de la formation			
- en % des frais de personnel	1,2	1,3	1,4
- moyenne par bénéficiaire, en euros	1382	1418	1488
Nombre de personnes concernées par une formation, en % de l'effectif	31,5	33,8	36,5
Heures de formation			
- en % du nombre total d'heures prestées	0,7	0,8	0,9
- moyenne par bénéficiaire, en unités	31,2	31,8	33,4

Source : BNB (2001).

En 2000, 36,5 % des travailleurs occupés ont bénéficié d'une formation qui a coûté, en moyenne, 1 488 euros par bénéficiaire. Ces chiffres sont fortement variables selon la branche d'activité. Dans l'agriculture et la construction, à peine 10 à 15 % des travailleurs ont eu accès à une formation professionnelle en cours d'année. En revanche, dans l'industrie, les services financiers, immobiliers et aux entreprises, ainsi que dans la branche des autres services, près de 40 % des travailleurs ont pu accroître leurs compétences par le biais d'une formation. Enfin, les personnes qui ont eu l'opportunité de bénéficier d'une formation en 2000 y ont, en moyenne, consacré 33 heures. Au total, le temps moyen de la formation a représenté 0,9 % des heures prestées durant cet exercice.

3.2.3. Caractéristiques des entreprises formatrices

Les politiques de formation reçoivent globalement un écho plus favorable dans les grandes entreprises que dans les petites, soit que ces dernières consacrent effectivement moins de moyens à la formation, soit qu'elles ne précisent pas leur effort de formation à travers le bilan social. Le budget de formation représente en effet moins de 0,2 %, en moyenne, de l'ensemble des frais de personnel des entreprises comptant moins de 50 travailleurs. Il augmente progressivement avec la taille de l'entreprise pour atteindre 2,3 % dans les entreprises de plus de 500 personnes. Le nombre moyen d'heures de formation par bénéficiaire est également plus important dans les grandes entreprises que dans les petites, de même que les opportunités de participer à une formation, qui passent de 2 % dans les petites entreprises de 10 travailleurs au plus, à 60 % dans les plus grandes.

---

[9] Les données relatives aux années 1998 et 1999 sont calculées à partir de la population totale. Celles concernant 2000 sont obtenues à partir d'une population réduite.

Tableau 4 : **Formation dans les entreprises belges en 2000 : ventilation selon l'importance de l'emploi en équivalents temps plein (ETP) en 1999**

	10 ETP au plus	11 à 50 ETP	51 à 100 ETP	101 à 500 ETP	Plus de 500 ETP
Coût de la formation (en % des frais de personnel)	0,1	0,3	0,6	1,1	2,3
Nombre de travailleurs formés (en % de l'effectif total)	1,7	8,9	26,5	38,5	60,0
Nombre d'heures de formation par personne formée (en unités)	26,9	30,8	27,4	30,2	35,2

Source : BNB (2001).

Les entreprises[10] qui ont enregistré un accroissement substantiel de leur activité, ce qui se traduit par une hausse de leur marge brute d'exploitation supérieure à 20 %, sont aussi celles qui ont consacré le plus de moyens financiers à la formation de leur personnel. Une explication potentielle à cette observation consiste à mettre en évidence les difficultés de recrutement de personnel qualifié auxquelles ont probablement dû faire face ces entreprises. En effet, parallèlement à leurs bons résultats, ces entreprises ont recruté au cours de l'année à hauteur de 1,5 %. Il est donc vraisemblable qu'elles aient organisé pour leurs *nouveaux travailleurs* des formations destinées à leur faire acquérir les compétences requises. En moyenne, elles ont consacré 1,8 % de leurs frais de personnel à la formation, qui a touché quelque 32 % du personnel, pour une durée moyenne de 45 heures par personne.

En règle générale, plus la progression de la marge brute d'exploitation est prononcée, plus le budget et la durée moyenne de formation s'accroissent, tandis que le nombre de personnes ayant accès à la formation est relativement stable (32 %), sauf pour les entreprises dont la marge brute d'exploitation est la plus faible (inférieure à 10 %), dans lesquelles 20 % des travailleurs ont reçu une formation.

3.2.2. *Opportunités de formation selon le genre*

En dépit des recommandations européennes en matière d'égalité des chances et de non-discrimination entre les sexes dans la politique d'emploi, la situation des femmes reste de loin moins favorable que celle des hommes en ce qui concerne la formation professionnelle continue.

Le « gender gap » traduit l'écart entre la situation des femmes et celle des hommes pour une variable déterminée. Il ne porte pas sur l'accès à la formation, puisque la proportion des femmes ayant suivi une formation est identique à celle des hommes, mais bien sur les budgets et la durée de la formation. Ces constats se vérifient sur l'ensemble de la période d'observation (1998 à 2000).

---

[10] Il est à signaler que l'analyse portant sur la marge brute d'exploitation ne prend pas en compte les entreprises qui ne déposent pas de comptes normalisés auprès de la Centrale des bilans, c'est-à-dire principalement les entreprises du secteur financier et les hôpitaux.

Tableau 6 : « **Gender gap** » **en matière de formation en 2000**

	Hommes	Femmes	Ratio femmes/ hommes
Nombre de personnes concernées par une formation, en % de l'effectif	36,4	36,8	1,01
Coût de la formation (moyenne par bénéficiaire, en euros)	1714	1108	0,65
Heures de formation (moyenne par bénéficiaire, en unités)	37,8	25,9	0,68

Source : BNB (2001).

Le budget annuel moyen consacré à la formation des travailleuses était d'environ 1 108 euros en 2000, soit 65 % du budget moyen consacré à leurs homologues masculins. Il faut cependant savoir que le coût des formations intègre le salaire perçu par les travailleurs en formation. Par conséquent, une part de l'écart constaté entre hommes et femmes s'explique sans doute par la différence de salaire moyen entre les sexes.

Enfin, en termes de durée, les femmes ont, en moyenne, suivi une formation de 26 heures, tandis que la durée moyenne de formation s'est élevée, pour les hommes, à 38 heures. On peut poser l'hypothèse que le temps partiel, qui est essentiellement féminin, renforce l'inégalité dans la durée moyenne de formation.

La situation relative des femmes varie fortement selon les branches d'activité. Par exemple, en matière d'accès à la formation, le ratio femmes/hommes (qui, s'il est inférieur à l'unité, traduit une situation de discrimination à l'égard des femmes) s'élève à 1,33 dans les transports et communications, à 1,24 dans la branche de la santé et de l'action sociale et à 1,23 dans l'agriculture. En revanche, il est proche de, ou inférieur à 0,8 dans l'industrie, la construction, l'horeca, les services financiers et d'assurance, les services immobiliers et aux entreprises et les services collectifs et personnels. La situation plus favorable des femmes en matière d'accès à la formation dans les branches de la santé et des transports et communications ne se reflète pas, au contraire, dans le budget moyen et la durée de formation, puisque le ratio femmes/hommes reste, pour ces deux variables, inférieur à 0,8. A contrario, on n'observe pas de « gender gap » en matière de budget, ni de durée de formation, dans des branches telles que la construction et les activités financières et d'assurance.

Par ailleurs, en dépit des moyens plus importants consacrés à la formation dans les grandes entreprises, la situation des femmes n'y est pas plus favorable que dans les petites, au contraire. L'accès à la formation semble plus aisé pour les femmes que pour les hommes dans les entreprises de taille moyenne, qui occupent de 10 à 100 travailleurs ETP. Le ratio femmes/hommes des salariés en formation y est en effet de 1,3, alors qu'il est proche de 1 pour les entreprises qui comptent plus de 100 travailleurs. Dans les petites entreprises (moins de 10 travailleurs), ce ratio est inférieur à 0,9.

Graphique 2 : « **Gender gap** » **en matière de formation : ventilation selon la taille des entreprises (ratio femmes/hommes)**

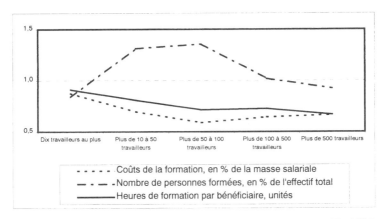

Source : BNB (2001).

En ce qui concerne le budget de formation, le ratio femmes/hommes passe progressivement de 0,87 dans les entreprises de 10 travailleurs au plus, à 0,66 dans les entreprises de plus de 500 travailleurs ; il présente en outre un creux à moins de 0,60 pour les entreprises moyennes occupant de 50 à 100 travailleurs. Parallèlement, en matière de durée moyenne de formation, ce ratio diminue de 0,91 à 0,67, au fur et à mesure que s'accroît la taille de l'entreprise.

3.3. Comparabilité, limites et avantages des deux instruments de mesure

Les chiffres de l'enquête CVTS2 sont, comme attendu, plus favorables que ceux de la même année 1999 tirés du bilan social, pour ce qui concerne la part d'entreprises formatrices (48 et 6 % respectivement) et le taux de participation (41 et 34 % respectivement). Cela traduit le moindre investissement dans la formation de la part des petites entreprises de moins de 10 travailleurs, prises en compte dans l'analyse du bilan social, alors qu'elles sont exclues de l'enquête européenne. Si on les exclut également de la base de données du bilan social, on obtient des données tout à fait comparables. De même, le nombre d'heures de formation par participant devient quasiment identique (31 heures pour CVTS et 32 heures pour le bilan social).

En ce qui concerne les budgets affectés à la formation, ils paraissent plus élevés dans l'enquête CVTS (1,6 % de la masse salariale en 1999, contre 1,4 % dans le bilan social pour l'ensemble des entreprises et 1,5 % en excluant les petites entreprises). Ceci résulte d'une meilleure prise en compte de l'ensemble des coûts éligibles à travers l'enquête CVTS, supervisée et contrôlée par des enquêteurs, alors que le bilan social est complété par les responsables dans les entreprises, qui ne savent pas toujours ce qu'ils peuvent prendre en compte.

Au total, les données du bilan social donnent une bonne approximation des pratiques de formation de l'ensemble des entreprises en termes de taux de participation et de durée de formation. Elles sous-estiment cependant les dépenses qui n'y sont pas entièrement répertoriées.

Le bilan social, au même titre que l'enquête CVTS, permet une analyse selon le genre, la taille de l'entreprise et la branche d'activité. Etant donné qu'il constitue une annexe des comptes annuels des sociétés, le bilan social permet en outre une liaison avec des indicateurs financiers d'activité des entreprises, ce qui offre la possibilité de mieux caractériser les entreprises formatrices. Aucune des deux sources ne fournit toutefois une ventilation des données par âge ni par niveau d'éducation. Or ces variables apparaissent toujours comme discriminantes dans l'accès à la formation (OCDE, 1999).

Le grand avantage de l'enquête européenne (CVTS) est de permettre des comparaisons internationales fiables pour les entreprises de 10 travailleurs au moins. Elle comprend en outre des informations sur la catégorie socioprofessionnelle des bénéficiaires (palliant ainsi partiellement le manque de données sur leur niveau d'éducation) et prend mieux en compte la question des coûts. Les enquêteurs belges relèvent cependant la difficulté de la démarche d'enquêtes en entreprise et le temps important nécessaire pour l'enquête (de BRIER et LEGRAIN, 2002). Le délai entre la collecte des données et leur publication est révélateur à cet égard.

Par ailleurs, il s'agit d'une enquête très ponctuelle, alors que le bilan social est complété annuellement par les entreprises.

4. VERS UN SUIVI CONTINU DE LA FORMATION PROFESSIONNELLE CONTINUE

Malgré ses limites, le bilan social permet donc d'avoir une bonne approximation des variables ayant trait à la formation en entreprise, ainsi qu'on l'a montré par comparaison avec l'enquête européenne CVTS. Les dépenses y sont cependant sous-estimées. En particulier, certaines entreprises, par manque d'information ou par différence dans le traitement de ces dépenses, ne renseignent pas l'ensemble de leurs coûts dans le bilan social. Cette difficulté devrait être contournée par la constitution d'un échantillon représentatif d'entreprises qui ferait l'objet d'un suivi particulier pour le volet formation du bilan social. C'est du moins le projet des partenaires sociaux belges qui ont la volonté de suivre annuellement le développement des pratiques de formation et ont retenu le bilan social comme instrument pour évaluer les progrès en la matière.

Ce suivi s'avère nécessaire dans la mesure où il convient de s'assurer que les objectifs définis en matière de formation en entreprise sont atteints. Ces objectifs sont actuellement déterminés en termes de dépenses de formation exprimées en pourcentage de la masse salariale (objectifs intermédiaires fixés à 1,4 % en 2000, 1,6 % en 2002 et objectif final de 1,9 % en 2004). D'après les données de l'enquête CVTS, qui sont les plus fiables en matière de coûts, les entreprises occupant plus de 10 travailleurs auraient déjà atteint le chiffre de 1,6 % en 1999. Les données du bilan social annoncent quant à elles un chiffre de 1,4 % pour l'année 2000. Dans ce dernier cas, il s'agit cependant d'une estimation réalisée sur une partie de la population des entreprises soumises au bilan social, comportant un biais en faveur des plus grandes entreprises, où les dispositifs de formation sont les plus développés. Le chiffre définitif portant sur l'ensemble de la population devrait par conséquent être revu à la baisse.

Les difficultés liées à la collecte des données relatives aux coûts, couplées au fait que des entreprises peuvent collaborer pour la formation avec des opérateurs qui l'organisent gratuitement, amènent à se poser la question de l'indicateur le plus pertinent pour mesurer l'évolution des pratiques de formation en entreprise. A cette question, de BRIER et LEGRAIN (2002) répondent que le taux de participation en est davantage révélateur. L'évolution des chiffres entre 1993 et 1999 semble également plaider en faveur de cet indicateur : le taux de participation a progressé de 16 à 41 %, tandis qu'on n'enregistrait qu'un faible accroissement des dépenses (1,4 à 1,6 % de la masse salariale).

Le taux de participation et le nombre d'heures par participant permettent en outre potentiellement une analyse par genre, âge, niveau d'éducation et catégorie socioprofessionnelle. Or ces ventilations ne sont pas sans intérêt dans la mesure où l'OCDE (1999) relevait que la répartition la plus inégale dans l'accès à la formation continue, du moins selon le niveau d'éducation, s'observait, entre autres, en Belgique. Cette variable n'est pas présente actuellement dans le bilan social. On n'y dispose que de la ventilation par genre. L'introduction d'une ventilation de l'âge des bénéficiaires ainsi que de leur niveau d'éducation ou catégorie socioprofessionnelle est sans doute à envisager à terme dans la mesure où des discriminations vis-à-vis des peu qualifiés, des plus âgés, des femmes et des plus jeunes ont été mises en évidence en Belgique (CONTER et MAROY, 1999 ; de BRIER et MEULEMAN, 1996), comme dans la plupart des pays européens (GOUX et MAURIN, 2000). Une proposition visant à réduire ces discriminations consisterait à proposer, comme au Danemark, d'orienter les programmes de formation vers des populations spécifiques de travailleurs et d'offrir des incitants particuliers pour la formation de ces groupes cibles.

5. CONCLUSION

En Belgique, comme dans les autres États membres de l'Union Européenne, la formation continue est devenue partie intégrante des politiques de l'emploi et des objectifs en la matière ont été définis par les partenaires sociaux.

Contrairement à la France, la Belgique n'a pas fixé d'obligation individuelle en matière de dépenses de formation professionnelle, mais les partenaires sociaux ont déterminé un objectif global vers lequel tendre. Cela implique que les dépenses de formation peuvent varier fortement d'une entreprise à l'autre et surtout d'une branche d'activité à l'autre. Par ailleurs, se pose également le problème de sous-investissement en matière de formation dans certaines entreprises ou secteurs, de même que d'importants phénomènes de discrimination dans l'accès à la formation.

Le suivi précis des objectifs nécessite la mise en place d'instruments de mesure des pratiques de formation en entreprise. L'enquête CVTS, si elle offre toutes les assurances en matière de comparaison internationale, est périodique et se révèle coûteuse à la fois en termes de temps et sur le plan financier. Il n'est pas certain, pour ces raisons, qu'elle soit réitérée. Le bilan social présente l'avantage d'être annuel et obligatoire pour toutes les entreprises. Une amélioration de la collecte des données semble cependant nécessaire pour éviter le biais des non-réponses et la sous-estimation de la valeur de certaines variables. Cette amélioration est actuellement en projet. Les données collectées auprès d'un échantillon représentatif d'entreprises permettront un suivi annuel du développement de la formation en entreprise. Par ailleurs, les données du bilan social pourront à terme être croisées avec celles de l'Office national de sécurité sociale qui comportent des informations sur la structure du personnel dans les entreprises selon l'âge et la catégorie socioprofessionnelle.

Enfin, un suivi en matière de formation est d'autant plus important que l'analyse des données internationales révèle que la part des entreprises belges formatrices et l'intensité de l'effort financier consacré à la formation continue sont inférieurs à la moyenne européenne. Cette faiblesse des pratiques de formation en Belgique s'est partiellement résorbée entre 1993 et 1999. On peut supposer que l'engagement des partenaires sociaux à cet égard n'y est pas étranger et que l'effort de formation en Belgique, actuellement en pleine croissance, va se poursuivre.

Des différences substantielles de comportement persistent cependant. Celles-ci sont fonction de la taille et de la branche d'activité des entreprises, de la catégorie socioprofessionnelle et du genre des travailleurs. Si les femmes ont autant accès que les hommes à la formation, il s'agit en général de formations plus courtes et moins coûteuses, ainsi que le révèlent les données du bilan social. Pour que la formation remplisse pleinement l'ensemble de ses finalités, à savoir une fonction économique (accroissement de la productivité des travailleurs et maintien de l'employabilité), une fonction sociale (permettre à chacun, quel que soit son niveau de qualification d'avoir un égal accès à la formation) et une fonction de meilleure intégration dans l'entreprise (DUBAR, 1990), il convient d'être attentif à l'évolution de l'accès à la formation des groupes aujourd'hui moins favorisés.

BIBLIOGRAPHIE

BANQUE NATIONALE DE BELGIQUE (BNB) (2001), "Le bilan social 2000", *Revue économique*, novembre (téléchargeable sur le site : http://www.nbb.be).

BRIER de C. et LEGRAIN A. (2002), *Politiques de formation dans les entreprises. La situation belge en chiffres. 1999*, Bruxelles, ICHEC.

BRIER de C. et MEULEMAN F. (1996), *La formation professionnelle continue en entreprise. Résultats finaux de l'enquête FORCE*, Bruxelles, ICHEC.

COMMISSION EUROPÉENNE (2001), *Les lignes directrices pour l'emploi en 2001*, Journal officiel des Communautés européennes du 24 janvier 2001, Luxembourg, OPCE.

CONSEIL DE L'UNION EUROPÉENNE (2001), *Rapport du comité de l'emploi sur les indicateurs de la qualité de l'emploi*, Bruxelles, novembre.

CONSEIL SUPÉRIEUR DE L'EMPLOI (2002), *Avis concernant la politique belge de l'emploi dans le cadre de la stratégie européenne pour l'emploi*, Bruxelles, mars (téléchargeable sur le site http://www.meta.fgov.be).

CONTER B. et MAROY C. (1999), "Développement et régulation des politiques de formation professionnelle continue", *in Des idées et des hommes. Pour construire l'avenir de la Wallonie et de Bruxelles* (ouvrage collectif), Louvain-la-Neuve, Academia Bruylant.

DEARDEN L., REED H. et VAN REENEN J. (2000), *Who gains when workers train ? Training and corporate productivity in a panel of British industries*, CEPR, Discussion paper n° 2486.

DUBAR C. (1990), *La formation professionnelle continue*, Paris, La Découverte.

EUROSTAT (2002), *CVTS2*, cédèrom New Cronos.

GOUX D. et MAURIN E. (1997), "Les entreprises, les salariés et la formation continue", *Économie et statistique*, n° 306/6.

GOUX D. and MAURIN E. (2000), "Returns to firm-provided training evidence from French worker-firm matched data", *Labour economics*, n° 71-19.

NESTLER K. et KAILIS E. (2002), "La formation professionnelle continue en entreprise dans l'Union européenne et en Norvège (-CVTS2-)", *Statistiques en bref*, 3/2002.

ORGANISATION DE COOPÉRATION ET DE DÉVELOPPEMENT ÉCONOMIQUE (OCDE) (1999), "Formation des travailleurs adultes dans les pays de l'OCDE : mesure et analyse", *Perspectives de l'emploi*, juin.

Chapitre 10

Santé

Discours économique et prophéties auto-réalisatrices en santé : l'érosion de la « part gratuite »

Philippe BATIFOULIER (FORUM, Université Paris X-Nanterre),
Bruno VENTELOU (OFCE)

Résumé

Cet article soutient la thèse qu'une partie de l'évolution à la hausse de la dépense de santé est liée à un transfert factice du gratuit vers le marchand. Ce transfert pourrait être dû aux réaffirmations nombreuses, constantes et renouvelées d'une « logique marchande » portée par le discours économique conventionnel. Ce biais de regard sur la santé traduit et instaure la primauté d'une convention marchande.

1. INTRODUCTION

Si la croissance des dépenses de santé en France s'est globalement ralentie depuis 10 ans, l'amélioration reste fragile et la pression à la (forte) hausse toujours possible. La santé est souvent regardée avec des « yeux comptables » et l'association « santé-dérapage des dépenses » est souvent employée pour signifier cette instabilité - à la hausse - des dépenses.

Ce discours n'est légitime que si l'on pense soigner mieux ou aussi bien en dépensant moins. Il cherche donc souvent à mettre l'accent sur les gaspillages et l'inflation artificielle des coûts, responsables de la « dérive » des dépenses. Au total, en pointant l'inefficacité ou l'inutilité de certaines dépenses, il justifie une régulation comptable du secteur.

Notre hypothèse est que cette lecture politique du système de santé est liée à la primauté d'une « évaluation marchande » sur tout autre type d'évaluation. Nous appellerons « évaluation marchande » ou « regard marchand » une façon de juger l'activité médicale sur les seuls critères de l'économie conventionnelle. L'argumentation sera menée en trois temps :

Dans un premier temps, nous tenterons de repérer la part marchande des dépenses de santé en soulignant l'existence d'une « propension à marchandiser » qui transforme la « part gratuite » de l'acte médical en « part marchande ». L'érosion de cette *part gratuite* alourdit la dépense de santé, telle que relevée par les statistiques comptables et financières.

La deuxième partie cherche à expliquer cette érosion en écartant tout d'abord les interprétations « naturalistes » qui, de la demande induite à la théorie de l'agence, considèrent que la marchandisation n'est que le résultat de comportements stratégiques du médecin. Ce dernier n'est en effet guidé que par la recherche de son intérêt comme tout acteur économique. Nous privilégions au contraire une interprétation « constructiviste », qui écarte la vision fataliste d'une nature humaine opportuniste, pour insister sur le rôle des représentations qui façonnent le comportement des acteurs. Dans ce cadre, le discours de l'économie qui privilégie le regard marchand nous semble jouer un rôle de premier plan. Tout particulièrement, il conduit à des prophéties auto-réalisatrices.

Enfin, dans une dernière partie, nous précisons cette approche constructiviste en mobilisant la notion de convention entendue comme une façon de coordonner les représentations. Cette mobilisation paraît adéquate puisqu'il s'agit d'expliquer pourquoi l'érosion de la part gratuite relève d'une attitude qui *va de soi* car elle tire sa légitimité de l'interprétation « *jugée correcte* » du fonctionnement du système de santé.

2. LA PROPENSION À MARCHANDISER

On prétend souvent que l'état de santé d'une population n'est pas directement lié au niveau des dépenses de santé[1]. Il dépend plutôt du degré de développement du pays, des habitudes alimentaires, et de la structure politico-sanitaire. Ce constat fréquemment formulé se traduit par la relation : *Etat de santé* (ou performance de santé) $\neq$ f [*Dépenses de santé*]. Plus exactement, il apparaît raisonnable d'affirmer que l'évolution de l'un n'est pas liée à celle de l'autre.

Ce discours pourrait oublier l'existence, entre la dépense statistiquement mesurée et son résultat, d'une « propension à marchandiser » qui tend à alourdir la dépense par simple transfert du *gratuit* vers le *marchand*, sans progrès qualitatif. C'est notre « chaînon manquant ».

2.1. Le chaînon manquant : la « part gratuite »

On peut établir plus rigoureusement le lien entre l'état de santé et le niveau de dépenses si l'on intègre ce « chaînon manquant ». Pour ce faire, on pose :

Relation 1 : Etat de santé = f [Effort global de santé]

Relation 2 : Effort global de santé = Effort marchand (statistiquement visible) + Effort non marchand (statistiquement difficilement repérable).

On reconnaît dans l'effort marchand la notion usuelle de dépenses de santé.

Avec, s, état de santé, e, effort global, on a :

---

[1] Deux éléments factuels parmi d'autres à l'appui de cette thèse :
- les États-Unis dépensent beaucoup mais la performance de leur système de santé laisse à désirer.
- la France dépense également beaucoup mais les indicateurs fondamentaux (espérance de vie, mortalité infantile, etc.) ne sont pas significativement différents de ceux d'autres pays qui dépensent beaucoup moins comme le Royaume Uni.

(1) $s_t = f(e_t)$

et

(2) $e_t = e_t^m + e_t^{nm}$

puis en posant μ_t, la propension à tarifer :

(1) $s_t = f(e_t)$

et

(2') $\mu_t \cdot e_t = e_t^m$

Le système devient en variation :

(1) $ds_t = f'(e_t) \cdot de_t$

et

(2') $d\mu_t \cdot e_t + de_t \cdot \mu_t = de_t^m$

D'où la relation :

(3) $ds_t = e_t \cdot f'(e_t) \cdot [\dfrac{de_t^m}{e_t^m} - \dfrac{d\mu_t}{\mu_t}]$

ou encore :

(3') $\dfrac{ds_t}{s_t} = (e_t \cdot \dfrac{f'(e_t)}{f(e_t)}) \cdot [\dfrac{de_t^m}{e_t^m} - \dfrac{d\mu_t}{\mu_t}]$

Les variations de l'état de santé (ds_t) restent bien, en principe, corrélées aux variations de l'effort marchand de santé (de_t^m) mais deux conditions apparaissent :

- d'une part, l'élasticité de la fonction f de transformation de l'effort de santé en état de santé doit bien être positive et constante, chose que nous admettrons[2].

- d'autre part, les variations de l'effort marchand de santé ne sont pas compensées par une augmentation de la propension à tarifer les soins.

En revanche, si $\dfrac{de_t^m}{e_t^m} = \dfrac{d\mu_t}{\mu_t}$, la causalité disparaît.

Dans cette hypothèse, toute variation de l'effort de santé marchand se retrouve exactement en une variation de la propension à tarifer. Il n'y a en fait que *transfert* de l'effort, auparavant gratuit, en un effort tarifé. On peut alors expliquer que l'état

---

[2] C'est bien sûr cette élasticité qui est en général remise en cause, pour expliquer l'absence de corrélation entre dépense et résultat. Le rendement marginal de la dépense serait nul.

(ou la performance) de santé soit parfois dé-corrélé des dépenses. On réobtient *a contrario* une correspondance entre les deux si on suppose que μ_t est constant ($d\mu_t = 0$).

En d'autres termes, notre hypothèse est que l'existence d'une propension à tarifer variable explique la *dérive* des dépenses, dérive qui ne se retrouve pas dans les indicateurs de résultat (de santé) des pays. Le taux μ_t serait la « *variable omise* », ou le « chaînon manquant », qui viendrait expliquer les difficultés économétriques relevées pour la régression.

2.2. Comment mesurer la « variable omise » ? Une piste : la durée de consultation

La durée moyenne de consultation s'est réduite en France au cours du temps. Dit autrement, le tarif par minute de consultation a augmenté. Notre hypothèse est que cette évolution s'est faite au détriment de la « part gratuite ». Pour une minute de consultation payante (l'effort marchand de santé, e^m), on a :

$$\frac{de_t^m}{e_t^m} = \frac{dT_t}{T_t} - \frac{dm_t}{m_t}$$

avec T tarif de la consultation, et m durée moyenne de consultation. En supposant $de_t = 0$ (pour une minute de consultation, l'effort global de santé n'a pas changé, car les technologies de soins n'ont pas profondément été modifiées), il vient :

$$\frac{d\mu_t}{\mu_t} = \frac{dT_t}{T_t} - \frac{dm_t}{m_t}$$

En constatant que le tarif de la consultation n'a pas non plus changé en termes réels ces dernières années ($dT=0$), on peut penser que les variations à la baisse de la durée moyenne de consultation sont un bon indicateur de la propension à tarifer l'effort :

$$\frac{d\mu_t}{\mu_t} = -\frac{dm_t}{m_t}$$

Par exemple, le passage d'une durée moyenne de consultation de 20 minutes dans les années quatre-vingt, à 15 minutes aujourd'hui (baisse de 25 %) révèle une augmentation de la propension à tarifer de 25 %. Cette variation interne de la « part marchande » de la dépense de santé tendrait à neutraliser une part importante de la hausse en volume de la dépense de santé sur ces vingt dernières années (qui s'élèvent à + 80 %).

Cette analyse est généralisable et plusieurs autres exemples de « marchandisation » pourraient être cités : pour faire bref, il s'agit souvent de « *reporter les soins du malade sur les soins de la maladie* ». Ainsi, pour la médecine de ville, le recours à la médicalisation (toujours plus coûteuse) au détriment de la discussion a été souligné. La résolution de problèmes psychologiques à l'aide de la « parole » et de « l'attention » est abandonnée, au profit d'un transfert vers la prescription de médicaments. La plus grande rareté des visites à domicile par le médecin de famille, car le médecin généraliste se déplace moins, accroît les dépenses : le recours à « SOS médecins », par exemple, est plus coûteux. Enfin, le renouvellement des ordonnances (pour les actes récurrents comme la contraception ou les traitements à la famille proche), hier gratuit, est aujourd'hui de plus en plus tarifé[3]. De même, un avis bref sur des résultats d'un examen demandé par le médecin au cours d'une première consultation ou la prescription pour un vaccin donnent lieu, aujourd'hui, à tarification.

Plus généralement, en dehors des exemples portant exclusivement sur les pratiques de la consultation de médecine générale, *le transfert vers le système sanitaire des souffrances individuelles, familiales et sociales* (folie, vieillesse, anomie) *accroît considérablement la part marchande, au détriment de la part gratuite.* Tendanciellement, un effort de santé – pas considéré comme tel, d'ailleurs - était, par le passé, réalisé de manière domestique : l'exemple le plus frappant est sans doute l'accompagnement de la vieillesse dans la société rurale, organique, qui n'était pas externalisé vers le système de santé.

3. COMMENT EXPLIQUER LA PROPENSION À TARIFER ? DE L'APPROCHE STRATÉGIQUE À L'APPROCHE CONSTRUCTIVISTE

Pour expliquer l'existence de cette propension à marchandiser, il convient de distinguer entre deux approches concurrentes :

- L'approche naturaliste : l'augmentation de la propension à tarifer est liée aux comportements stratégiques des médecins. La rationalité humaine, et donc aussi celle du médecin, est faite de calcul intéressé et de comportement opportuniste. Chaque fois qu'il le peut, le médecin cherchera à s'approprier le surplus du consommateur. Le moindre effort, la multiplication des actes, la baisse de la durée de consultation, etc., sont, dans ce cadre, des comportements rationnels.

- L'approche constructiviste : la propension à tarifer n'est pas spontanée mais construite. Elle ne se justifie pas par un dérapage opportuniste inné, « naturel », mais par l'existence d'un regard marchand auto-réalisateur. La propension à tarifer a pris de l'importance du fait de la primauté de l'évaluation marchande de l'effort de santé. Ce « regard marchand » est induit par les représentations des économistes qui, « en point fixe » (*cf. supra*), influencent le réel.

---

[3] Même si le médecin peut pratiquer un acte visible comme la prise de tension pour justifier le paiement.

3.1. Le schéma « naturaliste »

Dans le cadre de la théorie économique standard, l'hypothèse d'une propension à tarifer n'est pas nouvelle ; après tout, sur l'essentiel des marchés de biens et services, il existe un écart entre le prix payé (la part « tarifée ») et le service réellement rendu (la dépense globale) : c'est le « *surplus du consommateur* ». Autrement dit, dans un certain sens, la « part gratuite » n'est que la traduction d'un écart entre le prix hédonique du service de santé (décomposé par ses caractéristiques, comme propose de le faire LANCASTER (1966)) et le prix payé. Si l'on ajoute à cette analyse des surplus, l'idée qu'en raison de leur position de monopole et des asymétries d'information pesant sur la transaction, les professionnels de santé sont, plus que d'autres, en position de s'approprier le surplus des consommateurs, on rejoint la thèse de la *demande induite*.

Un accroissement de demande, induit par une hausse de l'offre, se traduit mécaniquement par une hausse de prix sur le marché, à condition que l'accroissement de demande soit supérieur à celui de l'offre. Cette hausse de prix n'est pas visible quand les professionnels sont soumis à un tarif d'autorité (la tutelle). Elle est cependant repérable dans la multiplication des actes, consécutive à la baisse de la durée de consultation. L'induction-quantité remplace une induction-prix contrariée. La propension à marchandiser, telle que nous l'avons définie, ne serait finalement qu'une expression nouvelle de la très classique *demande induite*.

Beaucoup de bruit pour rien serait-on alors tenté de dire si l'analyse ne plaidait pas pour un certain fatalisme. En effet, quelles que soient les modalités de lutte contre ce pouvoir discrétionnaire des médecins, rien n'enraye leurs velléités opportunistes. La logique de l'intérêt a de la ressource. Quand elle est combattue par la porte, elle entre par la fenêtre.

Nous ne développons ici que deux types d'éléments théoriques, éloignés l'un de l'autre, que l'on pourrait mobiliser à l'appui de cette thèse.

1. La notion d'effet de coloration (BENECH *et alii*, 1988) montre que le médecin a aussi le pouvoir d'influencer la morbidité et de colorer ainsi les statistiques. Plus il y a un type de médecins dans une zone géographique considérée, plus on retrouvera l'affection de ce type dans les statistiques. C'est la configuration du système local, en influençant la structure de la morbidité, qui colore les statistiques. Ce phénomène est surtout sensible pour les médecins spécialistes (par exemple, la forte densité de spécialistes favorise les diagnostics relevant de la même spécialité).

BENECH *et alii* (1988, p.42) mettent l'accent sur une "*propension de certains spécialistes à colorer l'espace des statistiques de morbidité comme si, au-delà de leur activité propre, leur poids relatif se traduisait par une inflexion globale du système de santé régional en faveur des affections correspondantes*".

En étendant cette thèse, on peut soutenir qu'un contrôle des tarifs, par exemple, peut être contourné par un changement d'activité, repérable dans les statistiques de morbidité. Le pouvoir discrétionnaire des médecins se matérialise aussi par un pouvoir statistique (par les nomenclatures). Et la propension à tarifer échappe à un maillage fin de l'activité médicale.

2. Le second élément s'inscrit dans la théorie de l'agence. Dans ce cadre, il est possible d'inciter le médecin à être honnête en développant un contrat incitatif. On peut donc contrecarrer l'opportunisme du médecin par un mécanisme bien choisi qui est d'autant plus efficace qu'il s'appuie sur les propres vices du médecin : l'appât du gain par exemple. Malheureusement, ce constat peut être sous efficace en présence d'activité plurielle.

Or, l'activité médicale est multidimensionnelle : diagnostic, écoute, temps de consultation, saisie des informations, facturation, documentation et mise à niveau, etc.. Elle présente alors les traits d'une relation d'agence « multi-tâches » (*multitask agency*, HOLMSTROM et MILGROM, 1991 ; ROCHAIX, 1997). Le contrat incitatif est relativement simple quand les tâches sont complémentaires car on peut identifier une tâche principale et faire porter le schéma de rémunération dessus. Quand les tâches sont substituables, ce qui semble être le cas pour l'activité médicale, inciter le médecin à accomplir une tâche peut, en retour, le décourager d'en faire une autre. Dans cette perspective, le principal n'élabore qu'un contrat imparfaitement incitatif, et le schéma de rémunération peut être contre-productif car il va conduire l'agent (le médecin) à ajuster les tâches pour contourner le contrat. L'existence d'une activité multi-tâches oblige à définir des contrats plus complexes, car les contrats incitatifs habituels sont inefficaces dans un tel cadre.

L'existence d'une propension à marchandiser peut alors s'expliquer simplement : inciter ou contraindre le médecin le conduit à exploiter ses espaces de liberté. De nombreuses stratégies de réponses lui sont offertes. La plus commune est la baisse de la qualité : une incitation à la réduction des coûts a pour effet pervers une diminution de la qualité de l'acte. On conçoit alors que le médecin puisse stratégiquement réduire la durée de consultation pour maintenir son revenu en péril du fait du contrat (qui par exemple amène la révision de la lettre-clé en cas de dépassement). Le comportement conduisant à faire payer des actes autrefois gratuits relève de la même logique. Ainsi, les procédures de contrôle comptable qui obligent le médecin à un travail de saisie des données l'amènent à tarifer un acte qu'il n'aurait pas tarifé auparavant. Hier, le patient pouvait aller voir rapidement le médecin pour un conseil voire un médicament sans en payer le prix (ou une ordonnance pour obtenir le vaccin de la grippe). Aujourd'hui, la justification que le médecin doit donner sur les dépenses et les contraintes comptables l'amènent à faire payer la consultation, à tarifer le service naguère gratuit.

Là encore, le médecin a des ressources. Il peut contourner les contraintes et incitations et la logique de l'intérêt lève les obstacles. C'est supposer que, chaque fois qu'il le pourra, le médecin se conduira en homo economicus. Puisqu'il est structurellement fainéant, il cherchera à aller au moindre effort en toutes circonstances. Puisqu'il est structurellement tricheur, il cherchera à profiter de l'ignorance du patient pour accaparer une rente d'expertise. Puisqu'il est structurellement opportuniste, il cherchera à tirer la couverture à lui. Il s'agit d'un comportement individuel lié à la « nature humaine », formalisée par la seule dimension du calcul.

Selon ce schéma, c'est le médecin lui-même, par calcul stratégique, qui développe la propension à tarifer en toutes circonstances. Nous nous éloignons maintenant de cette conception en soutenant que le fait de suspecter le médecin d'être un agent homo economicus en puissance l'encourage dans cette voie.

1.1. Un schéma « constructiviste »

La thèse que nous défendons n'est pas la thèse inverse qui conduirait à voir le médecin comme purement altruiste, comme intrinsèquement dévoué au malade. Cette vision angélique s'accorde peu avec la réelle existence, dans la profession, de comportements stratégiques intéressés.

Pourtant, personne n'a jamais rencontré cet individu froid, égoïste et calculateur que l'on appelle homo economicus. Cependant, c'est cet individu qui est modélisé par les économistes au travers de l'hypothèse de rationalité. En vertu d'une position instrumentaliste, habituelle en microéconomie, l'homo economicus reste une fiction théorique. Il ne s'agit pas de prétendre que les « vrais gens dans la vraie vie » se comportent ainsi. Il suffit de supposer que leur comportement pourrait être *comme si* ils se comportaient en homo economicus. De ce point de vue, les économistes sont humbles. Mais il s'agit d'une fausse humilité. En effet, comme l'a montré CALLON (1998), à partir d'une étude anthropologique de l'économie, la fiction théorique de l'homo economicus s'incarne dans les pratiques. L'économie comme discipline (economics) modèle l'économie comme réalité (economy).

L'agent réel prend ses décisions dans les limites de procédures et d'outils d'évaluation, fixés en large partie par les économistes. Sous ces conditions, l'homo economicus existe. On peut alors être rassuré sur l'utilité de l'économie ... et des économistes[4]. Tout au moins doit-on prendre le discours économique très au sérieux car il *produit du sens*, il active une rationalité dite marchande.

LINDENBERG (1993, 1998) a mis en avant le rôle des processus de cadrage (ou « framing ») dans le choix rationnel des individus. La notion de cadrage désigne à la fois l'ensemble des mécanismes que les agents prennent en compte pour prendre leur décision et la manière par laquelle ces mécanismes sont agencés. Le cadrage suggère que, selon la situation, la hiérarchisation des objectifs (i.e. la façon de cadrer la situation) puisse varier pour une même personne. Les agents adoptent donc des objectifs de premiers rangs, tandis que les objectifs secondaires ne sont pas éliminés mais rejetés dans « l'arrière-plan ». Même si les individus sont pluriels, ils activent un cadre particulier pour prendre leur décision. Or, c'est le

---

[4] « *This performance of the calculative agencies - ie, of the economy by economics - is largely carried out though the intervention of professional economics. The study of the strategy developed by this profession is thus indispensable for an understanding of the variety of mediations though which this gigantic enterprise of formatting takes place. Unfortunately very few studies exist on the subjet.* » CALLON (1998, p 30).

discours de l'économie qui va mettre au premier plan le cadre marchand et reléguer les autres cadres au second plan.

Ainsi, pour prendre un exemple, les évaluateurs publics rendent souvent compte de la logique de « l'intérêt », coutumière en économie, qui empêcherait une régulation efficace (à la baisse) des dépenses de santé. Tous les acteurs du système de santé auraient ainsi intérêt à la croissance des dépenses : les gestionnaires et médecins hospitaliers, dont la carrière et l'insertion socioprofessionnelle dépendent de la maîtrise de techniques et d'équipements modernes de plus en plus coûteux ; les syndicats de personnels soignants, légitimement attachés à la défense de l'emploi et des salaires ; les élus locaux, qui voient dans "leur" hôpital l'expression de la notoriété de leur commune, d'une part, et un bassin potentiel d'emplois, d'autre part ; les patients, pour lesquels "la santé n'a pas de prix" ; les médecins libéraux et les établissements privés à but lucratif, qui sont payés à l'acte et dont le revenu augmente avec la multiplication des actes médicaux. Il est alors entendu que les acteurs sont acquis à la logique de l'intérêt et il est tentant de les affubler de la compétence habituelle de l'homo economicus. Or, ce discours n'est pas neutre. Quand la politique économique insiste sur l'intérêt personnel en développant, notamment, des politiques de récompense monétaire ou d'incitation financière individuelle, *elle renforce la saillance du cadre marchand*. Aussi le médecin (par exemple) peut-il être amené à modifier son attitude en adoptant un raisonnement économique alors même que celui-ci avait été relégué à l'arrière plan. Son raisonnement est du type : si «ils» considèrent que je suis uniquement influencé par la maximisation de mon revenu, je vais me conduire comme quelqu'un qui maximise son revenu.

Les obstacles à l'existence d'une marchandisation sont alors levés. La propension à tarifer est légitimée car elle correspond à l'attente commune. Le « formatage » des esprits se traduit dans les faits et les comportements opportunistes ne sont plus seulement des hypothèses théoriques. Elles sont activées par la diffusion du discours de l'économie. Les représentations des économistes influencent donc fortement le réel. Leurs prophéties deviennent auto-réalisatrices (VENTELOU, 2001). La façon de juger des économistes produit des comportements, et des réactions à ces comportements, qui valident *ex post* cette façon de juger. Tout ce passe comme si les agents recherchaient un « point fixe » entre les actions mises en œuvre et les discours théoriques en charge de les légitimer et de les coordonner. Dans l'ensemble des points fixes possibles, c'est celui engendré par la théorie économique standard qui se verra sélectionné et donc, à terme, réalisé (VENTELOU, 2002).

Cette notion de point fixe a une parenté avec ce qu'on appelle en sociologie « l'incorporation » (BOURDIEU, 1994, p.170, par exemple) ou la « naturalisation » : un processus par lequel le subjectif (les croyances individuelles) et l'objectif (les contraintes sociales) finissent par se confondre, pour s'inscrire dans les esprits comme dans les choses *avec la force des lois de la nature*.

Ce phénomène d'incorporation joue aussi pour les théories économiques. En amont des régularités empiriques, les théories économiques sont, elles aussi, des outils de coordination de l'action : des constructions mentales en vue d'une utilisation pratique coordonnée ; et c'est ce qui leur donne, en boucle, leur solidité sociale. DESROSIÈRES (1993) parle à propos des statistiques de « durcissement », ce qui permet de définir ici, très précisément, l'approche constructiviste : les idées et le monde se sont cristallisés. Dans un autre registre, philosophique celui-là, SCHÜTZ (1945, 1953), le phénoménologue, parle de la « *transformation des catégories théoriques en catégories pratiques* ». Et CALLON (1998), influencé par LATOUR (1989), de montrer, très précisément, pourquoi et comment l'acteur économique imite l'homo economicus. Il a besoin d'une « théorie », d'un guide de comportement, car, dans le monde marchand, c'est la justesse de son action sociale qui est en jeu[5].

Cette auto-validation des croyances, soulignée par KEYNES à propos de l'exemple du *concours de beauté*, conduit à préférer la situation que l'on croît que les autres préfèreront. En d'autres termes, elle offre un moyen de sélectionner une solution (un équilibre) quand il y en a plusieurs possibles.

Ce processus de sélection peut clairement être sous-optimal car il ne repose que sur l'opinion présumée de l'entité collective pertinente (pas la plus belle, mais celle que les participants au concours vont choisir). Ce qui est jugé convenable de faire se nourrit de l'opinion commune. Comme il vaut mieux avoir tort avec les autres que raison tout seul, les individus se débarrassent d'une pensée autonome pour privilégier la pensée de l'entité collective. Des expressions comme « le marché pense que », ou « la position de l'institution est » voire même « l'opinion de la faculté » témoignent de ces phénomènes.

On peut retrouver les mêmes traits dans le système de santé où la propension à tarifer n'est pas forcément validée par l'opinion individuelle mais par l'opinion commune : « si les autres le font, il n'y a pas de raison de ne pas le faire ».

Cette conception est d'une remarque efficacité. Son apparente fragilité s'estompe très vite si l'on prête attention au fait qu'elle revendique - constamment - son caractère « naturel » : une froide scientificité ; mais recueillant, en même temps (c'est le miracle de l'*incorporation* objectif/subjectif), l'adhésion collective. ORLÉAN (2002, p. 18), à propos des processus autoréférentiels sur les marchés financiers, souligne la robustesse du mécanisme en ces termes : « *une des caractéristiques de l'influence normative est qu'elle se présente masquée aux yeux de l'observateur et des acteurs financiers. Pour être efficace et prétendre modeler les esprits, elle doit impérativement se donner à voir comme « sagesse », comme juste expression de la réalité des choses, et non comme une mode versatile,*

---

[5] Accepter de régler ses actions en fonction de signaux de prix ! Quelle confiance il lui faut avoir dans le marché pour s'y soumettre. Il lui faut bien, pour un tel pari, avoir incorporé quelques rudiments rassurants de théorie classique : rationalité croisée des acteurs, égoïsme et intérêt ; tout cela est très utile comme mode de coordination.

éphémère, destinée à être remplacée par une autre. C'est là un des ressorts les plus puissants de sa légitimité. »

L'érosion de la part gratuite en médecine et les règles de comportements qui l'accompagnent comme la baisse de la durée de consultation sont légitimées car elles apparaissent comme des attitudes raisonnables ... par rapport à ce qui se fait dans la communauté professionnelle. Elles se donnent à voir comme une interprétation correcte de la façon de concevoir l'activité médicale.

4. LA CONVENTION COMME DÉNATURALISATION

4.1. Convention et interprétation de la relation de santé

Les acteurs du système de santé sont imprégnés du discours de l'économie. Ils constatent d'abord ce discours, s'en emparent et de fait le perpétuent. Le discours des économistes présente alors les traits d'une convention. L'économie « conventionnelle » engendre une façon de juger qui est, elle aussi, conventionnelle. On retrouve ici la définition d'une convention en terme de modèle d'évaluation. Une convention n'est pas seulement une règle de décision permettant de coordonner les comportements. Elle est aussi un moyen de coordonner *les représentations* sur les comportements (BATIFOULIER, 2001).

Car c'est bien de représentations qu'il s'agit et non de comportements physiquement observables. Il ne s'agit pas de définir les règles de politesse ou de circulation routière, selon l'acception commune du mot convention mais plutôt, en amont, de faire « monde commun »[6].

Est-il raisonnable de faire payer cette brève consultation médicale ou cette ordonnance ? Quelle durée de consultation choisir sans se mettre au ban de sa communauté ? Le médecin doit-il tarifer davantage ou non de façon à ce que cette attitude soit jugée correcte ? Les réponses à ces questions sont difficiles car il n'y a pas de procédures strictes qui donneraient une solution unique. Les règles de comportement, quand elles existent, sont foncièrement incomplètes. Pour les appliquer, il faut les compléter par une *interprétation* légitime de l'entité pertinente et par une *mise en équivalence* des individus, des croyances et des actes.

En d'autres termes, les individus ont besoin d'interpréter le collectif qu'ils forment. Quand ce collectif se nourrit de compétition et de concurrence individuelle, l'opportunisme va de soi[7]. Quand le collectif se présente sous forme d'une communauté solidaire, on agit autrement (c'est par exemple ce qu'est censé créer le salariat - comparé au paiement à la pièce - dans les manufactures du dix-neuvième siècle : un collectif solidaire). Chacun se conduit différemment suivant les collectifs qu'il forme avec d'autres : le cercle de la famille, le réseau professionnel, son banquier, etc..

---

[6] Selon l'expression de H. ARENDT (1961).
[7] Un avant-centre d'une équipe de foot qui ne serait pas opportuniste sera écarté.

L'interprétation est donc concomitante à la prise de décision. Comme elle demeure arbitraire au sens où plusieurs interprétations sont possibles, vague et implicite, d'origine incertaine et non garantie par le droit, elle présente bien les traits d'une convention. La convention s'entend alors comme un moyen de donner du sens à la relation dans laquelle s'insère l'acteur. De ce fait, elle contient un élément normatif puisqu'elle dit ce qu'il est approprié de faire dans telle situation. Quand le médecin cherche à se coordonner avec un confrère pour avoir une attitude conforme ou qui va de soi, il cherche à définir ce qui est « bien ».

Cette coordination des représentations est liée à la vision du collectif dans lequel s'insère la relation. Ce collectif définit ce que l'on appelle la « relation médicale ». Comme il engage le médecin, le patient et la tutelle, il dépasse le seul groupe professionnel. La baisse de la durée des consultations, par exemple, apparaît légitime si elle est associée à un fonctionnement jugé correct de l'activité médicale. C'est ce qui se fait dans cette communauté. C'est donc la représentation du collectif dans lequel on s'insère qui dicte la conduite à adopter.

4.2. La convention marchande est-elle soluble dans la pluralité des représentations ?

Or, cette représentation est fortement influencée par le discours de l'économie (economics) qui, comme on l'a souligné, véhicule une vision particulière de l'individu. Dans ce cadre, le comportement correct est celui qui respecte la logique de l'intérêt individuel. Le médecin n'échappe pas à la règle. Il est doté d'une compétence unique : être un maximisateur de revenu avec comportement stratégique. Un « bon » médecin est un médecin doté de tels attributs.

Symétriquement, la santé, en tant que secteur, est jugée en terme d'analyse coût avantage. Un « bon » système de santé est un système qui dépense en liaison stricte avec l'avantage attendu. Le coût marginal d'une action de santé ne doit pas excéder le bénéfice marginal. Il peut alors être jugé trop dépensier si les bénéfices espérés (en termes d'espérance de vie par exemple) sont faibles.

On trouve trace d'une telle conception dans le rendu statistique du secteur de santé qui est largement médiatisé par la notion de dépenses. Il va se soi que focaliser l'attention uniquement sur les dépenses est réducteur mais efficace car permettant de mettre en équivalence les individus. C'est que soulignent DESROSIÈRES et THÉVENOT (1992) pour lesquels les statistiques sont des instruments de pensée. Elles offrent une représentation formatée de la société en développant une « façon de connaître » parmi plusieurs possibles. L'insistance sur la notion de dépense rend saillant un regard particulier, le regard marchand.

Avec la primauté de cette convention marchande, sommes-nous retombés dans une conception fataliste où l'on ne pourrait concevoir qu'une seule façon de définir ce qui est « bien » ?

(i) Dans une économie uniforme où seul est pris en considération le jugement marchand, le bien est défini par rapport au respect du calcul intéressé. Doter tous les individus de telles caractéristiques simplifie considérablement le monde car le problème des représentations est réglé. En effet, chacun sait que chacun sait que tous sont inscrits dans le monde marchand et cherchent à maximiser son revenu. Il ne peut y avoir de défaut de représentation car tous ont la même : ils sont inscrits dans le même monde[8]. La convention, dans ce cadre, conduit à une conception naturaliste de la coordination.

(ii) Dans une économie de la pluralité, au contraire, il existe une diversité de conventions possibles qui correspondent à différentes façons de justifier ce qu'il apparaît correct de faire, dans un collectif déterminé. Il y a donc plusieurs *façons de juger* concevables sans que l'on puisse *a priori* accorder la primauté à l'une ou à l'autre. À partir du moment où on prête attention à la pluralité des représentations possibles, la notion de convention dénaturalise la coordination. Il y a plusieurs façons de se comporter qui peuvent être jugées légitimes. Le défaut de coordination est alors avant tout un défaut de représentation.

La notion de convention apporte peu à l'analyse si elle ne s'inscrit pas dans une économie de la pluralité. Quand la convention est unique, nourrie par le discours de l'économie « conventionnelle », elle développe les mêmes approches fatalistes du comportement humain que les approches standards : la seule évaluation possible d'un comportement est l'évaluation marchande. Quand, au contraire, la notion de convention est liée à différentes représentations, la définition du « correct », du « légitime », du « juste » n'est pas donnée une fois pour toutes. Il ne peut être réduit au monde marchand même si celui-ci peut être activé en certaines situations (Cette approche n'exclue pas la façon de juger marchande, elle la relativise).

La (bonne ou jugée telle) manière de se comporter est fonction de l'interprétation du collectif. Une interprétation marchande justifie la régulation comptable et renforce les comportements intéressés. Une autre interprétation plaide pour des attitudes éloignées de la recherche du revenu maximum.

5. CONCLUSION

Un moyen ordinaire de caractériser le système de santé français est de souligner son tout premier rang des pays européens en matière de niveau de dépenses. C'est alors bien un regard marchand sur le système de santé qui domine. La santé est passée au crible de la rareté. Comme tout autre bien, les besoins en santé sont théoriquement illimités mais les ressources à y consacrer sont rares. Il faut donc allouer au mieux ces ressources et les « économiser ». Cet éloge de la rareté,

---

[8] C'est bien le propre d'une convention de faire l'éloge de la conformité. Pourtant on peut concevoir sans difficultés des comportements non-conformistes. Celui qui ne suit pas la convention va à l'encontre de son intérêt : *il est irrationnel*. Ainsi, il demeure une seule façon de juger ce qui est conforme ou ne l'est pas. Dans une économie uniforme, la convention est donc facteur d'exclusion. Elle rejette dans l'irrationalité ceux qui pensent autrement et tire sa force de sa capacité d'intégration. Si l'on définit le comportement non-conformiste en terme de *déraison*, alors la primauté de la convention est sauvegardée.

traditionnel en économie, conduit à évaluer le bien santé au regard du seul critère marchand. C'est donc l'évaluation marchande[9] qui apparaît, au moins en théorie, comme le critère optimal. Cette évaluation marchande du bien santé doit sa légitimité idéelle au discours des économistes.

En privilégiant une seule façon de juger, il rend acceptable les comportements de marchandisation, dont on retrouve trace dans l'érosion de la « part gratuite » de l'acte médical. Le développement concomitant de la propension à tarifer n'est pas alors un comportement inné, inscrit dans une quelconque nature humaine, mais un comportement « construit » imputable à une légitimation par l'interprétation marchande de la relation médicale.

Ce regard marchand se présente pourtant comme une conception incontournable de la relation médicale. Il relève d'une attitude allant de soi et présente ainsi les traits d'une convention. C'est ce qui en fait la force. Son statut de convention le préserve *a priori* de la critique et produit donc une conception hégémonique. Il ne faut pourtant pas oublier qu'une pluralité de conventions est envisageable et que l'activation des façons de juger est de la responsabilité de la puissance publique.

Elle est en effet conditionnée par l'attitude de l'État qui arbitre entre différentes conceptions du « bien » pour mettre l'accent sur une conception particulière qui activera une façon de juger apparaissant correcte. Or, l'activation du regard marchand par l'État conduit les médecins à juger du caractère correct de leur activité en fonction d'une justification unique. C'est donc, *in fine*, l'État (ou la tutelle assurancielle), qui, en survalorisant le discours de l'opportunisme, porte une large *part - « perverse »*, cette fois - de responsabilité dans le développement de la propension à tarifer et de la tendance à la marchandisation.

BIBLIOGRAPHIE

ARENDT H. (1961), « *Condition de l'homme moderne* », Pocket.

BATIFOULIER P. ed. (2001), « *Théorie des conventions* », Economica.

BENECH J-M., BOURRET P., CHANUT C. et HUARD P. (1988), « Connaissance de la morbidité et structuration du corps médical : une approche de l'utilisation des classifications », LEST/CNRS.

BOURDIEU P. (1994), « *Raisons pratiques : sur la théorie de l'action* », Seuil.

CALLON M. (1998), « *The laws of the Markets* », Blackwell Publishers.

DESROSIÈRES J. et THÉVENOT L. (1992), « Les catégories socio-professionnelles », *Repères*, La Découverte.

DESROSIÈRE J. (1993), « *La politique des grands nombres* », La Découverte.

---

[9] Ou pseudo-marchande (*cf.* les procédures de concurrence par comparaison en économie publique).

HOLMSTROM B. et MILGROM P. (1991), « Multitask Principal-Agent Analyses : incentives contrats, asset ownership and job design », *Journal of law economics and organization*, vol. 7, p. 24-51.

LANCASTER K. (1966), « A New Approach to Consumer Theory », *Journal of Political Economy*, vol. 74, n°. 2, p. 132-157.

LATOUR B. (1989), « *La science en action* », La Découverte.

LINDENBERG S. (1993), « Framing, Empirical Evidence, and Applications », *Jahrbuch für Neue Politische Ökonomie*, Tübingen, p. 11-38.

LINDENBERG S. (1998), « Solidarity : its microfoundations and macro dependence : a framing approach » in « *The problem of solidarity : theories and models* ». ed by P. DOREIAN and T. FARARO, Gordon and Breach Publishers, p. 61-112.

ORLEAN A. (2002), « Pour une approche des interactions financières : l'économie des conventions face à la sociologie économique » in « *Sociologie économique et analyse des organisations. Autour des travaux de Mark Granovetter* ». ed par HUAULT I., à paraître.

ROCHAIX L. (1997), « Asymétrie d'information et incertitude en santé : les apports de la théorie des contrats », *Économie et prévision* , n° 129-130, p. 11-24.

SCHÜTZ A. (1945, 1953), édition française 1987, « *Le Chercheur et le quotidien – phénoménologie des sciences sociales* », Méridiens-Klincksieck.

VENTELOU B. (2001), « *Au-delà de la rareté* », Albin Michel.

VENTELOU B. (2002), « La réalité existe-t-elle ? Keynes, économiste constructiviste », *RESEAUX, Revue interdisciplinaire de philosophie morale et politique*, n° 94-96, à paraître.

Assurance santé et antisélection :
deux extensions du modèle de ROTHSCHILD-STIGLITZ

Franck BIEN (THEMA, Université Paris X-Nanterre)

Résumé

Cet article vise à rendre compte de l'introduction d'une dimension sanitaire dans le modèle de ROTHSCHILD-STIGLITZ. Tout d'abord, nous montrons que si l'individu de type haut risque est en mauvaise santé, l'équilibre du marché d'assurance (s'il existe) est séparateur. Ensuite, si la perception du risque dépend de l'état de santé, nous mettons en exergue un équilibre avec subventions croisées.

1. INTRODUCTION

L'assurance joue un rôle principal en économie de la santé. Aux États-Unis, plus de 80% des dépenses sont supportées par les assureurs. Cependant, l'assurance maladie se différencie, par exemple, de l'assurance automobile en ce que la survenance d'une maladie affecte aussi bien l'état de santé que la richesse financière de l'individu, puisque celui-ci recourt à des soins curatifs restaurant partiellement ou parfaitement sa santé.

Le marché de l'assurance santé se caractérise par la présence du phénomène d'antisélection et par une difficile définition de la classe de risque des individus. Dans les 27 études recensées par CUTLER et ZECKHAUSER (1999), les variables utilisées pour l'analyse sont l'âge, l'état de santé déclaré, les dépenses de l'année précédente, la fréquence des visites sanitaires, une classification démographique. Deux variables pertinentes pour expliquer les choix de contrats d'assurance sont l'état de santé déclaré et le montant des dépenses. Un des résultats mis en exergue est qu'un individu en mauvaise santé engendre plus de dépenses qu'un individu en bonne santé. Il semble donc nécessaire de prendre en compte deux variables pour expliquer le choix de l'assuré dans un cadre d'asymétries d'information.

Très peu d'articles traitent, à notre connaissance, du problème de l'antisélection dans un cadre bidimensionnel (santé et richesse). SELDEN (1998) modifie le modèle de ROTHSCHILD et STIGLITZ (1976) [noté par la suite RS] en supposant que l'état de santé est le même pour les assurés mais différent selon les états de la nature. Les agents diffèrent uniquement par la probabilité d'occurrence du risque maladie. Il montre que des contrats à subventions croisées peuvent dominer au sens de Pareto des contrats séparateurs.

Dans un contexte d'antisélection à la RS, les individus les plus risqués (dont la probabilité d'occurrence du risque est la plus élevée) obtiennent un contrat d'assurance complète tandis que les individus les moins risqués se voient offrir un contrat d'assurance partielle. L'introduction d'un état de santé différent selon les types de risque modifie-t-elle les résultats de RS ? L'individu en bonne santé obtient-il une couverture du dommage complète ou partielle (quand l'équilibre existe) ?

Dans cet article, nous proposons deux extensions du modèle de RS pour rendre compte d'un cadre sanitaire. Nous supposons qu'un individu est soumis à un risque sanitaire bénin. Un risque sanitaire est dit bénin si après traitement, l'état de santé initial est recouvré. L'agent s'assure contre les conséquences financières du risque sanitaire : le coût du traitement. Tout d'abord, les individus diffèrent par leur état de santé et la probabilité d'occurrence de la maladie. Nous posons comme hypothèse que l'individu en mauvaise santé fait face à la probabilité d'occurrence de la maladie la plus forte. Ensuite, nous supposons que le niveau de l'état de santé modifie la perception du risque de l'individu. Un agent en mauvaise santé a une aversion infinie au risque en raison d'une espérance de vie faible. Il désire maximiser sa richesse dans l'état du monde le plus défavorable.

L'article est organisé comme suit. Dans une première section, nous définissons le cadre de la modélisation. Dans une deuxième section, nous caractérisons l'équilibre d'un marché d'assurance maladie quand l'individu en mauvaise santé supporte la probabilité d'occurrence de la maladie la plus élevée. Enfin, nous étudions, dans une dernière section, l'incidence d'une perception différente du risque selon l'état de santé.

2. LE CADRE DE LA MODÉLISATION

La fonction d'utilité des individus dépend de deux variables : la richesse monétaire et l'état de santé représenté par un capital santé. Un individu en bonne santé possède un capital santé plus élevé qu'un individu en mauvaise santé. Nous posons comme hypothèse que l'individu en mauvaise santé est l'individu dont la probabilité d'occurrence du risque maladie est la plus élevée.

La fonction d'utilité est une fonction croissante, concave, et trois fois différentiable en chacun des deux arguments. Elle s'écrit $u(R,S)$ avec R la richesse aléatoire de l'individu et S son capital santé.

Nous posons comme hypothèse que l'aversion absolue au risque financier est une fonction décroissante de l'état sanitaire. En d'autres termes, plus un individu est riche moins il craint l'altération de son état de santé. Ladite aversion est une fonction décroissante de la santé si, graphiquement, la pente de la courbe d'indifférence de l'individu en mauvaise santé est inférieure en valeur absolue à celle de l'assuré en bonne santé.

Cette hypothèse implique que la prime de risque d'un aléa financier est une fonction décroissante de l'état de santé[1].

---

[1] Pour la preuve, voir BIEN (2001).

Soit, $$u_{RS}<0 \text{ et } -\frac{u_{RRS}(R,S)}{u_{RS}(R,S)}>-\frac{u_{RR}(R,S)}{u_R(R,S)}$$

avec u_{RS} la dérivée de la fonction d'utilité par rapport aux deux arguments.

Une partie de la population, en proportion λ, est en mauvaise santé, c'est-à-dire que son capital sanitaire est inférieur à celui des assurés en bonne santé. Chaque individu connaît son type et son état de santé. La demande d'assurance de chaque individu résulte d'un programme de maximisation de sa fonction d'utilité sous la contrainte de participation individuelle.

Les entreprises d'assurance ne connaissent pas le type de l'agent. Elles adoptent une stratégie de Nash. Elles n'anticipent pas que ses rivales puissent réagir à des modifications de sa propre stratégie. La concurrence les amène à offrir des contrats à profits nuls. De plus, la présence d'antisélection peut conduire à l'absence d'un équilibre.

Le jeu se déroule en deux étapes. A la première étape, chaque entreprise offre un unique contrat. A la seconde étape, les individus opèrent un choix parmi ces contrats et révèlent ex-post leur type en choisissant le contrat qui leur est propre.

3. ASYMÉTRIES D'INFORMATION ET SANTÉ

En information parfaite, les individus obtiennent la pleine assurance. Chaque assuré obtient dans chaque état du monde, la même richesse. Le dommage lui est intégralement remboursé en contrepartie d'une prime d'assurance actuarielle.

Cependant, en information imparfaite, les individus en mauvaise santé désirent le contrat de pleine assurance de l'assuré en bonne santé. En effet, pour une prime d'assurance inférieure, ils obtiennent le même remboursement.

Soit, $$u(W-p_L D,S_H)>u(W-p_H D,S_H)$$

avec p_H et p_L, respectivement la probabilité de l'individu en mauvaise (bonne) santé ; S_H et S_L l'état de santé de l'individu en mauvaise (bonne santé) ; W la richesse de l'agent et D le coût du traitement. Nous posons $p_H > p_L$ et $S_H < S_L$.

Dans ce cas de figure, la contrainte d'autosélection des individus en mauvaise santé est saturée. Le contrat des individus en bonne santé est déterminé de telle sorte que l'assuré en mauvaise santé est indifférent entre les deux contrats, c'est-à-dire :

$$u(W-p_H D,S_H) = p_H u(W-p_L q_L + q_L - D,S_H)+(1-p_H)u(W-p_L q_L,S_H)$$

L'individu en mauvaise santé obtient la pleine assurance[2] et l'individu en bonne santé une couverture partielle $q_L < D$.

---

[2] Car les individus maximisent leur utilité.

Cet équilibre (s'il existe[3]) est séparateur si, graphiquement, en valeur absolue, la pente de la courbe d'indifférence des individus en bonne santé est supérieure, pour un contrat donné, à celle des individus en mauvaise santé (condition de Spence-Mirrlees : croisement unique).

Soit,
$$\frac{(1-p_H)}{p_H} \frac{u_R(R_1,S_H)}{u_R(R_2,S_H)} < \frac{(1-p_L)}{p_L} \frac{u_R(R_1,S_L)}{u_R(R_2,S_L)}$$

avec R_1 (respectivement R_2) la richesse dans l'état du monde sans (avec) maladie.

Une condition suffisante pour que cette inégalité soit vérifiée est :

$$\frac{u_R(R_1,S_H)}{u_R(R_2,S_H)} < \frac{u_R(R_1,S_L)}{u_R(R_2,S_L)}$$

Cette inégalité est réalisée si l'aversion absolue au risque financier par rapport à la richesse est une fonction décroissante de l'état de santé[4]. Elle est vérifiée car nous avons supposé que la prime de risque d'un aléa financier est une fonction décroissante de l'état de santé.

Pour un contrat d'assurance donné, en valeur absolue, la pente de la courbe d'indifférence des individus en bonne santé est donc supérieure à celle des individus en mauvaise santé. La condition de croisement unique est donc réalisée ce qui implique que le contrat d'assurance est séparateur. Les individus, selon leur type de risque, n'obtiennent pas le même contrat d'assurance.

Proposition 1 : *Dans un cadre bidimensionnel (richesse et santé), où l'individu en mauvaise santé supporte la probabilité d'occurrence du sinistre la plus élevée, l'équilibre du marché d'assurance, s'il existe, est de type RS :*
a) les individus en mauvaise santé obtiennent la pleine assurance ;
b) les individus en bonne santé obtiennent une couverture partielle.

Preuve : cf. graphique 1. CQFD.

Nous remarquons qu'un changement de l'état de santé d'un individu modifie la convexité de la courbe d'indifférence et par conséquent la valeur de l'aversion absolue au risque par rapport à la richesse. Plus un individu est en mauvaise santé, plus son aversion au risque monétaire est forte et plus sa courbe d'indifférence est convexe. Nous pouvons donc énoncer le résultat suivant :

Proposition 2 : *Plus l'individu de type haut risque est en mauvaise santé, plus la couverture des individus en bonne santé est grande.*

---

[3] Nous supposons que la proportion des individus en mauvaise santé est suffisamment élevée pour que l'équilibre existe. Voir ROTHSCHILD-STIGLITZ (1976).
[4] Pour la preuve, voir BIEN (2001).

Preuve : Sur le graphique 1, nous notons que la courbe d'indifférence en pointillé (notée $U_H(S^1_H)$) est sécante avec la droite actuarielle des bas risques au point B. La courbe d'indifférence en trait plein $U_H(S^2_H)$ est sécante avec cette droite au point A. Au point B, la richesse des individus en bonne santé est supérieure (dans l'état du monde maladie) à celle au point A. Son remboursement du coût du traitement est donc amélioré. Plus l'individu de type haut risque est en mauvaise santé, plus sa courbe d'indifférence devient convexe et plus la couverture de l'individu en bonne santé augmente. CQFD.

Graphique 1 : **Équilibre séparateur en information imparfaite**

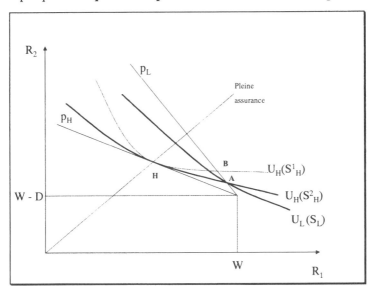

En conclusion, si l'état de santé est corrélé négativement à la probabilité d'occurrence du risque maladie, alors l'introduction d'une dimension sanitaire au modèle de RS ne modifie pas les propriétés de l'équilibre.

4. HÉTÉROGÉNÉITÉ DE L'UTILITÉ

Dans cette section, nous supposons que le niveau de l'état de santé de l'individu modifie sa perception du risque monétaire. L'utilité de l'assuré dépend donc de son état de santé. Un individu en mauvaise santé, en raison d'une espérance de vie moindre, a une aversion au risque monétaire infinie. Son espérance de vie étant faible, il désire réduire l'écart de revenus entre les différents états du monde. *A contrario*, un individu en bonne santé peut supporter des variations importantes de revenu car son horizon temporel est élevé. Il peut donc lisser son revenu sur un nombre important de périodes[5].

---

[5] Notre hypothèse est, avec prudence, à rapprocher des travaux qui décrivent les plans de consommation des individus en univers incertain, voir GOLLIER (2001). Un individu ayant un faible capital santé sait son espérance de vie faible. Il veut augmenter sa consommation dans l'état du monde

Nous posons S^*, l'état de santé seuil à partir duquel un individu modifie sa perception du risque. Un individu en bonne santé possède un capital santé (S_L) plus élevé qu'un individu en mauvaise santé (S_H) avec $S_H < S^* < S_L$. L'utilité d'un assuré de type de risque j[6] dont l'état de santé est S_i s'écrit :

- $U(j,S_H) = \min\{u(R_2,S_H), u(R_1,S_H)\}$

- $U(j,S_L) = p_j u(R_2,S_L) + (1-p_j) u(R_1,S_L)$

avec i et $j \in \{H,L\}^2$.

La fonction d'utilité est une fonction croissante, concave, et trois fois différentiable en chacun des deux arguments.

Une partie de la population, en proportion η, est en mauvaise santé et, en proportion λ, fait face à une probabilité d'occurrence de la maladie p_H. Chaque individu connaît son type (sa probabilité d'occurrence de maladie) et son état de santé ; ces deux variables sont indépendantes. Le jeu est le même que celui décrit précédemment.

En information parfaite, chaque individu reçoit une couverture complète du montant du dommage en échange du paiement d'une prime d'assurance actuariellement juste.

En information imparfaite, ces contrats séparateurs ne sont plus réalisables car tous les agents de type H veulent souscrire le contrat d'information parfaite des assurés de type L : pour une même couverture, ils versent une prime d'assurance moindre. Le contrat des individus de type L en bonne santé doit donc vérifier la contrainte d'incitation des agents de type H en bonne (respectivement en mauvaise) santé[7]. Nous raisonnons d'abord avec les individus en bonne santé. Puis, nous étudions l'effet de l'introduction des individus en mauvaise santé.

Les individus de type H en bonne santé obtiennent leur contrat d'assurance d'information parfaite et les individus de type L en bonne santé un contrat d'assurance avec couverture incomplète. Cependant, les individus de type L en mauvaise santé préfèrent le contrat des agents de type H à celui des agents de type L en bonne santé. En effet, le revenu obtenu en cas de maladie est supérieur avec le

---

le plus défavorable. L'incertitude sur la mortalité étant levée, il cherche en moyenne à augmenter sa consommation. Ce résultat est similaire à celui de EECKHOUDT, GOLLIER et TREICH (2001). Ils étudient l'effet d'un changement de temporalité du risque. Ils montrent que la "résolution de l'incertitude" moins tardive augmente la consommation à la période initiale si l'individu est prudent, c'est-à-dire s'il réduit son épargne de précaution.

[6] Le type de risque d'un individu est défini par la probabilité d'occurrence de la maladie car c'est la variable pertinente de classification pour une compagnie d'assurance. Un assuré de type haut risque engendre en espérance des dépenses de santé supérieures.

[7] La contrainte d'incitation des agents de type H en mauvaise santé ne peut définir le contrat des agents de type L en bonne santé, sinon la contrainte d'incitation des agents de type H en bonne santé n'est pas vérifiée. Le contrat des agents de type L doit vérifier les contraintes d'incitations des agents de type H et ce, quel que soit leur état de santé.

premier contrat. Ils ne peuvent être séparés des individus en mauvaise santé. Nous obtenons donc un contrat mélangeant de pleine assurance qui réunit les assurés (H,S_L), (H,S_H) et (L,S_H). Avec ce contrat (cf. graphique 2, point A), nous pouvons vérifier qu'il n'existe aucun contrat réalisable et profitable n'attirant que les agents (L,S_H). Le point A appartient à la droite actuarielle des profits des assureurs dont l'équation est définie par :

$$\pi - \{\lambda p_H + (1-\lambda)\eta p_L\}D = 0$$

Avec ce contrat mélangeant, à subventions croisées, les assurés (L,S_H) subventionnent les agents (H,S_H) et (H,S_L) et augmentent indirectement l'utilité des agents (L,S_L).

Le contrat des individus de type L en bonne santé est quant à lui toujours défini par la contrainte d'incitation des individus en bonne santé et de type H (cf. graphique 2, point B).

Graphique 2 : **Équilibre avec subventions croisées**

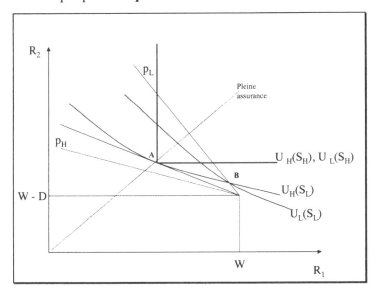

Nous pouvons résumer ces résultats dans la proposition suivante :

Proposition 3 : *Dans une économie dans laquelle les agents peuvent être de deux types H et L, et de deux états sanitaires S_L et S_H, l'équilibre du marché est, s'il existe, semi-séparateur à subventions croisées :*

   a)   un contrat avec couverture complète est offert aux assurés (H, S_L), (H, S_H) et (L, S_H) ;

   b)   un contrat avec couverture partielle aux agents (L, S_L).

Preuve : cf. graphique 2. CQFD.

La présence d'agents en mauvaise santé de type L augmente l'utilité des agents en bonne santé de type L et celle de tous les agents de type H. En effet, lesdits agents subventionnent les agents de type H, ce qui augmente leur satisfaction. La hausse de cette dernière « desserre » la contrainte d'autosélection des agents en bonne santé de type H, ce qui augmente la couverture des agents en bonne santé de type L. La présence d'individus en mauvaise santé de type L renforce, par ailleurs, l'existence de l'équilibre du marché d'assurance.

Ainsi, nous avons montré que si l'état de santé modifie la perception du risque des agents, les individus en mauvaise santé de type L subventionnent tous les individus de type H, ce qui a comme effet indirect l'augmentation de l'utilité des agents en bonne santé et de type L.

5. CONCLUSION

Certaines études empiriques attestent que la variable expliquant le choix des contrats d'assurance est l'état de santé déclaré des patients. C'est pourquoi, dans le cadre standard RS, nous avons introduit en sus de la richesse, une variable état de santé.

Tout d'abord, nous avons postulé que l'état de santé est corrélé négativement avec le risque de l'individu. En information imparfaite, nous généralisons les résultats usuels de RS (existence d'un équilibre séparateur). L'individu en mauvaise santé obtient l'assurance complète *a contrario* de l'agent en bonne santé.

Ensuite, nous supposons que la perception du risque dépend de l'état de santé. Un individu en mauvaise santé cherche à réduire la différence de richesse entre les différents états du monde : il est donc infiniment averse au risque. L'individu en bonne santé, quant à lui, maximise son espérance d'utilité. Nous mettons en évidence l'existence de contrats avec subventions croisées à l'équilibre. Les individus en mauvaise santé et de type bas risque subventionnent les individus de type haut risque engendrant indirectement une meilleure couverture des individus en bonne santé de type bas risque.

BIBLIOGRAPHIE

BIEN F. (2001), *Essais en économie de la santé et assurance*, thèse de doctorat, École Doctorale EMPO, Université Paris X-Nanterre.

CUTLER D.M., ZECKHAUSER R. (1999), "The anatomy of health insurance", *NBER Working Paper*, n° 7176.

EECKHOUDT L., GOLLIER C. et TREICH N. (2001), "Optimal consumption and the timing of the resolution of uncertainty", *mimeo*.

GOLLIER C. (2001), *The Economics of Risk and Time*, MIT Press.

ROTHSCHILD M., STIGLITZ J. (1976), "Equilibrium in the competitive insurance markets : an essay on the economics of imperfect information", *Quaterly Journal of Economics*, vol. 90.

SELDEN T.M. (1998), "Risk adjustment for health insurance : theory and implications", *Journal of Risk and Uncertainty*, vol. 17.

Rémunération des médecins et recherche de l'efficacité : vers une remise en cause du paiement à l'acte ?

Céline PEREIRA (CEMEFG, Université Panthéon-Assas)

Résumé

Cet article s'interroge sur les conséquences, en termes d'efficacité, du paiement à l'acte des médecins libéraux dans le cadre de la médecine de ville en France et propose des perspectives en matière de rémunération des praticiens visant à améliorer l'efficacité du système de santé. Il s'inscrit dans le cadre de ma thèse de doctorat portant sur les mécanismes de régulation économique de la médecine de ville.

1. INTRODUCTION

En France, le paiement à l'acte des médecins (généralistes et spécialistes) est un des piliers de la médecine de ville. Il s'inscrit dans le contexte particulier de la médecine libérale « à la française » basé sur une liberté importante accordée tant aux patients qu'aux médecins.

L'objectif de ce papier est double. Il s'agit dans un premier temps de mettre en évidence les dysfonctionnements liés au paiement à l'acte des médecins libéraux quant à l'atteinte de l'efficacité du système de santé, d'un point de vue général et dans le cas particulier de la France. Pour cela, on étudie l'influence de ce mode de rémunération sur le comportement du praticien. On met en évidence les atouts et les limites du paiement à l'acte notamment dans une optique de maîtrise des dépenses et de qualité des soins et on les compare à ceux des autres formes de rémunération que sont la capitation et le salariat.

Dans un second temps, on propose des perspectives en matière de rémunération des médecins libéraux en France. Au vu de l'attachement de l'ensemble des acteurs à la forme actuelle de rémunération des praticiens, la première solution consiste à maintenir le paiement à l'acte mais à réguler l'offre de soins ambulatoires grâce à des mécanismes collectifs et individuels de contrôle de l'activité des médecins. La seconde solution correspond à la mise en œuvre d'une rémunération incitative sous la forme d'un schéma mixte de paiement combinant une partie forfaitaire et une partie basée sur les coûts. On cherche, dans les deux cas, à mettre en évidence le potentiel de ces solutions dans l'amélioration de l'efficacité du système de santé mais également les difficultés inhérentes à leur application en France.

2. LE PAIEMENT À L'ACTE DES MÉDECINS LIBÉRAUX : AVANTAGES ET INCONVÉNIENTS EN TERMES D'EFFICACITÉ

2.1. Les sources d'information

2.1.1. L'observation des systèmes de santé et les études empiriques

Dans la plupart des systèmes de santé, les offreurs de soins ambulatoires sont rémunérés selon trois formes simples :

- le paiement à l'acte consiste à rémunérer *ex post* le médecin en fonction du nombre et de la nature des actes répertoriés dans une nomenclature. Le médecin reçoit *ex post* un revenu R tel que

$$R = \sum_{j=1}^{j=n} t_j . X_j$$

où t_j est le tarif de l'acte j et X_j le nombre d'actes j réalisés par le médecin.

- la capitation correspond à un montant forfaitaire prospectif par patient (le *per capita*). Le médecin qui la reçoit devient responsable de la dispensation d'une gamme plus ou moins étendue de services à une clientèle donnée pendant une certaine période de temps. Le montant du *per capita* est ajusté selon différents critères notamment les caractéristiques des individus (âge, sexe) mais il est indépendant de la consommation effective du patient. Ce montant est versé *ex ante*. Le revenu du médecin payé à la capitation est tel que :

$$R = \sum_{n=1}^{N} P_n . K_n$$

où P_n est le nombre de patients de type n suivis par le médecin et K_n est le montant *per capita* que le praticien perçoit pour le patient de type n.

- le salariat renvoie à la rémunération au temps travaillé, indépendamment du type et du nombre d'actes accomplis. Le salarié est celui qui met à la disposition d'un employeur une partie de son temps et de ses compétences moyennant une rétribution définie de manière contractuelle. En médecine, le salariat s'exprime sous différentes formes : la rémunération mensuelle pour une certaine activité, mesurée par une présence horaire, la tarification à la journée (le *per diem*), la vacation (qui correspond à une période de travail de trois heures) ou le tarif à l'heure.

Il existe des différences importantes entre les systèmes de santé des pays industrialisés, tant dans les modalités d'organisation des soins ambulatoires que de paiement des offreurs (*cf.* tableau 1). Ces différences apparaissent également à l'intérieur même des systèmes de santé. C'est par exemple le cas aux États-Unis où on peut distinguer le système d'assurance personnelle (*Traditional Indemnity Health Plans*), dans lequel les patients sont remboursés *ex post* des dépenses de santé engagées et les médecins sont rémunérés à l'acte, et les organisations de gestion intégrée de soins (telles que les *Health Maintenance Organizations*) qui ont à la fois une fonction d'assurance et de production de soins et dans lesquelles les médecins reçoivent un *per capita* ou un salaire. Par ailleurs, certains systèmes ont connu, de façon temporaire ou définitive, des changements dans les modalités de rémunération des médecins.

Tableau 1 : **Les modes de rémunération des médecins de ville
dans quelques pays industrialisés**

Paiement à l'acte	Capitation	Salariat
Médecins libéraux en France, en Allemagne, en Autriche, en Belgique, au Luxembourg, aux États-Unis, au Québec ; pour les patients du secteur privé d'assurance dans la plupart des pays.	En Italie, dans certaines organisations de gestion intégrée des soins (type HMO) aux États-Unis ; pour les patients du secteur public d'assurance en Irlande, aux Pays-Bas et au Danemark.	Médecins du secteur public ambulatoire en France, en Allemagne, en Autriche, en Belgique, au Luxembourg, au Québec ; aux États-Unis dans certaines organisations de gestion intégrée des soins ; en Espagne, Grèce, Portugal.

Les situations que l'on vient d'évoquer permettent de comparer différents indicateurs concernant les dépenses de santé et la situation sanitaire des pays et de mener des études empiriques, à la fois transversales et longitudinales. La plupart de ces études ont été menées aux Etats-Unis et visent à comparer l'effet des incitations financières sur les coûts et les résultats de santé, sur la quantité et la qualité des services fournis par les professionnels et sur la satisfaction des acteurs. Elles sont basées, à la fois sur des données quantitatives (permettant par exemple de connaître le nombre de services fournis par le médecin), et sur des questionnaires aux acteurs (permettant de juger de la qualité des soins et de la satisfaction).

L'observation des systèmes de santé et ces études empiriques (*cf.* tableau 2) constituent l'un des supports de l'analyse de l'influence du mode de rémunération des médecins sur l'efficacité du système de santé. En effet, même si elles sont imparfaites, elles montrent que le comportement des médecins répond à une logique de maximisation du revenu et est donc influencé par les modalités de paiement mais également qu'il ne faut pas négliger le rôle considérable d'autres facteurs, spécifiques à chaque pays et liés à l'organisation du système de santé ainsi qu'aux pratiques médicales.

Tableau 2 : **Les études empiriques menées aux États-Unis et dans d'autres pays industrialisés et leurs résultats**

Auteurs	Étude	Résultats
ALEXANDER (1967)	Capitation → paiement à l'acte pour les soins aux indigents de Baltimore.	Plus de visites par patient et de prescriptions. Coûts des services plus élevés. Médecins et patients plus satisfaits.
ROSEN et *alii* (1978)	Dentistes avec des patients à l'acte et des patients à la capitation.	Moins de visites pour les patients à la capitation mais plus de procédures par acte et plus de services préventifs.
MANNING et *alii* (1984)	Patients d'un HMO et patients à l'acte.	Moins de journées d'hospitalisation et des dépenses inférieures pour les patients du HMO.
HICKSON et *alii* (1987)	Médecins à la capitation d'un HMO / médecins à l'acte dans un système d'assurance traditionnel.	Les médecins à l'acte font plus de visites et satisfont davantage les patients ; le paiement à l'acte encourage la continuité et la qualité des services.
HEMENWAY et *alii* (1990)	Médecins salariés dans un centre de santé à Boston.	Quand une partie de sa rémunération est basée sur le profit de l'organisation qui l'emploie, le médecin fait plus de visites et plus de prescriptions.
MURRAY et *alii* (1992)	Médecins universitaires avec des patients à l'acte et des patients à la capitation.	Les médecins prescrivent moins de tests pour les patients à la capitation pour lesquels les charges totales sont plus faibles.
STEARNS et *alii* (1992)	Acte → Capitation dans un HMO.	Plus de références aux spécialistes et de services ambulatoires fournis mais baisse du coût total par patient hospitalisé.
MILLER et LUFT (1994)	Différentes études comparent HMO et assurances personnelles.	Taux d'hospitalisation et durée de séjour plus faibles dans les HMO. Autant de consultations en ambulatoire dans les HMO que dans la structure traditionnelle, plus de consultations de spécialistes et de services préventifs mais moins de prescriptions.
SAFRAN et *alii* (1994)	Différentes formes de HMO par rapport aux assurances personnelles.	Dans les HMO, accessibilité financière et coordination des services plus élevées. Paiement à l'acte plus apprécié par les patients et par les médecins.
KRASNIK et *alii* (1990)	Capitation → acte + capitation pour les généralistes de Copenhague.	Le nombre de visites est constant mais plus de services diagnostiques et thérapeutiques pour lesquels des honoraires additionnels sont payés. Moins de références aux spécialistes et à l'hôpital.
KRISTIANSEN et *alii* (1993)	Généralistes norvégiens payés au salaire et à l'acte.	Les médecins salariés font des consultations plus longues mais moins d'actes de chirurgie.
IVERSEN et LÜRAS (2000)	Introduction d'un *per capita* pour le paiement des généralistes norvégiens.	Augmentation des références aux spécialistes.

2.1.2. L'analyse économique et les modélisations théoriques

Les relations entre acteurs en médecine de ville peuvent être appréhendées dans le cadre de la théorie de l'agence (ROCHAIX, 1986 ; BÉJEAN, 1994). Le médecin est un « agent double » (BLOMQVIST, 1991) qui agit pour le compte des Pouvoirs Publics d'une part et pour celui des patients d'autre part. Ces relations d'agence sont imparfaites et les phénomènes d'aléa moral et de sélection adverse sont à l'origine d'une allocation non optimale des ressources. Le mode de rémunération du médecin apparaît comme un des éléments du contrat qui lie ce dernier au principal et il influence le comportement de l'agent quant à l'atteinte des objectifs du principal. Dans cette optique, on distingue le contrat de type *cost plus* ou contrat de remboursement du coût et le contrat de type *fixed price* ou contrat à prix fixe (LAFFONT, TIROLE, 1993) :

- le contrat de remboursement du coût est tel que l'offreur est rémunéré *ex post* en fonction des services fournis et que le tarif unitaire est fonction des coûts de production de l'unité. Il consiste à rembourser le coût de production du service fourni par l'agent et à lui allouer une marge fixe définie *ex ante*. Pour chaque service fourni, l'offreur reçoit un paiement t tel que

$$t = c + m$$

avec c le coût de production d'une unité et m une marge unitaire non négative.

En médecine de ville, le paiement à l'acte est une forme institutionnelle de contrat de remboursement du coût même si le tarif des différents actes ne reflète pas de façon exacte leur coût de production. Seule la valeur relative des tarifs correspond à la hiérarchie des coûts de production.

- le contrat à prix fixe est tel que l'offreur est rémunéré sur une base forfaitaire en fonction d'un prix fixe p, indépendant du coût de production du bien et déterminé avant la période de production. Pour chaque service fourni, l'offreur reçoit un paiement t tel que :

$$t = p$$

En médecine de ville, le contrat à prix fixe s'apparente aux règles de paiement forfaitaires que sont la tarification horaire (rémunération fixe par unité de temps) et la capitation (rémunération fixe par patient).

Cette distinction théorique sert de base à des modélisations des relations principal-agent qui cherchent à comparer les effets des modes de rémunération des offreurs de soins en particulier sur le coût et sur la qualité des soins. Certains modèles développés aux États-Unis et en France (notamment dans le cadre de la médecine hospitalière) sont présentés dans le tableau 3. Ils mettent en évidence les performances (en matière de maîtrise des dépenses et d'amélioration de la qualité) de la règle de remboursement du coût et de la règle de prix fixe. Ils complètent les études empiriques et permettent d'étayer les résultats concernant l'influence du mode de rémunération des médecins sur l'efficacité du système.

Tableau 3 : **Les modélisations théoriques et leurs résultats**

Auteurs	Étude	Résultats
ELLIS et MAC GUIRE (1986)	Médecins américains dans le cadre du programme public Medicare.	Si le médecin est un agent imparfait du patient, le paiement à prix fixe comporte un risque de baisse de la qualité et de sous dispensation des services.
ELLIS et MAC GUIRE (1990)	Système de paiement des offreurs dans le cadre du système américain.	Le système le plus efficient est celui qui combine assurance complète et système mixte de remboursement des offreurs.
BLOMQVIST (1991)	Paiement à l'acte / salariat en HMO « modèle d'agence commune »	Le paiement à l'acte est à l'origine d'une surproduction de soins ce qui contraint à mettre en place des règles de responsabilité ou des garanties de performance.
MOUGEOT (1999)	Médecine hospitalière en France.	Un contrat de type *cost plus* donne à l'offreur de soins la possibilité d'accroître sa production par induction de la demande et il est favorable à la qualité des soins.
HARTMANN (2000)	Hospitalisation privée en France.	Inefficacité productive de la tarification à l'acte et efficacité de la tarification à prix fixes soumise à des hypothèses restrictives.
LEVAGGI, ROCHAIX (2000)	Médecine générale.	En présence d'asymétries d'information, risque de sélection de la clientèle avec la capitation et d'inflation des coûts avec le paiement à l'acte.
PEREIRA (2002)	Médecine de ville en France.	Avantage de la rémunération forfaitaire en termes de maîtrise des coûts et d'amélioration de la qualité mais risque de sélection de la clientèle → intérêt d'une forme mixte de paiement.

2.2. Les résultats en termes d'efficacité

2.2.1. L'efficacité macroéconomique

L'État dispose de ressources publiques limitées. Il doit les répartir de façon efficace entre ses différentes fonctions collectives (santé, éducation, sécurité,...) et ainsi déterminer quelle part du PIB sera consacrée à la santé. Pour cela, il dispose de critères d'affectation des ressources définis dans le cadre de l'économie du bien-être. Dans le domaine de la santé, le choix des Pouvoirs Publics est basé sur une analyse coût/efficacité (minimiser le coût d'un intrant pour un extrant connu) et l'efficacité macroéconomique renvoie à l'idée qu'il serait souhaitable de maintenir constant, voire de diminuer la part des dépenses de santé dans l'activité économique tout en assurant le meilleur état de santé possible à la population. Elle se juge en comparant les performances sanitaires du pays et les dépenses de santé engagées. L'observation de données issues de diverses sources (Éco-Santé OCDE notamment) et portant à la fois sur les dépenses de santé et les indicateurs sanitaires traditionnels semble indiquer que les systèmes de santé dans lesquels les médecins sont rémunérés sur la base d'un prix fixe (capitation et salariat) sont plus efficaces que les systèmes de santé dans lesquels les médecins sont rémunérés en fonction du coût (paiement à l'acte). L'un des inconvénients majeurs du paiement à l'acte est en effet d'aller à l'encontre de l'objectif de maîtrise des coûts malgré l'incitation à une offre de soins de qualité.

En France, les dépenses de santé représentent en 1998, 9,3 % du PIB ce qui place la France derrière l'Allemagne (10,3 %) et les États-Unis (12,9 %) mais devant les autres pays européens et notamment le Royaume-Uni (6,8 %). Globalement, les Français sont en bonne santé mais les indicateurs de santé traditionnels ne sont pas toujours favorables à la France par rapport à des pays à développement économique comparable. Même si une étude récente de l'OMS (2000) sur la performance du système de santé classe la France au premier rang des 191 pays concernés, on note que, outre la précaution avec laquelle on doit considérer cette analyse, des points faibles demeurent dans le système de santé français. Ils concernent notamment l'espérance de vie masculine, la mortalité périnatale, maternelle et prématurée (avant 65 ans) ainsi que la prévention de certaines maladies courantes (rubéole, caries) et des pathologies liées aux comportements à risque.

2.2.2. L'efficacité mésoéconomique

Une fois que l'État a décidé de la part des ressources publiques qui sera consacrée à la santé, il doit s'assurer que chacun des secteurs de la santé dispose des moyens nécessaires à son fonctionnement. Le mode de rémunération de la médecine de ville va influencer la répartition des soins nécessaires aux patients entre les différents biens et services médicaux.

- Médecine de ville et médecine hospitalière, médecine générale et médecine spécialisée

Lorsqu'ils sont payés à l'acte, les médecins prennent en charge une grande partie des biens et des services médicaux et ne réfèrent que dans les cas où leurs compétences ou leur matériel apparaissent insuffisants. Quand ils sont payés sur une base forfaitaire, les médecins ont au contraire intérêt à se décharger des cas lourds et on constate, dans ce cas, plus de références aux soins spécialisés et / ou à l'hôpital (KRASNIK et alii, 1990 ; STEARNS et alii, 1992 ; IVERSEN et LÜRAS, 2000). En effet, la réalisation d'un acte supplémentaire est source d'utilité (gain financier) pour un médecin à l'acte mais de désutilité pour un médecin à la capitation (coût en temps). On peut donc penser que le paiement à l'acte ne conduit pas à des références excessives et évite la sélection de la clientèle même s'il existe un risque que le médecin à l'acte fournisse des soins pour lesquels il n'est pas compétent.

En France, ce risque est limité par le fait que les patients disposent du libre choix tant du point d'entrée dans le système de soins (médecine de ville ou hôpital) que du médecin dans le secteur privé (généraliste et / ou spécialiste). La répartition des dépenses de santé entre les différents secteurs de soins est donc fortement influencée par les décisions des malades. Dans la mesure où ils ne sont pas correctement informés et malgré la confiance qui les lie souvent à un médecin de famille, des inefficacités apparaissent telles que le nomadisme médical et l'engorgement des urgences. Afin de les limiter, on peut envisager de renforcer le lien qui existe entre le médecin et son patient (en instaurant un système de liste de patients) ainsi que la coordination entre les différents niveaux de soins (notion de filière de soins)[1] et de développer la prise en charge de certains soins en ambulatoire (en harmonisant les tarifs des soins de ville et des soins hospitaliers[2]).

- Prescriptions

Le paiement à l'acte favorise davantage les prescriptions, en particulier les tests diagnostiques, que la capitation (ALEXANDER, 1967 ; MILLER et LUFT, 1994) même si le volume des prescriptions est sensible à de nombreux autres facteurs.

En France, le montant élevé des prescriptions[3] tient à la liberté thérapeutique dont disposent les médecins, aux habitudes de consommation mais aussi à la politique de prix bas pratiquée. Malgré les nombreuses tentatives des Pouvoirs Publics (action sur le taux de remboursement, Références Médicales Opposables, développement des génériques), sa croissance semble difficile à maîtriser. Néanmoins, on peut penser que la mise en place d'incitatifs financiers pourrait agir sur le comportement de prescription des médecins (HEMENWAY et *alii,* 1990).

- Actes préventifs et actes curatifs

Les règles de paiement à prix fixe favorisent la prévention (ROSEN et *al.,* 1978 ; MILLER et LUFT, 1994). Un médecin qui reçoit un forfait par patient est rémunéré pour la prise en charge globale de la santé de l'individu. Il a donc intérêt à veiller à la bonne santé de ses patients afin de produire, à terme, moins de soins curatifs. À l'inverse, la rémunération à l'acte est plus avantageuse pour les soins curatifs que pour les soins préventifs.

En France, les dépenses de prévention collective représentent moins de 3% des dépenses de santé et les Pouvoirs Publics cherchent à développer la prévention individuelle notamment en améliorant la continuité de la relation entre le médecin

---

[1] Ces deux solutions sont envisagées dans le cadre de l'option « médecin référent » qui instaure un contrat explicite entre le médecin et son patient, un passage préalable par le généraliste ainsi qu'une rémunération forfaitaire par patient en plus du paiement à l'acte.

[2] C'est le sens de la réforme qui vise à mettre en place, à partir de juillet 2002, une nomenclature unique des actes médicaux pour le secteur public et privé, la Classification Commune des Actes Médicaux.

[3] En 1999, les médicaments et autres biens médicaux représentent 188 milliards de francs.

et son patient. Le carnet de suivi médical est un pas insuffisant en ce sens. Mettre en œuvre des incitations financières liées à l'état de santé des patients comme c'est le cas au Royaume-Uni avec le paiement cible[4] est une solution envisageable à condition que l'on puisse dissuader les médecins de sélectionner leur clientèle.

2.3.3. L'efficacité microéconomique

- Les règles de remboursement du coût comme le paiement à l'acte favorisent l'efficacité allocative c'est-à-dire l'adaptation optimale de l'offre de biens et de services de santé à la demande et aux préférences des patients (HARTMANN, 2000 ; PEREIRA, 2002). En effet, dans le cas d'un système d'Assurance Maladie universel et obligatoire comme c'est le cas en France, l'intérêt du patient rejoint l'intérêt du médecin. Le patient, qui cherche le meilleur état de santé possible, a une demande de biens et de services médicaux à laquelle le médecin est prêt à répondre dans la mesure où chaque soin fourni est à l'origine d'un revenu supplémentaire. Néanmoins, dans le cas où la demande des patients est insuffisante pour lui assurer un revenu convenable, le médecin a la possibilité d'induire la demande pour ses propres services grâce à son pouvoir discrétionnaire[5] ce qui peut remettre en cause l'efficacité allocative (MOUGEOT, 1999). Le médecin se comporte alors comme un agent imparfait du patient

La fixation du montant de la rémunération et l'organisation du paiement influencent le degré de liberté dont bénéficie le médecin et donc sa capacité à induire la demande de soins. Quand le médecin fixe librement ses tarifs (comme dans le secteur 2 en France), il peut maintenir son niveau de revenu en accroissant les tarifs (induction par les prix) et ne pas multiplier le nombre d'actes. Quand les tarifs sont imposés (secteur 1 en France), le risque d'induction par les quantités est très fort même s'il est atténué par le paiement direct et l'existence d'un ticket modérateur à la charge du patient ainsi que par l'éthique du médecin. Il reste cependant une préoccupation forte des Pouvoirs Publics qui, depuis le début des années 1990, cherchent à réguler l'offre de soins notamment par l'intermédiaire du mécanisme d'enveloppe globale.

Avec les règles de paiement à prix fixe comme la capitation, l'efficacité allocative n'est pas assurée dans la mesure où l'intérêt des médecins (minimiser le nombre d'actes produits) va à l'encontre des préférences des patients. L'offre peut être inférieure à la demande (ELLIS et MC GUIRE, 1990) Par ailleurs, il existe un risque de sélection de la clientèle (PEREIRA, 2002). Comme le montant moyen du forfait par patient est indépendant de la consommation effective, le médecin a tout intérêt soit à sélectionner les cas les moins risqués (*quality discrimination ou cream skimming*) soit à exclure les cas lourds (*dumping*).

---

[4] Au Royaume-Uni, le paiement cible concerne la vaccination des enfants et le dépistage du cancer du col de l'utérus. Le généraliste reçoit un 'bonus' si la part de sa clientèle qui reçoit ces services atteint un certain niveau cible fixé par les Pouvoirs Publics.
[5] Pour plus d'informations sur l'hypothèse de demande induite, *cf.* ROCHAIX et JACOBZONE, 1997

- L'efficacité productive correspond à la production optimale de biens et de services à l'aide des ressources réelles fournies. Dans le cas du paiement à l'acte, la contrainte de minimisation des coûts d'obtention d'un certain résultat, imposée par la tutelle, n'est pas respectée. Le paiement à l'acte est à l'origine d'une inflation des coûts car, dans la mesure où les coûts sont pris en charge par le principal, l'agent ne fournit aucun effort pour les réduire. L'efficacité productive n'est donc pas assurée (HARTMANN, 2000). Dans le cas de la capitation, l'intérêt du médecin rejoint l'intérêt des Pouvoirs Publics : pour une qualité de soins donnée, il faut minimiser les coûts. L'offreur est incité à rationaliser le processus de production dans la mesure où il est créancier des économies qu'il peut réaliser par rapport au coût. L'efficacité productive est donc favorisée.

- La qualité peut être appréhendée sous différents aspects : la globalité, la continuité et la qualité technique des services [6] (CONTANDRIOPOULOS et *alii,* 1993). La capitation favorise la globalité et la continuité des soins (MANNING et *alii.,* 1984 ; HICKSON et *alii.,* 1987) mais non leur qualité technique (ELLIS et MC GUIRE, 1986). Le paiement à l'acte incite les professionnels à fournir un nombre important de services ce qui, pour la plupart des patients est synonyme de qualité. Or la multiplication des actes peut se faire au détriment de la qualité réelle des soins (par exemple, en réduisant la durée de la consultation).

En France, on estime que la qualité technique des actes est satisfaisante mais il est nécessaire d'améliorer la globalité et la continuité des soins.

- La satisfaction des agents

Les médecins à l'acte semblent plus satisfaits que les médecins payés sur une base forfaitaire (ALEXANDER, 1967 ; MILLER et LUFT, 1994). Le paiement à l'acte leur assure un revenu proportionnel à leur effort et leur confère une autonomie importante dans leur pratique médicale même s'il leur impose du travail supplémentaire en particulier dans la gestion du cabinet et des feuilles de soins.

Les patients semblent également avoir une préférence pour le paiement à l'acte (ALEXANDER, 1967 ; SAFRAN et *alii,* 1994, MILLER et LUFT, 1994). Ce mode de rémunération favorise la qualité des soins et une offre correspondant à la demande.

En France, 57 % des médecins préfèrent conserver la rémunération à l'acte, contre 7 % en faveur de la capitation et 30 % en faveur d'un système mixte (CREDOC, 1999) malgré des revendications portant sur la revalorisation du tarif des actes. Des réflexions doivent donc être menées tant sur le niveau que sur la forme de la rémunération. Deux tiers de la population est satisfaite du système de

---

[6] La globalité des services fait référence à l'intégration des différents types de services préventifs de traitement et de réadaptation à l'endroit le plus approprié ainsi que l'intégration des différents intervenants dans le système de soins. La continuité renvoie à la notion de cohérence qui existe dans le temps et dans l'espace entre les services offerts par les différents intervenants. La qualité technique des services est le degré de concordance qui existe entre les services fournis et les normes de bonne pratique.

santé en France contre 20 % en Italie et 40 % au Royaume-Uni (MOSSIALOS, 1997). Un autre motif de satisfaction des médecins et des patients dans le système de santé français est l'importance des libertés dont ils disposent. Même si de nouvelles perspectives doivent être considérées pour améliorer l'efficacité du système, parfois mise à mal par le paiement à l'acte des médecins, il ne faut pas négliger cet attachement de l'ensemble des acteurs aux caractéristiques qui fondent la médecine libérale « à la française ».

3. LES PERSPECTIVES EN MATIÈRE DE RÉMUNÉRATION DES MEDÉCINS LIBÉRAUX

3.1. L'articulation régulation macroéconomique et microéconomique

Bien que conscients de ses inconvénients en matière de maîtrise des coûts, les Pouvoirs Publics ont préféré maintenir le paiement à l'acte des médecins mais encadrer la croissance des dépenses de médecine de ville par un mécanisme collectif d'enveloppe globale. Ce dispositif, appliqué dans de nombreux pays industrialisés et notamment en France depuis 1994, consiste à fixer un taux d'évolution des dépenses et à récompenser ou sanctionner l'ensemble des médecins concernés en fonction du respect ou non de l'objectif. Même si les modalités de la politique d'enveloppe globale ont évolué (notamment par le passage des Objectifs Quantifiés Nationaux à l'Objectif National des Dépenses d'Assurance Maladie), cette dernière ne permet pas actuellement d'assurer à long terme la maîtrise des dépenses de santé. Elle apparaît également, dans certains cas, comme une menace pour la qualité des soins et comme une mesure injuste puisqu'elle touche uniformément tous les médecins, quel que soit leur comportement spécifique.

Afin d'améliorer l'efficacité de la politique d'enveloppe globale, deux solutions sont envisageables. La première consiste à modifier certaines des caractéristiques du mécanisme actuel. Ainsi, il s'agit de revoir la détermination du montant de l'enveloppe de soins de ville (actuellement issu d'un découpage de l'ONDAM) et surtout les mécanismes permettant un bouclage effectif de l'enveloppe. Actuellement, les Pouvoirs Publics ne parviennent pas à imposer un dispositif *a posteriori* permettant de récupérer la différence entre le montant de l'enveloppe fixé *ex ante* et les dépenses effectivement réalisées. Au vu du système de point flottant en Allemagne, on peut penser qu'un mécanisme *a priori* reposant sur un ajustement des prix unitaires des soins médicaux serait plus pertinent. Mais cela nécessiterait de remettre en cause le principe de paiement direct du médecin par le malade ce qui semble difficile.

La seconde solution consiste à mettre en œuvre, de façon complémentaire, un mécanisme individuel de régulation de l'activité à l'exemple de ce qui est réalisé pour les généralistes au Québec et pour certaines professions paramédicales en France (masseurs-kinésithérapeutes et infirmiers). La simulation de l'application d'un tel mécanisme pour les omnipraticiens français pour la période 1980-1997 a été effectuée à partir d'un panel issu du Système National Inter Régimes (PEREIRA,

2002). Elle montre que ce dispositif, qui sanctionne financièrement les médecins « bourreaux de travail », permet à l'Assurance Maladie de récupérer des sommes importantes mais qu'il apparaît injuste car il sanctionne des professionnels dont la forte activité est liée à des caractéristiques particulières de l'offre (faible densité médicale) et de la demande (clientèle âgée). Outre la difficulté d'application de ce mécanisme microéconomique qui nécessite que les médecins sanctionnés reversent le trop-perçu à l'Assurance Maladie, il existe un risque de comportement stratégique de la part du médecin qui peut, à terme, nuire à la qualité de soins (par exemple, refus de certains patients en fin d'année) mais aussi à l'équité (offre de soins non remboursés).

Parallèlement à la régulation financière de l'activité des médecins et afin de favoriser l'efficacité microéconomique du système, il nous semble nécessaire d'envisager une régulation géographique de l'offre de soins permettant d'améliorer l'adéquation entre l'offre et la demande sur le territoire ainsi que des mécanismes de surveillance de la qualité des soins fournis. Les mécanismes de régulation, tant macroéconomique que microéconomique, disposeront alors d'un environnement favorable à leur efficacité en termes de maîtrise des coûts.

3.2. Le schéma mixte de paiement

Dans la mesure où les modalités de paiement du médecin agissent sur son comportement et que chacune des formes de rémunération présentent des avantages et des inconvénients (*cf.* 2.2), l'une des solutions envisagées en vue d'améliorer l'efficacité du système de santé est de mettre en œuvre un mécanisme incitatif sous la forme d'un schéma mixte de paiement (ROCHAIX et *alii*, 2000). Ce dernier est tel qu'une partie du paiement est forfaitaire et qu'une partie est fondée sur les coûts (LAFFONT, TIROLE, 1993). Il se présente sous la forme d'un ensemble de contrats linéaires tels que :

$$t = \alpha.p + (1 - \alpha)C$$

p représente le paiement forfaitaire déterminé *a priori* par les Pouvoirs Publics. *C* correspond au coût de production des soins médicaux. α est un paramètre compris entre 0 et 1 qui mesure l'intensité des incitations à l'effort fournies à l'agent. Plus α est proche de 1, plus la part du paiement forfaitaire est importante et plus l'incitation à l'effort est forte pour l'agent.

SI une grande partie de la rémunération du médecin s'établit sur une base forfaitaire (par exemple, sous la forme d'un *per capita*), cela contribue à l'efficacité macroéconomique notamment en alignant les intérêts de l'offreur de soins et ceux des Pouvoirs Publics. Par ailleurs, cela favorise la continuité du lien entre le médecin et son patient et l'efficacité mésoéconomique dans la mesure où la capitation implique que les patients soient inscrits sur la liste d'un professionnel de première ligne, comme le généraliste qui peut devenir « la porte d'entrée au système de soins ». Un système mixte de paiement peut également favoriser l'efficacité microéconomique du système, en limitant, à la fois, les dérives associées à la demande induite, notamment en termes d'inflation des coûts, et le risque de baisse de la qualité et de sélection de la clientèle.

En France, la mise en œuvre d'un schéma mixte de rémunération des médecins est problématique, en particulier parce qu'elle nécessite des systèmes d'information performants, permettant par exemple de calculer au mieux le montant forfaitaire versé aux médecins. Par ailleurs, elle suppose la remise en cause de certains principes de la médecine libérale en France telles que le paiement direct, la liberté de choix du patient, l'autonomie des praticiens. Un tel changement, même s'il apparaît souhaitable en termes d'efficacité économique, suppose une évolution des mentalités tant des professionnels que des patients.

4. CONCLUSION

Cet article s'inscrit dans le cadre de ma thèse de doctorat portant sur la régulation économique de la médecine de ville. Il cherche à mettre en évidence les dysfonctionnements de la forme actuelle de rémunération des médecins libéraux, le paiement à l'acte, notamment dans le contexte de la médecine de ville « à la française ». Il suggère des éléments de réflexion quant au lien entre la rémunération des médecins et la recherche de l'efficacité du système de santé, à partir d'informations à la fois institutionnelles, empiriques et théoriques. Ces informations peuvent être complétées par une étude plus approfondie de différents systèmes de santé comme celui du Royaume-Uni ou de l'Allemagne, qui présentent des caractéristiques intéressantes au vu des perspectives proposées. Ces dernières ne remettent pas en cause de façon radicale le paiement à l'acte des médecins mais considèrent qu'il doit être complété soit par des mécanismes de régulation financière, macro et/ou microéconomiques, soit par une forme forfaitaire de rémunération comme la capitation.

Par ailleurs, eu égard à l'actualité de la santé, il est nécessaire de prendre en considération un autre aspect de la rémunération des médecins, celui de son niveau. Une étude menée à partir d'un panel de généralistes français sur la période 1980-1997 (PEREIRA, 2002) montre que l'évolution de l'activité et des honoraires des médecins est relativement stable au cours de la période, que leur pouvoir d'achat se maintient et qu'il existe de fortes disparités de revenus entre les praticiens en fonction de leurs caractéristiques personnelles (âge, sexe) et professionnelles (secteur conventionnel). Même s'il n'est pas possible d'étudier chaque cas particulier, il faut se garder d'imposer à l'ensemble des médecins français des mesures qui pourraient s'avérer très injustes pour certains d'entre eux. Avant tout, il est indispensable, pour améliorer l'efficacité de notre système, de déterminer des dispositions cohérentes pour l'ensemble des acteurs et, pour cela, d'établir des liens durables et étroits entre les patients, les décideurs politiques, les économistes et les gestionnaires et les professionnels de santé.

BIBLIOGRAPHIE

ALEXANDER C.A.. (1967), "The effects of change in method of paying physicians : the Baltimore Experience", *American Journal of Public Health*, n° 57.

BEJEAN S. (1994), *Économie du système de santé : du marché à l'organisation*, Paris, Economica.

BLOMQVIST A. (1991), "The doctor as double agent : Information asymmetry, health insurance and medical care", *Journal of Health Economics*, n° 10.

CONTANDRIOPOULOS A.P. *et alii* (1993), "La rémunération des professionnels de santé", *Journal d'Economie Médicale*, n° 11.

CREDOC (1999), L'introduction des filières de soins.

ELLIS R.P. et MC GUIRE T.G. (1986), "Provider behavior under prospective reimbursement : Cost sharing and supply", *Journal of Health Economics*, n° 5.

ELLIS R.P. et MC GUIRE T.G. (1990), "Optimal payment systems for health services", *Journal of Health Economics*, n° 8.

HATMANN L. (2000), *Tarification, Régulation et Incitations dans le secteur hospitalier privé en France*, thèse pour le Doctorat de Sciences Économiques, université Aix-Marseille.

HEMENWAY *et alii* (1990), "Physicians'responses to financial incentives : Evidence for a for-profit Ambulatory Care Center", *New England Journal of Medecine*, n° 322.

HICKSON G.B. *et alii* (1987), "Physician reimbursement by salary or fee-for-service : effect on physician practice behavior in a randomized prospective study", *Pediatrics*, n° 80.

IVERSEN T. et LÜRAS H. (2000), "The effect of capitation on GP's referral decisions", *Health Economics*, n° 9.

KRASNIK A. *et alii* (1990), "Changing remuneration systems : effects on activity in general practice", *British Medical Journal*, n° 300

KRISTIANSEN I.S. et MOONEY G. (1993), "The general practitioner's use of time : is it influenced by the remuneration system?", *Social Science and Medecine*, n° 37.

LAFFONT J.J. et TIROLE J. (1993), *A theory of incentives in procurement and regulation*, MIT Press.

LEVAGGI R. et ROCHAIX L. (2000), "Alternative systems of financing health care and paying physician services" *in* ROCHAIX L., HARTMANN L., PEREIRA C. (2000).

MANNING W.G. et *alii* (1984), "A controlled trial of the effect of a prepaid group practice on use of service", *New England Journal of Medecine*, n° 310.

MILLER R.H. et LUFT H.S. (1994), "Managed Care Plan Performance since 1980", *Journal of American Medical Association*, n° 271.

MOSSIALOS E. (1997), "Citizens' view on health systems in the 15 member states of the European Union", *Health Economics,* n° 6.

MOUGEAOT M. (1999), *Régulation du système de santé*, rapport du Conseil d'Analyse Economique, Paris, La Documentation Française.

MURRAY J.-P. *et alii* (1992), "Ambulatory testing for capitation and fee-for-service patients in the same practice setting : relationship to outcomes", *Medical Care*, n° 30.

OMS (2000), *Rapport sur la Santé dans le Monde,* OMS.

PEREIRA C. (2002), *La régulation économique de la médecine de ville*, thèse pour le Doctorat de Sciences Économiques, université Panthéon-Assas.

ROCHAIX L. (1986), *Asymétries informationnelles et comportement médical*, thèse pour le Doctorat de Sciences Économiques, université de Rennes 1.

ROCHAIX L. (1998), Performance-tied Payment Systems for Physicians : Evidence from Selected Countries, chapitre d'un ouvrage collectif édité par l'OMS Europe, Open University Press.

ROCHAIX L. et JACOMBZONE S. (1997), "L'hypothèse de demande induite : un bilan économique", *Economie et Prévision*, n° 129-130.

ROCHAIX L., HARTMANN L. et PEREIRA C. (2000), *Modes alternatifs de rémunération pour la médecine ambulatoire*, rapport de recherche pour la Direction de la Sécurité Sociale.

ROSEN H.M. et *alii* (1977), "Capitation in dentistry : A quasi-experimental Evaluation", *Medical Care*, n° 15.

SAFRAN O. et *alii* (1994), "Primary Care Performance in Fee-for-service and Prepaid Health Care systems . Results from medical Outcomes Study", *Journal of American Medical Association*, n° 271.

STEARNS S.C. et *alii* (1992), "Physician responses to fee-for-service and capitation payment", *Inquiry,* n° 2

La normalisation dans une économie de la qualité : l'AFNOR au pays des établissements de santé

Magali ROBELET, (GRAPHOS, Université Lyon III)

Résumé

L'apparition de l'AFNOR sur le secteur de la santé est l'un des révélateurs des mutations que connaît la profession médicale. La normalisation qu'elle propose est une normalisation de compromis, respectant les spécificités du secteur, qui peut jouer un rôle de label de qualité sur le marché des soins.

1. INTRODUCTION :
L'AFNOR, UN INTERMÉDIAIRE DU MARCHÉ DE LA SANTÉ

Comment le patient choisit-il son médecin ? Comment le médecin s'y prend-il pour attirer les patients ? Les réponses à ces questions sont problématiques dans la mesure où les caractéristiques du "bien" échangé lors de la rencontre entre un médecin et un patient demeurent inconnues pour ce dernier. Le client ne pourra en apprécier la qualité qu'*a posteriori* et les critères qu'il mobilisera ne porteront pas uniquement sur l'efficacité thérapeutique mais également sur l'impression générale que produira sur lui le médecin. C'est pour ces raisons que l'on peut considérer la profession médicale, au même titre que la profession d'avocat, comme une "économie de la qualité" (KARPIK, 1989). L'échange y est marqué par l'opacité sur la qualité du bien et par le refus de la concurrence par les prix (qui ferait précisément perdre toute valeur au bien). Dans une économie de la qualité, les "dispositifs de confiance" (KARPIK, 1996) permettant l'inscription de l'échange dans la durée comprennent certes des dispositifs "impersonnels" (le diplôme, l'existence d'un code de déontologie, autant de critères de qualification sociale du médecin) mais surtout des dispositifs personnels (le réseau personnel "de confiance" qui oriente le choix d'un médecin et l'équation personnelle entre médecin et patient). Autrement dit, l'économie de la qualité, pour préserver les spécificités du bien échangé, ne tolère pas d'intermédiaire du marché qui définirait de façon *a priori* les critères de la qualité attendue.

Comment interpréter alors l'irruption de l'AFNOR (agence française de normalisation) comme producteur de normes de qualité dans la santé ? Depuis le milieu des années quatre-vingt-dix, l'AFNOR étend ses activités dans le secteur de la santé en proposant d'y transposer les normes de management de la série ISO 9000 utilisées dans d'autres secteurs économiques. La normalisation repose sur de nouveaux critères d'appréciation *a priori* de la qualité du bien échangé (critères portant sur l'organisation des soins et le contrôle des processus de production) et sa publicité pourrait mettre fin à l'opacité du marché. Elle pourrait en outre introduire une concurrence par la qualité entre les offreurs de soins.

De fait, l'AFNOR joue le rôle d'un "intermédiaire" du marché en se proposant de faire entrer les activités de santé dans le cadre préétabli de la normalisation du management industriel[1]. La notion d'intermédiaire du marché (EYMARD-DUVERNAY, 1997) fait l'objet de récents programmes de recherche en sociologie et en économie, qui mettent en évidence l'impensé de la régulation marchande[2], à savoir le travail de qualification des produits échangés et de mise en adéquation (certains auteurs disent "traduction" (CALLON, 1986)) des produits avec les besoins des demandeurs et des offreurs. Les normes de management dont il sera question ici sont ainsi produites au nom du client-patient en permanence invoqué comme destinataire final de la normalisation. Pour cerner ce que ce travail de traduction révèle des transformations qui affectent cette économie de la qualité qu'est le marché des biens de santé, nous interrogerons les travaux de normalisation menés par l'AFNOR à la fois dans leur contenu (les critères de qualité qu'ils mobilisent) et dans leurs usages (dans une éventuelle stratégie de différenciation sur un marché)[3].

Après une analyse des conditions de légitimité qui ont favorisé l'implication de l'AFNOR dans le secteur de la santé, nous montrerons que la normalisation proposée est une normalisation de compromis, préservant le caractère "mystérieux" du bien santé et que les usages de la norme révèlent des rapports différents au marché parmi les professionnels de santé.

2. LA NORMALISATION, UN MODE DE QUALIFICATION EN VOIE DE LÉGITIMATION SUR LE MARCHÉ DES ÉTABLISSEMENTS DE SANTÉ

Le développement des activités de l'AFNOR dans le secteur de la santé s'explique pour des raisons propres au champ de la normalisation et pour des raisons propres au champ de la santé. Ces évolutions convergent pour faire de la normalisation une pratique légitime dans le champ de la santé et de l'AFNOR un intermédiaire légitime de la qualité des soins.

---

[1] La définition de la norme fournie par l'International Organization for Standardization (ISO) illustre la fonction d'intermédiaire jouée par la norme : "spécification technique ou autre document accessible au public, établi avec la coopération et le consensus ou l'approbation générale de toutes les parties intéressées, fondé sur les résultats conjugués de la science, de la technologie et de l'expérience, visant à l'avantage optimal de la communauté dans son ensemble et approuvé par un organisme qualifié sur le plan national, régional ou international".

[2] On peut résumer ainsi l'objet de ce programme : "A l'inverse de la formation des prix, qui peut au moins partiellement relever d'ajustements marchands, la formation de la qualité repose nécessairement sur des activités volontaires, dûment codifiées et professionnalisées dont l'analyse relève plus de la sociologie que de l'analyse économique", Franck COCHOY, Sophie DUBUISSON-QUELLIER, "Les professionnels du marché : vers une sociologie du travail marchand", introduction au n° 3, 2000 de *Sociologie du travail* consacré aux "professionnels du marché", p. 359-358.

[3] Nous avons interviewé plusieurs représentants de l'AFNOR (direction du département Santé de l'AFNOR et professionnels de santé associés aux travaux de normalisation) et analysé les documents produits par l'AFNOR dans le secteur de la santé (ouvrages sur le management de la qualité en santé et document normatif).

2.1. L'accréditation : un contexte favorable au développement des démarches qualité dans les établissements de santé

L'engagement de l'AFNOR dans la production de référentiels de management de la qualité en santé est à replacer dans le contexte législatif introduisant la procédure d'accréditation des établissements de santé[4]. L'accréditation est conduite par l'Agence Nationale d'Accréditation et d'Évaluation en Santé (ANAES)[5], qui a élaboré un "manuel d'accréditation" énonçant les exigences en matière de management de la qualité. Les établissements font l'objet d'une visite par les experts-visiteurs de l'ANAES à l'issue de laquelle est rédigé un rapport d'accréditation dont les conclusions sont consultables sur le site internet de l'ANAES. L'accréditation légitime donc le caractère public d'une information sur la qualité des soins dans les établissements de santé. Est-ce à dire pour autant que l'accréditation engage les établissements dans une logique marchande de concurrence en donnant aux consommateurs de soins une information lui permettant de choisir un établissement de soins en fonction d'une qualité définie *a priori* ? Il apparaît plutôt que l'accréditation rend officiel un dispositif de jugement impersonnel sur la qualité des soins mais qu'elle n'introduit pas nécessairement une logique marchande.

2.1.1. L'officialisation d'une qualité "industrielle" en santé

L'accréditation n'est pas un contrôle de conformité des installations (qui relève de l'autorisation administrative) mais vérifie que l'établissement s'assure des conditions d'une bonne qualité et sécurité des soins. Le manuel d'accréditation élaboré par l'ANAES fait explicitement référence aux concepts et outils du management de la qualité : les termes de "procédure", "processus", "gestion des risques", "document écrit", "traçabilité" sont employés pour décrire les exigences de l'accréditation. Le manuel propose en outre un glossaire du management de la qualité (définissant les termes comme "système qualité", "politique qualité" ou "amélioration continue de la qualité"). Les référentiels du manuel d'accréditation concernent trois grands axes : "Le patient et sa prise en charge", "Management, gestion et logistique" et "Qualité et prévention". À l'intérieur de ces axes, les références du manuel sont toutes construites autour de quatre affirmations : l'établissement mène une politique pour satisfaire le référentiel (par exemple le dossier médical ou l'information du patient); les acteurs de l'hôpital sont engagés

---

[4] Ordonnance n° 96-354 du 24 avril 1996 portant réforme de l'hospitalisation publique et privée : "Afin d'assurer l'amélioration continue de la qualité et de la sécurité des soins, tous les établissements de santé, publics et privés, doivent faire l'objet d'une procédure externe d'évaluation dénommée accréditation".

[5] L'ANAES est créée par une ordonnance du 24 avril 1996. Cette agence est un établissement public à caractère administratif et succède à l'Agence nationale pour le développement de l'évaluation médicale (ANDEM) créée en 1990. Ces deux agences ont pour mission de diffuser les méthodes d'évaluation des pratiques médicales (audit clinique, production de recommandations de pratiques cliniques ou conférences de consensus). L'ANAES se voit attribuer en outre la mission d'organiser la procédure d'accréditation. Elle dispose d'un conseil d'administration et d'un conseil scientifique composés pour moitié de médecins.

dans la définition de la politique; il existe des outils et une évaluation de la réalisation des engagements.

L'accréditation vérifie donc l'engagement de l'établissement dans son ensemble dans une politique de management de la qualité dont il est attendu une réduction de la variabilité de la qualité du service offert. On reconnaît ici les caractéristiques du "monde industriel" telles que les ont définies L. BOLTANSKI et L. THÉVENOT (1991). L'activité de soins est ainsi considérée comme une activité de production comme une autre à laquelle peuvent s'appliquer, comme à d'autres secteurs économiques, des exigences d'organisation et de formalisation. L'accréditation, par l'intermédiaire de l'ANAES, officialise et légitime une représentation industrielle de l'activité de soins mettant en valeur les caractéristiques formalisables de l'activité (l'organisation) au détriment de sa part "mystérieuse".

2.1.2. L'accréditation n'est pas un label

En revanche, l'accréditation, malgré le caractère public de l'information qu'elle produit n'engage pas véritablement les établissements de santé dans une concurrence par la qualité. Elle ne s'accompagne pas en effet d'un dispositif de sanction permettant de distinguer les "meilleurs" des "mauvais" établissements (ROBELET, 2001). Tout d'abord, tous les hôpitaux sont accrédités, même si certains le sont "avec réserve" et doivent repasser une visite d'accréditation dans un délai plus court que les autres. Il est difficile en ce cas de faire un choix portant sur la qualité des soins entre deux hôpitaux "accrédités". D'autre part, le rapport d'accréditation n'aide pas vraiment le "patient-consommateur" à choisir un établissement. Ses conclusions sont formulées dans le vocabulaire ésotérique du management de la qualité et ne portent pas d'appréciation sur la "qualité des soins" offerte par l'établissement.

Enfin, le manuel de l'ANAES décrit un hôpital autosuffisant et propose un auto-référentiel par lequel l'établissement ne se compare qu'à lui-même. L'accréditation ne fait que donner une appréciation sur la cohérence interne à l'établissement entre les objectifs qu'il s'est fixé, les moyens dont il dispose et le niveau de qualité des soins offerts. Ce parti pris du manuel (le manque de perspective comparative par rapport à une norme "absolue" de qualité) s'explique par les usages possibles du rapport d'accréditation, qui est à destination des Agences Régionales d'Hospitalisation (ARH)[6] en charge de la cohérence régionale de l'offre de soins à partir des données recueillies auprès de chaque structure de soins. L'accréditation n'est qu'un élément parmi d'autres pour identifier les sur ou sous-dotations hospitalières. En outre, la généralisation du management de la qualité dans les établissements de santé, en visant une standardisation des processus de production facilite la coordination entre donneurs d'ordre et prestataires de service (FORAY, 1993). L'accréditation pourrait rendre plus visibles les complémentarités entre établissements (et non la concurrence) tout en neutralisant les effets de réputation

---

[6] L'ARH a été créée par les ordonnances du 24 avril 1996. Elle conclut avec les établissements des contrats d'objectifs et de moyens qui déterminent les orientations stratégiques en tenant compte des objectifs du SROS.

et de concurrence monopolistique affectant certains marchés locaux. La qualité telle qu'elle est définie dans le manuel de l'ANAES pourrait encore servir de base pour élaborer des chartes qualité dans des réseaux entre établissements. Mais cet usage n'est que l'un des usages possibles de l'accréditation. Il n'exclut pas la possibilité de comportements stratégiques (l'entrée précoce dans la procédure d'accréditation par exemple) de la part des directions d'hôpitaux, à destination des hôpitaux concurrents ou de l'ARH. Cette marge de manœuvre dont disposent les établissements a fait naître un marché du conseil autour de l'accompagnement des établissements dans la procédure d'accréditation. C'est en ce sens que l'accréditation apparaît comme une opportunité pour le département santé de l'AFNOR pour affirmer la légitimité de son expertise propre – en l'occurrence la maîtrise d'une méthode consensuelle d'élaboration de normes de management de la qualité – dans le champ de la santé.

2.2. La santé, un secteur au service d'une politique d'extension des activités de l'AFNOR

2.2.1. Les champs nouveaux de la normalisation

L'évolution de la pratique de la normalisation en France, dont les contenus passent d'un domaine strictement technique au domaine du management, contribue à faire de la santé un nouveau marché pour l'AFNOR. C'est en effet au cours de cette évolution que la "qualité" est apparue au cœur des différents produits et services proposés par les instances de normalisation, à commencer par la série des normes ISO (MISPELBLOM, 1999). On assiste au cours de cette évolution à une "marchandisation" des normes dans un double sens : d'abord à travers la référence croissante aux besoins et demandes des consommateurs, ensuite par l'association de la normalisation à un objectif de compétitivité dans un environnement concurrentiel, la conformité à la norme apportant la garantie d'un certain niveau de "qualité" du produit ou du service.

Dès les premières années d'existence de l'AFNOR (créée en 1926), les experts en normalisation ont cherché à s'émanciper de la dépendance des industriels en imposant la prise en compte des besoins et demande des consommateurs, en d'autres termes en faisant évoluer les normes du registre technique et industriel au registre marchand (COCHOY, 2000). Il faut attendre cependant les années quatre-vingt et la dynamique de la construction européenne pour que l'État encourage l'indépendance de l'AFNOR et l'engage dans une nouvelle politique de normalisation. Les attentes à l'égard de la normalisation s'étendent désormais à la recherche d'une compétitivité accrue et d'une transparence des marchés (GERMON, 1983). L'adoption par la Communauté européenne d'une nouvelle politique de normalisation conforte l'évolution engagée dans le sens d'une marchandisation. La "nouvelle approche" de la normalisation[7] consiste en une distinction entre d'une part des "exigences essentielles" d'application obligatoire énoncées au niveau européen sur la sécurité des produits, la santé des consommateurs ou la protection

---

[7] La nouvelle approche est précisée dans une résolution du Conseil de l'Europe du 7 mai 1985.

de l'environnement consommateur, et d'autre part les normes d'application volontaire détaillant les spécifications techniques des produits. Les représentants professionnels d'un secteur et les organismes normalisateurs sont libres d'introduire dans ces normes des exigences non plus seulement techniques mais de management d'entreprise. La conformité aux normes devient en même temps un moyen pour l'entreprise d'afficher sa proximité avec les besoins des consommateurs, de mobiliser ses employés autour d'un projet d'entreprise et/ou de définir sa stratégie dans un environnement concurrentiel. La nouvelle approche en matière de normalisation offre aux organismes normalisateurs un nouveau marché à investir, celui de l'accompagnement dans l'élaboration de normes globales d'entreprise ou de service.

Deux autres facteurs favorisent l'achèvement de la marchandisation des normes. L'apparition (en 1987) de la série des normes ISO 9000 est à l'origine de l'association entre norme et qualité. En effet, c'est parce que les normes servent désormais la compétitivité des entreprises et leur stratégie de positionnement sur leur marché qu'elles sont associées à la qualité. La qualité dont il est question alors est une qualité abstraite et elle s'exprime dans les expressions très générales (traduction d'un vocabulaire anglo-saxon) de "politique qualité", "système qualité" ou "management de la qualité". La qualité devient alors un argument mobilisateur pour engager l'entreprise dans un changement organisationnel. Enfin, l'extension des normes de management aux services a débuté au début des années quatre-vingt-dix. L'idée d'appliquer les normes de management de la qualité aux services est justifiée par la souplesse de ces normes capables de s'adapter à tous les secteurs (LAMPRECHT, 1995).

C'est dans ce contexte qu'il faut replacer l'engagement de l'AFNOR sur le secteur de la santé. La santé apparaît en effet comme un secteur de production (pour l'industrie pharmaceutique notamment) et de service où l'AFNOR peut faire valoir son expertise à la fois dans le management d'entreprise et dans la recherche de consensus. Les premières activités de l'AFNOR dans la santé ont porté sur les dispositifs médicaux élaborés dans le cadre européen de la "nouvelle approche". Plus récemment, dans le contexte de l'accréditation des établissements de santé, l'AFNOR développe une politique volontariste de normalisation du management en proposant aux professionnels du secteur des outils méthodologiques pouvant favoriser l'appropriation des concepts et pratiques du management de la qualité. Les travaux sur le management de la qualité ne sont pas majoritaires, mais sont en progression actuellement au sein du département santé de l'AFNOR.

2.2.2. La construction d'une complémentarité sur le marché des référentiels qualité

Les représentants de l'AFNOR estiment que l'instance de normalisation a été écartée de l'élaboration de la procédure d'accréditation du fait de la collusion traditionnelle entre l'administration centrale de la santé et les représentants de la profession médicale. Selon eux pourtant, la normalisation répond aux attentes de l'accréditation en termes de recherche de constance dans la qualité du service rendu par les établissements. C'est donc sur le mode de la confrontation directe entre la légitimité institutionnelle conférée à l'ANAES pour mettre en œuvre la procédure d'accréditation et la légitimité de la normalisation que s'est positionnée, dans un premier temps, l'AFNOR.

L'AFNOR a cependant rapidement cherché à mettre en avant les facteurs de complémentarité plus que de concurrence qui la relient à l'ANAES. Le principal facteur de complémentarité entre AFNOR et ANAES repose sur la différence affichée par les représentants de l'AFNOR entre une procédure obligatoire venue des tutelles et l'élaboration d'outils d'application volontaire auxquels les professionnels de santé ont participé. C'est le caractère consensuel et transparent de l'élaboration des normes qui est mis en avant. Plusieurs comparaisons (celle du "moteur", celle de la "nouvelle approche") servent cette argumentation, chacune considérant le référentiel de l'ANAES comme un ensemble d'exigences "absolues" auxquelles il est nécessaire d'associer des "outils" de mise en œuvre concrète dans les établissements. L'AFNOR adopte ici un rôle de consultant[8] en management auprès des établissements de santé, dans le cadre de la stratégie d'extension de ses domaines d'activité. C'est dans ce cadre que l'AFNOR tente de proposer, par un travail de "traduction" auprès des professionnels du secteur, des exigences de qualité dans la santé.

3. UNE NORMALISATION DE COMPROMIS QUI PRÉSERVE LE "MYS-TÈRE" DU BIEN SANTÉ

L'AFNOR a initié en 1998 des travaux de réflexion sur la déclinaison de la norme ISO 9002[9] dans les établissements de santé qui se sont conclus par la rédaction d'un fascicule de documentation FD 99-130 "Lignes directrices pour la mise en œuvre d'un système qualité dans un établissement de santé". Les fascicules de documentation n'ont pas le statut d'une norme homologuée (publiée au Journal Officiel) mais se situent en amont ou en parallèle de ces normes. Ce sont le plus souvent des fiches d'interprétation des normes ou des guides visant à coordonner la normalisation d'un secteur. Ce fascicule de documentation nous semble être un bon matériau pour appréhender les processus de traduction à l'œuvre entre les normalisateurs et les professionnels du secteur. Le développement des travaux de normalisation dans le domaine de la santé implique plusieurs instances à l'AFNOR : le département Santé, composé d'une quinzaine de personnes dont cinq ingénieurs de normalisation non spécialisés dans la santé, le COS Santé, organe "politique" définissant les programmes de normalisation et les commissions de normalisation, organes "exécutifs" au sein desquels sont élaborés les projets de norme. Nous nous intéressons ici uniquement à la commission "Qualité dans les établissements de santé" qui a élaboré le FD 99-130.

---

[8] L'AFNOR se positionne ainsi sur le marché fructueux du conseil en santé (accompagnement dans la démarche d'acréditation mais également dans l'élaboration du projet d'établissement ou dans des opérations de restructurations) que l'on peut estimer à environ 100 millions d'euros.
[9] Rappelons que la norme ISO 9002 pose des exigences concernant la vérification de la bonne exécution de la production d'un produit ou service au moyen de procédures écrites.

3.1. Une stratégie de recrutement auprès des professionnels de santé et des pouvoirs publics

Le recrutement de personnalités innovatrices et de porte-parole est une étape importante du travail de traduction Les exemples du président du COS Santé et du président de la commission de normalisation "Qualité dans les établissements de santé" témoignent d'une habile politique de recrutement de porte-parole.

Le président actuel du COS, recruté en 1999 présente le profil professionnel et social d'un président de COS puisqu'il dispose à la fois de bonnes connaissances des concepts et outils réglementaires et normatifs en santé et d'un réseau relationnel auprès des hôpitaux publics et du ministère de la santé. Ingénieur de formation, il commence sa carrière dans l'encadrement des services logistiques au sein des hôpitaux publics. Il occupe ensuite une charge d'enseignement à l'Ecole nationale de santé publique pour les élèves directeurs d'hôpital et publie dans ce cadre plusieurs ouvrages sur la logistique hospitalière. Après avoir occupé pendant deux ans les fonctions de conseiller auprès du directeur de la DRASS d'Ile de France, il devient directeur adjoint de centre hospitalier. Il est par ailleurs membre du comité de rédaction de la revue *Techniques hospitalières*, revue d'information sur les technologies, l'hygiène et la sécurité dans les établissements de santé. Ces différentes fonctions font de lui un expert des questions techniques, sécuritaires et logistiques à l'hôpital public et son réseau relationnel lui donne accès aux représentants de l'administration de la santé et de l'hospitalisation publique. Il a été l'artisan principal d'une stratégie de recrutement du COS Santé en direction de l'administration de la santé.

La composition de la commission de normalisation "Qualité dans les établissements de santé" révèle également l'existence d'un travail de recrutement cette fois-ci en direction des professionnels de santé, médecins et directeurs d'établissements. Le président de la commission de normalisation est un médecin (que nous désignerons ici par DocAFNOR) devenu expert en qualité, qui se définit lui-même comme un "oiseau rare" dans la profession et comme un "homme à plusieurs casquettes". DocAFNOR "rencontre" les concepts du management de la qualité lorsque, jeune chef de service de radiologie, il décide de se former au management dans une grande école de commerce parisienne pour faire face aux difficultés rencontrées au quotidien dans la gestion de son équipe. La radiologie lui apparaît comme une discipline propice à la formalisation des pratiques, du fait de sa dépendance à l'égard des techniques et de son rôle d'interface avec d'autres services de l'établissement. C'est finalement la perspective de l'accréditation qui le pousse à engager son service dans une démarche de certification ISO 9002. Il collabore avec un groupe de consultants-chercheurs en management de la qualité précisément en quête de professionnels de santé leur facilitant l'accès au monde hospitalier. C'est par leur intermédiaire qu'il entre en contact avec l'AFNOR, elle aussi à la recherche de personnes ressources dans le milieu de la santé. Sa collaboration avec l'AFNOR (en tant que membre et président de commissions de normalisation) lui a permis de publier des ouvrages sur le management de la qualité, dont l'un spécifique à la radiologie l'a fait connaître de ses confrères. De son côté, l'AFNOR a pu s'appuyer sur ce médecin innovateur pour développer une politique "prolifique"[10] de publication de documents dans le secteur de la santé, documents normatifs ou manuels d'initiation pour les professionnels. DocAFNOR est par ailleurs correspondant régional de l'ANAES en Nord-Pas-de-Calais pour le secteur hospitalier.

La composition de la commission de normalisation "Qualité dans les établissements de santé" (une trentaine de personnes) est l'œuvre du département santé de l'AFNOR. Le faible nombre de médecins et de soignants au sein de la commission est frappant de même que la forte proportion de représentants de l'hospitalisation privée qui semble avoir développé de façon plus précoce que l'hospitalisation publique des réflexions sur les outils du management de la qualité. La commission n'est donc pas en soi "représentative" de l'ensemble des profession-nels de santé : médecins et soignants sont peu présents (la commission ne compte qu'une seule infirmière) et les membres de la commission sont tous sensibilisés au management de la qualité. L'AFNOR s'est entourée de personnalités pouvant servir de relais de la normalisation dans le secteur de la santé. La présence de représentants du secteur, qu'ils soient médecins ou administratifs, implique l'existence de compromis sur la prise en compte de certaines spécificités du secteur et sur ce qui doit faire l'objet de la normalisation.

3.2. Une normalisation qui préserve les spécificités du secteur santé.

Les ingénieurs de normalisation mobilisent une rhétorique défensive pour définir la norme en anticipant les critiques qui feraient de la norme avant tout un outil prescriptif qui stériliserait les initiatives. La norme n'est donc jamais définie par son contenu mais avant tout par sa méthode d'élaboration (la recherche de consensus). Les attendus de la norme en termes de formalisation des pratiques (notamment par la multiplication des procédures écrites et l'usage d'indicateurs et de tableaux de bord) passent toujours au second plan : *"Outil de rationalisation, d'harmonisation et de transparence, les normes sont élaborées dans un cadre consensuel rassemblant l'ensemble des acteurs et partenaires d'un secteur d'activité"*[11]. En affirmant ainsi que la norme peut s'accommoder d'usages variés (peu importe le contenu et l'usage, pourvu qu'on ait la méthode), les promoteurs de la normalisation dans la santé insistent sur la souplesse des outils de la normalisation, adaptables à toutes les situations particulières.

De fait, pour les ingénieurs de normalisation, la force des outils normatifs comme les normes de management ISO réside dans leur capacité à être transposés dans tous les secteurs d'activité. La transposition se résumerait alors à un habillage linguistique qui n'affecte en rien le contenu de la norme. En d'autres termes, la transposition de la norme ISO 9002 dans la santé ne serait qu'une question de vocabulaire, les mots n'étant que des supports neutres de la norme, sans être porteurs d'un autre sens : *"C'est plutôt du changement de vocabulaire on va dire,*

---

[10] On compte depuis 1999 cinq ouvrages édités par l'AFNOR, tous rédigés par le "tandem" constitué du médecin président de la commission de normalisation et du directeur qualité de son établissement.
[11] Caractéristiques de la norme rappelées dans l'énoncé des orientations stratégiques du COS santé, GPN *"Santé". Structures de la normalisation française, européenne et internationale*. Paris, AFNOR, 2001.

qu'autre chose... Il n'y a pas de différence dans l'état d'esprit entre mettre en œuvre une démarche qualité dans le cadre de la norme ISO ou du référentiel ANAES, c'est pas différent. C'est plus une question de culture... [12]". Cependant, cette conception de la traduction de la norme ISO à la santé comme une "transposition" nous paraît occulter le travail de déconstruction puis de reconstruction de la norme ISO opéré au cours de l'élaboration du FD 99-130. Le mode de présentation adopté pour le FD 99-130 témoigne pourtant de l'attention portée à la mise en scène des "exigences" de la norme. La présentation du FD 99-130 est en effet précédée d'une cinquantaine de pages précisant les concepts du management de la qualité et leur acception dans les établissements de santé. L'existence même de cette présentation didactique de la norme témoigne de ce que la "transposition" de la norme ISO dans la santé n'allait pas de soi, y compris pour les membres de la commission de normalisation.

Chaque chapitre du fascicule FD 99-130 énonce dans un encadré une exigence de la norme ISO et est suivi de recommandations d'ordre pédagogique et de clarifications propres au secteur de la santé à travers des exemples et situations propres aux établissements de santé. Ainsi, les précisions apportées dans le guide de lecture du FD 99-130 et en introduction du FD sur le terme de "client" indiquent que ce point a dû faire l'objet de discussions au sein de la commission. Il s'agit, en précisant d'emblée les contours de la notion de client à l'hôpital, de limiter les marges d'interprétation possibles. Le client pouvait être en effet le malade soigné mais également le financeur des soins (l'assurance maladie) ou même les tutelles. Le client dont il est question dans le FD est compris comme "le destinataire auquel est vendu le produit et/ou le service dans une relation marchande de client au sens élargi, c'est-à-dire de consommateur ou de bénéficiaire qui reçoit, utilise ou tire un profit du résultat de soin". Le client désigne bien ici le patient, "utilisateur final des soins", même si d'autres clients existent à l'intérieur de l'établissement (les autres services en particulier). La discussion initiale sur le terme de client a été nécessaire dans la mesure où la démarche qualité proposée dans le FD repose sur la formalisation de relations "client-fournisseur" au sein de l'établissement. Le terme "fournisseur" utilisé dans la norme ISO pour désigner l'entreprise est d'ailleurs remplacé dans le FD 99-130 par celui d'établissement de soin, les fournisseurs étant assimilés aux services logistiques et hôteliers non dédiés aux soins. La spécificité de l'activité de soin est donc en partie préservée dans le vocabulaire, le terme "patient" étant le plus souvent employé pour désigner le fameux "client principal de l'établissement".

La place des médecins dans la gestion de l'établissement et l'organisation des soins a également dû faire l'objet de précision entre les membres de la commission de normalisation. DocAFNOR a pu regretter ainsi que certains directeurs d'établissements refusent de faire participer les médecins aux prises de décision concernant le management de la qualité. L'accord entre les membres de la commission a consisté à préciser à l'issue du premier chapitre[13] de la norme : "on

---

[12] Président du COS Santé, entretien, 21 février 2002.
[13] L'intitulé de ce chapitre est : « la définition et l'actualisation de la politique qualité relève de la direction de l'établissement à son plus haut niveau ».

pensera à associer la Commission médicale d'établissement et la commission des soins infirmiers". Mention est faite également des médecins exerçant à titre libéral au sein de l'établissement qui doivent être associés ou du moins informés de la politique "qualité" mise en œuvre par l'établissement.

3.3. Une normalisation qui ne porte pas sur les pratiques professionnelles

Dans toutes ses publications sur la santé, l'AFNOR se défend de vouloir standardiser la pratique médicale et sépare clairement ce qui relève de la qualité du management et de l'organisation des soins de ce qui relève de la qualité technique des actes et des soins : "*Signe des temps, AFNOR propose ici un recueil de normes applicables en santé. Est-ce à dire que la santé, et par là même la médecine perd son âme et que soigner se résume à appliquer des procédures préétablies et standardisées, quelque soit le patient ? Certes pas*"[14]. Il est également mis en avant que la normalisation ne conduit pas inéluctablement à rompre avec la culture médicale de la singularité et de l'équation personnelle. Le contenu de la normalisation porte sur d'autres dimensions jusque-là non envisagées dans l'activité de soins, ce qui la rend compatible avec la préservation d'une qualité "personnelle" : "*L'acte médical, colloque singulier entre un patient et un soignant ne peut et ne doit faire l'objet d'une normalisation. En revanche, les normes s'intéressent à l'environnement des soins et des actes thérapeutiques*"[15]. La compétence du médecin individuel ne serait en aucun cas visée par les travaux de l'AFNOR : "*Quand je parle aux médecins, je leur dis toujours : mon problème n'est pas de savoir s'il faut faire un scanner ou une IRM pour un cancer de la tête du pancréas ; je ne suis pas venu vous parler de ça, là on parle du soin, c'est votre métier, c'est ce que vous avez appris à faire pendant des années, vous n'avez pas fait 4 ans d'internat, deux ans de clinicat et 7 ans de médecine avant pour que je vous dise il vaut mieux faire un scanner qu'une IRM! On va parler de la façon dont est organisé un service ou un cabinet de radiologie*"[16]. Les exigences de transparence dont il est question dans les normes ne portent donc pas sur les pratiques médicales mais sur la prise en charge dans son ensemble, intégrant l'amont et l'aval de l'acte médical. L'objet de la normalisation est désigné tantôt comme "le management, l'organisation des soins et de la prise en charge du patient", tantôt comme "l'environnement des soins".

La définition des contours de l'objet de la norme a rebondi dans le cadre des travaux de la commission de normalisation travaillant sur le FD 99-130, au cours desquels il a fallu dans un premier temps identifier la norme d'assurance de la qualité la plus pertinente pour les établissements de santé. Le débat a porté sur l'intégration de la "conception" (prise en compte dans la norme ISO 9001 mais pas dans la norme ISO 9002) au sein du système qualité. Il a fallu traduire le terme "conception" issu du vocabulaire de la qualité "industrielle" dans l'activité des établissements de santé. Les membres de la commission de normalisation se sont accordés pour considérer la conception comme l'activité de définition des

---

[14] H. LECLET, C. VILCOT, *Management de la qualité en santé*, Paris, AFNOR, 2000, p. VII.
[15] H. LECLET, C. VILCOT, *op.cit*. p. VII.
[16] DocAFNOR, entretien, Paris, 21 février 2002.

traitements à appliquer ou des technologies à mettre en œuvre. Il a été admis que cette activité de conception était réalisée en amont du service rendu qui devait, seul, faire l'objet de la norme. S'intéresser à la conception aurait pu être interprété par les médecins comme une remise en cause de leurs savoirs et du fondement de leur décision médicale. Le choix de ne pas s'intéresser à la conception des soins donne une orientation très managériale aux travaux de la commission de normalisation, dont témoigne DocAFNOR : *"Le FD a été créé dans cet esprit là, il est fait pour des managers, des gestionnaires d'établissement. Et celui qu'on va sortir, le FD révisé, est encore plus dans cet esprit management et pas orienté sur l'activité médicale, soignante. On a fait un outil de management"*[17].

4. LA NORMALISATION AU SERVICE DE L'INTRODUCTION D'UNE LOGIQUE MARCHANDE

Le FD 99-130 est un document destiné à l'ensemble des acteurs du secteur de la santé. Son élaboration semble avant tout répondre à une stratégie de positionnement de l'AFNOR sur ce secteur, en complémentarité de l'ANAES et à côté des sociétés de conseil en management de la qualité. Ainsi, pour le cas qui nous intéresse particulièrement (l'élaboration du fascicule de documentation FD 99-130), l'AFNOR a financé les travaux sur son propre budget, il ne s'agissait pas d'un travail de commande en provenance du ministère de la santé ou de représentants des professionnels de santé. L'AFNOR entend cependant étendre son offre de "produits normatifs" à disposition des professionnels de santé en misant sur l'attrait que pourraient représenter pour les syndicats ou sociétés savantes de médecins des référentiels qualité "professionnels". La normalisation est alors présentée comme pouvant jouer un rôle de signal de la qualité sur un marché concurrentiel.

4.1. Vers des référentiels normatifs "professionnels".

Si le FD 99-130 ne peut être associé à une certification, l'AFNOR peut cependant devenir le support d'une logique de labellisation pour les établissements de santé ou les professionnels de santé. La perspective d'une certification ISO obtenue avec l'aide méthodologique de l'AFNOR, ou de toute autre forme de label figure ainsi parmi les orientations stratégiques de l'AFNOR dans la santé, en complémentarité d'autres dispositifs de jugement que sont l'accréditation mais aussi les palmarès hospitaliers publiés dans la presse grand public (PIERRU, 2001). Les promoteurs des démarches qualité en santé font valoir l'usage stratégique de la norme pour le directeur d'établissement comme pour les groupes professionnels. La norme peut en effet jouer un rôle de label qui met en valeur la qualité spécifique d'un établissement ou d'un service hospitalier. L'AFNOR offre ainsi son aide méthodologique aux professionnels désireux de "faire la différence" par rapport aux autres en proposant d'élaborer des "référentiels professionnels" adaptés à chaque secteur d'activité, pouvant jouer un rôle de label.

---

[17] DocAFNOR, entretien, Paris, 21 février 2002.

Ce positionnement de l'AFNOR se justifie surtout face aux palmarès hospitaliers qui introduisent une hiérarchisation des services hospitaliers (donc en fonction des disciplines médicales ou chirurgicales). Ces dispositifs de jugements s'apparentent aux "guides" touristiques ou gastronomiques dans leur logique classante (KARPIK, 2000). Le contexte de croissance du "consumérisme" médical est souvent mis en avant par les normalisateurs pour convaincre les professionnels de santé de s'engager dans des démarches qualité. La prise en compte, dans l'appréciation de la qualité, de l'organisation des soins serait une nouvelle façon pour le médecin d'affirmer sa compétence, une nouvelle dimension de son métier, indispensable dans le contexte de crise de confiance que subit la médecine : *"Pour tous les professionnels de santé, les normes sont une opportunité pour sortir de l'indicible et prouver sur des bases tangibles la maîtrise de leur pratique et la qualité de leur savoir-faire, en un mot leur professionnalisme"*[18]. Les professionnels de santé ont en effet tout intérêt à "contrer" ce type d'appréciation médiatique de la qualité en réaffirmant la légitimité du jugement du professionnel sur son métier (FREIDSON, 1994). C'est le rôle que peuvent jouer les référentiels métiers proposés par l'AFNOR.

Toujours selon les collaborateurs de l'AFNOR, la normalisation permettrait d'introduire une fonction de régulation par le marché que l'accréditation ne remplit pas. D'une part, en effet, tous les établissements sont accrédités et d'autre part l'accréditation porte sur l'établissement dans son ensemble, elle ne permet pas de distinguer la "qualité" offerte par un service particulier. La norme (référentiel de type ISO ou référentiel professionnel) est présentée alors comme un outil stratégique de différenciation sur un marché et comme un facteur de transparence qui accroît les possibilités de choix pour le consommateur, en d'autres termes, le recours à la norme serait plus efficace que la seule accréditation. La norme serait ainsi le support d'une logique consumériste pour les consommateurs et d'une logique marchande pour les producteurs (qui tenteraient de se différencier sur leur marché). Cependant, tous les "segments" (STRAUSS, BUCHER, 1961) de la profession médicale ne semblent pas encore disposés à faire ce pas vers une logique de marché en produisant des dispositifs de jugement rompant l'opacité du marché.

4.2. Une profession inégale dans son rapport au marché.

Comme pour la profession d'avocat, la profession médicale a un rapport différencié au marché en fonction du contenu de son activité. Certaines activités médicales, comme la radiologie, peuvent plus facilement faire l'objet d'une formalisation du fait de leur caractère technique et répétitif : la part de l'équation personnelle est réduite dans la relation d'échange entre médecin et patient. La radiologie, par l'intermédiaire de société savante et de DocAFNOR, est ainsi particulièrement impliquée dans les travaux de l'AFNOR et dans la recherche d'outils labellisant ses pratiques.

DocAFNOR joue parfaitement son rôle de "porte-parole de la normalisation" en faisant la promotion du management de la qualité auprès de ses confrères. Il a

---

[18] H. LECLET, C. VILCOT, *op.cit.* p. VIII.

récemment proposé à la Société Française de Radiologie de créer un groupe de travail sur le management de la qualité dans les services de radiologie, dont les travaux ont conduit à l'élaboration d'un "référentiel métier" propre à la radiologie. Ce référentiel doit servir de base pour la réalisation d'un document normatif sur la qualité en radiologie, demandé par la DHOS (Direction de l'hospitalisation et de l'organisation des soins) à l'AFNOR.

Les radiologues attendent de ce référentiel qu'il joue bientôt un rôle de signal sur le marché. Dans ce cas, la spécificité du bien santé devient secondaire face à l'impératif de transparence du marché : "*C'est l'équivalent du label rouge pour les poulets. Vous achetez un poulet label rouge, vous avez au moins la garantie qu'il a couru au grand air, qu'il a bouffé des grains et non des farines, qu'il a au moins un certain âge, et vous irez voir un chirurgien ou un radiologue label rouge vous aurez la garantie qu'ils ont un minimum d'exigences à respecter (...) Il s'agit de dire que quand on ira chez le radiologue label rouge, on maîtrise l'hygiène, la sécurité, l'accueil et l'information au patient*"[19]. Dans ce cas cependant, l'AFNOR n'est pas un partenaire indispensable. Le caractère normatif de ce référentiel métier peut être obtenu par la voie d'une "marque collective simple" comme le label rouge, dont la propriété revient à l'organisme qui l'a élaboré, et qui en l'occurrence pourrait être la Société française de radiologie. Dans une telle perspective, les outils de la normalisation resteraient entre les mains de la profession médicale.

Cette dynamique de labellisation ne semble pas encore largement répandue parmi les médecins, même si d'autres disciplines ont entrepris, avec l'aide de consultants d'élaborer des "référentiels qualité" (on pense par exemple à la pneumologie, la réanimation ou la cancérologie). Dans les segments professionnels pour lesquels la part incommensurable du métier l'emporte, la logique de labellisation pourrait ne pas jouer son rôle auprès des patients consommateurs, inattentifs à une information sur la qualité qui prend surtout en compte l'organisation des soins.

5. CONCLUSION

A l'issue de cette investigation il apparaît que l'AFNOR est une instance en voie de légitimation sur le marché de la santé. Elle met à disposition des acteurs de la santé (aussi bien les professionnels de santé que les pouvoirs publics) son expertise de "faiseur de consensus" davantage que son expertise sur le contenu même des normes. Le caractère éventuellement prescriptif de la norme est évacué au bénéfice de son caractère consensuel et pédagogique, ce qui facilite, de la part de certains représentants professionnels une appropriation des outils normatifs. Sans pouvoir augurer des usages à venir de la normalisation par les professionnels de santé, il nous semble que le travail d'apprivoisement de la santé opéré par l'AFNOR permet de poser l'hypothèse du rôle croissant joué par la qualification des produits et services de santé dans la régulation du marché des soins, au détriment du rôle joué par la qualification des professionnels de santé Le secteur de la santé serait alors, selon cette hypothèse, à l'aube d'une "grande transformation" valorisant la

---

[19] DocAFNOR, entretien, Paris, 21 février 2002.

dimension marchande de l'activité de soins, au même titre que celle qu'a connu l'agriculture il y a quelques décennies (ALLAIRE, BOYER, 1995).

BIBLIOGRAPHIE

ALLAIRE G. et BOYER R. (1995), *La grande transformation de l'agriculture. Lectures conventionnalistes et régulationnistes*. Paris, Economica, 1995.

BOLTANSKI L. et THÉVENOT L. (1991), *De la justification. Les économies de la grandeur*, Paris, Gallimard.

CALLON M. (1986), "Éléments pour une sociologie de la traduction", *année sociologique*, vol. 36.

COCHOY F. (2000), "De l'AFNOR à "NF" ou la progressive marchandisation de la normalisation industrielle", *Réseaux*, n° 102.

EYMARD-DUVERNAY F. (1997), "Les intermédiaires du marché du travail", *Cahiers du centre d'études de l'emploi*, n° 36.

FORAY D. (1993), "Standardisation et concurrence : des relations ambivalentes", *Revue d'économie industrielle*, n° 63.

FREIDSON E. (1994), *Professionalism Reborn : Theory, Prophecy and Policy*, Oxford, Polity Press.

GERMON C. (1983), *La normalisation, clé d'un nouvel essor*. Rapport au ministre d'État, ministre de la recherche et de l'industrie, Paris, La Documentation Française.

KARPIK L. (1989), "L'économie de la qualité", *Revue française de sociologie*, n° 30.

KARPIK L. (1996), "Dispositifs de confiance et engagements crédibles", *Sociologie du travail*, n° 4.

KARPIK L. (2000), "Le Guide Rouge Michelin", *Sociologie du travail*, n° 3.

LAMPRECHT J.-L. (1995), *ISO 9000 et les services*, Paris, AFNOR.

MISPELBLOM F. (1999), *Au delà de la qualité. Démarches qualité, conditions de travail et politiques du bonheur*, Paris, Syros.

PIERRU F. (2001), "La fabrique des palmarès hospitaliers. Genèse d'un secteur d'action publique, transformation du journalisme et renouvellement d'un genre journalistique", *in* LEGAVRE J.-B. (dir.) *La presse écrite, un objet délaissé. Regards sur la presse écrite française*, Paris, L'Harmattan.

ROBELET M. (2001), "La profession médicale face au défi de la qualité : une comparaison de quatre manuels qualité", *Sciences sociales et santé*, n° 20.

STRAUSS A. et BUCHER R. (1961), "Professions in Process", *American Journal of Sociology*, n° 4.

Chapitre 11

Politiques sociales

Pauvreté et exclusion sociale : une approche par la théorie des capacités

Michel MARIC (MATISSE, Université Paris 1 et CNRS)

Résumé

Dans le contexte d'un profond renouvellement de l'économie normative de RAWLS à SEN et, parallèlement, d'une transformation des phénomènes de pauvreté depuis les années soixante-dix, nous effectuons un examen des apports de l'approche par la théorie des capacités, centrée sur la liberté réelle des individus, à l'analyse des politiques sociales de lutte contre la pauvreté et les exclusions.

1. INTRODUCTION

Depuis la fin de ce que FOURASTIÉ a appelé les « Trente glorieuses », les recherches en matière de pauvreté, dans divers champs disciplinaires, ont été fort nombreuses. Pourtant, malgré les politiques publiques mises en œuvre, la question de la lutte contre la pauvreté reste entière tant au niveau des politiques nationales que des politiques menées par les grandes institutions internationales.

La première difficulté de la recherche dans le domaine de la pauvreté est de trouver une définition universelle ou normalisée de ce phénomène. C'est loin d'être le cas aujourd'hui : alors qu'une approche en termes de pauvreté absolue domine lorsque l'on traite des pays en développement (être pauvre, c'est disposer de moins de 1 $ par jour, par exemple), les pays développés (à l'exception des États-Unis) usent d'une définition en termes relatifs (être pauvre, c'est disposer de moins de 50 % du revenu médian par unité de consommation). La définition adoptée détermine grandement le résultat : il ne revient pas au même d'utiliser la définition précédente ou de considérer un seuil à 50 % du revenu moyen, ou 40 % du revenu médian ou encore 40 % du revenu moyen[1]. Puis, pour un résultat par unité de consommation, il ne revient pas au même d'utiliser l'échelle d'Oxford ou une autre... En France, une définition administrative est souvent adoptée dans le débat public : être pauvre, c'est bénéficier d'un des minima sociaux existants. On le voit, la question reste entière : qu'est-ce qu'un pauvre ? Qu'est-ce qu'être pauvre ?

Les mêmes interrogations peuvent être formulées à propos de la notion d'exclusion. Alors qu'elle peut être considérée comme un cas particulier de pauvreté, différents termes lui sont substitués : intégration, insertion ou encore

---

[1] Le nombre de pauvres en Europe varie ainsi du simple au double selon que l'on prend en compte comme seuil de pauvreté 40 % du revenu moyen disponible par tête ou le seuil de 50 %.

inclusion aujourd'hui. Mais qu'est-ce qu'un exclu ? Qu'est-ce qu'être exclu ? Alors qu'il existe un accord entre les auteurs pour rejeter l'approche en termes *insiders/outsiders* (partagés par « la fracture sociale », ou opposant « la France d'en haut » à « la France d'en bas ») de nombreux concepts ont vu le jour depuis les années quatre-vingt pour tenter de décrire le phénomène : désaffiliation, relégation, disqualification, etc.

Parallèlement, les hypothèses implicites ne sont pas plus satisfaisantes. En effet, une simple comparaison internationale de taux de pauvreté semble supposer que la pauvreté est inhérente à toutes les sociétés (indépendamment de leurs structures sociales, économiques ou politiques), que les diverses manifestations de la pauvreté ne sont qu'une question de degré (éventuellement modifié par les politiques suivies) mais aussi que la société doit vaincre la pauvreté ou l'accepter jusqu'à un certain point ou doit se fixer comme objectif la réduction du niveau actuel de pauvreté (OYEN, 1992).

Enfin, plus fondamentalement encore, les questions de pauvreté et d'exclusion renvoient aux inégalités et l'on est très vite confronté aux théories de la justice sociale. En effet, ces théories légitiment – ou pas – la lutte contre la pauvreté et posent la question des principes de justice mis en œuvre.

L'intérêt porté aux questions d'inégalités et de justice sociale recoupe, dans la littérature économique, le souci de mieux fonder les politiques sociales de lutte contre la pauvreté et l'exclusion. A travers sa politique sociale, sa protection sociale et l'intérêt porté à la satisfaction des besoins des individus qui la composent, la société révèle les liens de solidarité qu'elle institue entre eux. Ainsi, une dernière question, ayant une forte dimension philosophique et éthique, est posée au niveau des politiques mises en œuvre. Et cette interrogation en termes de cohésion sociale et d'efficacité économique ne peut elle-même être abordée dans ce cadre sans tenir compte du contexte des changements économiques, politiques, technologiques et sociaux, au cœur duquel elle s'inscrit.

Depuis les années soixante-dix, une remise en question des principes et des modalités des politiques sociales se produit dans le contexte d'une transformation des phénomènes de pauvreté et d'exclusion, et d'un point de vue théorique, dans le contexte d'un profond renouvellement de l'économie du bien-être par un vaste ensemble de travaux de RAWLS à SEN.

Une économie normative fondée sur la liberté, au cœur de laquelle figure la théorie de la capacité au sens de SEN (2.), permet de revenir sur les évolutions de la pauvreté au cours de la période 1970-2000 et les bouleversements théoriques qu'elles engendrent, en particulier la substitution, dès la fin des années quatre-vingt, de multiples concepts à l'analyse en terme d'exclusion sociale (3.). Envisagés dans le cadre de la théorie des capacités, les concepts de pauvreté et d'exclusion apparaissent sous un jour nouveau (4.).

2. ÉCONOMIE NORMATIVE FONDÉE SUR LA LIBERTÉ

Dès 1971, dans la *Théorie de la justice* de RAWLS, la question de la liberté fait l'objet du premier principe – prioritaire – d'égale liberté pour tous et attaque de front l'économie du bien-être. La théorie des capacités[2] développée par SEN tout au long des années 1970-1980 – jusqu'à l'obtention du prix Nobel d'économie en 1998 « pour sa contribution à la théorie du choix social » –, s'inscrit, sur ce point, dans le prolongement de l'économie normative et aborde la théorie du choix social par le biais de l'évaluation du bien-être. Les apories de l'économie du bien-être conduisent à concevoir l'utilité – ici expression du bonheur, de la satisfaction ou du plaisir – comme étant seulement ordinale et incomparable entre les personnes.

Alors que RAWLS considère que l'évaluation de l'utilité est potentiellement dangereuse et qu'il s'en éloigne pour définir des « biens premiers », SEN fait sien l'objectif d'évaluation mais substitue à l'utilité le concept de capacités ou d'opportunités.

La capacité se construit sur une conception de la liberté envisagée, non pas en termes individuels à la manière des libéraux (HAYEK, par exemple), mais conçue comme produit social : la liberté individuelle est socialement construite. Pour SEN, il y a justice quand les individus disposent d'une « égalité de l'avantage », de capacités égales.

On peut ainsi examiner la réflexion contemporaine en matière de justice sociale, de RAWLS à SEN, à l'aune de l'émergence de la centralité d'une valeur : la liberté (MARIC, 1996).

En suivant SEN, en effet, la liberté doit être à la base d'une évaluation du développement. La qualité de vie, les libertés réelles (plus que les droits) sont considérées comme plus importantes que les seuls revenus (SEN se revendique de SMITH et des écrits précurseurs de la comptabilité nationale de PETTY puis de KING, QUESNAY, LAVOISIER ou LAGRANGE qui ont considéré les questions du revenu et de la fortune comme instrumentales et contingentes). Car si ces questions sont légitimes, les individus ont besoin d'autres ressources et de moyens plus vastes. Être pauvre, ce n'est pas seulement avoir de faibles moyens monétaires, c'est plus fondamentalement, au sens de SEN, être privé de libertés réelles. L'accès limité à la santé ou des conditions d'existence précaires menacent la liberté de survivre. Par delà sa richesse, évaluer le développement d'une société donnée « consiste dès lors à estimer quelles entraves aux libertés affectent (ses) membres » (SEN, 1999).

---

[2] Malgré la traduction fréquente de *capabilities* par « capabilités », il semble préférable d'employer le terme de capacités même si l'utilisation courante ou le sens juridique de ce terme ne correspondent pas aux *capabilities* au sens de SEN.

SEN mentionne parmi les libertés instrumentales indispensables à prendre en compte le filet de protection sociale qui permet de garantir que « les personnes ne se trouvent en aucun cas réduites à la misère » ou encore l'ensemble des dispositions prises « en faveur de l'éducation, de la santé ou d'autres postes qui accroissent la liberté substantielle qu'ont les personnes de vivre mieux ». Ces services améliorent la qualité de vie et favorisent, aussi, une participation plus effective aux activités économiques et politiques.

On peut alors souligner que l'impact de la croissance économique sur le développement dépend, pour l'essentiel, de l'usage fait des fruits de cette croissance. Ainsi, en mobilisant des études montrant qu'il y a certes une forte corrélation entre PNB par habitant et espérance de vie, SEN montre que ce lien dépend de deux facteurs : l'impact du PNB sur les revenus des plus pauvres et sur la dépense publique (en particulier dans le domaine de la santé). Si l'espérance de vie est liée à la croissance du PNB par habitant, elle l'est donc surtout par son articulation à la dépense publique en matière sanitaire et par le succès de la lutte contre la pauvreté.

Cela permet de souligner l'importance du rôle de l'État dans le développement au sens de SEN. Si SEN n'est pas un opposant au marché (il en défend même la « nécessité vitale » non du point de vue des revenus ou des biens, mais de la liberté elle-même – tout en dénonçant une « nouvelle superstition »), il n'en considère pas moins, dans « la nécessité de créer un équilibre entre le rôle du gouvernement et le fonctionnement des marchés », l'importance du rôle de l'État. Celui-ci doit donc nécessairement intervenir pour promouvoir le bien-être social car « notre liberté d'action est nécessairement déterminée et contrainte par les possibilités sociales, politiques et économiques qui s'offrent à nous ». C'est pourquoi libertés individuelles et libertés publiques sont intimement liées et « hautement complémentaires » (SEN, 1992).

Ainsi, la notion de pauvreté s'associe à un manque de libertés réelles, tout comme le développement doit avoir pour objectif d'accroître les libertés réelles des individus. La question de la justice sociale est elle-même posée par l'auteur sous l'angle de la liberté. C'est ici que l'on peut prendre la mesure de la richesse des travaux de SEN et des réelles avancées, relativement aux analyses traditionnelles, qu'introduit son approche.

SEN considère comme insuffisantes les approches fondées sur les moyens (les revenus, par exemple) et celles fondées sur les instruments (tels que les droits) dans l'évaluation du bien-être. Sa conception exprimée en terme de *capability*, revient à privilégier les « libertés substantielles qui permettent à un individu de mener le genre de vie qu'il a raison de souhaiter ». A ce stade, SEN utilise plus précisément le terme de *functionings* ou modes de fonctionnement pour désigner les façons d'être et d'agir des individus. Être bien nourri ou être en bonne santé, lire ou écrire, être heureux, avoir le respect de soi-même, participer à la vie de la communauté, etc. sont autant de fonctionnements constitutifs de la liberté réelle des individus.

La « capacité », au sens de SEN, est constituée par l'ensemble des fonctionnements potentiellement accessibles à l'individu. Plus la liberté de choisir entre différents fonctionnements est importante, plus la capacité est élevée. Pour des revenus égaux ou des droits identiques, les différences entre individus introduisent des inégalités en termes de capacité.

Ce n'est donc ni dans l'égalité des revenus, ni dans l'égalité des droits que réside fondamentalement la justice sociale, mais bien dans l'égale aptitude des individus à convertir des moyens en résultats conformes à leur conception de la vie. Ainsi être pauvre au sens de SEN, c'est être privé de capacités, par-delà le manque de revenus ou de droits formels.

Encadré 1 : La capacité au sens de Sen

Considérons

x_i : le vecteur des biens possédés par un individu i.

$c(.)$: la fonction de conversion d'un vecteur de biens en un vecteur de caractéristiques de ces biens.

$f_i(.)$: une « fonction d'utilisation » personnelle qui reflète un mode d'utilisation des biens que i peut actuellement faire.

Le fonctionnement réalisé par une personne i est donné par :

$$b_i = f_i\big(c(x_i)\big)$$

Le niveau de vie est donné par une évaluation du vecteur b_i soit :

$$v_i = v_i\big(f_i\big(c(x_i)\big)\big)$$

La capacité Q_i est alors :

$$Q_i(X_i) = \big[b_i \,\big|\, b_i = f_i\big(c(x_i)\big) \,\forall f_i(.) \in F_i \,et\, \forall x_i \in X_i\big]$$

avec X_i, l'ensemble de consommation de l'individu i et F_i, l'ensemble des « fonctions d'utilisation » f_i.

D'après SEN (1985)

A titre d'illustration, la fonction $c(.)$ présentée dans l'encadré 1 caractérise les biens eux-mêmes – x_i –, indépendamment de f_i une « fonction d'utilisation » personnelle à l'individu i. Le niveau de vie est donné par une évaluation du vecteur b_i. Ainsi, si le panier x_i comprend seulement un ticket de transport, $c(xi)$ permet un déplacement à l'intérieur de la ville et $f(c(xi))$ est ce qu'un individu particulier peut en faire personnellement, par exemple aller se promener dans le parc à l'autre bout de la ville. Cette liberté de déplacement existe si l'individu ne risque pas de se faire physiquement agressé dans ce parc. Sinon, malgré la propriété d'un titre de transport, le fonctionnement « se promener dans le parc » n'est pas réalisable.

Alors même que l'économie normative se renouvelle à partir des années soixante-dix, les phénomènes de pauvreté et d'exclusion se transforment eux-mêmes profondément.

3. 1970-2000 : QUELLE ANALYSE DES NOUVELLES REALITÉS DE LA PAUVRETÉ ET DE L'EXCLUSION ?

La transformation des phénomènes de pauvreté et d'exclusion (3.1.) conduit à un foisonnement de théories dans divers champs disciplinaires : la notion d'exclusion se surcharge de sens, au point que d'autres concepts lui sont substitués à partir de la fin des années quatre-vingt (3.2.).

3.1. Une transformation des phénomènes de pauvreté et d'exclusion au cours des années 1980

Depuis les années soixante-dix, l'ensemble des dimensions du travail tel qu'il est défini, par exemple, par le Bureau International du Travail (BIT) est remise en cause. Pour le BIT, le travail intègre, dans ses différentes dimensions, non seulement la protection sociale et la sécurité du revenu mais aussi la qualité de l'insertion sur le marché du travail et dans la société. Ainsi, le terme de *decent work*, qu'emploie le BIT, inclut les différentes composantes du travail : sa qualité, sa stabilité, les droits afférents, la protection, la représentation dans l'entreprise, la sécurité économique, etc. (BIT, 2001).

Plus fondamentalement encore, la décennie quatre-vingt se solde par un bilan social négatif : indépendamment de la croissance des richesses, la pauvreté s'aggrave au niveau international. On peut même souligner le paradoxe d'une croissance simultanée de l'économie et de la pauvreté : ainsi, dans les pays industrialisés, au cours des années quatre-vingt, un taux de croissance annuel moyen du PIB de 3 % s'accompagne d'un accroissement de la pauvreté. Dans la Communauté européenne, il y a ainsi plus de pauvres au début des années 1990 qu'en 1975 (MILANO, 1992).

Enfin, les années 1980-1990 voient apparaître de « nouveaux pauvres ». Cette nouvelle pauvreté touche des catégories de population qui avaient été épargnées au cours des trente précédentes années : les nouveaux pauvres se démarquent de leurs prédécesseurs par un enchaînement de ruptures qui les conduisent à ne plus pouvoir supporter les charges liées au niveau de vie de la société dans laquelle ils vivent. La pauvreté acquise se substitue davantage à la pauvreté transmise : le phénomène frappe des personnes relativement qualifiées, des jeunes diplômés, des ouvriers, des employés et des cadres. En France, se sont en particulier imposées les figures du chômeur « en fin de droits » ou du jeune « galérant » en banlieue (DUBET, 1987 ; CREDOC, 1991). La multiplicité des formes d'exclusion, la complexité des mécanismes qui la provoquent, l'extrême difficulté des solutions ont fait de cette question *la question sociale de la fin du siècle* (ROMAN, 1993).

Cette *nouvelle question sociale*, selon l'expression de ROSANVALLON, a conduit, semble-t-il, à une relative substitution à la thématique des inégalités de thématiques directement centrées sur l'exclusion. La notion d'exclusion sociale a d'ailleurs considérablement évolué au cours des trente dernières années et son sens contemporain s'est éloigné de la définition qu'en donnait LENOIR en 1974. En effet, la population « exclue » au sens de LENOIR désigne des catégories qui, même nombreuses (*un français sur dix*), restent marginales (handicapés physiques et mentaux, invalides âgés, drogués, délinquants, etc.). Le concept, d'emblée multiforme, couvre déjà de nombreux problèmes économiques et sociaux. Il s'élargit encore lorsque l'on ajoute progressivement, au cours des années quatre-vingt, les chômeurs de longue durée, les personnes occupant un emploi à temps partiel contraint, celles en rupture de liens familiaux, etc. De nombreux chercheurs abandonnent dès lors le concept lui préférant, par exemple, les termes de disqualification sociale (PAUGAM, 1996), de relégation (DELARUE) ou encore de désaffiliation (CASTEL) envisagés comme une menace, un risque, pesant sur de larges populations.

Mais par-delà la question sémantique, les questions de pauvreté et d'exclusion suscitent les mêmes interrogations quant aux politiques à adopter et plus fondamentalement quant à leurs objectifs et aux choix de société sous-jacents. Les réponses apportées, même quand elles sont d'ordre individuel (responsabilisation) renvoient au niveau institutionnel, aux objectifs des politiques publiques mises en œuvre.

Ainsi, depuis les années soixante-dix, évolutions théoriques et constats empiriques ont conduit à une « crise de l'État-providence », à une remise en question des principes et des modalités des politiques sociales (ROSANVALLON, 1981 ; ELBAUM, 1999), de manière peu surprenante tant la question des inégalités et celle de la justice sociale constituent à la fois une légitimation et un critère d'interprétation de ces politiques. Face à cette réalité, la question du nombre de pauvres - celle de l'ordre de grandeur - apparaît, dans un premier temps, avec un intérêt limité. Le fait notable est avant tout qualitatif : en rendant les politiques sociales traditionnelles insuffisantes, les nouvelles formes de la pauvreté revêtent des aspects plus préoccupants.

3.2. Dès la fin des années 1980 : la confusion des analyses théoriques

Les nouvelles réalités de la pauvreté, son caractère massif, la rapidité avec laquelle elle apparaît dans les pays riches, la complexité extrême des processus de paupérisation de même que la gravité de leurs conséquences ont rendu les approches théoriques ou conceptuelles existantes très insuffisantes (GAUDIER, 1993).

Alors qu'au début des années quatre-vingt les phénomènes d'exclusion sont encore considérés comme liés à des difficultés conjoncturelles, cette *nouvelle pauvreté* ouvre un nouveau champ d'intérêt et d'étude, notamment pour l'économiste. Les démarches des chercheurs donnent naissance, dès la fin des années quatre-vingt, à de multiples grilles d'analyse qui, sans être exclusives les unes des autres (des mécanismes complexes peuvent se conjuguer), n'en sont pas moins foisonnantes et éclatées (voir par exemple DONZELOT, 1991). Les nouvelles réalités de la pauvreté ne peuvent faire l'objet d'une théorie unique, générale, de la pauvreté : les nouvelles théories constituent une mosaïque, plus ou moins coupées les unes des autres et aussi diverses que les spécialistes eux-mêmes : théorie du marché du travail, de l'exclusion et de la marginalisation, de la dépendance, de l'inégalité, de la répartition des ressources, des institutions distributives, de la culture de la pauvreté, du changement social, de la modernisation, etc. (OYEN, 1992).

La définition même de la pauvreté est remise en cause. Elle est restée l'un des points centraux de la réflexion, marquée cependant par la contradiction non résolue entre la nécessité, d'une part, de trouver une définition universelle, normalisée, admise par tous et par l'impossibilité, d'autre part, de définir la pauvreté d'une manière univoque, notamment à cause de la diversité croissante de ses significations, de sa stature pluridimensionnelle, du renforcement de son caractère subjectif.

Les débats ont surtout mis en évidence l'insuffisance des définitions jusque-là utilisées. Au vu de leur flou théorique et de leur étroitesse, le doute apparaît sur leur utilité dans l'éclairage des nouvelles réalités de la pauvreté ou dans l'élaboration des politiques destinées à éviter leur extension.

La question de la mesure de la pauvreté s'est également maintenue au cœur du débat avec, pour ligne directrice, la tâche impérative de déterminer objectivement, dans la complexité et la diversité des nouvelles situations de pauvreté, qui est pauvre, à partir de quel critère, quelle est la profondeur de cette pauvreté et de comparer entre elles les données recueillies. Les débats autour de cette question mettent en lumière les limites des critères retenus jusqu'alors tels que le produit intérieur brut, la répartition des revenus, les indicateurs sociaux... pour traduire la pauvreté réelle des populations et l'incapacité de ces critères à fournir une mesure permettant des comparaisons dans l'espace et le temps.

Les débats récents n'ont pas non plus permis de résoudre le dilemme entre pauvreté relative et pauvreté absolue. Mais ils ont éclairé les limites de l'une (équivoques et contre-sens auxquels elle aboutit et son inefficacité lorsqu'il s'agit de comparer les situations) et les limites de l'autre (qui ne peut être utilisée que dans un espace spécifique : la pauvreté n'étant pas identique dans les pays riches et dans les pays pauvres).

Le désir d'une meilleure compréhension et d'une analyse plus pertinente de la pauvreté se maintient toutefois.

4. LA PAUVRETÉ COMME PERTE DE CAPACITÉ

Dans le prolongement des analyses de SEN, l'exclusion sociale et la pauvreté peuvent être analysées en terme de privation de capacité (4.1.). Cela permet, entre autres, de donner un caractère social à la pauvreté et dès lors de porter l'analyse au niveau des principes mêmes de l'organisation économique, politique et sociale (4.2.).

4.1. L'exclusion sociale : un élément constitutif de la pauvreté

On peut s'interroger avec SEN sur le concept d'exclusion sociale : en quoi aide-t-il à comprendre la pauvreté ? Par exemple, quelles nouvelles politiques doivent être mises en place ? La théorie de la capacité permet de considérer le concept d'exclusion sociale en le plaçant dans le contexte, plus large, d'une pauvreté conçue comme perte de capacité.

Si l'on peut se contenter de définir la pauvreté uniquement par la faiblesse du revenu, c'est parce que ce revenu influe fortement sur le *type de vie* qu'il permet à l'individu de mener. C'est pourquoi, chez SEN, la pauvreté s'associe davantage aux termes de *poor living* que de *lowness of incomes*. Dans cette perspective, avoir une « vie appauvrie », c'est manquer de la liberté de réaliser les activités que l'on a une raison de souhaiter. Ainsi, note SEN, nous avons raison d'accorder de la valeur au fait de ne pas être privé de relations sociales. Dès lors, l'exclusion sociale peut être considérée comme une composante de la pauvreté en terme de privation de capacité. Ainsi, ne pas pouvoir *apparaître en public sans avoir honte*, est un exemple de privation de capacité qui prend la forme de l'exclusion sociale. L'exclusion sociale apparaît alors comme un *élément constitutif* de la perte de capacité.

Mais l'exclusion sociale peut aussi jouer un rôle instrumental en étant une *cause* de divers manques de capacité.

On voit ainsi que l'intégration du concept d'exclusion sociale au sein d'une théorie structurée comme la théorie de la capacité permet de sauver le concept plutôt que de l'abandonner.

L'intérêt essentiel de l'approche en terme d'exclusion sociale est justement, selon SEN, son caractère social, par opposition à des concepts exclusivement associés à des analyses individualistes. En effet, SEN reconnaît au concept son influence très pratique sur la prise en compte des facteurs sociaux, des causes sociales de la pauvreté individuelle. Dès lors, une baisse du pouvoir d'achat s'analysera différemment selon qu'elle provient d'une baisse du salaire réel en raison d'un changement de prix relatifs ou qu'elle est liée à une période de chômage.

De la même manière, la théorie de la capacité permet de distinguer l'exclusion active (refus d'accorder tel ou tel droit à un individu) de l'exclusion passive (liée par exemple à des circonstances macroéconomiques qui conduisent à un certain niveau de chômage). On peut d'ailleurs intégrer ici le rôle joué par le système politique : l'exclusion active est remarquablement plus rare, selon SEN, au sein des régimes politiques démocratiques (cf. par exemple SEN, 1999).

4.2. La fraternité s'oppose à l'exclusion tout comme l'égalité s'oppose à la pauvreté

Dans un cadre identique, mais à un niveau plus global, nous pouvons donc poser la question des principes au fondement des politiques sociales.

Ainsi, le principe d'égalité renvoie aux comparaisons des opportunités de différentes personnes. La pauvreté apparaît ici si l'on s'intéresse à la perte d'opportunités. De même, la fraternité renvoie à l'inter-relation entre les opportunités de différents membres d'une communauté. Il y a exclusion sociale si l'on s'intéresse au manque de telles relations. Cet *échec relationnel*, que désigne alors l'exclusion sociale, peut être considéré comme un appauvrissement ayant une valeur intrinsèque (la fraternité a une importance en elle-même) et peut conduire à d'autres « privations » qui peuvent causer la pauvreté. Cette manière de voir les concepts conduit à considérer les notions d'exclusion sociale et de pauvreté comme intimement liées.

Soulignons dès lors que ces préoccupations ne sont pas seulement françaises ou européennes : l'avantage essentiel de cette approche est de permettre l'utilisation d'un même concept dans de multiples contextes et dans d'autres régions du monde[3]. Le concept d'exclusion sociale permet, dans le cadre de la théorie des capacités, d'enrichir l'analyse des processus qui conduisent à la perte de capacité.

L'analyse peut encore être étendue en direction des questions de sélection adverse : des problèmes de perte de capacité peuvent être liés, non plus à l'exclusion mais à une mauvaise inclusion (dans le cas, par exemple, d'une

---

[3] On se reportera utilement à ATKINSON et BOURGUIGNON (1999) pour un exemple de critère « mixte » qui permet de passer outre ces contraintes.

difficulté à supporter certaines conditions de travail). La question ultime est bien celle de la liberté dont dispose l'individu.

Dans le cadre d'une conception uniquement monétaire de la pauvreté (perte de revenu) la notion d'exclusion sociale comme partie de la pauvreté permet d'élargir considérablement le champ de l'analyse. Mais si l'on conçoit la pauvreté comme une perte des capacités de base, le terme d'exclusion sociale n'apporte pas grand chose de plus sur le fond mais offre la possibilité de prolonger l'utilisation pratique de l'approche en terme de capacité.

Si l'on considère l'exclusion sociale dans une acception plus large de perte de capacité on peut alors définir des *capacités de base* sur lesquelles les politiques sociales porteront tout particulièrement leur attention (dans les domaines de l'éducation, de la formation, de la santé, etc.).

5. CONCLUSION

Ces développements permettent d'aborder directement les questions de pauvreté et d'exclusion avec les outils et les méthodes de l'analyse économique[4].

Par-delà le niveau de la contrainte de revenu, l'économiste est conduit, dans ce cadre, à définir la pauvreté comme un manque de liberté, manque de liberté d'action ou manque de liberté de choix. Au niveau le plus général, on peut alors concevoir l'intervention publique comme un facteur d'accroissement de la liberté individuelle, *i.e.* comme rétablissement de la capacité de participer à l'échange marchand.

Alors que, comme le note GREFFE (1979), l'économie considère une démarche en trois temps : justice, liberté, efficacité, où chaque temps est contraint par le suivant, rendre prioritaire la liberté peut conduire à une analyse en termes de cercle vertueux.

En effet, en rendant prioritaire la liberté des individus, finalement leur capacité à participer à l'échange économique, la liberté individuelle n'est plus envisagée comme une condition du fonctionnement efficace de l'économie de marché mais elle constitue elle-même un objectif tout autant en termes d'égalité que d'efficacité. En définissant la justice avec un tel objectif en terme de liberté individuelle, on boucle l'enchaînement *liberté individuelle – marché – efficacité économique – justice*. L'intervention publique, qui pouvait être conçue comme un élément perturbateur, se situe dès lors plus en amont et a pour fonction d'accroître la liberté des agents.

---

[4] *Cf.* la critique des théories économiques de l'exclusion qu'effectue GAZIER (1996).

BIBLIOGRAPHIE

ATKINSON A. et BOURGUIGNON F. (1999), « Poverty and Inclusion from a World Perspective », Paris, ABCDE Europe Conférence, juin.

ATKINSON T., GLAUDE M., FREYSSINET J. et SEIBEL C. (1998), *Pauvreté et exclusion*, Rapport du Conseil d'Analyse Économique, Paris, La Documentation Française.

BUREAU INTERNATIONAL DU TRAVAIL, *Conférence Internationale sur l'avenir du travail, de l'emploi et de la protection sociale*, BIT et ministère français de l'Emploi et de la Solidarité, Annecy, 18-19 janvier 2001.

CREDOC (1991), *Les ports de la galère*, collection des rapports, avril, n° 99.

DONZELOT J. (1991), dir, *Face à l'exclusion*, Paris, Éditions Esprit.

DUBET F. (1987) *La galère, jeunes en survie*, Paris, Fayard.

ELBAUM M. (1999), *Définir les inégalités. Des principes de justice à leur représentation sociale*, Actes du séminaire : ministère de l'Emploi et de la Solidarité - Mission Recherche - DREES, Paris, mai.

GAUDIER M. (1993), *Pauvreté, inégalités, exclusions : renouveau des approches théoriques et des pratiques sociales,* Genève, Institut international d'études sociales, Série bibliographique, n° 17.

GAZIER B. (1996), « Implicites et incomplètes : les théories économiques de l'exclusion », *in* Paugam S. (1996), p. 42-51.

GREFFE X. (1979), *L'impôt des pauvres,* Dunod, Paris.

LENOIR R. (1974), *Les exclus, Un français sur dix*, Paris, Le Seuil, 4ᵉ éd. 1989.

MARIC M. (1996), « Égalité et équité : l'enjeu de la liberté. Amartya Sen face à John RAWLS et à l'économie normative », *Revue française d'économie*, vol. 11, n° 3, p. 95-125.

MILANO S. (1992), *La pauvreté dans les pays riches : du constat à l'analyse*, Paris, Nathan.

MORRISSON C. (1990), « Plus d'échange, moins de pauvreté », *L'observateur de l'OCDE*, Paris, 162, février-mars.

ORGANISATION INTERNATIONALE DU TRAVAIL (2000), « Préface », *Revue internationale du Travail*, vol. 139, n° 2.

OYEN E. (1992) « Some basic issues in comparative poverty research », *International Social Science Journal*, 134, novembre, p. 615-626.

PAUGAM S. (dir.) (1996), *L'exclusion, l'état des savoirs*, Paris, La découverte.

ROMAN J. (1993), « Exclusion, la questions sociale de cette fin de siècle », *Problèmes économiques*, Paris, La Documentation française, n° 2330, juin, p. 1-4.

ROSANVALLON P. (1981), *La crise de l'État providence*, Paris, Seuil.

SEN A. (1985), *Commodities and Capabilities*, Amsterdam, North-Holland.

SEN A. (1992), *Inequality Reexamined,* New York, Russell Sage Foundation, Cambridge, Harvard University Press, third edition, 1995.

SEN A. (1999), *Development as freedom*, New York, A. Knopf, tr. fr. par Michel Bessières, *Un nouveau modèle économique. Développement, justice, liberté*, Paris, Odile Jacob, 2000.

SEN A. (2000), « Social exclusion : concept, application and scrunity », Asian Development Bank, Office of Environment and Social Development, *Social Development papers*, n° 1, juin.

Le rôle du tiers secteur dans l'élaboration et la mise en œuvre des politiques sociales : une comparaison internationale dans le champ des services sociaux et médico-sociaux

Johan PRIOU, (MATISSE-LES, Université de Paris 1 Panthéon-Sorbonne)

Résumé

Cette contribution vise à préciser le rôle économique du tiers secteur dans le champ des services sociaux à partir d'une comparaison internationale. L'analyse cherche à dépasser l'étude de l'organisation de l'offre en montrant que le tiers secteur a non seulement une fonction de prestation de services mais aussi un rôle dans la détermination des choix collectifs à travers sa « fonction tribunitienne ».

1. INTRODUCTION

Objet d'un regain d'intérêt depuis une vingtaine d'années, l'importance du rôle économique des organisations privées à but non lucratif est aujourd'hui soulignée par des travaux empiriques plus nombreux, tant au niveau international qu'en France. Des recherches théoriques se sont attachées à en expliquer les fondements et à proposer des éléments d'interprétation du développement de ce tiers secteur. Elles fournissent des justifications de la présence et de l'efficacité de ces organisations et montrent l'importance de leurs relations avec les pouvoirs publics dans l'évolution de l'offre et de la demande de services. Cependant, ces différentes théories demeurent partielles et ne permettent pas en particulier d'analyser la diversité des situations nationales.

L'objectif principal de cette communication est d'apporter des éléments de compréhension du rôle économique du tiers secteur dans l'élaboration et la mise en œuvre des politiques dans le champ des services sociaux. Nous rappellerons le rôle primordial joué par le tiers secteur dans l'offre mixte de services sociaux et l'importance des relations, en particulier financières, qu'il entretient avec les pouvoirs publics en France (PRIOU, 2001) ainsi qu'à des degrés variables dans les différents pays que nous étudierons (Allemagne, Royaume-Uni, Italie, Suède et États-Unis). Cependant, l'analyse proposée vise à dépasser l'étude des modes d'organisation de l'offre où le tiers secteur et les pouvoirs publics sont appréhendés respectivement comme simple prestataire de services ou financeurs. En effet, le rôle économique du tiers secteur apparaît plus étendu dans la mesure où il n'exerce pas seulement une fonction de prestation de services mais remplit également un rôle politique et est, de ce fait, susceptible de jouer un rôle dans la détermination des choix publics. Toutefois ce dernier point demeure mal éclairé du point de vue économique : la plupart des développements théoriques ont porté sur l'activité de ces organisations en tant que prestataires de services sans s'interroger sur « l'encastrement politique du tiers secteur » (NYSSENS, 2000, p. 564). Dès lors, la prise en compte, conjointement à la fonction de prestation de services, de cette dimension politique - que nous qualifierons de « fonction tribunitienne » -, devient essentielle pour comprendre le type de compromis établi dans le champ des services sociaux pour répondre à ces besoins et le rôle joué par le tiers secteur.

2. LE RÔLE DU TIERS SECTEUR DANS L'OFFRE DE SERVICES SOCIAUX

Dans tous les pays étudiés, le tiers secteur participe à l'offre de services sociaux[1]. Ce champ d'activité est ainsi le premier domaine d'intervention du tiers secteur[2] en France, en Allemagne et en Italie, et le troisième en Suède, aux États-Unis et au Royaume-Uni. S'il existe d'importantes différences selon les pays, sur lesquelles nous reviendrons, le tiers secteur a un poids économique important dans de nombreux pays : les emplois du tiers secteur dans le champ des services sociaux représentent ainsi, en 1995, 380 000 salariés en équivalent temps plein en France et 560 000 en Allemagne, soit près de 2 % de l'emploi total de ces pays (SALAMON et *alii*, 1999). Aux États-Unis, ils regroupent près de 1 155 000 salariés, soit 1 % de l'emploi total, bien que l'offre soit principalement assurée par les entreprises privées à caractère commercial. En Italie, si le tiers secteur représente une faible part de l'emploi total (0,6 %) en raison de la faible étendue du marché des services sociaux, il est de loin le principal offreur de services, assurant près de 80 % des capacités d'accueil en établissement. Son poids économique est plus faible au Royaume-Uni et plus encore en Suède, où il représente respectivement 0,8 % et 0,45 % de l'emploi total, et 19 % et 3 % de l'ensemble des capacités d'accueil. Dans tous les pays étudiés, à l'exception des États-Unis, les Pouvoirs Publics sont les principaux financeurs du tiers secteur dans le champ des services sociaux. En 1995, les financements publics représentent ainsi 39 % des ressources du tiers secteur au Royaume-Uni, 57 % en Italie, 58 % en France, 65 % en Allemagne et 71 % en Suède. Aux États-Unis, la première source de financement est constituée par les recettes privées tirées de la vente de services : elles représentent 43 % des ressources du tiers secteur contre 37 % pour les financements publics.

3. UN RÔLE POLITIQUE OCCULTÉ PAR LES THÉORIES ÉCONOMIQUES

Les principales théories économiques ont cherché à fournir une explication universelle, atemporelle et aspatiale, de l'existence des organisations privées à but non lucratif comme une réponse aux échecs de l'État et du marché. Elles montrent principalement que ces organisations peuvent être, dans certaines situations, plus efficaces que les organisations publiques ou privées lucratives. Elles soulignent que les pouvoirs publics ont intérêt, sous certaines conditions, à déléguer la

---

[1] Établissements et services pour personnes âgées, handicapées, en difficultés, pour jeunes enfants...
[2] En part des emplois salariés par le tiers secteur.

production de services au tiers secteur tout en contrôlant ses activités et que le tiers secteur a besoin d'une intervention de l'État, en particulier d'un soutien financier, pour assurer son développement. Cependant, si elles donnent de nombreux arguments justifiant la place prépondérante du tiers secteur dans l'offre de services sociaux, les comparaisons internationales réalisées montrent que ces arguments ne sont en rien suffisants pour expliquer à eux seuls la place de ce secteur et que des arrangements institutionnels différents ont été adoptés selon les pays.

D'autres travaux économiques et sociologiques ont cherché à interpréter le développement inégal du tiers secteur selon les pays dans une perspective historique. La typologie bien connue de GIDRON et alii (1992) et la théorie des origines sociales de SALAMON et ANHEIER (1998), notamment, ont ainsi tenté, selon les pays, d'identifier différents modes de relation entre les pouvoirs publics et le tiers secteur ou d'expliquer l'origine de différents régimes de développement de ce secteur. Elles ont, en outre, souligné l'importance du développement de relations complémentaires et partenariales entre les pouvoirs publics et le tiers secteur dans la plupart des pays pour expliquer le rôle économique primordial de ce dernier, ce qui a été confirmé par différentes recherches empiriques sur la place du tiers secteur au niveau international.

Ces approches permettraient ainsi d'expliquer les différences de développement du tiers secteur au niveau international qui ne peuvent résulter de considérations strictement économiques. Cependant, ces analyses appréhendent et cherchent à expliquer, une nouvelle fois, l'importance du rôle économique du tiers secteur principalement à travers l'importance de l'offre directe qu'il assure (la distinction des différents régimes est généralement opérée en fonction de la part des dépenses publiques de protection sociale dans le PIB et de la part de l'offre de services assurée par le tiers secteur). Or, si l'on retient l'hypothèse selon laquelle le rôle du tiers secteur ne se limite pas à celui d'un simple prestataire de services, on observe que ces différentes théories ne sont pas en mesure d'éclairer le rôle original joué par ces organisations à travers leur fonction tribunitienne. En outre, afin de mettre en évidence l'existence de partenariats entre les pouvoirs publics et le tiers secteur, ces théories ont retenu une acception très large du « partenariat ». Il s'agit, dans leur démonstration, principalement d'un soutien financier des pouvoirs publics, sans que l'on sache véritablement si ces relations se traduisent par une instrumentalisation accrue du tiers secteur ou par le développement d'une collaboration dans un cadre partenarial. Là encore, la prise en compte de la fonction tribunitienne permettrait d'identifier plus précisément les modes de relation qui ont été établis et, en conséquence, d'évaluer l'étendue du rôle économique joué par le tiers secteur.

4. LA « FONCTION TRIBUNITIENNE » DU TIERS SECTEUR

L'absence de prise en compte de la fonction tribunitienne par les analyses précédentes est d'autant plus surprenante que celle-ci apparaît essentielle pour comprendre le rôle joué par le tiers secteur dans la détermination des choix collectifs. En effet, ce qui caractérise l'action du tiers secteur, ce n'est pas tant les services qu'il produit que la fonction tribunitienne qu'il remplit, en jouant un rôle de « médiation, et plus précisément de médiation civique, ou politique, au sens noble du terme, entre besoins sociaux et système de décision publique » (BELORGEY, 2000, p. 49). Il a ainsi la particularité de pouvoir combiner des activités de fourniture de services et des fonctions d'expression des populations qu'il sert, de représentation, de revendication, ou de réflexion et d'action. Ce rôle politique du tiers secteur s'appuie sur son insertion dans la société civile. Il est, en effet, un relais d'opinion et un acteur des négociations avec les pouvoirs publics d'autant plus puissant que ses actions trouvent un écho favorable auprès de la population, qu'il bénéficie du soutien de nombreux bénévoles et qu'il reçoit d'importants dons financiers. Il est dès lors susceptible d'avoir une influence sur les processus d'allocation des ressources publiques.

Pourquoi la prise en compte de ce rôle du tiers secteur dans la détermination des choix publics est-elle si importante ? Parce que les services sociaux répondent, selon MUSGRAVE (1959), à des "besoins sous tutelle" (*merit wants*) qui, à la différence des besoins satisfaits par les biens collectifs purs, sont remplis par des biens et services soumis au principe d'exclusion et peuvent être satisfaits par le marché, dans les limites de la demande solvable. Ainsi, « *ils deviennent des besoins collectifs lorsque l'on considère que leur intérêt public est tel qu'ils sont satisfaits par le budget de l'État, en sus de ce qui est fourni par le marché et payé par des acheteurs privés* » (p. 13). La mise sous tutelle de certains besoins a une conséquence importante pour notre propos : alors que dans le cas des biens collectifs purs, la règle de base est que les ressources doivent être allouées en fonction de la demande réelle des consommateurs, déterminée par leurs préférences individuelles comme dans le cas des biens privés, dans le cas des biens sous tutelle, « *l'ingérence de certains, et probablement de la majorité, dans la structure de préférence des autres, peut constituer l'objectif même à atteindre* » (p. 14). Le tiers secteur est l'un des acteurs qui, compte tenu de son insertion dans la société civile et de son rôle actif dans l'expérimentation de réponses aux besoins sociaux, peut avoir la légitimité d'intervenir pour influencer l'allocation des ressources au nom de l'intérêt collectif. Sa participation croissante aux consultations organisées par les Pouvoirs Publics depuis plusieurs décennies, en France par exemple, attesterait de l'importance de son rôle en la matière (ARCHAMBAULT, 1996).

Rares sont les recherches théoriques qui ont cherché à intégrer cette dimension politique dans leurs analyses. On peut cependant citer les travaux de KUHNLE et SELLE (1992) qui ont mis en évidence l'importance d'une dimension relative à la distance que le tiers secteur a avec les pouvoirs publics en ce qui concerne la portée, la fréquence et la facilité de ses contacts. De même, les travaux d'ENJOLRAS (1999), en identifiant une fonction de « révélation de la demande » qui peut être exercée selon les pays, par les Pouvoirs Publics ou par le tiers secteur, ouvraient une piste pour intégrer dans l'analyse cette dimension tribunitienne, aux côtés des fonctions traditionnelles relatives au financement et à l'offre. Enfin, la mise en évidence par YOUNG (2000) d'une relation de rivalité entre le tiers secteur et les Pouvoirs Publics (*adversarial relationships*) dans le champ politique va également dans ce sens. L'auteur remarque que cette rivalité, qui apparaît lorsque le tiers secteur soutient des changements dans les politiques et les pratiques publiques et qu'il est affecté par des pressions exercées par les Pouvoirs Publics, n'a pas été directement analysée par les théories relatives au tiers secteur. Il souligne la nécessité de l'intégrer dans l'analyse pour comprendre les relations entre le tiers secteur et les Pouvoirs Publics, en considérant que celles-ci ne se déduisent pas simplement de la position du tiers secteur dans l'offre de services mais qu'il faut tenir compte du rôle joué par ce dernier dans « l'arène politique » et de l'attitude des Pouvoirs Publics à son égard.

5. LE RÔLE ÉCONOMIQUE DU TIERS SECTEUR ET SES RELATIONS AVEC LES POUVOIRS PUBLICS

5.1. Essai de classification

A partir des enseignements tirés des différentes approches théoriques présentées précédemment, nous avons cherché à élaborer une classification des rôles du tiers secteur et de ses relations avec les pouvoirs publics selon les pays. Cette classification cherche à identifier le type de compromis établi entre le tiers secteur et les Pouvoirs Publics en vue de l'élaboration et la mise en œuvre des politiques dans le champ des services sociaux, dans une situation de forte interdépendance financière voire organisationnelle - contexte le plus fréquent aujourd'hui dans les pays industrialisés.

Du côté des organisations privées à but non lucratif, la première variable retenue est relative à la part de l'activité assurée par ces organisations. Elle vise à évaluer l'importance de leur rôle de prestataire de services sociaux par rapport aux organisations publiques ou privées à caractère commercial. La seconde variable est relative à la capacité de mobilisation du tiers secteur dans le champ politique afin de rendre compte de son pouvoir de négociation. Elle peut être mesurée approximativement par un « indice de mobilisation » correspondant à la somme de la part des bénévoles intervenant dans ces organisations (relativement à l'effectif des salariés et des bénévoles) et de la part des financements provenant de dons privés (dans l'ensemble des ressources du tiers secteur). Cet « indice de mobilisation » reflèterait ainsi l'aptitude de ces organisations à inscrire leur action au sein de la société civile et à s'appuyer sur l'opinion publique. Du côté des Pouvoirs Publics, la première variable retenue est relative à la part de l'activité assurée par le secteur public. Croisée avec la variable correspondante pour le tiers secteur, elle permet en outre de caractériser la structuration de l'offre dans ce champ d'activité, et d'identifier en particulier la place occupée par le secteur privé lucratif. La seconde variable est relative à l'ouverture du processus de décision politique à la participation du tiers secteur : sa mesure est plus délicate car ces rapports politiques sont plus difficiles à objectiver. Elle pourra être évaluée en fonction de l'attitude des Pouvoirs Publics à l'égard du tiers secteur à partir de l'affichage en terme de discours politiques, à partir de l'implication des organisations privées à but non lucratif aux négociations des grandes réformes, des démarches entreprises par ces dernières pour infléchir les orientations politiques.

D'une manière générale, le croisement de ces variables fait apparaître l'existence théorique de seize cas de figure (tableau 1). Globalement, une telle approche permet d'identifier différents rôles potentiels du tiers secteur et différents modes de relation entre ce dernier et les Pouvoirs Publics. Nous les présenterons par la suite à la lumière de différentes expériences nationales. Nous guiderons simplement ici la lecture de cette classification à partir de l'exemple de la première ligne : lorsque le tiers secteur n'assure qu'une faible part de l'offre, qu'il ne s'appuie que sur une faible mobilisation de bénévoles et ne reçoit que peu de dons financiers, il ne joue en conséquence qu'un rôle de prestataire de services sociaux résiduel dans un marché dominé par les entreprises privées lucratives ou un rôle de prestataire de services complémentaire au secteur public. Il peut éventuellement être consulté par les Pouvoirs Publics, sans véritablement pouvoir peser sur l'élaboration des politiques publiques.

Tableau 1 : **Rôle du tiers secteur dans l'économie des services sociaux**

Tiers secteur		Pouvoirs publics			
		Part de l'activité assurée par le secteur public			
		Faible		Élevée	
		Degré d'ouverture du processus d'élaboration des politiques		Degré d'ouverture du processus d'élaboration des politiques	
Offre	Mobilisation	Faible	Élevé	Faible	Élevé
Faible	Faible	Prestataire de services résiduel sur le marché	Prestataire résiduel sur le marché consulté par les pouvoirs publics	Prestataire complémentaire du secteur public	Prestataire complémentaire du secteur public consulté par les pouvoirs publics
		Dominé par les entreprises lucratives		Dominé par les pouvoirs publics	
	Forte	Groupe de pression orienté vers le marché et filet de sécurité États-Unis Royaume-Uni	Groupe de pression orienté vers le marché consulté par les pouvoirs publics	Groupe de pression orienté vers les pouvoirs publics	Partenaire néocorporatiste Suède
Élevée	Faible	Agent des pouvoirs publics Italie	Partenaire corporatiste Allemagne	Auxiliaire des pouvoirs publics	Partenaire expert France
		Dominé par le tiers secteur		Mix secteur public / tiers secteur	
	Forte	Substitut des pouvoirs publics	Partenaire autonome	Rival des pouvoirs publics	Collaborateur partenaire

Un tel cadre d'analyse permet de rendre compte, dans une perspective comparative internationale, du rôle qui peut être joué par le tiers secteur dans l'élaboration et la mise en œuvre des politiques sociales, en éclairant par exemple des notions généralement floues telles que l'instrumentalisation ou le partenariat.

5.2. Application de la classification

Afin de confronter cette classification aux pratiques de pays tels que l'Allemagne, l'Italie, le Royaume-Uni, les États-Unis, la Suède et la France durant la première moitié des années 1990, nous avons cherché à renseigner les différentes variables retenues. Les estimations des parts d'activité assurées tant par le tiers secteur que par le secteur public et de l'indice de mobilisation ont pu être construites pour chacun des pays à partir des récentes données produites principalement par le programme JOHNS HOPKINS (SALAMON et *alii*, 1996 et 1999). Le degré d'ouverture du processus de décision politique à la participation du tiers secteur dans les différents pays étudiés a été évalué à partir d'une revue de la littérature récente pour chacun d'entre eux. Le tableau suivant récapitule les principaux résultats pour les différents pays étudiés (tableau 2).

Tableau 2 : **Principaux résultats**

	Tiers secteur		Pouvoirs publics	
	Part de l'activité	**Indice de mobilisation**	**Part de l'activité**	**Ouverture du processus de décision**
France	Élevée	34,8	Élevée	+ +
Allemagne	Élevée	20,0	Faible	+ + +
Italie (1991)	Élevée	48,6	Faible	+
Royaume-Uni	Faible	85,3	Faible	+
États-Unis	Faible	81,4	Faible	-
Suède (1992)	Faible	68,6	Élevée	+ + + +

5.2.1. Les parts d'activité

Les organisations privées à but non lucratif assurent une part prépondérante de l'offre de services sociaux en Italie, en Allemagne et en France. En Italie, sur un marché relativement peu étendu, le tiers secteur constitue le principal offreur : il accueille ainsi 78,9 % des résidents en établissement[3] en 1990 (SALAMON et *alii*, 1996) et est bien implanté dans le champ des services aux personnes. En Allemagne et en France, sur des marchés relativement étendus, les organisations privées à but non lucratif accueillent respectivement 60,3 % et 54,9 % des résidents, et gèrent plus de la moitié de l'activité des services aux personnes. En France et en Italie, le secteur public complète l'offre du tiers secteur : il représente respectivement environ 40 % et 20 % des capacités d'accueil des établissements et services sociaux. En Allemagne, le secteur public offre un peu plus de 20 % des capacités d'accueil et le secteur privé à caractère commercial environ 15 %. Aux États-Unis et au Royaume-Uni, sur des marchés étendus, le tiers secteur assure une part relativement faible de l'offre : il accueille respectivement 19,0 % et 14,5 % des résidents en établissement en 1990 dans chacun de ces pays. Davantage implanté dans le champ des services aux personnes, son offre demeure minoritaire dans ce domaine. Le secteur privé à caractère commercial est le principal prestataire de services sociaux : il représente respectivement environ les trois quarts et la moitié des capacités d'accueil. Le rôle joué par le secteur public est cependant très différent dans ces pays : négligeable aux États-Unis, le secteur public assure plus du tiers de l'offre au Royaume-Uni, même si sa part d'activité décroît depuis plus de vingt ans. En Suède, le tiers secteur joue un rôle marginal dans l'offre de services sociaux, même s'il tend à se développer aujourd'hui. Il accueille environ 3 % des résidents en institution (JEPPSSON GRASSMAN, 1999). Le secteur public détient un quasi-monopole de l'offre.

5.2.2. L'« indice de mobilisation »

L'« indice de mobilisation » - résultat de la somme de la part des bénévoles dans l'effectif total du tiers secteur et de la part des dons dans l'ensemble des ressources du tiers secteur intervenant dans le champ des services sociaux -

---

3 Toutes disciplines confondues.

souligne l'importance du rôle des bénévoles et des donateurs dans l'action des organisations à but non lucratif au Royaume-Uni, aux États-Unis et, dans une moindre mesure, des bénévoles en Suède. La mobilisation de bénévoles comme de dons est beaucoup plus limitée en France, au Japon et en Allemagne, l'Italie occupant sur ce point une position intermédiaire, avec la prise en compte parmi les bénévoles de nombreux religieux membres de congrégations.

5.2.3. L'ouverture du processus de décision politique

De manière schématique, nous dresserons un panorama des niveaux d'implication du tiers secteur dans les processus de décisions publiques des pays étudiés[4].

En **Allemagne**, les relations entre les pouvoirs publics et les associations d'action sociale sont définies selon le principe de subsidiarité par lequel les Pouvoirs Publics soutiennent les organisations privées à but non lucratif qui remplissent des missions d'intérêt collectif auprès des citoyens et avec la participation active de ceux-ci, et n'interviennent dans la production de services que lorsque les associations d'action sociale n'offrent pas ces services. Dans un tel système, les associations d'action sociale contribuent à la fois à la médiation des intérêts et à l'élaboration et à la mise en œuvre des politiques publiques, en participant à la formulation, au financement et à la réalisation des programmes publics (ANHEIER et SEIBEL, 1997, pp. 152-153). En effet, la traduction législative du principe de subsidiarité a rendu obligatoire la consultation des associations d'action sociale par les autorités publiques en matière de politiques sociales. En outre, les organismes publics ou les autres offreurs potentiels qui souhaitent s'établir dans certains champs de l'action et de l'aide sociale sont dans l'obligation de demander l'approbation de ces associations (ANHEIER, 1992, pp. 51-52). Les associations ont ainsi établi des relations d'échange durable avec les Pouvoirs Publics et contribuent aux procédures législatives ainsi qu'aux décisions d'investissements publics à travers la planification du personnel et des ressources pour la fourniture des services sociaux. Cependant, les récentes dispositions législatives ainsi que les efforts d'harmonisation entrepris dans le cadre du Marché Unique de l'Union Européenne pourraient remettre en cause à terme la position privilégiée des associations d'action sociale vis-à-vis des entreprises privées à caractère commercial (MEYER, 2001, p. 104).

Au **Royaume-Uni**, l'ouverture du processus de décision politique à la participation du tiers secteur apparaît globalement relativement limitée. En effet, après que les pouvoirs publics ont encouragé davantage le développement de la fourniture des services par le secteur volontaire et le secteur privé à caractère commercial à partir de la fin des années 1980, de nouveaux types de collaboration avec les organisations volontaires ont pu apparaître. Cependant, ces derniers demeurent diversement appréciés. D'un côté, l'administration locale contrôlée par

---

4 Un examen détaillé des différentes situations nationales sera présenté dans « Les organisations privées à but non lucratif dans l'économie mixte des services sociaux », colloque de l'ADDES, octobre 2002.

la gauche travailliste a considéré les organisations volontaires comme un "allié" du secteur public, en finançant de multiples initiatives innovantes, généralement de petites tailles, reposant sur une large participation des citoyens (TAYLOR et BASSI, 1998, p. 120). Se serait ainsi développée ce que TAYLOR (1992, p. 153) a qualifié de "relation symbiotique" entre les secteurs public et volontaire, où les organisations volontaires militaient pour le développement de bonnes pratiques dans le champ des services sociaux et cherchaient à développer et à démontrer la pertinence de modèles alternatifs innovants pour la fourniture des services. D'un autre côté toutefois, l'administration centrale, favorable à une impulsion vers le marché, a davantage considéré les organisations volontaires comme un "agent" des Pouvoirs Publics qui aurait notamment la qualité d'être plus flexible et d'offrir des services à meilleur marché que ne le ferait le secteur public. Si des mesures favorables au développement du tiers secteur ont ainsi été mises en place[5] et qu'un accord d'engagement réciproque pour une plus grande reconnaissance mutuelle entre les Pouvoirs Publics et les organisations volontaires (*Compact*) a été signé en 1998, le développement de relations contractuelles de sous-traitance sur des quasi-marchés pourrait impliquer le renforcement de l'instrumentalisation des organisations volontaires par les Pouvoirs Publics et menacer leur indépendance, en faisant peser d'importantes contraintes sur leurs activités de défense des droits et des intérêts (KENDALL et KNAPP, 1997, p. 267).

Aux **États-Unis**, les relations entre les Pouvoirs Publics et le tiers secteur intervenant dans le champ des services sociaux se caractérisent par une très faible intégration des organisations privées à but non lucratif dans les processus d'élaboration des politiques sociales. Certes, les plus importantes d'entre elles ont cherché à s'organiser en se regroupant au cours des années 1970 au sein d'un "independent sector" pour former une association nationale de collecte de fonds et de "lobbying" politique. Cependant, ce n'est qu'à partir des années 1980 et au début des années 1990 que ces organisations ont de plus en plus reconnu leurs intérêts mutuels et ont tenté plus régulièrement d'influencer les programmes publics les concernant (ROCK, KLINEDINST, 1994). Toutefois, leur poids politique demeure limité. Aussi, lorsque SALAMON soutient l'idée de l'existence d'un "partenariat" de longue date entre les Pouvoirs Publics et le tiers secteur aux États-Unis, il fait principalement référence à un partenariat financier. Or, une certaine défiance caractérise l'attitude des Pouvoirs Publics à l'égard du tiers secteur, qui s'est notamment traduite par la précarité des soutiens financiers accordés au cours des vingt dernières années[6], par la remise en cause persistante par les Pouvoirs Publics locaux des avantages fiscaux dont il bénéficie ainsi que par la méfiance à

---

[5] Notamment par le gouvernement de JOHN MAJOR au début des années 1990, pour faciliter les dons aux organisations volontaires ou, de manière incidente, à travers la mise en place de quasi-marchés.
[6] Parmi l'ensemble des pays étudiés, les États-Unis sont le seul pays où les financements publics en direction des services sociaux fournis par le tiers secteur ont diminué entre 1990 et 1995, la baisse s'établissant à près de 6,5 % en valeur nominale (SALAMON et *alii*., 1999).

l'égard de ses activités de défense des droits et des intérêts (SALAMON, 1999, p. 15).

En **Italie**, les Pouvoirs Publics ont accordé une place croissante au tiers secteur dans les processus d'élaboration des politiques sociales depuis les années 1980, par la reconnaissance non seulement de son rôle de producteur de services mais également progressivement de son autonomie et de ses missions d'intérêt collectif. Cependant, l'émergence d'un véritable partenariat entre les Pouvoirs Publics et le tiers secteur apparaît encore limitée par la forte inertie institutionnelle de la structure traditionnelle du système social italien. En effet, le mode de collaboration entre les Pouvoirs Publics et le tiers secteur reste encore marqué par le fonctionnement du modèle italien traditionnel, qui laisse le tiers secteur lié historiquement à l'Église Catholique toujours très dépendant des négociations entre l'État, l'Église, les partis politiques et les syndicats de salariés (BARBETTA, 1997 ; RANCI, 1994). Ces négociations sont fondées sur des stratégies de compromis réciproques qui ont assuré à la fois la croissance des dépenses publiques à destination du tiers secteur et la loyauté politique de ce dernier. Certes, l'augmentation soutenue des dépenses sociales durant les années 1970 et l'apparition de nombreuses organisations du tiers secteur indépendantes de l'Église à partir des années 1970 et 1980 ont modifié les modes de relation. Le développement de ces nouvelles organisations a été considéré comme un défi pour l'État de développer une capacité de planification à long terme des services sociaux. Ces évolutions ont favorisé une collaboration de plus en plus systématique entre l'État et le tiers secteur pour la mise en œuvre des politiques sociales. Selon TAYLOR et BASSI (1998), les années 1980 ont été marquées par le passage de relations dominées par les Pouvoirs Publics vers un système reposant davantage sur une collaboration avec le tiers secteur, où ce dernier a cependant été considéré plutôt comme un "agent". C'est au cours des années 1990 que le tiers secteur aurait davantage été reconnu comme un véritable partenaire. Cependant, selon RANCI (1994), l'impact de ces évolutions sur l'implication du tiers secteur dans l'élaboration des politiques sociales serait limité en raison de la forte inertie du modèle de relations institutionnelles en Italie : en effet, le tiers secteur reste fortement dépendant des financements publics et l'extension récente des contrats de sous-traitance, si elle a pu favoriser une meilleure visibilité de l'action de ces organisations, a renforcé le caractère bureaucratique des rapports avec l'État, sans véritablement changer les relations conventionnelles. De même, si le tiers secteur a obtenu une forte reconnaissance de ses missions d'intérêt collectif, la loi a une nouvelle fois établi un régime privilégié en faveur de types particuliers d'organisations, laissant une large majorité d'organisations privées à but non lucratif avec une reconnaissance légale et une régulation publique inadéquate.

En **Suède**, les organisations privées à but non lucratif sont étroitement associées aux processus de décisions en matière de politiques sociales. Historiquement, il existe une très grande proximité entre le tiers secteur et l'administration publique, dont les cadres sont fréquemment issus des rangs des organisations privées à but non lucratif. À tel point qu'il est parfois difficile de séparer la sphère d'influence et les activités des Pouvoirs Publics et du tiers secteur (LUNDSTRÖM et WIJKSTRÖM, 1997, p. 242). Dans un tel système, les Pouvoirs Publics partagent une partie de leur autorité dans la conduite des politiques sociales en reconnaissant un rôle influent de groupe de pression au tiers secteur, tandis qu'ils assurent la fourniture des principaux services sociaux (JEPPSSON GRASSMAN,1999, p. 655).

En **France**, le tiers secteur a été plus largement associé au processus d'élaboration des politiques sociales par les Pouvoirs Publics au cours des années 1990. Les concertations et les négociations sont aujourd'hui plus nombreuses et plus fréquentes. Cependant, la récente reconnaissance de la contribution du tiers secteur à l'élaboration des politiques sociales demeure partielle et non exempte de tensions. En effet, tandis que dans les années 1980 le tiers secteur est généralement cantonné à un rôle d'auxiliaire des Pouvoirs Publics dans une relation de sous-traitance soumise au renforcement de la régulation tutélaire ou au développement de la régulation concurrentielle (THÉRY, 1999), les Pouvoirs Publics s'ouvrent progressivement davantage à la concertation. Le tiers secteur est plus largement associé à l'élaboration des grandes lois sociales[7]. Cependant, le développement de l'implication du tiers secteur aux processus de décisions publiques au cours des années 1990 apparaît davantage légitimé par son savoir-faire en matière de gestion des établissements et services et par sa proximité avec les populations concernées que par sa contribution à l'intérêt général. De ce fait, le tiers secteur n'a que rarement été pleinement associé à l'élaboration des objectifs des politiques sociales. De nouveaux modes de relation pourraient toutefois émerger à la suite de la signature de chartes[8] qui visent notamment à renforcer le respect mutuel du rôle de l'État et des associations et à favoriser la reconnaissance de la contribution des « *collaborateurs privés au service de l'intérêt général* » (LIGNEAU, 2001, p. 17) à la définition des politiques sociales.

5.3. La diversité des rôles du tiers secteur selon les pays

L'examen des différentes situations nationales fait apparaître une grande diversité des rôles du tiers secteur dans l'élaboration et la mise en œuvre des politiques sociales qui reflète différents modes d'intégration tant de la fonction

---

[7] Telles que les lois relatives au revenu minimum d'insertion (RMI) en 1988, à la lutte contre les exclusions en 1998, à la prestation spécifique dépendance en 1997 puis à l'allocation personnalisée d'autonomie (APA) en 2001, la loi sur les institutions sociales et médico-sociales en 2002...

[8] Une Charte d'engagements réciproques entre les Pouvoirs Publics et les associations a été signée en juillet 2001 et une « Charte d'orientation des relations entre le ministère de l'Emploi et de la Solidarité et l'UNIOPSS, représentant les associations des secteurs sanitaire, social et médico-social », en mars 2002.

d'offre de services sociaux que de la fonction tribunitienne du tiers secteur dans les processus institutionnels.

5.3.1. Groupe de pression « orienté vers le marché » et filet de sécurité

Dans des pays tels que les États-Unis et, plus récemment, le Royaume-Uni (où les dépenses publiques de protection sociale sont relativement faibles, où l'offre de services sociaux est caractérisée par une régulation concurrentielle et est principalement assurée par les entreprises privées à caractère commercial, et où la révélation de la demande transite principalement par le marché) le tiers secteur joue principalement un rôle de groupe de pression pour la défense des droits et des intérêts des minorités actives. Ce lobbying est principalement « orienté vers le marché » : l'action de lobbying vise à infléchir la production de services par des prestataires privés lucratifs afin que ceux-ci prennent mieux en compte les attentes des personnes (âgées, handicapées...) et des groupes minoritaires. Le tiers secteur joue, d'autre part, en tant que producteur de services sociaux représentant une part relativement faible du marché, un rôle de filet de sécurité pour les populations les moins solvables ou répond aux demandes minoritaires non satisfaites par les entreprises lucratives. Ces rôles sont légitimés par la forte insertion du tiers secteur dans la société civile attestée par l'importance du bénévolat et des dons qu'il reçoit.

5.3.2. Partenaire néocorporatiste et prestataire de services résiduel

Dans un pays comme la Suède (où les dépenses publiques de protection sociale sont élevées, où l'offre de services sociaux est principalement assurée par le secteur public, et où la révélation de la demande transite par un processus non marchand) le tiers secteur joue principalement un rôle de puissant groupe de pression auprès des Pouvoirs Publics : très intégré à l'administration, il est étroitement associé à l'élaboration des politiques sociales dont la mise en œuvre est assurée par les Pouvoirs Publics. Ce rôle de « partenaire néocorporatiste » est légitimé par l'importance du rôle historique joué par le tiers secteur dans la construction de l'État-providence de ce pays ainsi que par sa forte insertion dans la société civile illustrée par l'importance du bénévolat.

5.3.3. Prestataire de services majoritaire et "partenaire" des Pouvoirs Publics

Dans des pays tels que l'Allemagne, la France et l'Italie (où les dépenses publiques de protection sociale sont relativement élevées et où la révélation de la demande transite principalement par un processus non marchand) l'offre de services sociaux est majoritairement assurée par le tiers secteur et, dans une moindre mesure, par les Pouvoirs Publics. Le tiers secteur est un interlocuteur incontournable des Pouvoirs Publics du fait de cette position dominante, voire quasi-monopolistique dans certains champs d'activité, du fait de son expertise en matière de gestion des établissements et services sociaux, mais également parce qu'il peut se prévaloir d'un nombre considérable d'usagers.

Toutefois, le rôle qui revient au tiers secteur dans chacun de ces pays est différent. En Allemagne, le tiers secteur joue le rôle d'un « partenaire corporatiste » dans un système régi par le principe de la subsidiarité. Cette reconnaissance du rôle privilégié du tiers secteur résultait en partie de la défiance des citoyens et des Alliés envers l'administration de l'État après la seconde guerre mondiale. En France, des relations plus coopératives entre le tiers secteur et les Pouvoirs Publics se sont tissées à partir des années 1970. Le tiers secteur a progressivement été reconnu comme un partenaire après avoir été davantage perçu comme un « auxiliaire des Pouvoirs Publics ». Cependant, il est principalement reconnu comme un « partenaire expert » dans la mesure où les principales qualités que les Pouvoirs Publics lui attribuent sont de l'ordre du savoir-faire en matière de gestion des établissements et services. Son rôle dans le processus de « révélation de la demande » est plus rarement reconnu, ce qui est renforcé par les difficultés du tiers secteur lui-même à faire la preuve de sa capacité de mobilisation des acteurs, en particulier des bénévoles, des donateurs et des usagers, au-delà du champ strict des professionnels. Dans ce type de partenariat, le tiers secteur n'est pas véritablement associé à l'élaboration des objectifs des politiques sociales. En Italie, le partenariat entre le tiers secteur et les Pouvoirs Publics est à la fois plus récent, plus circonscrit et plus fragile. En effet, RANCI (1994, p. 261) fait apparaître que pendant longtemps « *les organisations privées à but non lucratif n'ont ni développé un rôle politique et de défense des droits et des intérêts significatif, ni joué un rôle significatif dans la promotion de nouveaux droits sociaux* ». La dépendance du tiers secteur à l'égard de l'Église Catholique notamment n'en faisait pas un acteur autonome pouvant s'inscrire dans une véritable relation partenariale. Davantage impliqué aujourd'hui, il joue cependant encore principalement un rôle d'« agent des Pouvoirs Publics », intervenant comme un prestataire de services fortement instrumentalisé par les Pouvoirs Publics.

5.4. Relation entre capacité de mobilisation et pouvoir de marché

L'un des principaux résultats de cette analyse est que le rôle du tiers secteur est le résultat complexe de la combinaison de la fonction de prestation de services et de la fonction tribunitienne. Ainsi, la comparaison des situations des différents pays montre que *plus l'offre de services sociaux assurée par le tiers secteur est faible, plus la mobilisation de bénévoles et de dons apparaît importante* (graphique 1). Le rôle économique du tiers secteur dépendrait ainsi de sa place dans l'offre de services sociaux et de sa capacité à influencer la détermination des choix publics en s'appuyant soit sur son pouvoir de marché, soit sur son insertion dans la société civile (mobilisation de bénévoles et de dons). L'exemple de la Suède montre qu'une faible offre de services sociaux assurée par le tiers secteur peut occulter un rôle prépondérant de celui-ci dans une fonction d'expression et de défense des intérêts (KHUNLE et SELLE, 1992 ; SALAMON, ANHEIER, 1998). Au contraire, comme le montre la classification précédente, la mise en évidence d'un rôle prépondérant du tiers secteur dans l'offre de services sociaux ne garantit pas sa large implication dans l'élaboration des politiques sociales.

Graphique 1 : Relation entre capacité de mobilisation et pouvoir de marché

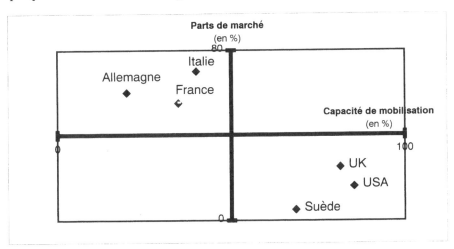

L'existence d'une telle relation pourrait s'expliquer par les stratégies adoptées par le tiers secteur selon les caractéristiques des systèmes politiques nationaux. Ainsi, selon ENJOLRAS (1999), il est possible de distinguer deux types de mécanisme politico-administratif de prise en compte des intérêts de la population permettant la détermination par l'État du niveau d'offre de biens et services collectifs. Dans le premier, qualifié de système pluraliste, l'État consulte au cours du processus de décision différents groupes d'intérêt divergents, tout en demeurant le lieu de « révélation de la demande ». Dans le second, qualifié de système néo-corporatiste, l'État associe les différents groupes d'intérêt au processus de décision en partageant une partie de son autorité. L'auteur souligne que dans un système pluraliste (Allemagne, France, Italie,...), les groupes d'intérêt sont incités à devenir eux-mêmes des offreurs à la fois pour satisfaire la demande insatisfaite par l'offre financée par les Pouvoirs Publics et pour accroître leur pouvoir de négociation avec l'État. En revanche, dans un système néo-corporatiste (Suède), l'influence et le contrôle que les groupes d'intérêt exercent sur l'offre publique ne les incitent pas à prendre part à la production.

6. CONCLUSION

La prise en compte de la fonction tribunitienne a d'importantes implications théoriques et politiques. Tout d'abord, elle met en évidence les insuffisances actuelles des théories économiques qui ne permettent pas d'appréhender l'ensemble du rôle économique du tiers secteur. Ensuite, insister sur la dimension politique du tiers secteur et sur sa contribution à l'élaboration des politiques sociales permet de souligner que les organisations privées à but non lucratif ne sont pas parfaitement substituables par des organisations publiques ou privées à caractère commercial.

Ceci est important dans le contexte d'intégration européenne, qui tend à renforcer l'assimilation du tiers secteur tantôt au secteur public (les organisations privées à but non lucratif gestionnaires de services sociaux, remplissant des missions d'intérêt général, étant considérées comme des organismes de droit public), tantôt au secteur marchand (les organisations privées à but non lucratif étant alors considérées comme des prestataires de services sociaux comme les autres sur le marché). Cette approche permet également d'interpréter les différentes initiatives nationales récentes en faveur de « pactes » entre les Pouvoirs Publics et le tiers secteur (en Italie, au Royaume-Uni et en France) comme un moyen de faire reconnaître cette dimension politique.

BIBLIOGRAPHIE

ANHEIER H.K. (1992), "An elaborate network : profiling the third sector in Germany" *in* B. GIDRON et *alii*, *Government and the third sector : emerging relationships in welfare state*, p. 31-56.

ANHEIER H.K. et SEIBEL W. (1997), "Germany" *in* L. M. SALAMON et H.-K. ANHEIER (eds), *Defining the nonprofit sector*, MUP, p. 128-168.

ARCHAMBAULT É. (1996), *Le secteur sans but lucratif. Associations et fondations en France*, Economica, 264 pages.

BARBETTA G.-P. (1997), "Italy" *in* L. M. SALAMON et H. K. ANHEIER (eds), *Defining the nonprofit sector*, MUP, p. 169-1987.

BELORGEY J.-M. (2000), *Cent ans de vie associative*, Presses de Sciences Po.

ENJOLRAS B. (1999), "Associations et État-providence en Norvège", *Fondations*, n° 9, mai, p. 35-49.

GIDRON B., KRAMER R.M. et SALAMON L.M. (éds.) (1992), *Government and the third sector. Emerging relationships in welfare states*, Jossey-Bass Publishers, San Francisco.

JEPPSSON GRASSMAN E. (1999), "Secteur associatif et protection sociale : situation en Suède et comparaison avec la France", *in* DREES, *Comparer les systèmes de protection sociale en Europe du Nord et en France - Rencontres de Copenhague*, vol. 4, tome 2, collection MIRE, p. 643-665.

KENDALL J. et KNAPP M. (1997), "The United Kingdom", *in* L.-M. SALAMON et H.K. ANHEIER (eds), *Defining the nonprofit sector*, MUP, p. 249-279.

KUHNLE S. et SELLE P. (éds.) (1992), *Government and voluntary organizations. A relational perspective*, Avebury, England.

LIGNEAU P. (2001), "Existe-t-il un droit du partenariat", *Informations sociales*, Caisse Nationale des Allocations Familiales, n° 95, p. 4-19.

LUNDSTRÖM T. et WIJKSTRÖM F. (1997), "Sweden", *in* L.-M. SALAMON et H.K. ANHEIER (eds), *Defining the nonprofit sector*, MUP, p. 215-244.

MEYER D. (2001), "The german charitable welfare system: a criticism from the viewpoint of ordnungspolotik", *Annals of public and cooperative economics*, n° 72:1, p. 103-133.

MUSGRAVE R.A. (1959), *The theory of public finance. A study in public economy*, Mc Graw-Hill, New York, chapitre I, *in* J. GÉNÉREUX (1996), *L'économie politique : analyse économique des choix publics et de la vie politique*, Larousse, p. 91-115.

NYSSENS M. (2000), "Les approches économiques du tiers secteur : apports et limites des analyses anglo-saxonnes d'inspiration néo-classique", *Sociologie du travail*, n° 42, p. 551-565.

PRIOU (2001), "Les organisations privées non lucratives dans l'offre mixte de services sociaux et médico-sociaux en France", *in* DERVAUX B., CALCOEN F., GREINIER D., MARISSAL J.-P. et SAILLY J.-C. (éditeurs), *Intégration européenne et économie sociale*, XXIè Journées de l'Association d'Économie Sociale, Tome I, L'Harmattan, p. 269-285.

RANCI C. (1994), "The third sector in welfare policies in Italy : the contradictions of a protected market", *Voluntas*, vol. 5, n° 3, December, p. 247-271.

ROCK C. et KLINEDINST M. (1994), "L'économie sociale aux États-Unis : les critères et les organisations", *Revue des Études Coopératives, Mutualistes, et Associatives*, 3ème-4ème trimestre, n° 253-254, p. 147-165.

SALAMON L.M. (1999), "The nonprofit sector at a crossroads : the case of America", *Voluntas*, vol. 10, n° 1, March, p. 5-23.

SALAMON L.M. et ANHEIER H. K. (1998), "Social origins of civil society: explaining the nonprofit sector cross-nationally", *Voluntas*, vol. 9, n° 3, september, p. 213-248.

SALAMON L.M., ANHEIER H.K., SOKOLOWSKI W. and ASSOCIATES (1996), *The emerging sector. A statistical supplement*, The Johns Hopkins University Institute for policy studies, Baltimore.

SALAMON L.M., ANHEIER H.K., LIST R., TOEPLER S., SOKOLOWSKI W. and ASSOCIATES (1999), *Global civil society. Dimensions of the nonprofit sector*, The Johns Hopkins University Center for civil society studies, Baltimore.

TAYLOR M. (1992), "The changing role of the nonprofit sector in Britain: moving toward the market", *in* B. GIDRON et *alii*, *Government and the third sector : emerging relationships in welfare state*, p. 147-175.

TAYLOR M. et BASSI A. (1998), "Unpacking the state : the implications for the third sector of changing relationships between national and local government", *Voluntas*, n° 2, June, p. 113-136.

THÉRY H. (1999), "L'évolution du rôle des associations", *in Faire société. Les associations au cœur du social*, Syros, Paris, p. 37-55.

YOUNG D.R. (2000), "Alternative models of government-nonprofit sector relations : theorical and international perspectives", *Nonprofit and voluntary sector quarterly*, vol. 29, n° 1, march, p. 149-172.

Quartiers sensibles et localisation d'équipements publics : les enseignements de l'Analyse Économique Spatiale

Jean-François RAZE (LEA, Université de Limoges)

Résumé

A partir d'un champ particulier de l'Analyse Économique Spatiale, nous étudions ici l'intérêt pour les habitants des quartiers sensibles d'une politique de localisation équitable des équipements publics

1. INTRODUCTION

Depuis une vingtaine d'années les "quartiers sensibles" semblent être devenus l'un des problèmes majeurs des grandes agglomérations urbaines françaises. Masqué par une terminologie variée voire confuse : "quartiers, banlieues, ..., difficiles, sensibles, relégués,..." se cache un phénomène difficile à cerner : ségrégation urbaine ? Poches de pauvreté ?... (BRUN, RHEIN, 1994). Des descriptions relativement récentes (CASTELLAN *et alii*, 1992 ; CHOFFEL, LE TOCQUEUX, 1997), axées sur les quartiers prioritaires de la politique de la ville, font en fait ressortir des espaces cumulant de nombreux handicaps : sociaux, économiques, urbanistiques.

Dans l'importante littérature dévolue à l'explication de ce "nouveau" phénomène (DELARUE, 1991 ; SUEUR, 1998), un thème revient de façon récurrente. Plus considéré comme un "élément aggravant" (CHALINE, 1997) que comme un véritable facteur explicatif, il s'agit de l'insuffisante proximité entre d'une part les habitants des quartiers jugés prioritaires et d'autre part les équipements publics urbains (bureau de poste, commissariat de police, centre culturel, crèches ...). Le Rapport Sueur (SUEUR, 1998) insiste beaucoup sur ce thème, défendant alors une politique de localisation équitable des équipements pour les habitants des "quartiers sensibles".

Cette orientation de politique laisse cependant dubitatif. D'une part, les rares études portant sur l'accessibilité des habitants des quartiers prioritaires aux équipements publics urbains (CHOFFEL, 1996 ; CHOFFEL, LETOCQUEUX, 1997) n'apportent pas une réponse tranchée. D'autre part, dans les recommandations de la Politique de la Ville (DELARUE, 1991 ; SUEUR, 1998) la localisation équitable des équipements n'est jamais définie avec précision. De ce fait, nous en sommes venus à nous demander si une politique de localisation équitable des équipements publics favoriserait forcément les habitants de ces quartiers.

Les sciences économiques ont-elles des choses à dire sur ce point ? On peut en douter, dans la mesure où les économistes ont toujours eu beaucoup de mal à intégrer explicitement l'espace dans la théorie comme dans l'analyse (BLAUG, 1981 ; PONSARD, 1990 ; THISSE, WALLISER, 1998). Toutefois, un champ très particulier de l'analyse économique spatiale s'intéresse depuis assez longtemps déjà à la localisation des équipements, qu'ils soient industriels ou publics (PERREUR, 1988). De nombreux modèles, regroupés derrière le terme raccourci de "Paradigme de Weber" (PONSARD, 1988), permettent d'inférer la localisation rationnelle d'un ou de plusieurs équipements publics.

Le champ de la localisation optimale des équipements étant relativement méconnu, nous commencerons par en faire une brève présentation. Dans un deuxième temps une simulation sera effectuée sur un cas concret : une commune présentant plusieurs quartiers prioritaires. Cette démarche devrait nous permettre de vérifier si les habitants des quartiers défavorisés seraient forcément avantagés par une politique de localisation équitable des équipements publics.

2. BREF RAPPEL THÉORIQUE

L'objectif majeur des modèles de localisation optimale peut se résumer à : *"Un problème de choix optimal dans un contexte spatial"* (KRARUP, PRUZAN, 1991).

Historiquement, on attribue généralement à WEBER (1909) la paternité du champ de la localisation optimale. Influencé par son époque, l'auteur construit une théorie de la localisation d'une unité industrielle (PONSARD, 1958). La partie majeure - du moins la plus connue ! - de sa théorie porte sur la recherche de la localisation de l'unité industrielle sur la base du point minimum des coûts de transports, calculé à partir de deux centres de matières premières et un marché d'écoulement du produit[1]. Toutefois, derrière la théorie proposée par WEBER, se cache un problème de mathématiques fort ancien et fort complexe : la recherche du point qui minimise la somme des distances euclidiennes calculées à partir des trois sommets (pondérés ou non) d'un triangle. Le mathématicien français de FERMAT (1601-1665) serait le premier à l'avoir formulé, le mathématicien italien TORICELLI (1607-1647) le premier à l'avoir résolu géométriquement. Cette dernière caractéristique est importante, car elle va se traduire par une véritable "invasion" du champ de la localisation industrielle par les mathématiciens. De ce fait, le modèle canonique de WEBER a connu depuis sa création un nombre d'extensions assez considérable.

Présenter une typologie complète de ces extensions étant ici hors de portée[2], nous nous limiterons donc à deux critères de segmentation : la stratégie de

---

[1] Cette paternité, concédée à WEBER est toutefois relativement discutable. Explicitement, cette première partie de la théorie de WEBER est annoncée dès 1872 dans un article d'un ingénieur Allemand (LAUNHARDT) ; même si l'objectif de recherche est légèrement différent puisqu'il s'agit de résoudre un problème de tracé optimal de routes (PERREUR, 1998).
[2] Le mathématicien WESOLOWSKY qualifie d'ailleurs cette tâche de "Taxinomist's nightmare" ! (WESOLOWSKY, 1993).

localisation et le nombre d'équipements. Dans cette perspective, nous retiendrons les notations symboliques suivantes :

- $y_1, y_2, ..., y_m$: l'ensemble des localisations d'un ensemble de (m) usagers. Avec y_i point de R^2, de coordonnées (y_i^1, y_i^2).

- n_i : le nombre de visites de l'usager situé en y_i.

- r_i : le coût d'accès par visite et par unité de distance.

- $w_i = r_i n_i$: la masse du point y_i, le coût d'accès par unité de distance.

- $d_i(x)$: la distance de y_i à x, définie à partir de la norme euclidienne.

- $x_j = (x_j^1, x_j^2)$: la localisation de l'équipement (j) avec j = 1...n.

Qu'il y ait un ou plusieurs équipements à localiser, la littérature retient généralement deux stratégies : l'efficacité ou l'équité.

2.1. Les modèles canoniques mono-équipement

2.1.1. Modèle de localisation mono-équipement sous critère d'efficacité

Localiser un équipement selon le critère d'efficacité revient à chercher le point qui minimise la somme des coûts de transport supportés par l'ensemble des usagers (HANSEN, PEETERS, THISSE, 1983 ; PERREUR, 1988 ; EISELT, LAPORTE, 1995...). On a alors affaire à un problème de type MiniSomme.

Formellement : $\displaystyle \underset{x}{Min}\, F(x)/F(x) = \sum_{i=1}^{m} w_i \left[\left(x^1 - y_i^1 \right)^2 + \left(x^2 - y_i^2 \right)^2 \right]^{\frac{1}{2}}$

Avec la norme euclidienne, et pour un nombre de points supérieur à trois, il n'est actuellement pas possible d'obtenir une solution exacte à ce problème (PLASTRIA, 1995). En effet, le recours classique au calcul des dérivées partielles premières n'aboutit pas (KHUN, KUENNE, 1962). D'autres voies sont alors proposées : graphiques (PONSARD, 1958), analogiques (MIEHLE, 1958 ; WESOLOWSKY, 1993), géométriques (PERREUR, 1988 ; CONTENSOU, 1993) et plus généralement numériques (WEISZFELD, 1937).

Néanmoins en retenant le critère d'efficacité, on remarque que la solution est attirée par les zones denses et fortement pondérées (WITZGALL, 1965). Le choix de ce critère n'est alors pas acceptable pour certains types de services publics, les services d'urgence par exemple (HANSEN *et alii*, 1983 ; PERREURN, 1988). L'objectif d'équité permet de pallier, en partie, cet inconvénient.

2.1.2. Modèle de localisation mono-équipement sous critère d'équité

Généralement le concept d'équité, dans le cadre de la localisation optimale d'un équipement, se traduit par l'objectif MiniMax (PEETERS, 1980 ; HANSEN *et alii*, 1983 ; PERREUR, 1988,…). Localiser un équipement selon un objectif d'équité consiste à rechercher le point qui minimise le coût d'accès le plus élevé supporté par un usager.

$$\text{Formellement :} \quad \underset{x}{Min}\, F(x)\,/\,F(x) = \underset{i=1..m}{Max}\left\{w_i.\left[\left(x^1 - y_i^1\right)^2 + \left(x^2 - y_i^2\right)^2\right]^{\frac{1}{2}}\right\}$$

Là encore, il n'est pas possible d'obtenir directement une solution exacte. Des méthodes alternatives ont été proposées très tôt, principalement géométriques d'ailleurs (SYLVESTER, 1857 ; PEIRCE, 1860). Mais comme le soulignent certains auteurs (WESOLOWSKY, 1972) ces méthodes sont vite dépassées lorsque le nombre de points à traiter s'accroît. Différentes méthodes numériques apparaissent alors (DREZNER, WESOLOWSKY, 1980). Plusieurs ouvrages et articles récents proposent des synthèses très complètes de méthodes de résolution pour ce type de problème (PLASTRIA, 1995 ; DREZNER, HAMACHER, 2002).

Par rapport à la localisation efficace, la localisation équitable se révèle généralement plus proche des usagers isolés. Toutefois, le choix du critère d'équité peut présenter de sérieuses limites. D'une part, ce choix engendre parfois des solutions aberrantes (DERYCKE, 1994). D'autre part, la solution se révèle généralement peu satisfaisante pour l'ensemble des usagers (THISSE, 1994).

2.2. Modèles canoniques multi-équipements

Dans le cadre de la localisation de plusieurs équipements, la littérature distingue généralement deux grandes catégories de modèles. Celles-ci divergent en fonction de la présence ou non d'interactions entre les équipements. Les modèles de localisation intégrant des interactions ne seront pas présentés ici, dans la mesure où ils nous semblent plus relever de problématiques industrielles[3]. Nous nous limiterons donc à ne présenter que les modèles de type Localisation-Affectation.

2.2.1. Modèle de localisation-affectation sous critère d'efficacité.

Le Problème Continu de la p-Médiane a été proposé initialement par COOPER (1963). L'objectif peut se résumer à localiser un nombre donné (p) d'équipements de façon à minimiser la somme totale des coûts de transport entre les agents et les

---

[3] Dans cette catégorie on suppose a priori l'existence d'interdépendances entre les équipements à localiser. Le cas MiniSomme est analysé de façon très détaillée par PERREUR dans sa thèse (PERREUR, 1974), principalement avec les normes l_2 et l_1. Le cas MiniMax semble avoir fait l'objet d'un moindre intérêt. Avec la norme euclidienne (l_2) R. Love *et alii* (LOVE, MORRIS, KRAEMER, 1973) proposent une résolution sous la forme d'un Programme Non Linéaire Contraint. Avec la norme rectangulaire (l_1) le problème se résout sans difficulté par simple recours à la Programmation Linéaire (WESOLOWSKY, 1972).

équipements. On y suppose a priori que chaque agent utilise l'équipement le plus proche, et ne fréquente qu'un seul équipement. Avec ce type de modèle on détermine simultanément la localisation des équipements et les affectations des agents aux équipements.

Soit formellement :

$$\text{Min } F(x,Z) / F(x,Z) = \sum_{i=1}^{m} \sum_{j=1}^{p} z_{ij} . w_i . \left[\left(x_j^1 - y_i^1 \right)^2 + \left(x_j^2 - y_i^2 \right)^2 \right]^{\frac{1}{2}}$$

sous les contraintes :

$$\sum_{j=1}^{p} z_{ij} = 1 \text{ ; pour } i: = 1...m.$$

$$0 \leq z_{ij} \leq 1 \text{ ; pour } i = 1...m, \text{ pour } j = 1...p.$$

L'écriture de la fonction objectif décrit que l'on minimise le coût total de desserte ou d'accès à (p) équipements et non plus à un seul. La variable z_{ij} est une variable d'affectation de l'agent (i) à l'équipement (j).

La grande difficulté dans la résolution de ce type de problème réside dans le fait qu'il faut résoudre simultanément un problème de localisation et un problème d'affectation. En terme d'optimisation ce problème cumule à la fois une dimension combinatoire - affecter les agents à chacun des équipements - et une dimension non linéaire - résoudre un problème de Weber pour chaque sous-ensemble d'agents. La fonction objectif se révèle ni convexe, ni concave et non différentiable en tout point (PLASTRIA, 1995). Comme le soulignent de nombreux auteurs (COOPER, 1963 ; PERREUR, 1988 ; PLASTRIA, 1993), ce problème est très difficile à résoudre de façon exacte.

De ce fait de nombreuses méthodes "heuristiques"[4] ont été proposées, et ceci relativement tôt. Les premières méthodes heuristiques proposées sont de type "alternées" (COOPER, 1963). Référencées généralement *Sequential Location and Allocation* (PLASTRIA, 1995), elles reposent sur une idée simple : si l'on connaît les affectations des agents aux équipements, il est facile de déduire la localisation de chaque équipement, et si l'on connaît la localisation des équipements il est facile de déduire l'affectation de chaque agent. A partir de cette intuition, il suffit d'enchaîner successivement les deux types d'algorithmes, et de cesser dès lors que plus aucune modification n'apparaît dans la solution. COOPER (1964) propose

---

[4] Pour reprendre la définition proposée par J. Krarup et L. Pruzan (KRARUP, PRUZAN, 1991) dans leur classification des différentes familles de méthodes de résolution utilisées pour les problèmes de localisation, il s'agit d'"Algorithmes Approximés" (Relaxation et Heuristiques) fournissant une solution faisable, mais sans garantie forcément d'optimalité.

plusieurs variantes fonctionnant selon ce principe[5]. Bien d'autres méthodes de
résolution ont vu le jour depuis. Certains auteurs passent par des techniques
d'optimisation non linéaire. A titre d'exemple CHEN (1983) transforme le problème
par l'approximation d'une limite, puis résout ce problème non linéaire par une
méthode Quasi Newton. Plus récemment, des méthodes relativement originales
sont apparues. Certaines sont empruntées à la géométrie calculable, et font appel
aux concepts inhérents aux diagrammes de Voronoï (SUZUKI, OKABE, 1995).
D'autres relèvent de la taxinomie numérique, utilisant alors le principe de
fonctionnement de certaines méthodes de Classification Hiérarchique Ascendante
(MORENO, JIMENEZ, RODRIGUEZ, 1991). On trouvera chez PLASTRIA (1995) et
DREZNER (2000) un recensement et un résumé complets de ces méthodes.

2.2.2. Modèle de localisation-affectation sous critère d'équité.

Il s'agit en fait ici de la version MiniMax du problème de Localisation-
Affectation présenté précédemment. Référencé généralement Problème Continu du
p-Centre, il s'agit de localiser et d'affecter optimalement *(p)* équipements, de façon
à minimiser la plus grande distance entre un équipement et un agent.

Soit formellement :

$$Min\,F(x,Z)/F(x,Z) = \left\{ \underset{\substack{1 \le i \le m \\ 1 \le j \le p}}{Max} \left\{ z_{ij}.w_i.\left[\left(x_j^1 - y_i^1 \right)^2 + \left(x_j^2 - y_i^2 \right)^2 \right]^{\frac{1}{2}} \right\} \right\}$$

sous les contraintes :

$$z_{ij} \in \{0;1\} \qquad \text{pour } i = 1...m \,; j = 1...p$$

$$\sum_{j=1}^{p} z_{ij} = 1 \qquad \text{pour } i = 1...m.$$

Concernant la résolution du Problème Continu du p-Centre, elle semble avoir
fait l'objet d'un moindre intérêt que son homologue retenant le critère d'efficacité.
ELZINGA, HEARN et RANDOLPH semblent être les premiers à avoir traité ce
problème. Dans un premier article (ELZINGA, HEARN, 1972) portant uniquement
sur le Problème Continu du 1-Centre, les auteurs proposent en conclusion
l'extension de leur algorithme au cas multi-équipements par l'intégration de celui-
ci dans une heuristique de type alternée. Dans un deuxième article (ELZINGA,
HEARN, RANDOLPH, 1976), ils proposent une méthode de résolution passant par la
technique de la relaxation lagrangienne. En fait, moyennant certains aménagements, les mêmes types de techniques que celles énoncées pour le Problème

---

[5] Comme l'on fait remarquer plusieurs auteurs (SCOTT, 1970 ; HANSEN, PEETERS, THISSE, 1983 ;
PLASTRIA, 1995) on retrouve là une procédure bien connue en taxinomie numérique : l'agrégation
autour des Centres Mobiles (THORNDIKE, 1953 ; FORGY, 1965) et ses nombreuses variantes dont la
méthodes des nuées dynamiques est très certainement la plus connue (DIDAY, 1971). Il est intéressant
de noter que l'on est face à une même technique poursuivant deux finalités différentes.

Continu de la p-Médiane sont transférables : heuristiques alternées, programmation non linéaire,... A celles-ci viennent s'ajouter quelques "innovations", relevant de certaines spécificités du problème (DREZNER, 1984 ; DYER, FRIEZE, 1986 ; PELEGRIN, 1991). On trouvera dans différents ouvrages (DREZNER, 1995 ; PLASTRIA, 1995) une description complète de ces méthodes.

3. APPLICATION

L'utilisation que nous souhaitons faire de ces modèles de localisation est très particulière. En fait notre objectif est d'appliquer un modèle de localisation sous critère d'équité dans le cadre d'une ville présentant des "quartiers sensibles". Notre but est alors de vérifier si - comme l'affirme depuis longtemps la politique de la ville (SUEUR, 1998) - les habitants de ces quartiers seraient forcément avantagés par une politique équitable de localisation des équipements publics urbains. Dans cette perspective nous détaillerons, dans un premier temps, le champ spatial de notre application, puis le modèle de localisation optimale utilisé ainsi que le mode de résolution adopté. Dans un deuxième temps nous présenterons les principaux résultats extraits de la simulation effectuée.

3.1. Le cadre de l'application

3.1.1. Cadre spatial et type d'équipement analysés

Le cadre spatial de notre analyse correspond à la commune de Limoges, découpée au niveau de l'îlot. Le découpage date de 1990, et comprend 1 092 unités spatiales infra urbaines. Chaque îlot est représenté par un couple de coordonnées (cartésiennes, projection Lambert II). Il s'agit en fait des coordonnées du barycentre du polygone représentatif de chacun des îlots. Deux quartiers prioritaires de la politique de la ville ont été repérés géographiquement. Ce sont deux quartiers, qui en 1990, étaient classés en Convention de Développement Social des Quartiers. Il s'agit des quartiers DSQ des "Portes Ferrées" et de "Beaubreuil", représentés ci-dessous.

Graphique n°1 : **Quartiers en Convention DSQ de la Commune de Limoges (1990)**

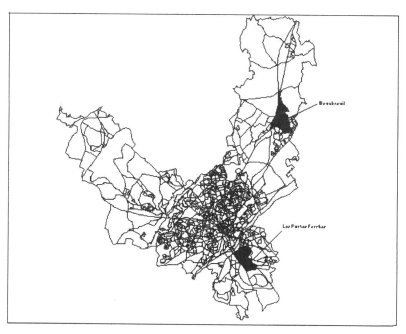

En terme de type d'équipement public, notre analyse porte sur les crèches municipales. En 1990, onze crèches étaient recensées sur la commune de Limoges. La localisation de chacun de ces onze équipements a été repérée par un couple de coordonnées, correspondant au barycentre du polygone représentatif de l'îlot sur lequel se situe la crèche. Le choix de ce type d'équipement public repose essentiellement sur le fait que les usagers potentiels sont plus facilement identifiables. *À priori* la population correspondant à la tranche d'âges "zéro à trois ans" est la principale concernée. Celle-ci a été estimée à partir de la base de données "Ilots 15" de l'INSEE.

Le tarif de transport, par personne et par unité de distance, est supposé invariant sur l'ensemble de l'espace d'analyse. C'est-à-dire que dans ce travail on raisonnera essentiellement en termes de distances pondérées et non en termes de coûts de transport. Les distances réelles intra-urbaines sont appréciées dans le modèle à partir de la norme l_p. Dans ces valeurs extrêmes, celle-ci décrit soit une distance rectangulaire ($p=1$) soit une distance euclidienne ($p=2$). Les valeurs intermédiaires du paramètre (p) permettent d'estimer un peu mieux la forme du réseau de transport intra-urbain. Toutefois, dans l'application et dans les résultats présentés ci-dessous, c'est la norme euclidienne qui a été retenue.

3.1.2. Le type de modèle retenu

Nous avons retenu un modèle continu de Localisation-Affectation sous critère d'équité. Formellement, on peut décrire ce problème de la sorte :

Soit un espace métrique X, doté d'une métrique $d(.,.)$. Dans notre cas, on retiendra la norme l_p. Soit un ensemble de points $M = \{P_1,..,P_m\}$, chacun doté d'une masse w_i.

Le problème continu du p-centre se résume à trouver (p) points, nommés $C_1,..,C_p$ dans X, de façon telle que la distance pondérée maximale entre chaque point P_i et son équipement le plus proche C_j, $j = 1,..,p$ soit minimisée.

Le problème continu du p-centre se résume alors au programme suivant:

$$\underset{C_1..C_P \in X}{Min} \{Z(C_1,..,C_P)\}$$

$$\text{avec } Z\{(C_1,..,C_P)\} = \underset{1<i<m}{Max}\left\{w_i\left(\underset{1<j<p}{Min}\{d(P_i,C_j)\}\right)\right\}$$

$$\text{et } d(P_i,C_j) = \left[\left(x_{C_j}^1 - y_{P_i}^1\right)^k + \left(x_{C_j}^2 - y_{P_i}^2\right)^k\right]^{\frac{1}{k}}$$

avec $k \in [1;2]$

Dans notre cas de figure :

- $p = 11$, $m = 1092$ cela représente respectivement le nombre de crèches à localiser et le nombre total des points de demande (îlots) du problème.

- C_j représente les coordonnées de la crèche (j).

- P_i représente les coordonnées de l'îlot (i).

- w_i représente la "masse" de l'îlot (i). C'est à dire le nombre d'usagers potentiels pour une crèche municipale présents sur l'îlot (i).

- $k = 2$, arbitrairement c'est la distance euclidienne qui a été retenue.

Techniquement, on a mentionné précédemment que ce type de problème s'avérait particulièrement ardu à résoudre. Cependant, la recherche opérationnelle a produit, depuis près de vingt ans, plusieurs "heuristiques" (DREZNER, WESOLOWSKY, 1980 ; CHEN, 1983 ; DREZNER, 1984 ; DREZNER, 1991 ; PELLEGRIN, 1991 ; MORENO, JIMENEZ, 1993 ; SUZUKI, OKABE, 1995...). Pour notre application nous avons retenu l'heuristique H_p de DYER et FRIEZE, proposée en 1986 dans la revue *Operations Research Letters*.

D'une façon très sommaire l'heuristique H_p peut être résumée ainsi :

Étape 0 : choisir $v_1 \in V$

tel que $w(v_1) = \max_{v \in V}\{w(v)\}$

puis calculer $D(v) \leftarrow w(v)d(v;v_1)$ ceci $\forall v \in V$

Étape 1 : tant que $i < p$ itérer le sous programme suivant :

Déterminer v_{i+1} tel que :

$$D(v_{i+1}) = \max_{v \in V}\{D(v)\}$$

en posant : $D(v) \leftarrow \min\{D(v), w(v)d(v,v_{i+1})\}$ ceci $\forall v \in V$

Cette méthode de résolution présente, à nos yeux, plusieurs avantages. En premier lieu, elle permet la résolution de problèmes de très grande taille - plusieurs milliers de points. Ensuite sur la base des tests numériques effectués, il apparaît que cette heuristique fournit de bons résultats (DYER, FRIEZE, 1986 ; PLASTRIA, 1995). Enfin, cette méthode se révèle relativement simple sur le plan algorithmique, puisque de complexité $O(np)$. Ce dernier point est particulièrement important, dans la mesure où pour réaliser notre simulation, nous avions plus besoin d'un outil informatique opérationnel que d'un exposé théorique sur papier. De ce fait, nous avons développé - en langage C++ - l'heuristique de résolution de DYER et FRIEZE. Ceci a donné lieu à un programme informatique fonctionnant sous système DOS, ainsi que sous Windows 9x. Nous avons donc utilisé ce programme afin de déduire la localisation "équitable" des crèches municipales sur la commune de Limoges.

3.2. Résultats et commentaires

Dans un premier temps nous présenterons les principaux résultats obtenus à partir de l'application du modèle de Localisation-Affectation. Pour une plus grande clarté une présentation cartographique des résultats numériques a été retenue. Les enseignements tirés de ces résultats doivent cependant être pris avec une certaine réserve compte tenu des limites inhérentes à ce type de travail.

3.2.1. Les enseignements

A partir du programme nous avons obtenu les résultats suivants :

```
le fichier d'entrée est : limogbebe.txt
l'heuristique utilisé est : équité
le nombre de points de demande : 1092
le nombre d'équipements : 11
la métrique utilisée : 2.000
le temps d'exécution : 4.889 secondes
la valeur de la fonction objectif sous critère d'équité FMax : 39.03970
le nombre des points de demande rattachés à chaque centre est :
centre 1   n=889    x=93.35335935    y=68.64874709    masse=15    : 20
centre 2   n=643    x=75.55460961    y=20.29909268    masse=106   : 192
centre 3   n=1018   x=52.35222838    y=41.87044099    masse=95    : 127
centre 4   n=225    x=80.79064994    y=49.15675269    masse=100   : 30
centre 5   n=1039   x=45.32760213    y=32.6871475     masse=74    : 62
centre 6   n=796    x=59.43555889    y=24.27542836    masse=36    : 260
centre 7   n=895    x=94.82948717    y=65.23745323    masse=151   : 32
centre 8   n=869    x=92.86952271    y=90.95893629    masse=21    : 19
centre 9   n=945    x=41.55727436    y=20.80256443    masse=36    : 45
centre 10  n=224    x=76.4228644     y=47.73128856    masse=91    : 235
centre 11  n=1095   x=28.93491385    y=39.69756292    masse=17    : 59
```

Soit sous une forme cartographique plus conventionnelle :

Graphique n°2 : **Localisations réelles et théoriques**

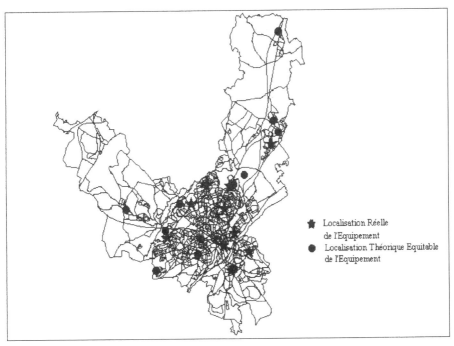

Localisation Réelle
de l'Equipement

Localisation Théorique Equitable
de l'Equipement

Globalement il ressort que si le schéma de localisation réelle des crèches municipales semble plutôt se concentrer au centre de la commune, la configuration équitable cherche à privilégier les parties périphériques de cet espace. Ce qui est cohérent avec la finalité même du critère d'équité dans le cadre de la localisation d'équipements.

On peut considérer désormais plus particulièrement le cas des deux quartiers prioritaires de la commune de Limoges. A cette fin, nous avons construit un indicateur simple. Nous avons d'abord calculé pour chaque îlot la "distance théorique"(DistTheo), c'est à dire l'écart entre l'îlot et l'équipement dans le modèle théorique. Puis nous avons calculé la "distance réelle"(DistReel), qui correspond à l'écart entre l'îlot et l'équipement dans la réalité. On définit alors un indicateur d'adéquation (EcartMax) de l'implantation effective par rapport à l'implantation réelle : EcartMax = (DistTheo – DistReel). Si cet indicateur est négatif, cela revient à dire que les habitants de l'îlot bénéficieraient effectivement d'une plus grande accessibilité à l'équipement si une politique d'équité était mise en place - la distance à parcourir dans le modèle théorique étant inférieure à la distance réelle.

Pour les îlots composant le quartier D.S.Q. de "Beaubreuil", le résultat du calcul de cet indicateur est présenté dans la dernière colonne du tableau ci-dessous.

Résultats Numériques n° 2 : **Calcul d'ÉcartMax pour le quartier DSQ "Beaubreuil"**

numéro	abscisse	ordonnée	masse	EcartMax
830	93.68759484	72.45907739	8	-4.832601031630889
831	90.8177145	73.06620508	20	-4.892858580792312
842	93.35335935	68.64874709	152	-4.84091839246824
843	94.01425558	68.95192126	1	-4.609218542762344
844	91.06294677	69.62919207	1	-4.720713022732956
845	90.00437659	66.842172	1	-3.003009050661245
846	92.109208	65.82353799	27	-2.485730089301329
847	92.94432329	67.06039505	23	-4.941481582976684
848	94.82948717	65.23745323	151	-0.640308262673532
849	93.44804362	64.73086401	10	-0.182915497441758

Sur ce quartier prioritaire, l'indicateur EcartMax est de signe négatif pour l'ensemble des îlots qui le compose : les habitants de ce "quartier difficile" seraient effectivement avantagés si une politique de localisation équitable des crèches était mise en œuvre.

Néanmoins, ceci demande à être doublement nuancé. Le calcul de ce même indicateur pour les îlots composant le second quartier prioritaire est beaucoup moins probant. Nous les reportons dans le tableau ci-dessous.

Résultats Numériques n° 3 : **Calcul d'ÉcartMax pour le quartier DSQ "Portes Ferrées"**

numéro	abscisse	ordonnée	masse	EcartMax
595	76.05927679	24.6596568	1	-2.248234022054086
596	76.43896073	24.02369249	6	-1.501427006053164
597	77.41042137	25.0961029	4	-0.922047091341583
598	74.71665379	22.52730588	5	-0.016296995810666
599	75.3481979	22.81333394	1	-0.353840335811932
600	77.27407602	22.72136851	2	-0.029506426601950
601	79.14977148	22.90841684	1	-1.680042050304684
602	79.1081104	22.01993729	3	-1.277291319031964
603	78.63374219	20.96233487	1	1.335162733622581
604	75.56691857	21.80249361	12	1.105692346693254
605	77.1206875	21.05741777	1	1.569470438791621
606	75.55460961	20.29909268	106	2.85783107796402
607	77.04683376	18.66319919	4	3.143559984216163

Ici l'indicateur n'est pas toujours négatif. En fait pour ce quartier prioritaire, certains îlots seraient favorisés par une politique de localisation équitable, d'autres seraient en revanche pénalisés. Par ailleurs, un rapide survol des valeurs prises par cet indicateur sur l'ensemble des îlots de la commune de Limoges vient nuancer encore plus ces résultats. Il apparaît en effet que certains espaces, classés comme non prioritaires au demeurant, affichent une valeur négative bien plus forte que celle des "îlots prioritaires". Il s'agit principalement d'îlots situés à la périphérie de la commune. Ces espaces, bien que jugés non prioritaires, auraient beaucoup à gagner dans la mise en place d'une politique de localisation équitable.

Au regard de ces résultats, il semble donc que les quartiers prioritaires de la commune de Limoges présenteraient un avantage relatif à la mise en place d'une politique de localisation équitable des équipements publics urbains - ici les crèches. Pour l'un des deux quartiers en convention D.S.Q., ce résultat est net. Les habitants de chacun des îlots appartenant à ce quartier auraient avec une politique de localisation équitable une distance à parcourir pour bénéficier de l'équipement inférieure à ce qu'elle est dans la réalité. Pour le second quartier en convention les choses sont moins nettes, même si toutefois une majorité de ses îlots est dans le même cas de figure que le précédent quartier en convention. Toutefois, ces premiers résultats sont à prendre avec beaucoup de précautions, comme vont le souligner les limites énoncées ci-après.

3.2.2. Limites et prolongements.

D'abord, il faut noter que ce travail n'est valable que dans le cadre de la commune de Limoges. Il ne faudrait surtout pas faire une généralisation trop rapide pour l'ensemble des quartiers prioritaires de la politique de la ville. En revanche il serait, à notre sens, très intéressant de reproduire cette démarche sur d'autres communes intégrant des quartiers jugés "sensibles", et également pour d'autres types d'équipements publics urbains.

Sans rechercher une exhaustivité dans l'application, le travail présenté ici pourrait être amélioré tant au niveau des données utilisées que du modèle retenu. Concernant les données, une estimation plus fine de la demande pour l'équipement ainsi que des distances intra-urbaines réelles nous semble primordiale. Concernant le modèle de localisation la prise en compte d'une contrainte de capacité pour l'équipement, de formalisations alternatives de l'objectif d'équité, de la dimension temporelle, ainsi que de méthodes de résolution plus performantes nous paraissent également importantes. S'il existe des solutions pour l'ensemble des limites énoncées, ceci n'est réalisable qu'au prix d'une complexification accrue.

4. CONCLUSION

Du fait des limites énoncées, ce travail doit surtout être considéré comme une première ébauche. Il ne s'agit toutefois pas d'un simple exercice de style de théoricien, compte tenu, à notre sens, de la grande richesse et du caractère très opérationnel des modèles de localisation. En remédiant aux limites formulées précédemment, il serait alors intéressant de généraliser ce travail à d'autres agglomérations urbaines présentant des "quartiers sensibles", et à d'autres types d'équipements publics.

L'étape ultérieure de ce travail pourrait être, selon nous, de passer à une catégorie très particulière de travaux issus du champ de la localisation. Il s'agit de l'analyse de sensibilité. La finalité de ce type de travail est d'analyser la réaction de la localisation optimale de l'équipement suite à des modifications de la figure de localisation, c'est à dire des variations dans la masse et/ou la position géographique des usagers. Ce type de recherche est peu répandu (DREZNER, 1984 ; LABBÉ, THISSE, WENDELL, 1991), et particulièrement complexe. Toutefois, ce travail pourrait facilement trouver sa place dans le cadre des interrogations récentes sur les conséquences de l'étalement urbain.

BIBLIOGRAPHIE

BLAUG M. (1981), *La pensée économique, origine et développement*, Economica.

BRUN J. et RHEIN C. (eds.) (1994), *La ségrégation dans la ville*, L'Harmattan.

CASTELLAN M., MARPSAT M. et GOLBERGER M.-F. (1992), "Les quartiers prioritaires de la politique de la ville", *INSEE Première*, 135.

CHALINE C. (1997), *Les Politiques de la Ville*, PUF.

CHEN R. (1983), "Solution of minisum and minimax location-allocation problems with euclidean distances", *Naval Research Logistics Quaterly*, 30.

CHOFFEL P. (1996), "Les conditions de vie dans les quartiers prioritaires de la politique de la ville", *in* PUMAIN D., *Données Urbaines*, Economica.

CHOFFEL P. et LE TOCQUEUX J.-L. (1997), "Une approche statistique des quartiers de la politique de la ville", *in* BERTHELOT J.W. *et alii*. (1997), *Ces quartiers dont on parle*, éd. de l'Aube.

CONTENSOU F. (1993), "Le triangle de Weber : une étude géométrique", *Revue. d'Économie Régionale et Urbaine*, n° 4.

COOPER L. (1963), "Location-Allocation problems", *Operations Research*, 11.

COOPER L. (1964), "Heuristics methods for location-allocation problems", *SIAM Review*, 6.

DELARUE J.-M. (1991), *Banlieues en difficultés : la relégation*, éd.Syros

DERYCKE P.-H. (1994), *"Équité spatiale et intégration urbaine"*, XXXe colloque ASRDLF, La Martinique, 1er-2 septembre.

DIDAY E. (1971), "La méthode des Nuées Dynamiques", *Revue de Statistiques Appliquées*, 19.

DREZNER Z. (1984), "The p-centre problem : heuristic and optimal algorithms", *Journal of the Operational Research Society*, 35.

DREZNER Z. (1985), "Sensitivity analysis of the optimal location of a facility", *Naval Research Logistics Quaterly*, 32.

DYER M.E. et FRIEZE A.M.(1986), "A simple heuristic, for the p-center problem", *Operations Research Letters,* vol.7.

ELZINGA J. et HEARN D. (1972), "Geometrical solutions for some minimax location problems", *Transportation Science*, 6.

ELZINGA J., HEARN D. et RANDOLPH W. (1976), "Minimax multifacility location with euclidean distances", *Transportation Science*, vol. 10.

EISELT H. et LAPORTE G. (1995), "Objectives in location problems", *in* DREZNER Z. (éd.), *Facility Location*, Springer-Verlag.

FORGY E. (1965), "Cluster analysis of multivariate data : efficiency versus interpretability of classifications", *Biometrics*, 9.

HANSEN P., PEETERS D. et THISSE J.F. (1983), "Public facility location models : a selective survey", in THISSE J.F, ZOLLER H., *Locational Analysis of Public Facilities,* éd. North-Holland.

KUHN H. et KUENNE R. (1962), "An efficient algorithm for numerical solution of the generalized Weber problem in spatial economics", *Journal of Regional Science*.

KRARUP J. et PRUZAN P. (1991), "Ingredients of locational analysis", *in* MIRCHANDANI P. et FRANCIS R. (1991), *Discrete Location Theory*, éd. Wiley

LABBE M, THISSE J.F., WENDELL H. (1991), "Sensitivity analysis in minisum location problems, *Operations Research*, vol. 44.

MIEHLE W. (1958), "Link length minimization in networks ", *Operations Research*, 6

MORENO J., RODRIGUEZ C. et JIMENEZ N. (1991), "Heuristic cluster algorithm for multiple facility location-allocation problem", *RAIRO,* 25.

PEETERS D. (1980), *Contribution aux modèles de localisation de services publics*, thèse de doctorat, Université Catholique de Louvain.

PELEGRIN B. (1991), "Heuristic methods for the p-center problem", *Revue d'Automatisme, d'Informatique et de Recherche Opérationnelle*, 25.

PERREUR J. (1974), *Contribution à la théorie de la localisation de l'entreprise*, thèse d'état ès Sciences Économiques, Université de Dijon.

PERREUR J. (1988), "La localisation des unités de production", *in* PONSARD C. (ed.), *Analyse Économique Spatiale*, PUF.

PERREUR J. (1998), "Industrial location theory in german thought : Launhardt and Weber", *Recherches Économiques de Louvain*, 64.

PLASTRIA F. (1995), "Continuous location problems" , *in* DREZNER Z. (éd.), *Facility Location*, New York, Springer-Verlag.

PONSARD C. (1958), *Histoire des Théories Économiques Spatiales*, A. Colin.

PONSARD C. (ed.) (1988), *Analyse Économique Spatiale*, PUF.

PONSARD C. (1990), "Analyse économique spatiale : observations méthodologiques", *Revue d'Économie Régionale et Urbaine*, n° 2.

SCOTT A. (1970), "Location Allocation systems : a review", *Geographical. Analysis*, 7.

SUEUR J.-P. (1998), *Demain, la Ville*, Ministère de l'Emploi et de la Solidarité, 2 tomes, La Documentation Française.

SUZUKI A. et OKABE A. (1995), "Using Voronoï diagrams", *in* DREZNER Z. (éd.), *Facility Location*, New York, Springer-Verlag.

THORNDIKE R. (1953), "Who belongs in the family ?", *Psychometrika*, 18.

THISSE J.-F. (1994), "L'équité spatiale", *in* AURAY J.P. *et alii*, *Encyclopédie d'Economie Spatiale*, Economica.

THISSE J.-F. et WALLISER B. (1998), "Is space a neglected topic in mainstream economics ?", *Recherches Économiques de Louvain*, 64.

WEBER A. (1909), Über den Standort der Industrien, Tübingen, Verlag Mohr.

WEISZFELD E. (1937), "Sur le point pour lequel la somme des distances de (*n*) points est minimale", *Tokohu Mathematical Journal*, 43.

WESOLOWSKY G. (1972), "Rectangular distance location under the minimax optimality criterion", *Transportation Science*, 6.

WESOLOWSKY G. (1993), "The Weber Problem : History and Perspectives", *Location. Science*, 1.

Table des Matières

Tome 1

Chapitre 9
Formation et emploi   157

Achevé d'imprimer sur les presses de l'Imprimerie BARNÉOUD
B.P. 44 - 53960 BONCHAMP-LÈS-LAVAL
Dépôt légal : Septembre 2002 – N° d'imprimeur : 13350